Udo Rudolph
Motivationspsychologie kompakt

»Wenn man die Dinge von ihren
Anfängen an wachsen sieht,
dann wird man hier wie auch
sonst den besten Überblick
bekommen.«

Aristoteles

Udo Rudolph

Motivationspsychologie kompakt

2., vollständig überarbeitete Auflage
unter Mitarbeit von André Körner

Anschrift des Autors:

Prof. Dr. Udo Rudolph
Institut für Psychologie
der TU Chemnitz
Allgemeine Psychologie und Biopsychologie
09107 Chemnitz
E-Mail: udo.rudolph@phil.tu-chemnitz.de

2., vollständig überarbeitete Auflage 2009

Dieses Buch ist im Jahr 2007 unter dem Titel »Motivationspsychologie« in der »Workbook«-Reihe des Beltz Verlags erschienen (ISBN 978-3-621-27599-6).

1. Auflage 2003 Beltz Psychologie Verlags Union, Weinheim

© Beltz Verlag, Weinheim, Basel 2009
Programm PVU, Psychologie Verlags Union
http://www.beltz.de

Lektorat: Reiner Klähn
Herstellung: Anja Renz
Umschlagbild: Fotolia, New York, USA
Satz und Bindung: Druckhaus »Thomas Müntzer«, Bad Langensalza
Druck: Beltz Druckpartner, Hemsbach

Printed in Germany

ISBN 978-3-621-27753-2

Inhalt

6 Die Theorie der Leistungsmotivation

7 Attributionstheorien

Vorwort zur ersten Auflage

Das vorliegende in die Motivationspsychologie einführende Lehrbuch wendet sich an zwei Zielgruppen: Es ist ein Lehrbuch für Studierende der Psychologie (Haupt- und Nebenfach) oder des Lehramts und findet idealerweise Verwendung als begleitender Text zu Vorlesungen und Seminaren. Zum anderen soll es dem (zukünftigen) Anwender psychologischen Wissens Einblick vermitteln in die Grundlagen motivierten Verhaltens in Erziehung, Unterricht, Arbeit und Beruf.

Historischer und theoriegeleiteter Aufbau

Das Buch bietet eine grundlegende, theoriezentrierte und zugleich historische Einführung in zentrale Aspekte der Motivationspsychologie in chronologischer Ordnung. Somit behandelt der vorliegende Text die wichtigsten Theorien der Motivation und verzichtet bewusst darauf, verschiedene motivationale Phänomene (wie beispielsweise Hunger, Durst, das Bedürfnis nach Leistung und Anerkennung) in den Mittelpunkt der Aufmerksamkeit zu stellen.

Die Motivation ist eines der zentralen Teilgebiete der Psychologie, das zu allen Zeiten Denker und Gelehrte verschiedenster Disziplinen beschäftigt hat. Mit dem Aufschwung der wissenschaftlichen Psychologie seit dem Ende des 19. Jahrhunderts ist die Zahl der Fachpublikationen und empirischen Arbeiten auf diesem Gebiet stetig gewachsen. Angesichts dieser Fülle von Erkenntnissen birgt eine historische und theoretische Orientierung möglicherweise die Gefahr, zu sehr zu vereinfachen und die Vielfalt der Forschung zu reduzieren.

Andererseits bietet sie den Vorteil, dem Leser auf dem Gebiet der Motivation einen Einblick davon zu vermitteln, dass jüngere Vertreter der Disziplin idealerweise „auf den Schultern ihrer älteren Vorgänger stehen" (Weiner, 1992), um so hoffentlich einen besseren Überblick über die Landschaft der menschlichen Motivation zu gewinnen, als frühere Generationen dies taten.

Die Geschichte der Motivationspsychologie ist geprägt von einer Reihe besonders wichtiger Theorien, so dass eine historisch orientierte Darstellung zwangsläufig theoriegeleitet sein muss. Zudem würde eine phänomenorientierte Darstellung im Falle der Motivationspsychologie bedeuten, Phänomene wie Sexualität, Hunger, Macht, Aggression, Hilfs- oder Leistungsbereitschaft jeweils getrennt voneinander zu betrachten. Gerade den Anfänger auf dem Gebiet der Motivation würde dies vermutlich verwirren, weil dabei die gleichen Motivationstheorien in verschiedenen Kontexten immer wiederkehren würden. Wiederholungen wären unvermeidlich, und konzeptuelle Klarheit ginge leichter verloren als bei einem theoretisch-historischen Einstieg in das Feld der Motivation.

Exemplarische Darstellung empirischer Sachverhalte

Die theoretische Orientierung ermöglicht außerdem, eine begrenzte Anzahl von Motivationstheorien zu behandeln, wobei allerdings die ausgewählten Theorien ausführlich dargestellt werden. Der Vorteil ist, dass sich dadurch die große Zahl der empirischen Befunde in sinnvoller Weise einordnen lässt und ein orientierender gedanklicher Rahmen entstehen kann. Viele umfassendere Lehrbücher verfolgen angesichts dieser großen Datenfülle das Ziel, den Leser über möglichst viele empirische Befunde zu informieren. Hier werden die grundlegenden theoretischen Entwürfe zum Phänomen Motivation dargelegt und anhand einiger weniger ausgewählter Befunde belegt. Auf dieser Grundlage sollte der Leser in der Lage sein, auch andere und neue Forschungsarbeiten zu verstehen und kritisch zu hinterfragen.

Darüber hinaus sind die verschiedenen Theorien der Motivation oftmals ganz verschiedenen Geltungsbereichen gewidmet. Darum sollen innerhalb einiger zentraler theoretischer Entwürfe insbesondere solche Phänomene, Befunde und Experimente dargestellt werden, die Anspruch und Geltungsbereich der jeweiligen Theorie besonders gut illustrieren.

Neben solchen Experimenten oder Phänomenen, die zu den klassischen Belegen der jeweiligen Theorie gehören und diese besonders gut illustrieren, existieren oftmals auch solche, die einen „kritischen" Test einer Theorie darstellen und zu einer Weiterentwicklung der Motivationspsychologie sowie zu einer Hinwendung zu anderen, oftmals verbesserten theoretischen Konzepten geführt haben.

Die Psychologie sieht sich häufig mit der Frage nach der „einen" richtigen Theorie eines Phänomens konfrontiert. Dieses Buch dient deshalb insbesondere einem weiteren Lernziel: Eine solche richtige Theorie existiert nicht, und dies ist keineswegs allein charakteristisch für das Studium der Motivation. Unterschiedliche Theorien beleuchten oftmals ein und denselben Sachverhalt aus unterschiedlichen Blickwinkeln, und diese verschiedenen Blickwinkel sind lehrreich, da jede neue Perspektive einer anderen Herangehensweise wertvolle Erkenntnisse hinzufügt, ohne diese notwendigerweise zu ersetzen oder überflüssig zu machen. Ein weiterer Umstand – eine Alltagsweisheit – tritt hier hinzu: Fehler sind dazu da (und haben daher ihr Gutes), dass wir aus ihnen lernen.

Bezug zur psychologischen Praxis

Einer der am häufigsten zitierten Sätze der Psychologiegeschichte ist Kurt Lewins (1948) Diktum, „nichts ist so praktisch wie eine gute Theorie". Anwendungen dieser Theorien in der Praxis, sei es in Erziehung und Unterricht, der Klinischen oder der Organisationspsychologie, werden deshalb für jede der hier vorgestellten Theorien aufgezeigt.

Inhalte des Buchs

Jedes Kapitel ist jeweils einer Theorie der Motivation gewidmet. Diese Theorien haben sich historisch entwickelt und nehmen teilweise direkt Bezug aufeinander. Deshalb werden die Bezüge zwischen den Erkenntnissen der jeweiligen Theorien aufgezeigt.

Im ersten Kapitel betrachten wir die Frage, was „Motivation" eigentlich ist und welche Fragen eine gute Theorie der Motivation idealerweise beantworten sollte.

Die im Folgenden behandelten Theorien sind Freuds psychoanalytische Theorie (Kapitel 2), Hulls behavioristische Theorie (Kapitel 3), Skinners Verstärkungstheorie (Kapitel 4), Lewins Feldtheorie (Kapitel 5), Atkinsons Theorie der Leistungsmotivation (Kapitel 6), Attributions- und attributionale Theorien (Kapitel 7 und 8), willenspsychologische Ansätze (Kapitel 9) sowie schließlich Evolutionäre Theorien der Motivation (Kapitel 10).

Gliederungsgesichtspunkte

Jedes dieser Kapitel umfasst drei Teile:
(1) Konzeptueller Teil: Es erfolgt eine historische Einordnung sowie eine Einführung in zentrale Konzepte der Theorie.

(2) Empirischer Teil: Hier wird dargestellt, welche Arten von Daten in paradigmatischer Weise von der betreffenden Theorie erklärt werden können – und wo die jeweilige Theorie ihre Grenzen bei der Vorhersage menschlicher Motivation hat.

(3) Anwendungsteil: Mindestens ein konkreter Anwendungsbezug der jeweiligen Theorie wird aufgezeigt; die Anwendungsbeispiele stammen in etwa gleichen Teilen aus der Klinischen, Pädagogischen sowie Organisationspsychologie.

Beispiele

Wie Ralph Waldo Emerson zu Beginn dieser Einführung ganz richtig bemerkt, „sterben auch die wundervollsten Inspirationen", wenn sie dem Leser nicht anschaulich gemacht werden können. Es gibt daher in diesem Buch eine Vielzahl von möglichst konkreten Beispielen aus dem Alltagsleben sowie auch Hinweise auf Filme, die die jeweils erörterten Sachverhalte illustrieren. Eine umfassendere Liste solcher Filmbeispiele ist über die Homepage des Autors abrufbar (www.allpsy2.de).

Prüfung der Lernziele

Zur Selbstkontrolle sowie auch als Beispiele für mögliche Prüfungsfragen wurden jedem Kapitel Denkanstöße angefügt, anhand derer sich ausgewählte Fragen zur jeweiligen Theorie vertiefen und anwenden lassen.

Mögliche Erweiterungen

Die Zahl empirischer Untersuchungen zu den einzelnen Theorien wurde bewusst möglichst gering gehalten. Diese empirischen Teile des Buches können jeweils ergänzt werden, beispielsweise auch zur vertiefenden Behandlung in Seminaren. Beispiele für solche Erweiterungen und entsprechende Literaturangaben sind am Ende eines jeden Kapitels genannt und können von den Dozenten jeweils beliebig verwendet oder erweitert werden.

Danksagung

An dieser Stelle möchte ich einer Reihe von Personen danken, ohne die dieses Buch nicht zustande gekommen wäre. Mein Dank gilt zahlreichen Studierenden der Psychologie an der TU Chemnitz, die eine erste Version dieses Buches im Wintersemester 2002/03 gelesen haben. Mein ganz besonderer Dank gilt Frau Susanne Ackermann, die als Lektorin des Beltz-Verlages das Buchmanuskript mit großer Sorgfalt überarbeitet und viele außerordentlich hilfreiche Ideen und Anregungen gegeben hat. Weiterhin bin ich vielen Personen zu großem Dank verpflichtet für hilfreiche Kommentare und Anregungen, Unterstützung bei der Literaturrecherche sowie der Gestaltung der Tabellen, Abbildungen und Übersichten. Hierzu gehören Andreas David, Eike Fittig, Johannes Hönekopp, Susanne Leonhard, Wolfgang Mertens, Wulf-Uwe Meyer, Josef Nerb, Astrid Neumann, Michael Niepel, Elke Schröder, Mandy Tittmann, Sören Vogel, Sandy Wendt, Bernard Weiner und Isabell Winkler.

Chemnitz, im April 2003

Udo Rudolph

Vorwort zur zweiten Auflage

Die vorliegende zweite Auflage der „Motivationspsychologie" ist inhaltlich in gleicher Weise aufgebaut wie bereits die erste Auflage: Die zentralen Theorien der Motivation werden einem historischen Aufbau folgend dargestellt. Dabei ist nach wie vor jedes Kapitel in drei Teile gegliedert:

▶ eine allgemeine Einführung in die theoretischen Überlegungen,
▶ eine knappe Darstellung der wesentlichen empirischen Befunde
▶ und mindestens ein konkretes Anwendungsbeispiel für die jeweilige Theorie.

Im Vergleich zur ersten Auflage trägt die vorliegende Auflage insbesondere dem Charakter der Kompakt-Reihe des Beltz-Verlages Rechnung. Damit ist gemeint, dass Studierende der Psychologie und verwandter Fächer, aber auch Dozenten in den jeweiligen Studiengängen mit diesem Buch *arbeiten* können. Aus diesem Grunde wurden insbesondere die Lernhilfen zur Erarbeitung der Inhalte sowie Übungen zur Verwendung im Unterricht erweitert:

▶ ein Überblick sowie eine Zusammenfassung der wesentlichen Inhalte für jedes einzelne Kapitel,
▶ eine Vielzahl konkreter Beispiele zur Illustration des Stoffes,
▶ gesonderte Kästen mit Definitionen innerhalb der einzelnen Kapitel,
▶ Hinweise für eine gezielte weitere Lektüre,
▶ Denkanstöße insbesondere zur *Anwendung* des Gelernten,
▶ ein zusammenfassendes Glossar mit einer Definition der wichtigsten Begriffe.

Unter www.beltz.de werden folgende Online-Materialien zum Buch angeboten:

▶ die Zusammenfassungen der Kapitel
▶ Definitionen
▶ Multiple-Choice-Aufgaben mit Antworten
▶ die wichtigsten Studien zu einer Theorie, strukturiert und auf den Punkt gebracht: Fragestellung und Ergebnis
▶ vorlesungsbegleitende Übungen zum Einsatz in der Vorlesung oder zur Selbstüberprüfung.

Im Vergleich zur ersten Auflage wurden einige der Inhalte gekürzt. Dies gilt insbesondere für die Darstellung empirischer Befunde und Experimente. Gleichzeitig wurde besonderer Wert darauf gelegt, die verbleibenden wichtigsten Ergebnisse zu den verschiedenen Motivationstheorien so darzustellen, dass diese auch ohne eine Lektüre der Originalliteratur verständlich sind.

Alle diese Veränderungen sollten dazu führen, dass das vorliegende Buch bereits für Studierende im ersten Studienjahr und auch für Praktiker ohne Ausbildung in Psychologie verständlich ist. Die Reduktion des Textumfangs sollte überdies die Verwendung des Buchs auch in den neu konzipierten Bachelor-Studiengängen der Psychologie wie auch in Lehramtsstudiengängen erleichtern. Gleichwohl eignet sich der hier vorgestellte Stoff bei entsprechender Schwerpunktsetzung nach wie vor als Grundlage für eine Vorlesung zur Einführung in die Motivationspsychologie.

Ich bin insbesondere André Körner für seine wertvolle Mitarbeit an dieser zweiten Auflage der „Motivationspsychologie" zu großem Dank verpflichtet. Für die redaktionelle Mitarbeit danke ich Juliane Eberth, Katja Schleinitz, Katrin Schulz und Konstanze Wolter. Besonderer Dank gilt Heike Berger und Reiner Klähn für hilfreiche Ideen und Anmerkungen zur Konzeption und Gestaltung des vorliegenden Buchs.

Chemnitz im Mai 2007   *Udo Rudolph*

1 Was ist Motivation?

Was Sie in diesem Kapitel erwartet

dem griechischen Philosophen Epikur: Wir handeln, um uns Lust zu bereiten und Schmerz zu vermeiden. Sie hat bis heute ihre Gültigkeit bewahrt, vermag aber nicht alle Handlungen zu erklären. Epikurs Ansichten bereiteten zudem viele Fragen vor, die auch in der modernen Motivationspsychologie eine wichtige Rolle spielen, so etwa: Welche Arten von Bedürfnissen lassen sich unterscheiden und welche Grundbedürfnisse gibt es? Wie hängen die Beweggründe mit unseren Gefühlen und Gedanken zusammen? Gibt es noch andere allgemeine Verhaltensprinzipien als das Lust-Unlust-Prinzip?

Der Begriff Motivation begegnet uns nicht nur in der Psychologie, sondern auch im alltäglichen Leben häufig: Wir sprechen etwa von hoch motivierten oder auch weniger motivierten Schülern, Studenten oder Mitarbeitern, wir fragen uns, ob ein Bremsmanöver unmotiviert ist oder nach den Motiven einer Straftat. Manchmal sagen wir über uns selbst, es mangle uns an Motivation – z. B., wenn wir die Vorbereitung auf eine Prüfung vor uns herschieben.

Warum also verhalten wir uns so, wie wir es tun? Die Motivationspsychologie soll diese Frage beantworten und befasst sich daher mit den Beweggründen menschlicher Handlungen. Eine frühe Antwort stammt von

Das Wort „Motivation" selbst ist abgeleitet von dem lateinischen Verb „movere" = bewegen. Motivation hat insofern mit Bewegung zu tun, als der Begriff dasjenige bezeichnet, was uns zu einer Handlung veranlasst oder uns in Bewegung versetzt. Ein Mangel an Motivation führt dagegen dazu, dass wir eine Handlung unterlassen.

Motivation kann im Rahmen einer weit gefassten Begriffsbestimmung definiert werden als die Gesamtheit der Prozesse, die zielgerichtetes Verhalten auslösen und aufrechterhalten (Mook, 1987). Eine möglichst generelle Bestimmung des Gegenstandsbereiches der Motivationspsychologie lautet daher, dass sie sich mit der Frage befasst: „Warum verhalten sich Lebewesen (Menschen) so, wie sie es tun?" Aufgabe der Motivationspsychologie ist es demzufolge, die Beweggründe und Ursachen für menschliches Handeln aufzufinden.

1.1 Die Wurzeln der Motivationspsychologie

Über die Frage nach den Ursachen und Gründen unseres Verhaltens, unseren Motiven und Motivationen, haben Philosophen lange vor der Entstehung der modernen Psychologie nachgedacht. Einer der ersten uns bekannten „Motivationstheoretiker" ist der griechische Philosoph Epikur.

Epikur und der Epikureismus

Epikur (341–270 v. Chr.) hat sehr unterschiedliche Reaktionen bei seinen Mitmenschen hervorgerufen – von glühender Verehrung bis heftiger Ablehnung. Der „Epikureer" (Anhänger der Lehren Epikurs) wird in einem heutigen Lexikon definiert als jemand, „der ein Leben in Wohlstand führt und sich den Vergnügungen hingibt […], ein sinnlicher Schlemmer oder Genießer" – ein krasses Missverständnis, das dem wirklichen Werk und Wollen dieses antiken Weisheitslehrers widerspricht (Laskowsky 1988).

Der junge Epikur hielt es in seiner Schule nicht einen Tag aus; er erhielt jedoch als Jugendlicher privaten Unterricht in Philosophie von einem Schüler Platons (Pamphilos). Als junger Soldat in Athen hatte er Gelegenheit, Vorlesungen von Aristoteles und Xenokrates zu hören. Mit Anfang 30 gründete Epikur eine eigene philosophische Schule und fand bald Anhänger in ganz Griechenland, Kleinasien, Ägypten und Italien. Zu seiner Schule, die kostenlos war, allen Menschen – auch Frauen und Sklaven – offen stand und auf Freundschaft gegründet sein sollte, gehörte ein Garten, in dem Gemüse und Obst angebaut wurden und aus dem sich Epikur und seine Schüler ernährten. Vor allem seine demokratische Einstellung und sein Verständnis für die Anliegen einfacher Menschen brachte ihm viele Feinde – denn obwohl das Griechenland der damaligen Zeit eine bis dahin ungeahnte wirtschaftliche, kulturelle und wissenschaftliche Blüte erlebt hatte, basierte das gesellschaftliche System doch auf einer Ausbeutung vieler durch eine relativ kleine Anzahl privilegierter Bürger.

Um die Jahrtausendwende waren die Lehren Epikurs im Römischen Reich außerordentlich beliebt, wurden zugleich aber vom Christentum bekämpft. Die damaligen Kritiker sahen in der Tatsache, dass Epikurs Lehren so einfach und leicht zu verstehen waren und bei den „einfachen" Menschen so großen Anklang fanden, einen Nachweis, dass sie falsch sein müssten.

1.1.1 Epikurs Thesen zur Motivation

Lust und Unlust. Epikur nimmt an, dass wir handeln, um uns selbst Vergnügen oder Freude zu bereiten. Das instinktive Verhalten von Kindern und Neugeborenen ist für ihn ein anschauliches Beispiel dafür, dass positive Zustände erstrebt und negative Zustände gemieden werden. Vergnügen (etwa Nahrung, Zuwendung, Schlaf) ist ihm zufolge die einzige Größe, die Menschen um ihrer selbst willen anstreben, und somit die entscheidende Motivation oder der Motor unseres Handelns. Epikur räumte allerdings ein, bei Erwachsenen sei oft schwieriger zu sehen, warum jegliches Verhalten, z. B. auch Akte der Selbstaufopferung oder des Altruismus, doch letzten Endes nur dem Handelnden selbst dienen und ihm Freude bereiten.

[Handschriftliche Notiz: Selbstlosigkeit Menschenliebe]

Epikur begründete die philosophische Doktrin des Hedonismus (griech. hedone = Lust, Freude), die in der Psychologie auch als **Lust-Unlust-Prinzip** (engl. Pleasure-Pain-Principle) bezeichnet wird. **Psychologischer Hedonismus** besagt, dass all unsere Handlungen dazu dienen, uns Lust oder Freude zu bereiten und Schmerz zu vermeiden.

[Handschriftliche Notiz: GenußlLust =Ziel / Antrieb des menschlichen Handelns]

Positive und negative Zustände (Lust und Unlust) sieht Epikur als zentrale Determinanten unseres Verhaltens; sie werden zudem nicht nur erlebt, sondern auch antizipiert (vorweggenommen): Wir haben Erwartungen bezüglich der Konsequenzen unseres Handelns, und diese

Erwartungen steuern das Handeln. Wir verhalten uns nun Epikur zufolge so, dass die erwarteten Konsequenzen (die Summe möglicher positiver und negativer Konsequenzen) möglichst günstig ausfallen.

Bedürfnisse. Es gibt zudem eine enge Verbindung zwischen dem psychologischen Hedonismus und der Befriedigung von Bedürfnissen: Freude resultiert insbesondere aus der Befriedigung von Bedürfnissen; die Nichtbefriedigung von Bedürfnissen ist schmerzhaft. Epikur unterscheidet verschiedene Bedürfnisse nach ihrer Bedeutung für das Handeln, nach unterschiedlichen Gegenstandsbereichen und nach ihrer „Natürlichkeit" und „Notwendigkeit".

Epikur zufolge gibt es auslösende Freuden bzw. Bedürfnisse und statische Freuden bzw. Bedürfnisse. Auslösende Bedürfnisse motivieren uns zum Handeln und lösen Handlungen aus, wenn wir uns in einem unangenehmen Zustand befinden: Wir sind z. B. hungrig, und das motiviert uns zu essen. Bei statischen Bedürfnissen verhält es sich umgekehrt: Die Person befindet sich in einem angenehmen Zustand und möchte diesen gerne beibehalten.

Ferner unterscheidet Epikur physische und mentale Freuden. Im Gegensatz zu physischen umfassen mentale Freuden mehr als nur unmittelbar körperliche Bedürfniszustände (wie Hunger oder Durst). So kann ich mich z. B. an einer Erinnerung oder einer Erkenntnis freuen. Auch die Zuversicht, dass mir etwas gelingen wird, ist eine mentale Freude, und zwar in Bezug auf zukünftige Ereignisse und ihre subjektive Wahrscheinlichkeit.

Schließlich unterscheidet Epikur zwischen natürlichen und nicht natürlichen bzw. notwendigen und nicht notwendigen Freuden und Bedürfnissen. Hier betreten wir den Bereich des ethischen Hedonismus, denn es geht um die Frage, ob ein Bedürfnis oder Wunsch gut oder „echt" ist.

1.1.2 Epikur und die moderne Motivationspsychologie

Im Folgenden betrachten wir, inwiefern die skizzierten Thesen Epikurs in modernen Theorien der Motivation nach wie vor relevant sind.

Rolle der Emotionen. Unser Verhalten ist dadurch motiviert, dass wir positive emotionale Zustände (Freude) suchen und negative emotionale Zustände (Schmerz) meiden. Dieser Gedanke ist die Quintessenz des epikureischen Hedonismus. Bei Epikur bedeutet Hedonismus allerdings mehr als nur die Maximierung von Lust und die Minimierung von Unlust; er verweist zudem auf Emotionen wie Freude, Hoffnung und Erleichterung. Auch die gegenwärtigen Motivationstheorien betonen die Rolle der Emotionen für unser Handeln, so z. B. die Theorie der Leistungsmotivation von Atkinson, in der das Leistungshandeln insbesondere durch seine emotionalen Konsequenzen bestimmt wird (Stolz nach Erfolg, Scham nach Misserfolg; siehe Kap. 6). Die Frage, in welcher Weise Emotionen unser Verhalten leiten, ist eines der wichtigsten aktuellen Forschungsthemen in der modernen Motivationspsychologie. Ähnlich verhält es sich mit der Frage, wie eigentlich der subjektive Nutzen möglicher Handlungsalternativen berechnet wird und welche Fehler in diesem Zusammenhang auftreten können (vgl. Nisbett & Ross, 1980).

Altruismus. Auch scheinbar altruistisches Verhalten unterliegt Epikur zufolge in Wirklichkeit Gesetzmäßigkeiten des individuellen Wohlbefindens. Die Frage, ob es Altruismus – Uneigennützigkeit oder Selbstlosigkeit – wirklich gibt, hat in der Nachfolge Epikurs und anderer griechischer Philosophen eine jahrhundertlange philosophische Debatte ausgelöst. In neuerer Zeit haben Evolutionspsychologen überzeugende Belege dafür gefunden, wie scheinbar altruistisches Verhalten unter Artgenossen verschiedenster Spezies in Wirklichkeit egoistischen Interessen dient. Zur Klärung dieser Frage liegen inzwischen zahlreiche empirische Befunde vor, und im Zusammenhang mit evolutionspsychologischen Theorien der Motivation (Kap. 10) werden wir diese Frage wieder aufgreifen.

Klassifikation der Bedürfnisse und Wünsche. Das menschliche Handeln ist Epikur zufolge durch Bedürfnisse oder Wünsche motiviert. Diese Bedürfnisse und Wünsche gilt es voneinander zu unterscheiden und zu klassifizieren. Die Frage nach der Art der menschlichen Bedürfnisse und einem geeigneten Klassifikationssystem hierfür – welche und wie viele Bedürfnisse gibt es, sind diese angeboren oder erlernt? – wurde bis weit in das 20. Jahrhundert in der Motivationspsychologie diskutiert. Wir werden dieser Frage in der Psychoanalyse Freuds (Kap. 2) und in Hulls Theorie der Motivation (Kap. 3) wieder begegnen.

Homöostase und Hedonismus. Auslösende Bedürfnisse motivieren Epikur zufolge zum Handeln, statische Bedürfnisse dagegen machen es erstrebenswert, in einem Zustand (der Ruhe) zu verbleiben. Diese Annahme ist in der heutigen Psychologie als Konzept der Homöostase bekannt: Motivationstheorien lassen sich danach unterscheiden, ob sie Prozesse der Homöostase – also ein Streben nach innerem Gleichgewicht – postulieren. Dieses Konzept ist untrennbar mit dem des Hedonismus verbunden, da in der Regel angenommen wird, dass ein homöostatischer Zustand als angenehm empfunden wird. Homöostatisch orientierte Theorien der Motivation sind z. B. Freuds psychoanalytische Theorie (Kap. 2), der behavioristische Ansatz von Hull (Kap. 3) und Lewins Feldtheorie (Kap. 5).

Physische und mentale Bedürfnisse. Epikur unterscheidet physische (biologische) und mentale Bedürfnisse. Maslows humanistische Theorie der Motivation übernimmt diese Unterscheidung zwischen auslösenden und statischen Bedürfnissen und verfeinert sie weiter. Auch Freud hat sich zeit seines Lebens intensiv mit der Frage befasst, welche und wie viele Bedürfnisse wir unterscheiden sollten (Kap. 2). Die attributionalen Theorien der Motivation (Kap. 8) nehmen überdies an, der Mensch sei ein naiver Wissenschaftler, der sein Verhalten und das seiner Mitmenschen sowie seine Umwelt verstehen und vorhersagen möchte (siehe 7.1.1 Das Menschenbild der Attributionstheorien). Diese Annahme korrespondiert eng mit Epikurs Definition von mentalen Bedürfnissen.

Verständlichkeit und Allgemeingültigkeit der Motivationspsychologie. Psychologische Konzepte sollten Epikur zufolge leicht zu verstehen sein, für alle Menschen gleichermaßen gelten und eine Verwurzelung im Common Sense (sog. gesunden Menschenverstand) haben. Aus heutiger Sicht lässt sich sagen, dass wir selbst uns und unsere Motive ja durchaus verstehen können und dass somit auch die Lehre von der Motivation allgemein verständlich sein sollte. Dennoch besteht hierüber weiterhin Uneinigkeit: Nach manchen Theorien sind unsere alltäglichen (naiven) Auffassungen von Motivation zumindest ein erster großer Schritt auf dem Weg zu einer angemessenen Motivationspsychologie, nach anderen Theorien sind sie geradezu ein Hindernis.

1.2 Eine genauere Definition der Motivationspsychologie

Nach unserer ersten, sehr weit gefassten Begriffsbestimmung befasst sich die Motivationspsychologie mit der Frage, warum Lebewesen bzw. Menschen sich so verhalten, wie sie es tun. Im Folgenden wird diese Definition präzisiert.

1.2.1 Merkmale motivierten Verhaltens

In der obigen Definition von Motivation war nur ganz allgemein von zielgerichtetem „Verhalten" die Rede. Eine etwas genauere Definition der Motivationspsychologie präzisiert die hierfür relevanten Aspekte des Verhaltens folgendermaßen: Sie sucht nach „Prinzipien, die uns verstehen helfen, warum Menschen und Tiere Handlungen in jeweils spezifischen Situationen wählen, beginnen und aufrechterhalten." (Mook, 1987).

Mehrere Merkmale dieser Definition sind hier bemerkenswert: Menschliche Motivation betrifft demzufolge willentlich gewähltes Verhalten, d. h. Handlungen, die wir daher auch als motiviertes Verhalten bezeichnen. Der Begriff der Handlung beinhaltet Verhaltensweisen, für die wir uns entscheiden und die wir absichtlich ausführen. Hiervon zu unterscheiden ist unwillkürliches Verhalten, so etwa automatisch und biologisch kontrollierte Prozesse (z. B. der Saugreflex des Säuglings oder die physiologischen Grundlagen von Bedürfnissen wie Hunger oder Durst). Weiterhin lassen sich verschiedene Elemente von Handlungen unterscheiden:

Handlung
↑
unwillkürliches Verhalten

(1) Handlungen setzen voraus, dass unter mehreren Verhaltensalternativen gewählt wird und wir uns für ein bestimmtes Verhalten entscheiden (Wahlverhalten).

(2) Eine einmal gewählte Handlung kann zu verschiedenen Zeitpunkten oder Gelegenheiten begonnen werden (Latenz).

(3) Einmal begonnen, kann eine Handlung mit unterschiedlicher Energie oder Intensität verfolgt werden (Intensität).

(4) Jede begonnene Handlung wird auch einmal beendet. Dies geschieht idealerweise dann, wenn das Handlungsziel erreicht wird oder aber wenn sich die handelnde Person entscheidet, es aufzugeben. Die Beschäftigung mit einem Ziel dauert also eine gewisse Zeit an (Persistenz oder Ausdauer).

Beispiel

Kino oder Abendessen?
Eine Person, die am Abend ebenso gerne zum Essen wie ins Kino gehen möchte, aber nicht genug Zeit für beides hat, wird:

(1) zwischen beiden Alternativen wählen müssen und sich möglicherweise für den Kinobesuch entscheiden, *Wahlverhalten*

Latenz
(2) dann geeignete Vorbereitungen treffen müssen, um pünktlich am Kino zu sein und den Film zu sehen,

(3) dem Film mit mehr oder weniger Begeisterung und Aufmerksamkeit folgen und *Intensität*

(4) den Film bis zu Ende ansehen oder (im ungünstigen Falle) das Kino vorzeitig verlassen – möglicherweise, um noch zum Essen zu gehen.
Persistenz oder Ausdauer

1.2.2 Generelle Verhaltensprinzipien

Aus wissenschaftstheoretischer Perspektive wäre es ideal, wenn eine möglichst große Vielfalt von menschlichem Erleben und Verhalten auf eine möglichst kleine Zahl präziser und allgemeingültiger Gesetzmäßigkeiten zurückgeführt werden könnte (vgl. Popper, 1974). Einige Konzepte der Motivationspsychologie werden als solche umfassenden Verhaltensprinzipien betrachtet, z. B. die Konzepte der Homöostase und des Hedonismus.

Das Konzept der Homöostase
Das Verhalten eines Neugeborenen, das Epikur bereits als Beispiel nannte, scheint vorwiegend durch homöostatische Prozesse gesteuert zu sein: Abweichungen von einem Idealzustand

(Hunger oder fehlende Zuwendung) führen zu Verhaltensweisen, die der Umwelt diese Mangelzustände signalisieren. Ihre Beseitigung (Befriedigung der Bedürfnisse) hingegen löst Passivität und Ruhe (Schlaf) aus, bis ein erneutes Ungleichgewicht (Disäquilibrium) Verhaltensweisen motiviert, die diesen Zustand wiederum beheben sollen. – So bildet sich ein Kreislauf von Ruhe und Aktivität heraus, der für zahlreiche Bereiche menschlichen Verhaltens charakteristisch ist. Eine Reihe von Motivationstheorien erklären solche homöostatischen Prozesse zum generellen Verhaltensprinzip, das also auch für bewusst gewählte Handlungen gelten soll.

Dennoch stellt sich die Frage, ob das Prinzip der Homöostase tatsächlich ein derart generell wirkender motivationaler Faktor sein kann: Welche motivationalen Phänomene werden homöostatisch reguliert, und welche Phänomene bedürfen einer anderen Art von Erklärung? Möglicherweise sind diejenigen Aspekte menschlichen Verhaltens, die homöostatisch reguliert sind, gerade solche, welche uns eher weniger interessant erscheinen, wie Essen und Trinken oder die Vermeidung von Schmerz. Und andere Aspekte menschlicher Motivation, die interessanter wie auch komplexer erscheinen, halten einer homöostatischen Erklärung nicht stand, wenn es etwa um die Frage geht, wem wir helfen, welchen Partner wir gerne heiraten möchten oder welche berufliche Anforderungen wir aufsuchen.

Das Konzept des Hedonismus

Bei Epikur wurde bereits deutlich, was unter Hedonismus zu verstehen ist und wie eine Motivationstheorie aussehen könnte, die den Hedonimus als grundlegendes Prinzip menschlicher Motivation begreift. Es gibt aber davon sichtlich abweichende Phänomene: So sind etwa das von Freud beobachtete kindliche Verhalten der „Angstlust" (Kinder haben oftmals Freude an Spielen, die mit unangenehmen Emotionen einhergehen), aber auch Emotionen wie Neid oder Eifersucht bei Erwachsenen zumindest auf den ersten Blick kein Ausdruck von Hedonismus. Auch hier nehmen manche Motivationstheorien den Hedonismus als generelles Verhaltensprinzip explizit oder implizit an, während andere dies ablehnen.

1.2.3 Motivation und Kognition

Motiviertes Handeln hat nach unseren alltäglichen Erfahrungen offenbar häufig eine kognitive (im weitesten Sinne: gedankliche) Grundlage: Wir wägen die Vorteile des abendlichen Kinobesuches gegen die Nachteile eines verspäteten Abendessens ab, wir überlegen uns, ob jemand unsere Hilfe und Unterstützung verdient, oder was dazu führt, dass wir uns in die eine Person verlieben und in eine andere nicht. Mit Hilfe gedanklicher Tätigkeiten wählen wir unter möglichen wünschbaren Handlungsalternativen eine aus, für die wir uns schließlich entscheiden. So wird der Wunsch zum Willen – und wir handeln.

S-R-Psychologie versus S-C-R-Psychologie. In der Psychologie gibt es zwei grundsätzliche Positionen zur Beziehung zwischen Motivation und Kognition:
▶ die S-R-Psychologie und
▶ die S-C-R-Psychologie.
Die Position des Behaviorismus bildet den Prototyp der S-R-Psychologie (beschränkt auf Stimulus und Reaktion): Kognitive Prozesse, die möglicherweise zwischen Situation (Stimulus) und Reaktion vermitteln, werden von der psychologischen Analyse ausgeschlossen. Zwei Gründe für eine solche Selbstbeschränkung sind denkbar: Zum einen mögen die kognitiven Prozesse für die Vorhersage menschlichen Erlebens und Verhaltens tatsächlich überflüssig sein, weil eine

solche Vorhersage anhand anderer, nicht-kognitiver Variablen möglich ist. Zum anderen stellt sich bei der Einbeziehung kognitiver Prozesse die Frage, wie solche unsichtbaren Vorgänge beobachtet oder gemessen werden können. Die Antwort der Behavioristen lautet, dass ihre mangelnde Beobachtbarkeit die kognitiven Prozesse von einer psychologischen Analyse a priori ausschließen sollte.

In den letzten Jahrzehnten wurde die Frage nach einer Einbeziehung kognitiver Prozesse eindeutig zugunsten der S-C-R-Psychologie entschieden. Dennoch ist die Frage nach der Bedeutung von gedanklichen Prozessen bei der Vorhersage motivierten Verhaltens nach wie vor wichtig, und zwar aus zwei Gründen:

S-C-R-Psychologie: ⇒ Verhalten mit kognitiven Prozessen

Die Frage ist berechtigt, inwieweit behavioristische Modelle menschlicher Motivation Gültigkeit haben. Hier besteht eine Analogie zu den homöostatischen und hedonistischen Prinzipien des Verhaltens, die zumindest für einen mehr oder weniger großen Teil der menschlichen Motivation unzweifelhaft gelten. Ebenso sind zahlreiche Aspekte menschlicher Motivation durch behavioristische Prinzipien sinnvoll zu beschreiben. Für die zukünftige Motivationsforschung ist es andererseits wichtig zu verstehen, welche Aspekte menschlicher Motivation eben nicht durch homöostatische, hedonistische oder behavioristische Prinzipen erklärbar sind.

Ein Ritt über den Bodensee

Jede Theorie der Motivation versucht, die schwierige Aufgabe der Erklärung menschlicher Motivation zu lösen. Diese Aufgabe hat Parallelen zu dem sprichwörtlichen „Ritt über den Bodensee": Ein Reiter überquert den zugefrorenen und schneebedeckten See ohne dies zu wissen, als er am Ufer erfährt, welcher Gefahr er ausgesetzt war, lässt der Schock ihn tot zu Boden stürzen. Die Analyse eines theoretischen Ansatzes kommt dem Versuch gleich zu prüfen, wie weit das Eis nun trägt. Wir fragen uns daher angesichts eines jeden Ansatzes, wie weit wir bei der Lösung der zugrunde liegenden Aufgabe gediehen sind. An einigen Stellen – und dies ist insbesondere für den Behaviorismus deutlich wie in keinem anderen Feld – erweist sich die Theorie (das Eis) als überaus tragfähig, andere Stellen sind nach wie vor brüchig oder gar nicht bearbeitet (nicht zugefroren); es steht in vielen Fällen auch nicht zu erwarten, dass sie jemals bearbeitet werden. Deshalb wird es notwendig sein, einen anderen Weg einzuschlagen, um das Gebiet zu erkunden.

Ein Ziel dieses Buches besteht darin, jeder vorliegenden Theorie ihren Platz und Wert zuzuweisen und zu verdeutlichen, wo die Bruchstellen zwischen den einzelnen Ansätzen liegen (der Übergang vom festem Grund und Eis zu brüchigen oder nicht zugefrorenen Stellen). So ist es möglich, den Wert der einzelnen Ansätze – ihren Beitrag zum Verständnis der menschlichen Motivation und ihre spezifischen Anwendungsmöglichkeiten – zu würdigen.

1.2.4 Motivation und Bewusstsein

Im Zusammenhang mit den kognitiven Prozessen, die motivierte Handlungen vermitteln, stellt sich die noch schwierigere Frage nach der Rolle des Bewusstseins. Der Mensch ist die einzige Spezies, die nicht nur denkt und fühlt, sondern sich dessen auch bewusst ist. Deshalb lassen sich psychologische Theorien nicht nur danach unterscheiden, inwieweit sie gedankliche Prozesse überhaupt berücksichtigen, sondern auch danach, welche Rolle sie hierbei bewussten oder unbewussten gedanklichen Prozessen beimessen.

Außerdem nehmen manche psychologischen Theorien an, dass menschliches Handeln es nicht mit einer objektiv vorhandenen, sondern mit einer subjektiv wahrgenommenen Welt zu tun hat. Einen solchen phänomenologischen Ansatz vertrat zunächst die Gestaltpsychologie, die besonders auf entsprechende Wahrnehmungsphänomene hingewiesen hat (siehe 5.1.1).

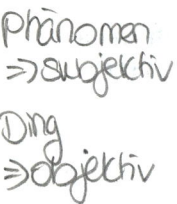

Ein weiteres wichtiges Ordnungskriterium für Theorien der Motivation ist daher die Position, die sie in Bezug auf die Rolle des Bewusstseins und der Phänomenologie (die Lehre von den Phänomenen) einnehmen. Während in behavioristischen Positionen mit ihrer Beschränkung auf eine S-R-Psychologie naturgemäß kein Raum bleibt für bewusste Repräsentationen unserer selbst und unserer Umwelt, neigen die meisten neueren Motivationstheorien zu der Annahme, dass wir uns der Ursachen und Gründe des eigenen Handelns sowie der vermittelnden oder begleitenden emotionalen Zustände sehr wohl bewusst sind – und dass diese bewussten Prozesse unser Verhalten beeinflussen.

1.2.5 Motivation und Emotion

Eine weitere Grundfrage der Motivationstheorie betrifft die Rolle der Emotionen. Handlungen werden manchmal nur um ihrer Ziele willen durchgeführt. So kann ich mich auf eine Prüfung vorbereiten, was mühevoll und unangenehm sein mag, und ich kann nach der bestandenen (schwierigen) Prüfung Stolz und Freude empfinden. Allerdings besteht das Ziel einer Handlungen keineswegs immer nur im Erreichen eines konkreten Zielzustandes. So geht es beim Bergsteigen oft nicht nur darum, eine schwierige Aufgabe zu bewältigen oder den Blick vom Gipfel zu genießen, sondern auch um die Freude an der Tätigkeit selbst: Der Weg ist das Ziel. Daher können sowohl das erreichte Handlungsziel als auch die dazu führende Tätigkeit als angenehm oder unangenehm erlebt werden.

An dieser Stelle kommen Emotionen ins Spiel. Diese können bereits während des motivierten Verhaltens auftreten oder erst nach Erreichen des Handlungsziels. Motivationstheorien lassen sich danach unterscheiden, inwiefern Emotionen zur Erklärung und Vorhersage motivierten Verhaltens herangezogen werden. Die behavioristische Extremposition nimmt an, dass menschliche Emotionen „das Individuum vom monotonen Existieren als hoch perfekte biologische Maschine entbinden" und somit irrationale Qualitäten haben (Watson, 1919, S. 194). Demzufolge schließen Emotionen und motiviertes Verhalten einander aus. Eine Gegenposition lautet, dass menschliche Motivation (das, was ich will) und motiviertes Verhalten (das, was ich tue) ohne emotionale Vermittlung gar nicht denkbar sind.

Der gegenwärtige Stand der Forschung legt nahe, dass eine Trennung in Motivations- und Emotionspsychologie wenig sinnvoll und hilfreich ist: Viele Phänomene der Motivation sind ohne emotionale Vermittlung nicht denkbar. Und umgekehrt sind viele Emotionen nicht losgelöst von motivierenden Funktionen für unser Verhalten und ihres Handelns zu betrachten. So gehört es z. B. zur Definition des Begriffes Angst, dass ich der angstauslösenden Situation entgehen oder entfliehen möchte.

1.2.6 Motivation und Persönlichkeitsmerkmale

Motivationstheorien lassen sich zudem danach unterscheiden, welche Rolle sie individuellen Unterschieden oder Persönlichkeitsmerkmalen zuschreiben. So nimmt Atkinsons Theorie der Leistungsmotivation an, dass Personen sich darin unterscheiden, inwieweit sie leistungsbezogene Situationen eher aufsuchen oder meiden (siehe Kap. 6). Andere Ansätze, wie Hulls behavioristische Theorie oder Weiners attributionale Theorie, zielen darauf ab, zunächst einmal ausschließlich solche motivationalen Gesetzmäßigkeiten zu untersuchen, die generelle Wirksamkeit – für alle Personen – beanspruchen, und stellen folglich Fragen nach individuellen Unterschieden zurück.

Den Schlüssel unter der Laterne suchen?

Die Behandlung von Persönlichkeitsmerkmalen weist gewisse Parallelen auf zu der Frage nach der Einbeziehung kognitiver Prozesse, die vom Behaviorismus so bekämpft wurde. Dies lässt sich veranschaulichen durch eine Analogie mit dem guten Menschen, der einem Betrunkenen helfen möchte, seinen Schlüssel zu finden, den dieser unter einer Straßenlaterne sucht. Nach langer vergeblicher Suche fragt der Helfende den Betrunkenen, ob er sicher sei, dass er den Schlüssel unter der Straßenlaterne verloren habe. Der Betrunkene antwortet mit größter Selbstverständlichkeit, natürlich habe er den Schlüssel an anderem Orte verloren – aber dort sei das Suchen zwecklos, weil kein Licht sei.

Die Psychologie ist gelegentlich in einer vergleichbaren Situation: Solange kognitive Prozesse nicht mit neuen Methoden besser untersucht werden konnten, mag die Forderung des Behaviorismus nach einer Restriktion auf beobachtbares Verhalten berechtigt gewesen sein. Bei der Berücksichtigung von Persönlichkeitsmerkmalen ist es nicht anders: So machten viele Motivationspsychologen geltend, dass sich persönlichkeitsorientierte Theorien der Motivation (zumindest noch) nicht bewährten, weil geeignete Messinstrumente zur Diagnose (überdauernder) motivationaler Persönlichkeitsdispositionen fehlen.

Wie bereits bei der Frage nach der Bedeutung kognitiver Prozesse und emotionaler Reaktionen nimmt dieses Buch auch in Bezug auf die interindividuellen Unterschiede der Motivation eine pragmatische Position ein: Behavioristische Theorien der Motivation sind aus heutiger Perspektive ertragreich, und zwar so weit die allgemeinen Prinzipien des menschlichen Verhaltens reichen, die durch die Restriktion auf beobachtbares Verhalten gewonnen wurden (Berlyne, 1968). Daher werden wir in den folgenden Kapiteln versuchen, menschliche Motivation zunächst anhand genereller Gesetzmäßigkeiten zu erklären, um uns dann individuellen Unterschieden im Motivationsgeschehen zuzuwenden.

Wie die historische Gliederung dieses Buches zeigt, berücksichtigen die frühen Theorien der Motivation keine systematischen individuellen Unterschiede (dies betrifft die Theorien von Freud, Hull, Skinner und Lewin). Und die meisten der späteren Theoretiker verzichten in der Nachfolge der Theorie der Leistungsmotivation gänzlich auf die Einbeziehung von individuellen Unterschieden – kehren also in den hellen Schein der Straßenlaterne zurück –, weil das Problem der Messung individueller Unterschiede im Rahmen der Leistungsmotivation in den Augen dieser Forscher nicht angemessen gelöst werden konnte.

1.2.7 Experimenteller und klinischer Ansatz

Einerseits verhalten sich Menschen in vielen Situationen ausgesprochen geschickt oder erfolgreich, und die Evolution hat den Homo sapiens mit Fähigkeiten und Fertigkeiten ausgestattet, die zu herausragenden Leistungen führen. Andererseits erscheint menschliches Verhalten oft auch in weniger günstigem Licht: Wir behandeln etwa unsere Mitmenschen schlecht, leiden unter unbegründeten Ängsten oder sind wider besseres Wissen nicht willens oder imstande, das Richtige zu tun.

Motivationstheorien sollten in der Lage sein, beide Seiten menschlichen Verhaltens zu erklären und vorherzusagen – idealerweise im Rahmen eines umfassenden theoretischen Ansatzes. Indessen gibt es in der Motivationspsychologie zwei grundverschiedene Ansätze, die in Hinsicht auf die Erklärung menschlicher Leistungen und Fehlleistungen unterschiedliche Schwerpunkte inhaltlicher wie auch methodischer Art setzen: den experimentellen und den klinischen Ansatz.

Der experimentelle Ansatz. Das psychologische Experiment wird oft als „Königsweg" der Psychologie bezeichnet, weil es wie kein anderes methodisches Vorgehen eine Überprüfung von kausalen Verbindungen zwischen theoretischen Konzepten ermöglicht. Kennzeichnend für den experimentellen Ansatz ist allgemein, dass solche kausalen Annahmen zur Erklärung und Vorhersage (Modelle) auf der Basis experimentell gewonnener Daten gemacht werden. Der experimentelle Ansatz in der Motivationspsychologie will vorwiegend rationales oder funktionales Verhalten erklären und vorhersagen. Er wird auch als ahistorisch gekennzeichnet, weil hier ein relativ eng eingegrenzter Verhaltensausschnitt des Individuums zu einem gegebenen Zeitpunkt recht präzise erklärt und vorhergesagt wird, ohne auf weit zurückliegende (distale) Einflussgrößen in der Biographie zurückzugehen.

[handschriftliche Randnotiz: einfach, schlicht, zweckmäßig]

Der klinische Ansatz. Einen ganz anderen Weg beschreitet der klinische Ansatz: Er untersucht insbesondere irrationales oder dysfunktionales Verhalten. Er legt kaum Wert auf die Messung und experimentelle Analyse bzw. formale oder mathematische Modelle menschlichen Erlebens und Verhaltens; vielmehr besteht sein methodisches Vorgehen zumeist in Einzelfallanalysen, aus denen allgemeine Verhaltensprinzipien abgeleitet werden. Zudem ist es kennzeichnend für den klinischen Ansatz, dass er vielfältige Datenquellen heranzieht, außer klinischen etwa auch kulturelle und literarische Quellen. Er ist insofern als historisch zu bezeichnen, als biographische Ereignisse und Entwicklungsverläufe einer Person eine wichtige Rolle im Verständnis der individuellen Motivation spielen.

Als Musterbeispiel für den klinischen Ansatz werden wir in Kapitel 2 Freuds psychoanalytische Theorie betrachten: Sie zeigt, dass intensive Einzelfallanalysen durchaus zu Aussagen führen können, die auch die allgemeine Motivation erhellen.

1.2.8 Wissenschaftliche und naive Psychologie

Folgt man Heider (1958), so besteht eine Besonderheit der Psychologie gegenüber den anderen Wissenschaften darin, dass wir es bei ihr naturgemäß mit zwei wesentlich verschiedenen Arten von Psychologie zu tun haben. Zur Bezeichnung dieses Sachverhalt und um eine ganze Reihe oft austauschbarer Begriffe zu vereinheitlichen, führte Harold Kelley (1992) die Begriffe „Common-Sense-Psychology" und „Scientific Psychology" ein. Im Folgenden wird der Begriff „naive Psychologie" synonym mit „Common-Sense-Psychology" verwendet, wobei „naiv" keineswegs abwertend gemeint ist; er bezeichnet unser Alltagsverständnis menschlichen Erlebens und Verhaltens.

Wenngleich beide Arten Kelley zufolge der Erklärung menschlichen Erlebens und Verhaltens dienen, hat die wissenschaftliche Psychologie zwei Aufgaben, die über den Gegenstandsbereich der naiven Psychologie hinausgehen:

▶ Die wissenschaftliche Psychologie versucht, die naive Psychologie zu verstehen und zu systematisieren.

▶ Sie macht nicht nur Aussagen über das „Was" sondern auch über das „Wie": Im Gegensatz zur naiven Psychologie versucht die wissenschaftliche Psychologie die Mechanismen und Prozesse aufzudecken, welche die Vielfalt menschlicher Erfahrungen und Handlungen hervorbringen.

Exkurs

Die Geschichte vom Hasen und vom Igel

Das Verhältnis zwischen naiver und wissenschaftlicher Psychologie erinnert an die Geschichte vom Hasen und vom Igel: „Ick bin all dür" („Ich bin schon da"), ruft der Igel dem eilig heranrasenden Hasen stets entgegen. Der wissenschaftlichen Psychologie ergeht es hier wie dem Hasen: Die naive Psychologie ist stets schon da.

Joynson (1971) hat diesen Sachverhalt treffend zum Ausdruck gebracht: Ihm zufolge ist die menschliche Natur „kein unbekanntes Land, keine Terra incognita auf der Karte des Wissens", sondern „unser Zuhause". Daher könnten wir unser eigenes Verhalten wie auch das der anderen gewöhnlich weitgehend verstehen und vorhersagen. Sein ironisches Fazit lautet: „Selbst Menschen, die nicht Psychologen sind, verstehen einander eigentlich ganz gut."

Allerdings gibt es auch wissenschaftliche Befunde zum menschlichen Erleben und Verhalten, die mit der naiven Psychologie nur wenig zu tun haben oder ihr sogar widersprechen. Daher fehlt es auch nicht an kritischen Stimmen zur naiven Psychologie. So sieht Peters (1960) eine Hauptschwierigkeit der wissenschaftlichen Psychologie darin, „dass wir schon zuviel über das menschliche Verhalten wissen [...], denn die Common-Sense-Psychology, die in der alltäglichen Sprache immer schon enthalten ist, hat die wichtigsten Konzepte der wissenschaftlichen Psychologie verschleiert." (S. 37)

Und während eine bestimmte Tradition der Psychologie ihre Aufgabe darin sieht, die naive Psychologie nicht zu widerlegen, sondern zu verfeinern und zu systematisieren, fordern gerade in jüngerer Zeit manche Autoren eine Abkehr von der naiven Psychologie. So betonen Cosmides und Tooby (1994) in ihrem viel beachteten programmatischen Beitrag zur Evolutionspsychologie, der Aufstieg der Kognitiven Psychologie zur theoretisch anspruchsvollen Disziplin hänge davon ab, dass der Einfluss der naiven Psychologie zurückgehe.

Auch die nachfolgenden Theorien der Motivation sind durch ein unterschiedliches Verhältnis zur naiven Psychologie gekennzeichnet – eine Problematik, die angesichts Epikurs Haltung zur „naiven Philosophie des einfachen Menschen" und der vehementen Kritik, die diese Haltung auf den Plan rief, zu erwarten war.

1.2.9 Ursachen und Gründe

In den bisherigen Überlegungen zur Motivation war eine Unterscheidung enthalten, die einer genaueren Betrachtung bedarf: Es war bisher gelegentlich von Ursachen für unser Handeln in der Vergangenheit die Rede. Wiederum kann Freuds Theorie der Motivation als Paradebeispiel dienen, denn ihr zufolge sind etwa traumatische Ereignisse in der frühen Kindheit, die dem Individuum nicht mehr bewusst sind, die Ursache neurotischer Symptome im Erwachsenenalter. Andere Theorien der Motivation betonen dagegen die motivierende Funktion von Zuständen in der Zukunft. Dazu zählt bereits Epikurs Annahme, wir würden positive und negative Konsequenzen des eigenen Handelns antizipieren* und unser Handeln danach ausrichten.

*vorwegnehmen

Doch selbst neuere Motivationstheorien beachten diese Unterscheidung nicht immer. Dies verwundert umso mehr, als sie sich bereits in Aristoteles' Ursachenlehre findet: Aristoteles unterscheidet zwischen „effektiven Ursachen", die in der Vergangenheit liegen und eine Wirkung (bzw. Handlung im Fall der Motivation) Handlung hervorbringen, und „finalen Ursachen", d. h. Zielen oder Zwecken, um derentwillen eine Handlung ausgeführt wird. Eine effektive Ursache wäre z. B., wenn ich nach einem Misserfolg darüber nachdenke, was falsch gelaufen ist, und mich dann mehr anstrenge, um Erfolg zu erzielen. Der Misserfolg selbst und die eigene Schlussfolgerung, ich habe mich nicht genug bemüht, „motivieren" mich zu mehr Anstrengung. Eine finale Ursache wäre z. B., wenn ich mir vorstelle, eine Prüfung erfolgreich bestanden zu haben, und meine Freude und meinen Stolz nach dem erhofften Erfolg vorwegnehme.

Übersicht

Die verschiedenen theoretischen Ansätze der Motivationspsychologie und ihre Merkmale

	Psychoanalyse	Behaviorismus (Hull)	Behaviorismus (Skinner)	Feldtheorie	Leistungsmotivation	Entscheidungstheorie	Attributionstheorie	Humanistische Theorien	Evolutionäre Theorien
Homöostase	Ja	Ja	Nein	Ja	Nein	Nein	Nein	Nein	Ja
Hedonismus	Ja	Ja	Ja	Ja	Ja	Ja	Nein	Ja	(Ja)
S-R; S-C-R	S-R & S-C-R	S-R	S-R	S-C-R	S-C-R	S-C-R	S-C-R	S-C-R	–
Bewusstsein Phänomenologie	Ja	Nein	Nein	Ja	Ja	Ja	Ja	Ja	Nein
Motivieren Emotionen Verhalten?	Ja	Nein	Nein	Nein	Ja	Nein	Ja	Ja	Ja
Interindividuelle Unterschiede	Nein	Nein	Nein	Nein	Ja	Nein	Nein	Nein	Ja
Experimenteller oder klinischer Ansatz	Klinisch	Experimentell	Experimentell	Experimentell	Experimentell	Experimentell	Experimentell	Klinisch	Experimentell
Common-Sense	Nein	Nein	Nein	Nein	Nein	Ja	Ja	Ja	Nein
Anwendungsgebiete	Psychoanalytische Therapie	Verhaltenstherapie	Unterricht & Erziehung, Verhaltenstherapie	Ökologische Psychologie	Wirtschaftliche Entwicklung	Wirtschaftspsychologie	Lehrer-Schüler-Interaktion	Humanistische Therapie	Partnerwahl, Aggression, Altruismus

Wir werden im Folgenden von Ursachen und Gründen sprechen und diese zunächst einmal anhand des zeitlichen Bezuges unterscheiden: Es sind entweder Ereignisse in der Vergangenheit (Ursachen) oder antizipierte Zustände in der Zukunft (Gründe), die uns motivieren. Vergleichbare Überlegungen in der Psychologie wurden von Buss (1978, 1979; vgl. auch Malle, 2004) vorgeschlagen, in der Motivationspsychologie jedoch bislang wenig berücksichtigt. Die folgenden Kapitel werden zeigen, inwiefern diese Unterscheidung für psychologische Theorien der Motivation von Belang ist.

Zusammenfassung

Die Motivationspsychologie befasst sich mit den Ursachen und Gründen unseres Verhaltens. Der Philosoph Epikur ist einer ihrer wichtigsten Wegbereiter:

▶ Er begründete den Hedonismus, der in der Psychologie auch als Lust-Unlust-Prinzip bezeichnet wird.

▶ Seine Unterscheidung verschiedener Bedürfnisse (auslösende – statische, physische – mentale) nahm grundlegende Elemente und Probleme der Motivationspsychologie vorweg.

Motiviertes Verhalten besteht in (willentlich gewählten) Handlungen. Hierbei sind vier Elemente zu unterscheiden:

(1) die Auswahl von Handlungsalternativen

(2) der Beginn und das Ende der Handlung (Latenz)

(3) die Intensität der Handlung

(4) die Dauer der Handlung (Persistenz). oder Ausdauer

Die Motivationspsychologie sucht nach umfassenden Prinzipien zur Erklärung dieser Handlungsmerkmale. Als solche wurden beispielhaft Hedonismus und Homöostase betrachtet. Allerdings gibt es Phänomene, die sich durch solche generellen Prinzipien nicht erklären lassen.

Bezüglich der Einbeziehung kognitiver Prozesse in die Motivationspsychologie lassen sich zwei Grundpositionen unterscheiden:

(1) die S-R-Psychologie, die sich auf Reiz-Reaktions-Verbindungen beschränkt (v. a. der Behaviorismus, der nur beobachtbares Verhalten gelten lässt)

(2) die S-C-R-Psychologie, die vermittelnde kognitive Prozesse einbezieht (heute vorherrschende Position).

Motivationstheorien lassen sich danach unterscheiden, welche Rolle sie dem Bewusstsein, Emotionen und Persönlichkeitsmerkmalen zuschreiben.

▶ Im Gegensatz zum Behaviorismus und zur Psychoanalyse nehmen die meisten neueren Motivationstheorien an, dass wir uns unserer Motive und (antizipierten) Konsequenzen unseres Handelns bewusst sind.

▶ Der gegenwärtige Forschungsstand legt es nahe, dass Motivation und Emotionen untrennbar miteinander zusammenhängen.

▶ Gegen die persönlichkeitsorientierten Motivationstheorien lässt sich einwenden, dass uns bisher geeignete Messinstrumente für motivationale Persönlichkeitsdispositionen fehlen.

In der Motivationspsychologie gibt es zwei methodisch und inhaltlich grundverschiedene Ansätze:

▶ Der experimentelle Ansatz bevorzugt das Experiment als Methode und erhebt dazu empirische Daten. Er will insbesondere rationales oder funktionales Verhalten erklären und vorhersagen.

▶ Der klinische Ansatz bevorzugt die Einzelfallanalyse und zieht vielfältige Datenquellen heran. Er untersucht insbesondere irrationales oder dysfunktionales Verhalten und berücksichtigt dabei auch biographische Ereignisse (historischer Ansatz).

Das Verhältnis zwischen wissenschaftlicher und naiver Psychologie ist auch in der Motivationspsychologie noch umstritten, die Unterscheidung zwischen vergangenheitsbezogenen Ursachen und zukunftsbezogenen Gründen (Zielen, Zwecken) als Motiven wurde bisher vernachlässigt.

Denkanstöße

(1) Wenn Sie einmal an einen typischen Studientag denken: Welche Handlungen sind hedonistisch motiviert, und welche Handlungen dienen der Erlangung eines Zustands der Homöostase? Welche Ihrer täglichen Handlungen lassen sich durch diese beiden Konzepte vollständig erklären und welche nicht?

(2) Stellen Sie sich vor, Sie treffen eine wirklich wichtige Entscheidung. Glauben Sie, dass in dieser für Sie wichtigen Situation verschiedene Personen zu ganz unterschiedlichen Entscheidungen gelangen würden? Oder denken Sie darüber nach, ob andere Personen sich ähnlich entscheiden würden?

(3) Versuchen Sie, sich an die positivste Emotion zu erinnern, die Sie im Laufe der letzten Woche hatten. Steht diese Emotion in Zusammenhang mit etwas, das Sie sehr motiviert oder motiviert hat?

Weiterführende Literatur

Zur Einführung in die Motivationspsychologie eignet sich insbesondere das Lehrbuch von Mook. Einen exzellenten Überblick über die Anwendungen motivationaler Konzepte in Erziehung und Unterricht geben Pintrich und Schunk. Gerade für Erstsemester empfehlenswert ist das Lehrbuch von Atkinson et al.; es liegt in deutscher und englischer Sprache vor und eignet sich auch hervorragend als Nachschlagewerk.

▶ Atkinson, J. W. et al. (2000). Hilgard's introduction to psychology. Philadelphia: Harcourt Brace Publishers.
▶ Mook, D. G. (1987). Motivation. New York: W. W. Norton.
▶ Pintrich, P. R. & Schunk, D. H. (1996). Motivation in education: Theory, research, and applications. Englewood Cliffs: Prentice Hall.

2 Freuds psychoanalytische Theorie der Motivation

„Wir alle ,sprechen' Freud, ob korrekt oder nicht. Er ist und bleibt unvermeidlich, als ein überragender Gestalter des modernen Geistes, eine so allgemeine und umstrittene Autorität, wie es Plato im klassischen Altertum gewesen ist."
Peter Gay (1989)

Zu den zentralen Konzepten von Freuds Theorie gehört zunächst das Persönlichkeitsmodell, demzufolge unser Handeln von Es, Ich und Überich bestimmt werden. Hierbei steht das Es für die menschlichen Triebkräfte und das Überich für die moralischen Werthaltungen einer Person, während dem Ich in der Regel die Aufgabe zukommt, zwischen diesen beiden Kräften und den Anforderungen der Umwelt zu vermitteln. Demzufolge unterscheidet Freud solche Modelle des Denkens und Handelns, bei denen dem Ich eine vermittelnde Funktion zukommt, und solche, bei denen dies nicht geschieht.
Exemplarisch wird dies anhand einer Fallstudie (basierend auf seinen Erfahrungen als Psychoanalytiker)

Was Sie in diesem Kapitel erwartet

skizziert. Weiterhin betrachten wir einige Beispiele für Forschungsfragen, die aus den Einsichten Freuds resultieren und in den vergangenen Jahrzehnten auch experimentell überprüft wurden; hierzu gehören insbesondere neuere Erkenntnisse zur Hypnose, zur unbewussten Wahrnehmung und Aggression. Anhand dieser Ausführungen wird deutlich, was inzwischen eine weithin akzeptierte Aussage ist: Freud kommen nicht nur wegen seiner Antworten auf Fragen des menschlichen Seelenlebens große Verdienste zu, sondern weit mehr aufgrund der Fragen, die er stellte und die die Psychologie bis heute in hohem Maße beeinflussen.

Biographie

Sigmund Freud – Begründer der Psychoanalyse
Sigmund Freud (1856–1939) verbrachte fast sein ganzes Leben in Wien. Diese Stadt ist untrennbar mit Freuds Person und Werk verbunden. Fast 50 Jahre lebte er mit seiner Familie in der Wohnung in der Berggasse, analysierte und behandelte Patienten und schrieb unermüdlich an seinem Werk.
Freud studierte Medizin, wollte jedoch Wissenschaftler werden und nicht Arzt. Er spezialisierte sich auf die Erkrankungen des Nervensystems und entdeckte zwischen 1884 und 1887 die Wirkungen des Kokains als Schmerzmittel. Als die ersten Fälle von Kokainsucht bekannt wurden, sah Freud seinen Ruf als Mediziner

ruiniert; er vernichtete daraufhin alle seine Aufzeichnungen, Manuskripte und Briefe. 1885 studierte Freud bei Jean-Martin Charcot in Paris Fälle von Hysterie und ihre Behandlung durch Hypnose. Zurück in Wien, heiratete er 1886 und stellte aus materiellen Gründen seine wissenschaftlichen Ambitionen zurück. Er eröffnete eine private Praxis und war gleichzeitig am Wiener Allgemeinen Krankenhaus tätig.
Zusammen mit Josef Breuer arbeitete Freud in den folgenden Jahren intensiv an der Hypnose als Behandlungsmethode; die diesbezüglichen Publikationen wurden jedoch mit größter Skepsis aufgenommen. Auch

▶

Freud selbst war von der Hypnose mehr und mehr enttäuscht, entwickelte eigene Methoden und Theorien und prägte erstmals den Begriff „Psychoanalyse". 1899 erschien die „Traumdeutung", mit der die Psychoanalyse bekannt wurde. Bis zum ersten Weltkrieg versammelte Freud die ersten Schüler um sich (u. a. Alfred Adler, C. G. Jung, Sandor Ferenczi und Karl Abraham), allerdings kam es auch zu mehreren Zerwürfnissen (v. a. mit Adler und Jung). 1908 wurde die Wiener Psychoanalytische Vereinigung, 1910 die Internationale Psychoanalytische Vereinigung gegründet, die über eigene Publikationsorgane verfügte. Ab 1920 entstanden Lehrinstitute zur Ausbildung als Psychoanalytiker. So verbreitete sich die Psychoanalyse weltweit als Psychotherapieform, wenngleich sie keineswegs unumstritten blieb und in ihren Anfängen kaum innerhalb der akademischen Welt institutionalisiert wurde. 1933 verbrannten die Nationalsozialisten auch die Bücher Freuds, und nachdem 1938 die Gestapo sein Haus durchsucht und seine Tochter Anna verhört hatte, emigrierte er mit der Familie nach London. Dort starb Freud im September 1939, kurz nach Beginn des Zweiten Weltkriegs.

Die heute vergleichsweise geringe Akzeptanz von Freuds Lehren innerhalb der wissenschaftlichen Psychologie hat viele Ursachen. Weiner (1986) stellt hierzu treffend fest: „Man tendiert dazu, zu viel von der Freudschen Theorie zu verlangen, von ihr alle möglichen Erklärungen zu erwarten. [...] Wir sollten daher, statt allzu kritisch oder skeptisch zu sein, Freuds Theorie für das nehmen, was sie ist und war: der monumentale Versuch eines Genies, mit einigen wenigen grundlegenden Begriffen und Ideen eine ungeheure Vielfalt menschlichen Verhaltens zu erklären."

2.1 Die Motivationstheorie Freuds

Als junger Mann schrieb Freud an seine Verlobte: „So geht unser Bestreben mehr dahin, Leid von uns abzuhalten, als uns Genuß zu verschaffen." Es bleibt in Freuds Werk wenig Raum für das Positive: Weniger die Maximierung von Freude als vielmehr die Kennzeichnung von Angst, Verdrängung, Schmerz, unbewussten Triebkräften und inneren Konflikten als Wesensmerkmale des Menschen sind charakteristisch für seine Motivationstheorie.

2.1.1 Grundlagen

Die Daten von Freuds Theorie stammten zunächst aus den Beobachtungen an Patienten, die er in ausführlichen Fallstudien darstellte. Daher ist seine Theorie dem klinischen Ansatz in der Motivationspsychologie zuzurechnen. Auf der Basis des klinischen Datenmaterials entwickelte Freud seine psychoanalytischen Konzepte, mit denen er später auch neue, so etwa literarische Datenquellen erschloss – ein Wechselspiel aus induktiver und deduktiver Methode.

Aufgrund seiner Ausbildung lag es nahe, dass Freud neurologische Erkenntnisse auf die Psyche des Menschen übertrug. Kennzeichnend für seinen naturwissenschaftlichen Ansatz sind insbesondere sein Konzept von psychischer Energie und seine Auffassung vom psychologischen Determinismus.*

Psychische Energie. Nach Freud erfordern psychische Vorgänge ebenso Energie wie physische Prozesse. Dabei ist die Energiemenge einer Person zu einem gegebenen Zeitpunkt nicht unbegrenzt; zudem ist ein Teil dieser Energie bereits an bestimmte psychische Prozesse gebunden (Kathexis), also nicht für andere verfügbar. Ist beispielsweise eine Person unglücklich verliebt, so binden die Gedanken an das unerreichbare Objekt Energie, die also nicht für andere mentale oder emotionale Prozesse bereitsteht.

* Ein Geschehen/ Verhalten wird von vorn herein wahrscheinlich gemacht → Handlungen können aus Motiven erklärt werden und gleiche Motive führen immer wieder zu den gleichen Handlungen

Psychologischer Determinismus. Dieser Begriff bezeichnet die Annahme, dass alle psychischen Phänomene (Gedanken wie Handlungen) eine Ursache haben und erklärt werden können. Bei der Suche nach den Ursachen geht Freud postdiktiv vor: Von den gegebenen Phänomenen (z. B. neurotischen Symptomen) ausgehend, forscht er nach den möglichen Ursachen (z. B. traumatischen Ereignissen in der Kindheit).

[handschriftliche Notiz: Alle Handlungen haben eine Ursache]

Indikatoren unbewusster Motivation. Hogan (1976) gibt einen Überblick über die Kategorien des Verhaltens, die Freud als Indikatoren unbewusster Motivation heranzog. Hierzu zählen:

▶ freie Assoziationen (Vorstellungen, die auf ein bestimmtes Stichwort hin spontan genannt werden)

▶ Widerstände (z. B. Inhalte, über die der Patient überhaupt nicht oder nur ungern reden mag)

▶ Lebensmuster (wiederkehrende Verhaltens- und Interaktionsmuster, die charakteristisch für eine Person sind)

▶ Witze und Fehlleistungen (z. B. Versprecher)

▶ Träume und Trauminhalte

▶ neurotische Symptome (z. B. bestimmte Zwänge)

▶ schöpferische Produktionen von Menschen.

Exkurs

Hysterie und Hypnose

Die Hysterie kam Ende des 19. Jahrhunderts häufig vor. Die Patienten, überwiegend Frauen, litten unter Lähmungen, Anästhesien, Bewusstseins- oder Sprachstörungen. Nach der damals gängigen Lehrmeinung wurde Hysterie entweder durch eine Fehlfunktion der weiblichen Geschlechtsorgane verursacht oder war schlichtweg eine Form der Hypochondrie. Das Verblüffende an dieser schweren Form der Hysterie ist, dass die Symptome offensichtlich keine organische Grundlage haben und auch – etwa bei der Lähmung von Gliedmaßen – anders verlaufen als organisch bedingte Lähmungen. Das klinische Phänomen der Hysterie bezeichnet somit nicht das, was wir heute meinen, wenn wir jemanden als „hysterisch" bezeichnen.

Der Neurologe Jean-Martin Charcot und später sein Schüler Pierre Janet stellten fest, dass sich hysterische Symptome durch Hypnose herbeiführen ließen und folgerten daraus, dass sich die Symptome bei den Patienten ebenfalls in einem ungewöhnlichen seelischen Zustand ausgebildet haben. Auch Freuds Beobachtungen an hysterischen Patientinnen veranlassten ihn zu der Annahme, dass es psychische Ursachen für die Symptome geben müsse. Zusammen mit Josef Breuer versuchte Freud später, die Patientinnen mit der Methode der Hypnose zu behandeln – ein Verfahren, dass sich jedoch auch in den Augen Freuds nicht bewährte: Einige Patienten erwiesen sich als nur schwer hypnotisierbar, die Behandlungserfolge waren teilweise nicht dauerhaft (siehe 2.2.1).

Freuds Beitrag zur Motivation. Drei Theorieelemente sind zentral für Freuds Konzeption menschlichen Verhaltens; dies sind sein Triebkonzept, sein Persönlichkeitsmodell und sein Denk- und Handlungsmodell. Bevor wir uns diesen zuwenden, fassen wir zunächst einige Grundgedanken Freuds zum menschlichen Verhalten zusammen:

▶ Alle Handlungen, auch scheinbar zufälliges oder unsinniges Verhalten, haben eine Ursache (psychologischer Determinismus).

▶ Die Motive (Antriebskräfte) unseres Verhaltens sind weitgehend triebhaften Ursprungs, wobei diese Triebe biologisch bedingt und uns nur selten bewusst sind.

▶ Das Verhalten ist nur selten direkter Ausdruck der zugrunde liegenden Triebimpulse, sondern vielmehr Ausdruck konflikthafter Zustände (wenn es interne Widerstände gibt oder der direkte Ausdruck vorhandener Triebimpulse sozial unerwünscht ist).

2.1.2 Das Triebkonzept

Triebe, Verhalten und Wünsche

Freud definierte Triebe als interne Energiequellen des Verhaltens. Dabei unterschied er Quelle, Objekt und Ziel eines Triebs. Die Triebquelle ist nach Freud ein körperlicher Erregungszustand, das Triebziel dessen Aufhebung, und dazu bedarf es eines Triebobjekts. Dies lässt sich am Beispiel des Hungers gut veranschaulichen: Interne körperliche Reize (Triebquelle) verursachen ein Hungergefühl, das uns zur Nahrungsaufnahme antreibt; wenn wir geeignete Nahrungsmittel (Triebobjekte) zu uns nehmen, wird das unangenehme Hungergefühl beseitigt (Triebziel).

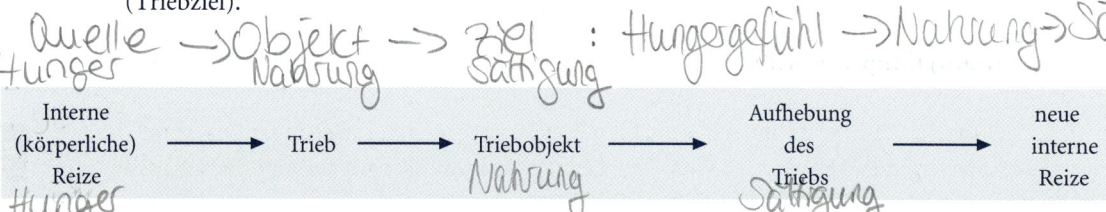

Abbildung 2.1 Freuds Triebmodell: Ein Triebimpuls führt idealerweise von der Triebquelle über das Triebobjekt zum Triebziel und so zur Befriedigung des Triebs

Im Gegensatz zu äußeren Reizen kann man sich seinen Trieben nicht durch Flucht entziehen, da ihre Quelle im Körperinneren liegt. Zudem ist auch das Triebziel nach Freud stets eine körperliche Veränderung; sein Erreichen wird als Befriedigung empfunden. Zumeist ist der Trieb auf ein äußeres Objekt gerichtet, das zu seiner Befriedigung notwendig ist, das sich jedoch auch nur in unserer Vorstellung befinden kann. Dies geschieht beispielsweise, wenn wir uns (nur) vorstellen, eine sehnlich vermisste Person wieder zu sehen – was aber auch helfen mag, den körperlichen Erregungszustand zu mildern.

Triebe motivieren unser Verhalten. Nach Freud löst allerdings nicht jeder Trieb oder Triebimpuls automatisch ein Verhalten aus, sondern ist zunächst nur psychisch – bewusst oder unbewusst – als Wunsch repräsentiert. Es gibt unterschiedliche Möglichkeiten, mit derartigen Triebimpulsen umzugehen, die uns zwar zum Handeln drängen, aber nicht notwendig dazu führen (siehe Kap. 2.1.3).

Triebdualismus

Zeit seines Lebens beschäftigte Freud die Frage, welche Arten von Trieben zu unterscheiden seien. Diese Frage zielt auf die biologische Grundausstattung des Menschen ab, die angeboren und somit unveränderbar ist. Freud wollte eine möglichst große Vielfalt des Verhaltens auf möglichst wenige Triebe zurückführen. In seiner mehrfach überarbeiteten Triebkonzeption lassen sich eine frühere und eine spätere Variante des Triebdualismus unterscheiden.

Varianten von Freuds Triebdualismus	
früher	*später*
Variante 1	**Variante 2**
Aggression (selbsterhaltende Triebe)	Eros (selbsterhaltende Triebe und Lustgewinn)
Sexualität (arterhaltende Triebe)	Thanatos (Todes- oder Destruktionstrieb) *Zerstörungstrieb*

Nach der früheren Variante des Triebdualismus geht all unser Verhalten im Wesentlichen auf zwei Grundtriebe zurück: Aggression und Sexualität. Während der Aggressionstrieb der Selbsterhaltung des Individuums dient, zielt der Sexualtrieb letztlich auf die Arterhaltung (hier wird der Einfluss Darwins deutlich). Später wandelte Freud seine Konzeption der Grundtriebe ab: Er setzte den Selbsterhaltungs- und den Todestrieb voraus. Mit den Bezeichnungen änderten sich auch die Begriffsinhalte. So gelangte er zu der Schlussfolgerung, Selbsterhaltung und Lustgewinn seien nicht zu trennen. Der Selbsterhaltungstrieb schließt somit nun die Sexualität mit ein; Freud bezeichnete ihn als Eros (nach dem griechischen Gott der Liebe).

Jenseits des Lustprinzips. Weitere Beobachtungen führten Freud zu der Schlussfolgerung, dass es etwas „Jenseits des Lustprinzips" (Freud, 1920) geben müsse, also jenseits des Hedonismus und der Selbsterhaltung. So haben Kinder häufig Freude an Spielen, bei denen sie unangenehme und angsterregende Vorgänge wiederholen. Freud vermutete, das wiederholte Erleben solcher Vorgänge stelle den Versuch dar, sie kontrollieren zu lernen.

Verhalten zielt darauf ab, Angenehmes zu bereiten und Schmerz zu vermeiden

Auch bei seinen Patienten beobachtete Freud oft, dass sie früheres Verhalten zwanghaft wiederholen. Die zwanghaften Verhaltensmuster werden zwar als lustvoll oder befriedigend erlebt, aber auch als qualvoll oder beeinträchtigend. Freud deutete sie als Versuch, in einen Zustand der Ruhe zurückzukehren, der ohne Stimulation ist, d. h. in einen Gleichgewichtszustand (Homöostase), der als angenehm erlebt wird. Der einzige Zustand ohne Stimulation ist jedoch der Tod. Freud (1920) schloss daher aus diesen Beobachtungen, „Ziel allen Lebens [sei] der Tod". So gelangte Freud schließlich zur Annahme des Todestriebes, der das organische Lebende in den leblosen Zustand zurückführen soll; er bezeichnete ihn entsprechend zu Eros als Thanatos (nach dem griechischen Gott des Todes). Demnach ist „das Leben selbst ein Kampf und Kompromiss zwischen diesen beiden Strebungen" (Freud, 1923/2000, S. 307) – eine für Freuds psychoanalytischen Ansatz charakteristische Grundannahme. Es ist kennzeichnend für Freuds Theorie, dass bereits in der Triebstruktur des Menschen aufgrund dieses Dualismus ein Konflikt angelegt ist, der einer wie auch immer gearteten Lösung bedarf.

Auch unangenehmes Verhalten wird wiederholt

Menschen wollen so Homöostase erreichen

Einzige Homöostase ist der Tod

sei das Leben ist der Tod

2.1.3 Das Persönlichkeitsmodell

Nach Freud ist unser Verhalten deshalb nur selten der direkte Ausdruck von Triebimpulsen, weil es auch durch die Vernunft (die Umweltbedingungen berücksichtigt) und durch Idealvorstellungen (wie soziale oder moralische Normen) geleitet ist: Es ist also immer ein Kompromiss zwischen Triebimpulsen, rationalen Erwägungen und idealen Forderungen, zwischen denen es oft zu Konflikten kommt. Freuds Persönlichkeitsmodell soll erklären, welche Konflikte unser Verhalten bestimmen, indem es drei Instanzen der Persönlichkeit voraussetzt, die diese psychischen Funktionen ausüben:

Verhalten nicht nur durch Triebe gesteuert, sondern auch durch Vernunft + Idealvorstellungen

↓↓

Konflikt

▶ das Es (Triebimpulse), *Triebe*
▶ das Ich (Vernunft) und *Vernunft*
▶ das Überich (Ideale, Werthaltungen, Normen). *Idealvorstellungen*

Dabei handelt es sich wohlgemerkt um hypothetische Strukturen (Konstrukte) im „psychischen Apparat", über deren biologische Basis die Theorie nichts sagt: Die psychischen Instanzen sind eher als Metaphern zu verstehen und Freuds Persönlichkeitsmodell als ein Instrument, das die Funktionsweise des Denkens und Handelns erklären soll.

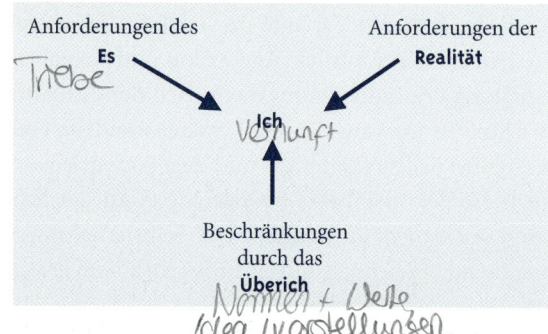

Abbildung 2.2 Zusammenspiel der drei Instanzen der Persönlichkeit nach Freud

Das ES:
- angeboren + bei allen gleich
- beinhaltet die Triebkräfte

Das Es. Auch wenn es bis heute nicht gelungen ist, das biologische Substrat von Trieben aufzufinden, ist das Es diejenige Struktur im Persönlichkeitsmodell, die am wenigsten metaphorisch aufzufassen ist. Das Es gehört zur biologischen Grundausstattung des Menschen, ist also angeboren und allen Individuen gemeinsam; es beinhaltet die Triebkräfte und folgt unmittelbar dem Lustprinzip. Die Triebkräfte des Es unterliegen ferner dem homöostatischen Prinzip; d. h., ihre Befriedigung wird als Spannungsreduzierung erlebt.

Zwei Merkmale des Es sind von großer Bedeutung für Freuds Motivationstheorie:

(1) Die Triebimpulse des Es sind weitgehend unbewusst.
(2) Die Triebobjekte, die einen bestimmten Triebimpuls befriedigen, können beträchtlich variieren. Dies hat den Nachteil, dass es nicht leicht ist, aus einem beobachtbaren Verhalten den zugrundeliegenden (unbewussten) Triebimpuls zu erschließen.

Das Ich. Das Ich entwickelt sich beim Neugeborenen erst durch die Auseinandersetzung mit der Umwelt. Seine Aufgabe ist es, zwischen den Triebimpulsen des Es und den Anforderungen der Umwelt (Realität) zu vermitteln. Das Ich ermöglicht uns z. B. einen Befriedigungsaufschub, indem wir Triebimpulse zurückstellen, oder eine Herbeiführung von Umweltbedingungen, die eine verzögerte oder andersartige Triebbefriedigung begünstigen.

Somit wird dem Lustprinzip des Es mit dem Ich das Realitätsprinzip gegenübergestellt. Das Lustprinzip wird aber dadurch nicht aufgehoben, sondern die Beachtung des Realitätsprinzips ermöglicht dem Ich einen effektiveren Umgang mit der Umwelt. Das Realitätsprinzip steht also ebenfalls im Dienste der hedonistischen Ausrichtung des Verhaltens.

Im Gegensatz zum Es sind die Inhalte des Ichs zumindest teilweise bewusst oder bewusstseinsfähig; hierfür prägte Freud den Begriff „Vorbewusstes". Zu den Ich-Funktionen gehören auch die Abwehrmechanismen wie die Verdrängung unerwünschter Triebimpulse oder Vorstellungen: So mag jemand in der Lage sein, angesichts einer zu bearbeitenden Aufgabe die Gedanken an gegebene Triebimpulse (z. B. Hunger) oder entsprechende Triebobjekte (Nahrungsmittel) bzw. Tätigkeiten (Essen) aus dem Bewusstsein fernzuhalten.

Das Überich. Das Überich repräsentiert die Ideale, Werthaltungen und sozialen Normen eines Individuums; es wird auch als das Gewissen einer Person bezeichnet. Das Überich wird durch die Eltern vermittelt; diesen entwicklungspsychologischen Prozess nennt Freud Ödipuskomplex (siehe Exkurs). Die Inhalte, die das Überich repräsentiert, sind nur teilweise bewusst. Das Überich hat die Aufgabe, die Person für nichtkonformes oder unmoralisches Verhalten zu bestrafen und für normkonformes oder moralisches Verhalten zu belohnen (in Form des „schlechten" bzw. „guten" Gewissens).

Dem Ich als vermittelnder Instanz fällt nun die Aufgabe zu, zusätzlich zu den Anforderungen des Es und der Realität auch die Idealvorstellungen des Überichs zu berücksichtigen und die daraus entstehenden Konflikte zu bewältigen.

Exkurs

Die Tragödie des Ödipus und der Ödipuskomplex

In fast allen Kulturen der Welt finden sich Legenden und Geschichten, die um das Thema Inzesttabu kreisen (Rank, 1912; Bischof, 1998). Die Tragödie „König Ödipus" des griechischen Dichters Sophokles ist ein klassisches Beispiel für die literarische Verarbeitung des Inzestthemas: König Laios von Theben und seiner Frau Jokaste wird prophezeit, ihr Kind werde seinen Vater töten und seine Mutter heiraten. Um das zu verhindern, durchsticht man dem Kind die Füße („Oidipous" bedeutet „Schwellfuß") und setzt es aus; doch Ödipus überlebt. Als junger Mann begegnet er einem Fremden, den er im Streit tötet – ohne zu wissen, dass es sein Vater Laios ist. Er kommt auf seiner weiteren Reise nach Theben und befreit die Stadt von einem Ungeheuer. Daraufhin ernennen die Thebaner Ödipus zu ihrem König. Er heiratet Jokaste – ohne zu wissen, dass sie seine Mutter ist. Doch der Mord an Laios und der Inzest – ein Bruch mit einem sehr schwerwiegenden Tabu – werden schließlich entdeckt. Jokaste bringt sich um, Ödipus blendet sich selbst.

Freud war überzeugt, dass diese Mythen allgemeine Gesetzmäßigkeiten der psychischen Entwicklung beschreiben. Aus seinen Beobachtungen kindlichen Verhaltens schloss er, dass ein Kind sich im Verlauf seiner Entwicklung mit dem Inzestthema auseinander setzen muss. Weil es (aus Sicht des Jungen) unbewusst die Mutter begehrt, wird der Vater zum Konkurrenten: „Nun, man sieht leicht, dass der kleine Mann die Mutter für sich haben will, die Anwesenheit des Vaters als störend empfindet, unwillig wird, wenn dieser sich Zärtlichkeiten gegen die eigene Mutter erlaubt, seine Zufriedenheit äußert, wenn der Vater verreist oder abwesend ist. Häufig gibt er seinen Gefühlen direkten Ausdruck, verspricht der Mutter, dass er sie heiraten wird. Die Aufgabe besteht für den Sohn darin, seine libidinösen Wünsche von der Mutter zu lösen [...] und sich mit dem Vater zu versöhnen." (Freud, 1923/2000, S. 327). Dies gelingt, wenn sich das Kind mit dem Vater identifiziert, somit auch seine Normen und Werthaltungen übernimmt und sich dadurch das Überich ausbildet.

2.1.4 Denk- und Handlungsmodelle

Ein noch immer modern wirkendes Merkmal von Freuds Theorie besteht darin, dass es sowohl ein S-R-Modell als auch ein S-C-R-Modell menschlichen Verhaltens gibt (siehe Übersicht).

Freuds Handlungs- und Denkmodelle der Motivation

	Handlungsmodelle	Denkmodelle
Primärmodell *S-R-Modelle*	Es – Handlung – Befriedigung ▶ „Reflexbogen"	Es – Objekt abwesend – Halluzination – Befriedigung ▶ Phantasietätigkeit als Wunscherfüllung
Sekundärmodell *S-C-R-Modelle*	Es – Ich – Umweghandlung – Befriedigung ▶ Ich verhindert unmittelbare Triebbefriedigung	Es – Ich – Pläne – Befriedigung ▶ Kognitionen helfen bei der Zielerreichung

Primär- und Sekundärmodelle. Die Denk- und Handlungsmodelle lassen sich in Primär- und Sekundärmodelle unterteilen. Der Unterschied zwischen Primär- und Sekundärprozessen besteht in der vermittelnden Funktion des Ichs. So haben die Sekundärmodelle des Denkens und Handelns aufgrund der „eingeschobenen", vermittelnden Tätigkeit des Ichs den Status von S-C-R-Modellen. Dagegen sind die Primärmodelle des Handelns und Denkens S-R-Modelle, die ohne eine (bewusste) gedankliche Vermittlung auskommen.

Bewältigung von Anforderungen. Die „Stärke" des Ichs, mit Triebimpulsen des Es sowie Anforderungen der Realität und des Überichs umzugehen, ist nun entscheidend für die Qualität der Bewältigung dieser verschiedenen Anforderungen. Eine angemessene Bewältigung führt zu einer angemessenen Lösung des Konfliktes, z. B. zwischen Es und Überich oder zwischen Es und Realität. Eine „Ich-Schwäche" dagegen wird neurotische Symptome befördern, die unangemessene Anpassungsleistungen des Ichs darstellen.

2.2 Empirische Belege für die psychoanalytische Theorie der Motivation

Freud selbst interessierte sich überhaupt nicht für experimentelle Belege seiner Hypothesen. Berühmt geworden ist sein lakonischer Brief aus dem Jahr 1934 an Saul Rosenzweig, der eine experimentelle Bestätigung von Verdrängungsprozessen gefunden zu haben glaubte: „Ich habe Ihre experimentellen Arbeiten zur Prüfung psychoanalytischer Behauptungen mit Interesse zur Kenntnis genommen. Sehr hoch kann ich diese Bestätigungen nicht einschätzen, denn die Fülle sicherer Beobachtungen, auf denen jene Schlussfolgerungen beruhen, macht sie von der experimentellen Prüfung unabhängig. Immerhin, sie kann nicht schaden."

Dennoch hat Freuds Denken späteren, auch experimentellen Forschern zahlreiche Forschungsgebiete erschlossen. Dazu zählen Studien zur Trieblehre, Aggression, sexuellen Motivation, Traumforschung, Hypnose, zu Abwehrmechanismen, Befriedigungsaufschub sowie kognitiven Kontrollen und Stilen (siehe Monte, 1999).

Wir werden hier drei Forschungsgebiete betrachten:

(1) Eine Einzelfallanalyse von Freud selbst, die illustriert, wie er arbeitete und warum er zu dem Schluss kam, gegenwärtige psychische Fehlfunktionen könnten ihre Ursachen in der Vergangenheit haben und durch ein deren Bewusstmachen gelindert werden.

(2) Untersuchungen zur Wahrnehmungsabwehr; moderne Forschungsarbeiten hierzu sind ohne Freuds Konzepte undenkbar.

(3) Experimente zum Einfluss unbewusster Reize auf unser Verhalten; sie können als moderner Beleg für Freuds These gelten, dass motiviertes Verhalten in hohem Maße durch unbewusste Vorgänge gesteuert wird.

2.2.1 Eine Fallstudie

Die Geschichte der Elisabeth von R.

Die Fallgeschichte der Patientin „Elisabeth von R." erlaubt, den Zusammenhang zwischen der klinischen Praxis Freuds und seinen Ideen zur Motivation zu analysieren. Die Patientin litt zu Beginn der Behandlung an chronischen Schmerzen in den Beinen bis hin zur zeitweiligen Bewegungsunfähigkeit. Einen organischen Befund für diese Störungen gab es nicht. Die Symptome waren erstmals aufgetreten, als die Patientin ihren Vater mehrere Monate lang bis zu seinem Tod aufopferungsvoll gepflegt hatte. Zwei Jahre nach dem Tod ihres Vaters kehrten diese Symptome wieder. Zu diesem Zeitpunkt begann Freud mit der Behandlung. Die familiäre Situation der Patientin hatte sich kompliziert: Die eine Schwester heiratete nach dem Tod des Vaters einen Mann; dieser stand der Familie sehr ablehnend gegenüber, was zu einer völligen Entfremdung der Schwestern führte. Auch die andere Schwester heiratete, starb aber bei der Geburt ihres Kindes. Dieses Auseinanderbrechen der Familie bedeutete für die Patientin eine weitgehende soziale Isolation.

Von der Hypnose zur freien Assoziation. Freud begann, die Patientin mit der Technik der Hypnose zu behandeln, fand aber keine Ursachen für die hysterische Störung und musste nach einer Weile enttäuscht die Erfolglosigkeit seiner Bemühungen eingestehen. Monte (1999) fasst die Situation nach einer Reihe von Behandlungen folgendermaßen zusammen: „Für Freud war dieser Fall [zunächst] eine große Enttäuschung. Sicherlich war dies eine sehr traurige Geschichte, aber es gab kein offensichtliches Anzeichen für die Ursachen der hysterischen Störung. Freud steckte fest. In der Vergangenheit hatte er solche Hindernisse durch die Technik der Hypnose überwunden. Seine Frustration wurde jedoch nicht gelindert angesichts der beißenden Kommentare seiner Patientin über einen mangelnden Erfolg seiner diesbezüglichen Bemühungen. In der ihm eigenen Ehrlichkeit gab Freud zu: „Ich sah mich gezwungen zuzugeben, dass sie durchaus recht hatte." (S. 62)

Freud versuchte es daher mit einem Verfahren, das er später „freie Assoziation" nannte: Er forderte die Patientin auf, in kritischen Gesprächssituationen der Therapie jeweils das zu benennen, was ihr gerade in den Sinn kam. Fortan berichtete die Patientin von Situationen, in denen die Pflege des Vaters ihr Kummer bereitete, weil sie dadurch von eigenen Interessen abgehalten wurde. In einem Fall war sie bekümmert, weil sie abends mit einem jungen Mann ausgegangen war, in den sie verliebt war. Die Pflege des Vaters und ihr Interesse an einem eigenen Liebesleben waren jedoch nicht miteinander vereinbar: Als sie am gleichen Abend zurückkehrte, hatte sich der Zustand des Vaters verschlechtert, und die Patientin gelangte zu dem Schluss, dass sie den Vater niemals wieder einen ganzen Abend allein lassen dürfte. Nach dem Tod des Vaters war die Verbindung zu dem jungen Mann unmöglich geworden.

Konflikt und Widerstand. Das Konflikthafte an dieser Situation – ein Konflikt zwischen Es und Überich – hielt Freud für besonders aufschlussreich. Einerseits konnte seine Patientin sich besser mit der neuen Methode anfreunden als mit der Hypnose, und erste Einsichten in die Ursachen der Symptomatik waren gewonnen. Andererseits gab es aber nach wie vor einen „Widerstand" gegen die Erinnerung an solche Ereignisse, die aus Freuds Sicht für das Verständnis der Symptomatik wichtig waren. Es musste nach wie vor ein unbewusster Konflikt am Werk sein, der den Widerstand gegen die Erinnerungen auslöste.

Einen Schlüssel hierzu sah Freud in anderen Begebenheiten, die seine Patientin ihm schließlich berichtete: Sie sehnte sich noch immer nach einer erfüllten Liebesbeziehung, die sie insbesondere bei ihrer Schwester und deren Mann verwirklicht sah. Zudem hatte die Patientin während der Schwangerschaft der Schwester ein ungewöhnlich vertrauensvolles Verhältnis zu deren Ehemann. Freud folgerte, seine Patientin sei in ihn verliebt gewesen, und der Tod der Schwester sei ein schlimmer Verlust, aber zugleich auch die Möglichkeit gewesen, dem Mann näher zu kommen, als sie zu hoffen gewagt hätte. Die Patientin war entsetzt über ihre eigenen Gefühle. Freud betonte jedoch dass sie an ihren Gefühlen keinerlei Schuld trage und dass ihre Symptome vielmehr ihre hoch entwickelte Moral bewiesen (vgl. Monte, 1999).

Zur Bedeutung dieser Fallstudie für Freuds Theorie

Die Behandlung dieser Patientin prägte Freuds Theorie in vielfacher Hinsicht: Er entwickelte nicht nur die Technik der freien Assoziation, sondern schloss aus den Berichten der Patientin auch auf unbewusste psychische Vorgänge und Widerstände. Er gelangte zu dem Ergebnis, dass gedankliche Prozesse durch Abwehrmechanismen wie Verdrängung gesteuert sein können, die dem Erleben nicht ohne weiteres zugänglich sind. Die Abwehrmechanismen ordnete er später als Ich-Funktionen dem Ich zu. Weiterhin unterliegen nicht alle schmerzvollen Erinnerungen der Abwehr, sondern nur solche, die den moralischen Standards des Individuums widerstreiten. Zur Repräsentation dieser moralischen Standards prägte Freud den Begriff des Überichs. Darin liegt auch der Grundstein für Freuds Annahme, dass es intrapsychische Konflikte sind (z. B. zwischen Es und Überich), die zu neurotischen Symptomen führen.

Auch verdrängte Konflikte können „psychologisch aktiv" sein; deshalb sind Abwehrmechanismen wie das Verdrängen eines unerträglichen Konfliktes ins „Reich des Unbewussten" keine angemessenen Lösungen. In der Therapie geht es darum, den Abwehrmechanismen auf die Spur zu kommen, indem verdrängte Konflikte bewusst gemacht werden. Das Wiedererleben der zuvor verdrängten Inhalte ermöglicht eine Bewältigung des Konfliktes und bewirkt eine Befreiung von der neurotischen Störung („Katharsis").

Das Problem der Falsifizierbarkeit

Ein wichtiger Nachtrag zu dieser Fallstudie Freuds soll nicht verschwiegen werden. Appignanensi und Forrester (1992) berichten, dass die Patientin sich viele Jahre später im Rahmen eines Interviews an ihre Behandlung durch Freud erinnerte: Freud war damals „ein junger, vollbärtiger Nervenspezialist, zu dem ich geschickt wurde [und der versuchte] mich zu überzeugen, ich sei in den Mann meiner Schwester verliebt gewesen – aber dem war nicht wirklich so." (S. 113)

[handschriftliche Notiz am linken Rand:] Gedankliche Prozesse sind durch Abwehrmechanismen gesteuert (z.B. Verdrängung) ⇒ Ich-Funktion

Erinnert sich die Patientin in zutreffender Weise an die Ereignisse? Oder ist hier selektive Erinnerung bzw. ein Abwehrmechanismus am Werk? Die uns vorliegenden Daten erlauben keine Antwort, verweisen aber auf ein Problem der Theorie Freuds: Viele seiner Annahmen sind nicht falsifizierbar, können sich also nicht als falsch erweisen oder widerlegt werden. Wenn in diesem Fall die Patientin die Deutungen ihres Therapeuten im Nachhinein bestreitet, wird dadurch die Deutung nicht widerlegt: Aus psychoanalytischer Sicht ließe sich leicht einwenden, die Patientin habe den früheren Konflikt nun vollends verdrängt.

Therapeutisch entscheidend ist, dass der Patientin durch Freuds Methode dauerhaft geholfen werden konnte. Das methodologische Problem jedoch – jede Theorie sollte falsifizierbar sein – bleibt vorerst ungelöst. Wir wenden uns daher nun solchen Phänomenen zu, die einer empirischen Prüfung besser zugänglich sind.

2.2.2 Experimente zur Wahrnehmungsabwehr

Wahrnehmungsabwehr. Nach Freud sollte es Situationen geben, bei denen uns daran gelegen ist, unangenehme Reize nicht wahrzunehmen, z. B. wenn sie unerwünschte Triebimpulse oder traumatische Erinnerungen repräsentieren. Dieser Abwehrmechanismus ändert zwar nichts an der auslösenden Situation, jedoch an der Art und Weise, wie die Person sie wahrnimmt, denkt oder fühlt.

Reize, die eine Wahrnehmungsabwehr auslösen, können einerseits aus inneren Erregungsquellen stammen. Wenn ich z. B. Hunger habe, aber eine Arbeit erledigen möchte, bevor ich essen gehe, würde eine Wahrnehmungsabwehr zwar nichts an dem physiologischen Mangelzustand ändern, aber das Hungergefühl vom Bewusstsein fernhalten und so ein Weiterarbeiten ermöglichen. Andererseits kann Wahrnehmungsabwehr auch mit Umweltreizen zu tun haben. So mag ein bestimmter Ort, ein Geruch oder ein Name angstbesetzte Gedächtnisinhalte oder unangenehme Vorstellungen hervorrufen. Um solche Konsequenzen zu vermeiden, könnte eine Funktion des Ichs darin bestehen, die Wahrnehmungen abzuwehren, bevor sie das Bewusstsein erreichen.

Spätestens Ende der 40er Jahre begann eine rege Debatte darüber, ob Wahrnehmungsabwehr auch experimentell nachgewiesen werden könne. Hierbei gibt es jedoch logische und methodische Probleme.

Logische Probleme der Wahrnehmungsabwehr

Eine Abwehr bestimmter Reize setzt voraus, dass diese zuvor wahrgenommen wurden. Es muss also zunächst einmal erkannt werden, dass ein Reiz negativ ist, um diesen dann von der (bewussten) Wahrnehmung ausschließen zu können. Dieses logische Problem kann gelöst werden, wenn man annimmt, dass es verschiedene Stufen der menschlichen Informationsverarbeitung gibt (vgl. J. R. Anderson, 1983): Frühe Stufen der Informationsverarbeitung (z. B. das Abbild der Umwelt auf der Netzhaut) sind vermutlich nicht bewusst repräsentiert, spätere Stufen der Informationsverarbeitung hingegen (z. B. der Vergleich eines Wahrnehmungseindrucks mit einer Erinnerung) sind offensichtlich bewusst. Demzufolge bestünde der Prozess der Wahrnehmungsabwehr darin, Reize auf frühen Stufen der Informationsverarbeitung von ihrer weiterer Verarbeitung auszuschließen oder „herauszufiltern".

Methodische Probleme der Wahrnehmungsabwehr

Das Experiment von McGinnies. Einer der ersten Nachweise von Wahrnehmungsabwehr ist ein Experiment von McGinnies (1949). Den Versuchspersonen in McGinnies Studie wurden für eine kurze Zeit Wörter dargeboten, die sie dem Versuchsleiter benennen sollten. Die Darbietungsdauer der einzelnen Wörter waren zunächst so kurz, dass es praktisch unmöglich war, das Wort zu erkennen; diese Darbietungszeiten wurden jedoch von Durchgang zu Durchgang so lange erhöht, bis die Versuchspersonen das jeweilige Wort eindeutig benennen konnten. Als unabhängige Variable wurde die Bedeutung der Wörter variiert: entweder neutral (z. B. „Haus" oder „Blume") oder eindeutig sexuell (im Folgenden als Tabuwörter bezeichnet). Als abhängige Variable wurden zwei Maße erfasst:

(1) wie lange ein Wort präsentiert werden musste, bis die Versuchsperson es benennen konnte;

(2) während der Präsentation der Worte wurden die physiologischen Reaktionen gemessen, d. h. die Hautleitfähigkeit, die als Indikator für emotionalen Stress gilt.

Die Ergebnisse sprechen auf den ersten Blick für eine Wahrnehmungsabwehr:

(1) Die Versuchspersonen benötigten für die Identifizierung der Tabuwörter deutlich längere Darbietungszeiten (125 statt 80 Millisekunden).

(2) Es zeigte sich auch dann bereits eine physiologische Reaktion, wenn die Präsentationsdauer zu kurz war, um das Wort zu erkennen. Es erfolgte also auch dann eine emotionale Reaktion, wenn das Wort noch gar nicht bewusst identifiziert werden konnte.

Übersicht

Ein Experiment zur Wahrnehmungsabwehr (McGinnies, 1949)

Unabhängige Variable:	Neutrale Wörter	Tabuwörter
Abhängige Variable: **Zur Identifizierung benötigte Darbietungsdauer** **(in Millisekunden)**	80	125
Reaktion der Hautleitfähigkeit: **A. Benennung des Wortes möglich** **B. Benennung nicht möglich**	nein nein	ja ja

Methodische Einwände. Gegen diese Interpretation können allerdings Einwände erhoben werden:

► Die neutralen Wörter dürften in der Sprache deutlich häufiger vorkommen als die Tabuwörter und könnten allein deshalb schneller erkannt werden (Howes & Solomon, 1951).

► Die Daten wären auch dadurch zu erklären, dass die Versuchspersonen sich scheuten, die Tabuwörter dem Versuchsleiter zu benennen. Dieser Mechanismus wäre ein verständlicher „Reaktionswiderstand", stellt aber keine Wahrnehmungsabwehr dar (Bandura, 1971).

► Die Unterschiede zwischen Darbietungszeiten und physiologischen Reaktionen könnten auch darauf zurückgehen, dass es bei der Benennung der Wörter nur eine Ja-Nein-Reaktion gibt, während die Hautleitfähigkeit eine kontinuierliche Größe darstellt. Diese könnte ein sensiblerer Indikator für die Informationsverarbeitung sein als die explizite Benennung, und dieser Umstand könnte die Unterschiede in den Benennungsleistungen und den physiologischen Reaktionen erklären (Erikson, 1958).

Betrachten wir aus diesem Grund ein weiteres Experiment zur Wahrnehmungsabwehr, das einerseits die bereits genannten methodischen Probleme zu lösen versucht, andererseits einen experimentellen Nachweis auch schwerwiegender Formen von Wahrnehmungsabwehr untersucht.

Experimentelle Induktion von Blindheit

Experimentelles Vorgehen. Das Experiment von Blum (1961) löst die genannten methodischen Probleme und untersucht schwerwiegende Formen von Wahrnehmungsabwehr. Ziel war, durch Hypnosetechniken Blindheit zu induzieren. Bei einer solchen induzierten Blindheit haben die Patienten subjektiv keinen visuellen Sinneseindruck, obwohl sie z. B. in der Lage sind, Hindernissen auszuweichen. Viele Befunde sprechen dafür, dass die Patienten tatsächlich überzeugt sind, nicht sehen zu können (und nicht etwa nur so tun, als ob dies der Fall sei).

Der Versuchsplan umfasste drei Versuchsphasen:

(1) Zunächst wurde bei den Versuchspersonen Angst vor einem bestimmten Reiz erzeugt. Hierzu wurde ihnen unter Hypnose suggeriert, sie würden immer dann Angst empfinden, wenn dieser Reiz dargeboten wird.

(2) Dann wurde die Wirksamkeit dieser hypnotischen Suggestion überprüft: Der angstauslösende Reiz wurde dargeboten und dabei die Reaktion der Hautleitfähigkeit gemessen. Diese zeigte an, dass tatsächlich eine Angstreaktion vorlag.

(3) Schließlich wurden die Versuchspersonen instruiert, den angstauslösenden Reiz nicht mehr zu sehen. Es zeigte sich, dass die Probanden am Ende dieser Lernphase zwar auf andere Arten von Reizen reagierten, nicht jedoch auf den angstauslösenden Reiz. Die Präsentation dieses Reizes ging auch nicht länger mit einer veränderten Hautleitfähigkeit einher, während dies bei einer Kontrollgruppe, die nicht instruiert war, den angstauslösenden Reiz „abzuwehren", nach wie vor der Fall war.

Somit ist festzuhalten, dass hypnotische Suggestionen tatsächlich eine Wahrnehmungsabwehr induzieren können.

Neuere Untersuchungen. Die neuere Forschung zu diesem Thema beschäftigt sich vor allem mit der Frage, ob durch Hypnose induzierte Wahrnehmungsabwehr, sei es in Bezug auf schmerzhafte Reize oder andere Formen von Wahrnehmungen, zu veränderten Gehirnaktivitäten führt. Zudem ist untersucht worden, ob Personen mit hypnoseinduzierter Wahrnehmungsabwehr andere Hirnaktivitäten zeigen als Personen, die entsprechende Stimuli gar nicht wahrnehmen können, so etwa bei einem Vergleich zwischen hypnoseinduzierter und echter Farbenblindheit (Cunningham & Blum, 1982). Nach dem derzeitigen Stand der Forschung sind beide Fragen mit Ja zu beantworten: Der Zustand der Hypnose und die damit induzierten Wahrnehmungsbeschränkungen führen zu Gehirnaktivitäten, die von beiden anderen Gruppen verschieden sind. Die zukünftige Forschung auf diesem Gebiet wird sich mit der Frage beschäftigen, welches genau diese Gehirnaktivitäten sind, die durch hypnotische Suggestionen von Wahrnehmungsabwehr induziert werden können. Insgesamt sind neuere Befunde zur Wahrnehmungsabwehr ein gutes Beispiel dafür, dass Freud in seiner Anwendung der Hypnose tatsächlich einem zuverlässigen und aussagefähigen Phänomen auf der Spur war.

Hypnose in der modernen Psychotherapie

Etwa ab den 70er Jahren wurde die Hypnose zum Gegenstand moderner psychologischer Forschung. Demzufolge ist der Zustand der Hypnose kein Alles-oder-Nichts-Zustand, sondern kann unterschiedliche Formen annehmen. Außerdem unterscheiden sich Personen in ihrer Fähigkeit, den Zustand der Hypnose zu erreichen: Etwa 5 bis 10 Prozent lassen sich gar nicht hypnotisieren, und auch die anderen 90 Prozent erreichen unterschiedlich tiefe Hypnosezustände (Atkinson et al., 2000).

Hypnose kann angewandt werden, um Ängste oder Schmerzen – genauer gesagt: deren subjektive Wahrnehmung – zu reduzieren. Solche Anwendungen sind bei Patienten mit Phobien oder chronischen Schmerzen sowie Patienten vor und während Operationen untersucht worden. Meta-Analysen (übergreifende statistische Analysen vieler Studien zu einer Forschungsfrage) zeigen, dass die berichteten Effekte zuverlässig auftreten (Montgomery et al., 2000). Weiterhin gibt es in neuerer Zeit Evidenzen dafür, dass schmerzhafte Reize unter Hypnose zu andersartigen Gehirnaktivitäten führen, die geeignet sind, die schmerzhaften Reize nicht bewusst werden zu lassen (Kropotov et al., 1997).

2.2.3 Unbewusste Informationsverarbeitung und automatisches Verhalten

Ist unser Verhalten immer das Resultat einer bewussten Entscheidung? Diese Frage, die Freud aufgeworfen hatte, wird in abgewandelter Form bis heute untersucht, so in neueren Studien zur sozialen Kognition. Dieses Teilgebiet der Sozialpsychologie beschäftigt sich damit, wie soziales Verhalten und soziale Interaktionspartner wahrgenommen werden und wie sich diese Wahrnehmungen auf unser Verhalten auswirken.

Bewusste versus unbewusste soziale Wahrnehmungen. Fiske (1992; Gilbert & Fiske, 1999) prägte hierzu den Satz, das Denken diene dem Handeln. Damit ist die Annahme gemeint, dass wir zunächst über ein Problem nachdenken und uns dieser Denkprozesse auch bewusst sind, um dann auf dieser Basis zu entscheiden und zu handeln. Bargh und seine Arbeitsgruppe haben dagegen die Ansicht geäußert, dass unbewusste soziale Wahrnehmungen oftmals einen größeren Einfluss auf unser Verhalten haben als bewusste Wahrnehmungen, da bewusste Wahrnehmungen im Gegensatz zu unbewussten aktiv geprüft und korrigiert werden können (Bargh, 1989). Dies gilt etwa für Vorurteile: Ein bewusstes Vorurteil (z. B. „In Deutschland lebende Türken sind nicht willens, die deutsche Sprache zu lernen") kann leicht an der Realität überprüft werden, so dass Raum für gegenteilige Beobachtungen bleibt. Ein nicht bewusstes Vorurteil der gleichen Art wird einer solchen Prüfung hingegen erst gar nicht unterzogen.

Dieses Forschungsfeld geht über das Konzept der Wahrnehmungsabwehr hinaus, weil wir nicht nur unbewusste Wahrnehmungen betrachten, sondern auch deren direkten Einfluss auf das Verhalten. Wir finden Freuds Grundannahme, die Antriebe und Ursachen unseres Verhaltens seien uns großteils unbewusst, hier in anderem Gewande wieder. Die Methoden zur Untersuchung unbewusster Einflüsse auf die soziale Wahrnehmung und soziales Verhalten sind allerdings ganz anders geartet als die, mit denen Freud das Unbewusste aufzudecken versuchte. Betrachten wir daher dieses Forschungsfeld etwas genauer.

Wie schnell verlassen Sie das Experimentallabor?

Stellen Sie sich vor, Sie nehmen an einem Experiment teil, von dem Sie annehmen, es prüfe Ihre sprachlichen Fähigkeiten. Sie nehmen an einem Computerbildschirm Platz und erhalten die Aufgabe, in Unordnung geratene Sätze möglichst schnell in eine grammatikalisch korrekte Reihenfolge zu bringen. In Ihrer Versuchsbedingung haben die Sätze einen Bezug zu älteren Menschen und enthalten daher Wörter wie „einsam", „vergesslich", „konservativ", oder „vorsichtig". Man mag kritisieren, dass ältere Menschen hier in keinem günstigen Licht erscheinen; die Materialien wurden jedoch anhand von Befragungen gewonnen, bei denen Personen gebeten wurden, alle Wörter zu notieren, die Ihnen zum Thema „ältere Menschen" einfallen. In einer anderen Versuchsbedingung kommen keine solchen Wörter vor. Unabhängige Variable dieses Experiments ist also der Bezug der Versuchsmaterialien zum Konzept „ältere Menschen".

In Wirklichkeit geht es den Experimentatoren jedoch gar nicht um Ihre sprachlichen Fähigkeiten: Sobald Sie nach dem Ende der Untersuchung das Labor verlassen, um zum Aufzug zu gehen, drückt ein scheinbar dort wartender Student unauffällig eine Stoppuhr. Gemessen wird die Zeit, die Sie benötigen, um vom Versuchslabor zum Aufzug zu gehen; diese Zeit ist die abhängige Variable. Am Aufzug werden Sie gefragt, ob Ihnen an den Versuchsmaterialien etwas aufgefallen sei und ob Ihnen klar sei, dass diese etwas mit älteren Menschen zu tun hatten.

Das Ergebnis dieses Experiments von Bargh et al. (1996) ist eindeutig: Die Versuchspersonen, deren Versuchsmaterialien einen Bezug zu älteren Menschen hatte, benötigten für den Weg zum Aufzug etwa 10 bis 20 Prozent länger als die Teilnehmer der Kontrollgruppe. Keine Versuchsperson konnte über den semantischen Bezug der verwendeten Materialien Auskunft geben – der Einfluss der Versuchsmaterialien auf die Gehgeschwindigkeit scheint also unbewusst zu sein.

Automatische Anregung des Verhaltens

Die zentrale Annahme dieses Forschungsfelds ist, dass soziales Verhalten „oftmals automatisch angeregt wird" (Bargh et al., 1996). Die Untersuchung solcher automatischen Verhaltensweisen ist an bestimmte experimentelle Vorgehensweisen gebunden. Die Versuchsanordnung sieht vor, dass die Probanden Reize dargeboten bekommen, die bestimmte gedankliche Inhalte unbewusst aktivieren. In den Experimenten von Bargh et al. geschieht dies alternativ auf zweierlei Weise:

(1) Die Probanden arbeiten an einer Aufgabe und haben dabei mit Versuchsmaterialien zu tun, die mit bestimmten Inhalten assoziiert sind (siehe obiges Beispiel).

(2) Die Probanden arbeiten an einem Computerbildschirm und erhalten während der Arbeit an einer Aufgabe extrem kurzfristige Darbietungen anderer Reize (so genanntes Priming), die nicht bewusst (sondern nur subliminal) wahrgenommen werden können.

Automatische Aktivierung von Stereotypen oder Schemata

Wie in dem beschriebenen Experiment wird in den meisten empirischen Untersuchungen zum automatischen Verhalten nicht direkt eine bestimmte Art von Verhalten unbewusst aktiviert, sondern ein bestimmtes Stereotyp oder Schema, das dann das Verhalten bestimmt.

Schemata sind organisierte Meinungen über andere Menschen, Objekte, Ereignisse und Situationen (Hamilton, 1979). Ein **Stereotyp** ist ein Schema über andere Personen oder Gruppen.

So beinhaltet z. B. das Stereotyp eines Bayern gemeinhin, dass er katholisch ist, gerne Bier trinkt und Lederhosen trägt.

Schemata und Stereotype haben den Vorteil, dass eine Vielzahl von Informationen leicht und schnell verarbeitet, gespeichert und wieder abgerufen werden können. Sie haben jedoch den Nachteil, dass sie die Realität keineswegs immer zutreffend abbilden, sondern nur grobe Verallgemeinerungen darstellen. Trotzdem enthalten Stereotype meist auch einen Teil Wahrheit: Die Wahrscheinlichkeit, dass ein Bayer katholisch ist, ist tatsächlich ungleich höher als etwa bei einem Sachsen.

Modell der unbewussten Verhaltensbestätigung. Chen und Bargh (1997) schlugen ein „Modell der unbewussten Verhaltensbestätigung" vor. Anhand dieses Modells werden die Prozesse genauer benannt, die zu einer unbewussten Aktivierung eines Stereotyps führen. Dieses Modell besteht aus drei Teilprozessen:

(1) **Automatische Aktivierung:** Ein Stereotyp kann zunächst durch die Anwesenheit einer oder mehrerer Personen aus derjenigen Gruppe ausgelöst werden, auf die es sich bezieht. Durch häufigen Gebrauch dieser Stereotype genügt schließlich die Anwesenheit einiger weniger Merkmale, um eine unbeabsichtigte und unbewusste Aktivierung des Stereotyps auszulösen, das die Wahrnehmung anleitet.

(2) **Auswirkung auf das Verhalten:** Die Aktivierung eines Stereotyps wirkt sich nicht nur auf die Wahrnehmung aus, sondern auch auf das Verhalten. Bargh greift hier auf das Konzept der ideomotorischen Handlungen (James, 1890) zurück; demzufolge erhöht allein die Anregung eines Schemas oder Stereotyps die Wahrscheinlichkeit, das entsprechende Verhalten zu zeigen.

(3) **Automatische Verhaltensbestätigung:** Im Laufe einer sozialen Interaktion wird das mit dem Stereotyp verknüpfte Verhalten den Interaktionspartner mit höherer Wahrscheinlichkeit so reagieren lassen, wie es dem Stereotyp entspricht.

2.3 Anwendungen der psychoanalytischen Theorie der Motivation

Die psychoanalytische Theorie in der Nachfolge Freuds hat im Laufe des 20. Jahrhunderts neben der Behandlung von seelischen Störungen auch großen Einfluss auf verschiedenste Teilgebiete der psychologischen Forschung gehabt. Dies betrifft insbesondere die psychoanalytische Sozialpsychologie und zahlreiche psychoanalytische Konzepte innerhalb der Entwicklungspsychologie (Mertens, 2000). Wir konzentrieren uns hier auf Arbeiten zur Aggression.

2.3.1 Aggression aus psychoanalytischer Sicht

Nach der Theorie Freuds ist Aggression ein angeborener Trieb. In einem Briefwechsel mit Albert Einstein zur Frage: „Warum Krieg?" führte Freud hierzu aus: „Sie verwundern sich darüber, dass es so leicht ist, die Menschen für den Krieg zu begeistern, und vermuten, dass etwas in ihnen wirksam ist, ein Trieb zum Hassen und Vernichten, der solcher Verhetzung entgegen kommt. Wiederum kann ich Ihnen nur uneingeschränkt beistimmen [...] Übrigens handelt es sich, wie sie selbst bemerken, nicht darum, die menschliche Aggressionsneigung völlig zu beseitigen; man kann nur versuchen, sie soweit abzulenken, dass sie ihren Ausdruck nicht im Kriege finden muss."

Formen der Katharsis. Diese „Ablenkung" aggressiver Neigungen hat die Aggressionsforschung in Zusammenhang mit dem Konzept der Katharsis aufgegriffen. Im psychotherapeutischen Kontext besteht die Katharsis („Reinigung") darin, dass ein verdrängter, aber quälender Zustand (Konflikt oder Trauma) wieder erlebt und ausgedrückt werden kann (vgl. 2.2.1). Hier erhält der Begriff der Katharsis eine andere Bedeutung: Es wird angenommen, dass auch eine Phantasietätigkeit, also in diesem Fall eine nur vorgestellte Aggression, zu einer (zumindest teilweisen) Triebbefriedigung bzw. zum Aggressionsabbau führen kann.

Dagegen beinhaltet die „stellvertretende Katharsis", dass eigene aggressive Impulse in indirekter Weise ausgelebt werden (so etwa in kontrollierter Form in vielen Sportarten). Eine weitere Variante der Katharsis besteht darin, andere Personen bei aggressiven Handlungen zu beobachten und dadurch seine eigene Aggressivität ersatzweise zu befriedigen.

Katharsishypothese. Es gibt zahlreiche Forschungsarbeiten, die die Frage überprüft haben, ob die Aggressionsneigung durch stellvertretende Katharsis verringert werden kann. Angesichts der großen Verbreitung von Gewaltdarstellungen in den Massenmedien (z. B. im Fernsehen) hat die empirische Prüfung der Katharsishypothese praktische Implikationen: Sind solche Gewaltdarstellungen zu verurteilen, weil sie negative Vorbilder liefern – oder haben sie vielmehr positive Auswirkungen, weil sie eine stellvertretende Befriedigung eines ohnehin unbezwingbaren Aggressionstriebes bieten?

2.3.2 Aggression in den Medien

Eine aufwendige Studie zur Katharsishypothese führten Feshbach und Singer (1971) durch. In einem Internat variierten die Autoren den Fernsehkonsum der männlichen Schüler als unabhängige Variable: Die eine Hälfte der Schüler sah vorwiegend Fernsehsendungen mit aggressiven Inhalten, während der Fernsehkonsum der anderen Hälfte auf nichtaggressive Sendungen beschränkt war. Für eine Zeitdauer von sechs Wochen wurde anhand einer Vielzahl von Beobachtungen die Aggressionsneigung der Schüler als abhängige Variable erfasst.

Die Katharsishypothese wurde nur für Schüler bestätigt, die ohnehin eine hohe Aggressionsneigung hatten: Hier reduzierte der Konsum aggressiver Inhalte im Fernsehen die Aggressionsneigung im Vergleich zur Kontrollgruppe signifikant. Offenbar haben die weniger aggressiven Schüler andere Möglichkeiten, ihre Aggressionsneigung stellvertretend zu befriedigen als durch Fernsehkonsum, insofern sind diese durch Variationen des Fernsehprogramms nicht betroffen. Den aggressiven Schülern dagegen stehen solche Mechanismen nicht zur Verfügung, und diese „profitieren" daher durch den Konsum von Gewaltdarstellungen im Fernsehen.

Angesichts der Vielfalt von teilweise widersprüchlichen Forschungsergebnissen ist es unmöglich, die Katharsishypothese abschließend zu bewerten. Dies bedeutet aber: Eine Befürwortung von Gewaltdarstellungen in den Medien ist in jedem Falle unverantwortlich.

Zusammenfassung

Freuds Theorie basiert auf einigen generellen Prinzipien des menschlichen Verhaltens. Dazu gehören insbesondere:

▶ Alle Handlungen und Vorstellungen haben eine Ursache (Determinismus).
▶ Alle Handlungen und Vorstellungen dienen dem Lustgewinn (Hedonismus).

Im Rahmen seines Persönlichkeitsmodells nimmt Freud an, dass unser Verhalten durch drei Instanzen bestimmt wird:

(1) Triebkräfte (Es)

(2) vermittelnde kognitive Funktionen (Ich)

(3) eine moralische Instanz (Überich).

Das Es folgt dem Lustprinzip, das Ich dem Realitätsprinzip. Zudem muss das Ich die Normen und Ideale des Überichs beachten. Daher ist das menschliche Verhalten von Konflikten geprägt.

Freud postuliert zwei Arten von Denk- und Handlungsmodellen, die danach unterschieden werden, ob dem Ich eine vermittelnde Funktion zwischen Triebkräften, moralischen Normen und Anforderungen der Umwelt zugeschrieben wird oder nicht (Primär- und Sekundärmodell).

Freuds primäre Datenquelle waren seine Fallstudien. Darüber hinaus hat er wie kaum ein anderer Psychologe vor und nach ihm durch die von ihm aufgeworfenen Fragen experimentelle Untersuchungen angeregt; hierzu zählen im Bereich der Motivationspsychologie insbesondere Studien zum automatischen Verhalten und zur Aggression.

Denkanstöße

(1) Rekapitulieren Sie noch einmal die verschiedenen von Freud herangezogenen Datenquellen und versuchen Sie, möglichst konkrete Beispiele für diese Datenquellen zu benennen.

(2) Inwiefern sind Freuds Befunde zur Hysterie von zentraler Bedeutung für seine Theorie? Welche Auswirkungen haben diese Befunde für seine ursprüngliche Konzeption eines (physikalischen) Determinismus?

(3) Wie bewerten Sie die Befunde aus der in Abschnitt 2.2.1 dargestellten Fallstudie? Welche Argumente sprechen für und welche Argumente sprechen gegen Freuds Schlussfolgerungen?

(4) Nennen Sie Beispiele für „automatisches Verhalten" in Ihrem Alltagsleben.

Weiterführende Literatur

Eine herausragende Einführung zu Freuds Leben und Werk hat Gay vorgelegt. Zu empfehlen sind auch die kurze Monographie von Lohmann sowie die Einführung in die Psychoanalyse von Mertens. Montes Darstellung der Persönlichkeitstheorie ist insbesondere aufgrund der Vergleiche mit anderen psychologischen Theorien außerordentlich lehrreich.

▶ Gay, P. (1992). Freud entziffern. Essays. Frankfurt: Fischer.

▶ Lohmann, H. M. (1998). Sigmund Freud. Hamburg: Rowohlt.

▶ Mertens, W. (2000). Psychoanalyse: Geschichte und Methoden. München: Beck.

▶ Monte, C. F. (1999). Beneath the mask: An introduction to theories of personality. Philadelphia: Harcourt Brace.

3 Hulls behavioristische Theorie der Motivation

„Als wissenschaftliches System setzt die Theorie Hulls mit ihrem Streben nach Stringenz und Formalisierung und der Aufstellung überprüfbarer Hypothesen nach wie vor Maßstäbe für die psychologische Forschung. [So kann man] den Behavioristen Hull als Begründer der neuren Motivationspsychologie ansehen."
Josef A. Keller (1981)

Was Sie in diesem Kapitel erwartet

Während Freud einer der berühmtesten Psychologen ist, begegnet Ihnen der Name Clark Hull wahrscheinlich hier zum ersten Mal. Hull spielte zwar keine Rolle in der öffentlichen Wahrnehmung, aber seine Erkenntnisse sind von großer Bedeutung für die Motivationspsychologie, und in den 40er und 50er Jahren gehörte er zu den meistzitierten Autoren in der Psychologie.

Seine „behavioristische Erklärung von Motivation" ist zunächst ein scheinbar widersprüchliches Unterfangen: Wenn wir im Alltag sagen, eine Person sei motiviert, dann meinen wir oft auch Vorgänge oder Zustände, die in einem Menschen vorkommen und nicht beobachtbar sind. Solche Vorgänge sind aus der Sicht des Behaviorismus jedoch im besten Falle irrelevant (im schlimmeren Falle irreführend), wenn wir menschliches Verhalten und Erleben verstehen wollen. Hull ist es als erstem Motivationspsychologen gelungen, solche inneren Vorgänge messbar zu machen und experimentell zu überprüfen.

Das psychologische Erbe des Behaviorismus und der Theorie Hulls ist vor allem methodischer Art: Eine psychologische Theorie sollte anhand beobachtbarer Daten einen empirischen Nachweis der getroffenen Annahmen führen. Diese Forderung haben sich auch alle späteren Theorien der Motivation zu Eigen gemacht, gleich welcher Schule sie zuzuordnen sind.

Biographie

Clark Hull – Mechaniker der Motivation

Clark Hull (1884–1952) wurde in den USA geboren und studierte zunächst Ingenieurwissenschaften. Während dieses Studiums beschäftigte er sich unter anderem mit dem Bau von Robotern, was vermutlich zu dem mechanistischen Menschenbild seiner Theorien beigetragen hat. Hull leitete nach seinem Studium der Psychologie in den 40er und 50er Jahren das Institute for Human Relations an der renommierten Yale University in den USA, wo er eine sehr erfolgreiche Arbeitsgruppe anführte.

Sein Name ist heute überwiegend mit lern- und motivationstheoretischen Konzepten verknüpft. Die Forschungsthemen von Hull und seinen Mitarbeitern waren jedoch viel weiter gesteckt und umfassten wichtige Beiträge zu den politischen Wissenschaften, zum Kulturvergleich, zur pädagogischen Psychologie, kritische Prüfungen psychoanalytischer Konzepte und Arbeiten zur Integration der Sozialwissenschaften.

3.1 Verhalten als Produkt aus Trieb und Gewohnheit

Hull entwickelte als erster Psychologe eine umfassende Theorie der Motivation, die ausschließlich auf experimentellen Daten basiert. Bewusste und unbewusste geistige Prozesse schließt er von der empirischen Analyse aus. Sein Ziel ist es, Verhalten sehr präzise und anhand mathematischer Modelle vorherzusagen. Dabei konzentriert er sich auf das Verhalten von Versuchstieren in möglichst einfachen, genau definierten und kontrollierbaren Bedingungen.

Es gibt eine Reihe von Parallelen zwischen Hull und Freud: Beide sind Deterministen und vertreten homöostatische und hedonistische Konzeptionen menschlichen Verhaltens, bei beiden spielen negative Emotionen eine wichtige Rolle (siehe 3.2.2), und beide lehnen die Einbeziehung systematischer interindividueller Unterschiede ab. Eine weitere wichtige Gemeinsamkeit ist die Betonung des Triebkonzeptes, das wir im Folgenden genauer betrachten.

Tabelle 3.1 Gemeinsamkeiten und Unterschiede zwischen Freud und Hull

Merkmal der Theorie:	Freud	Hull
Determinismus	ja	ja
Homöostase	ja	ja
Hedonismus	ja	ja
Systematische individuelle Unterschiede	nein	nein
Triebkonstrukt als zentrale Determinante der Motivation	ja	ja
Triebkonstrukt als aggregierte Energiequelle des Verhaltens	ja	ja
Experimentelle Untersuchung des Verhaltens	nein	ja
Mathematische Beziehungen und Modelle	nein	ja

3.1.1 Das Triebkonzept

Hull (1943) zufolge sind es Bedürfnisse (physiologische Mangelzustände, z. B. Hunger, Durst oder das Schlafbedürfnis), die den Organismus motivieren. Dabei sind Triebe die motivationale Komponente von physiologischen Bedürfnissen. Das Motivierende an solchen Bedürfnissen ist der angenehme Zustand, den der Organismus durch ihre Befriedigung erreicht.

Das Triebkonzept ist eng geknüpft an aktuelle innere Zustände eines Organismus. Auf den ersten Blick scheint die Annahme innerer Zustände nicht zu einer behavioristischen Theorie zu passen. Hull hielt am Triebkonzept jedoch aus zwei Gründen fest: Zum einen war man in der ersten Hälfte des 20. Jahrhunderts fest überzeugt, ein messbares Substrat der physiologischen Bedürfnisse bald finden zu können (was jedoch nicht gelang). Hull bezeichnete diese inneren Grundlagen der Triebe daher als Triebstimuli und behandelte sie so, als wären es Äquivalente zu externen Stimuli, die man ebenso direkt messen kann. Zum anderen erschien das Triebkonzept aus empirischen Gründen unvermeidlich:

Triebe als interne Stimuli. So gab es bereits Anfang der 20er Jahre Befunde, nach denen das Verhalten eines Organismus auch bei konstanten Umweltbedingungen systematischen

Schwankungen unterliegt. Demzufolge kann ein Verhalten nicht ausschließlich von Umweltgegebenheiten abhängig sein, sondern es muss auch interne Stimuli geben, die das Verhalten bestimmen. Ein Meilenstein hierbei sind die Beobachtungen zum Tierverhalten von Richter (1927). Seine Versuchstiere, die er für unterschiedlich lange Zeitintervalle nicht fütterte, befanden sich in ansonsten konstanten Umweltbedingungen. Richter stellte fest, dass die Tiere mit zunehmender Nahrungsdeprivation fortlaufend aktiver werden, während sie nach der Nahrungsaufnahme für einige Zeit relativ inaktiv sind.

Eine weitere Beobachtung stützt die Auffassung, dass interne Zustände in Form von Trieben das Verhalten beeinflussen. Hierzu wurde die so genannte Columbia Obstruction Box entwickelt (siehe Abb. 3.1). Bei Experimenten mit dieser Versuchsanordnung werden die Versuchstiere in unterschiedlichem Maße nahrungsdepriviert (z. B. für 1 Stunde versus 24 Stunden) und in eine Startbox gesetzt. In einer zweiten Box, der Zielbox, befindet sich Futter. Um dorthin zu gelangen, müssen die Versuchstiere ein elektrisches Gitter überqueren; dabei erhalten sie Elektroschocks. Es zeigt sich, dass die Versuchstiere bei zunehmender Nahrungsdeprivation mit immer größerer Wahrscheinlichkeit bereit sind, die schmerzhaften Elektroschocks zu ertragen, um zur Zielbox zu gelangen.

Elemente von Hulls Triebkonzept. Aufgrund dieser Befunde schloss Hull, dass interne Zustände (Triebe) das Verhalten energetisieren. Diese Auffassung ähnelt der Freuds. Ebenso wie Freud hielt Hull Triebe für eine unspezifische energetisierende Größe. Demnach fließen alle spezifischen Triebzustände gemeinsam in eine „aggregierte" (übergreifende, zusammengefasste) Energiequelle ein (siehe 3.1.4).

Startbox	Elektrisches Gitter	Zielbox

Abbildung 3.1 Schematische Darstellung einer Columbia Obstruction Box. Mit dieser Versuchsanordnung wurde experimentell untersucht, wie Triebe das Verhalten beeinflussen

Eine oftmals in Zusammenhang mit Hulls Theorie gebrauchte Metapher vergleicht den Organismus mit einem Fahrzeug. Hierbei bilden die Triebe den Motor, der für den Antrieb – die Bewegungsenergie – sorgt. Hull akzeptierte zunächst nur eine kleine Anzahl von sogenannten primären Trieben als Energiequellen des Verhaltens. Solche primären Triebe sind angeboren und eindeutig an physiologische Mangelzustände wie Hunger und Durst geknüpft.

3.1.2 Gewohnheitsstärke

Neben einer generellen Antriebsquelle (Motor) hat der Organismus Hull zufolge ein Lenksystem (Lenkrad), das dem Verhalten seine Richtung gibt; Hull bezeichnet es als Habit oder Gewohnheit. Während die primären Triebe angeboren sind, müssen Gewohnheiten erlernt werden. Um diese Lernprozesse zu verstehen, ist es notwendig, kurz auf die Arbeiten von Edward Thorndike einzugehen, auf die auch Hull zurückgreift.

Thorndikes Gesetzmäßigkeiten des Lernens

Thorndike (1911) studierte das Verhalten von Tieren (v. a. Katzen und Tauben) in so genannten Problemsituationen: So setzte Thorndike ein Versuchstier in einen auf ausgeklügelte Weise verschlossenen Käfig und belohnte sie, wenn sie sich hieraus befreiten.

Versuch und Irrtum. Dabei zeigen die Versuchstiere zunächst (in einem neuen Käfig) ein Verhalten, dass er als Versuch und Irrtum (learning by trial and error) bezeichnete: Das Tier unternimmt eher ziellose Anstrengungen, den Käfig zu verlassen, bis es ihm schließlich zufällig gelingt, die Käfigtür zu öffnen (indem es z. B. einen Hebel berührt, der die Tür öffnet). Je öfter das Versuchstier in den Käfig gesetzt wird und für die Betätigung des Mechanismus belohnt wird, desto schneller gelingt es ihm, diese Reaktion zu zeigen. Am Ende einer Reihe von solchen Durchgängen zeigt das Versuchstier die zum Erfolg führende Reaktion ohne jede Verzögerung – es hat gelernt, in einer gegebenen Situation (S) die richtige Reaktion (R) zu zeigen.

Gesetz der Auswirkung. Thorndike bezeichnete diese Form des Lernens auch als „Lernen am Erfolg" und formulierte das Gesetz der Auswirkung (law of effect): Eine Reaktion wird dann häufiger auftreten, wenn sie angenehme Zustände zur Folge hat. Umgekehrt werden Reaktionen, die nicht zum Erfolg führen, immer seltener.

Verbindung zwischen Stimulus und Reaktion. Thorndike zufolge ist es die Verbindung zwischen dem Stimulus (hier: der Situation im Käfig) und der Reaktion (dem Betätigen eines Hebels), die bei positiven Konsequenzen eines Verhaltens gestärkt wird. Weiterhin wird diese Verbindung zunehmend gelöscht, wenn die Reaktion keine positiven Konsequenzen mehr hat. Aufgrund dieser Betonung der Verbindung zwischen Stimulus (S) und Reaktion (R) zählt Thorndikes Modell des Lernens auch zur S-R-Psychologie. Thorndike lieferte die ersten systematischen Befunde zu einer Lernform, bei der die Auswirkungen des Verhaltens dessen Auftretenswahrscheinlichkeit beeinflussen und die als operantes Konditionieren (siehe 4.1.3) bezeichnet wird.

Hulls Konstrukt der Gewohnheit

Gewohnheitshierarchie. Thorndikes S-R-Theorie des Lernens liegt auch Hulls Habit-Konstrukt zugrunde. Hull zufolge gibt es in einer gegebenen Situation eine ganze Reihe von Reaktionsmöglichkeiten – das gilt für eine Katze im Käfig ebenso wie z. B. für einen Studenten vor der Prüfung. Diese Gesamtheit jeweils verfügbarer Reaktionen bezeichnet Hull als Habit- oder Gewohnheitshierarchie. In dieser Hierarchie steht ein Verhalten umso höher (und ist also umso wahrscheinlicher), je öfter es zuvor an positive Konsequenzen geknüpft war. Umgekehrt sollte eine Reaktion, die wenig oder nie verstärkt wurde, in der Habithierarchie weit unten stehen.

Die Gewohnheitshierarchie ist ein gutes Beispiel für Hulls Fähigkeit, interne Konstrukte messbar zu machen. Sie ist ein operational definiertes Konstrukt, weil wir Operationen und Verfahrensweisen angeben können, die die Gewohnheitshierarchie unter experimentelle Kontrolle bringen: Demnach wird eine Reaktion, die (häufig) verstärkt wird, in dieser Hierarchie aufsteigen; wird sie nicht (mehr) verstärkt, wird sie darin absinken.

Eine Formel zur Verhaltensvorhersage. Hull nimmt daher an, dass in einer gegebenen Situation zunächst das Verhalten gezeigt wird, das in der Habithierarchie am höchsten steht. Weiterhin gilt, dass Triebstärke und Habit multiplikativ miteinander verknüpft sind:

▶ Geht die Triebstärke gegen 0, sollte der Organismus keinerlei Verhalten zeigen. (Dies erinnert an die gesättigten und weitgehend inaktiven Versuchstiere in Richters Versuchsanordnungen; vgl. 3.1.1). => Tiere zeigen nach Fütterung keine Aktivität mehr 1927

▶ Ist die „richtige" Reaktion in der Habithierarchie nicht vorhanden (also Habit gleich 0), so kann diese auch nicht gezeigt werden. (Dies entspricht dem Verhalten der Versuchstiere in Thorndikes Experimenten, bevor sie den öffnenden Mechanismus entdeckt haben).

Hulls grundlegende Annahme lässt sich in einer Formel darstellen, die die Wahrscheinlichkeit einer Reaktion vorhersagt:

$$\text{Verhalten} = \text{Trieb} \times \text{Habit}$$

Perins Experiment zur Verknüpfung von Trieb und Habit. Die multiplikative Verknüpfung von Trieb und Habit ist experimentell gut bestätigt. So trainierte z. B. Perin (1942) Versuchstiere, einen Hebel zu drücken, um Futter zu erhalten. Es gab zwei unabhängige Variablen:

(1) die Anzahl der Verstärkungen für das Hebeldrücken, welche die Versuchstiere in einer vorhergehenden Versuchsphase erhalten hatten (das Verhalten steht also entweder hoch oben oder weiter unten in der Habithierarchie);

(2) die Nahrungsdeprivation der Versuchstiere (hoch versus niedrig) als Manipulation der Triebstärke.

Anzahl der Verstärkung der Reaktion

Tabelle 3.2 Habitstärke und Triebstärke als unabhängige Variablen in dem Experiment von Perin (1942)

Triebstärke	Habitstärke	
	Wenige Verstärkungen	Viele Verstärkungen
Geringe Triebstärke	Geringe Löschungsresistenz	Mittlere Löschungsresistenz
Hohe Triebstärke	Mittlere Löschungsresistenz	Hohe Löschungsresistenz

Die abhängige Variable dieses Experiments bedarf einer kurzen Erläuterung: Hier wurde die Löschungsresistenz des gelernten Verhaltens erfasst. Dies ist die Zeitdauer, bis die Versuchstiere nach der Aussetzung der Verstärkung das zuvor erlernte Verhalten nicht mehr zeigen. Ein Verhalten, das durch eine hohe Triebstärke energetisiert wird und hoch in der Habithierarchie steht, sollte allerdings länger aufrechterhalten werden als ein Verhalten bei niedriger Triebstärke, das in der Habithierarchie von Anfang weiter unten angesiedelt ist.

Löschungsresistenz = Zeitdauer, bis Tiere nach Verstärkung das zuvor erlernte Verhalten nicht mehr zeigen

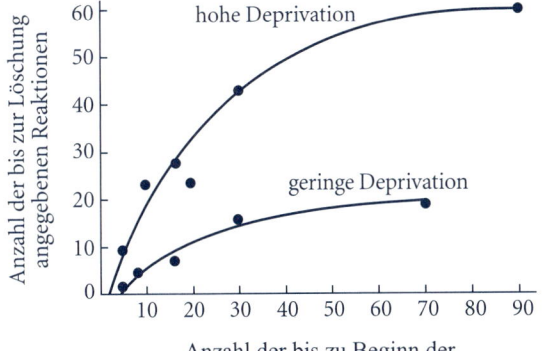

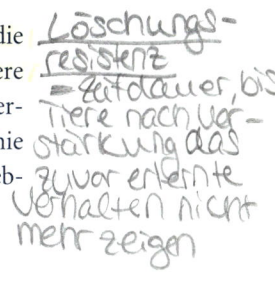

Abbildung 3.2 Löschungsresistenz als abhängige Variable in dem Experiment von Perin (1942)

Wie Abbildung 3.2 zeigt, wird die Löschungsresistenz sowohl von der Habitstärke als auch von der Triebstärke beeinflusst: Die höchste Löschungsresistenz zeigen Versuchtiere, die eine lange Nahrungsdeprivation aufweisen (hohe Triebstärke) und vorauslaufend viele Lerndurchgänge hatten (die Reaktion hat einen hohen Rang in der Habithierarchie). Umgekehrt ist die Löschungsresistenz am geringsten, wenn die Triebstärke gering und die Reaktion in der Habithierarchie weit unten angesiedelt ist. Dieses generelle Befundmuster konnte in einer Vielzahl von Untersuchungen bestätigt werden (einen Überblick gibt Brown, 1961).

Fazit

Es gibt bisher in Hulls Theorie zwei Größen des Verhaltens:

(1) eine energetisierende Variable – der Trieb (Motor)

(2) eine steuernde Variable – der Habit (Lenksystem).

Die Triebstärke ist derjenige Teil eines angeborenen physiologischen Bedürfnisses, der unser Verhalten motiviert. Sie ist direkt proportional zum Bedürfniszustand des Organismus und wird z. B. als Dauer der Nahrungsdeprivation operationalisiert. Die Gewohnheitshierarchie ist dagegen eine erlernte Größe und dient der Steuerung des Verhaltens. Sie ist direkt proportional zur vorhergehenden Anzahl verstärkter Lerndurchgänge und dadurch auch operational definiert.

Übersicht

Grundzüge der Hull'schen Triebtheorie

	Theoretisches Konstrukt:	Art des Konstruktes:	Operationalisierung des Konstruktes:
	Triebstärke	**Motor**	**Deprivation**
Verhalten =	x		
	Habitstärke	**Richtung**	**Anzahl Lerndurchgänge**

Drei Fragen verdienen in Zusammenhang mit Hulls Theorie besondere Aufmerksamkeit:

(1) Gibt es auch andere als primäre Triebe?

(2) Sind Triebe, wie von Hull und Freud postuliert, tatsächlich übergreifende und unspezifische Energiequellen des Verhaltens?

(3) Erklären Trieb und Habit allein das Verhalten, oder sollten weitere Variablen berücksichtigt werden?

Diesen Fragen widmen sich die folgenden Abschnitte.

3.1.3 Sekundäre Triebe

Es wäre unbefriedigend, wenn Hulls Theorie auf biologisch verankerte Bedürfniszustände und Triebe beschränkt wäre: Zum einen erscheint es unrealistisch, dass alle oder auch nur die meisten menschlichen Handlungen durch primäre Triebe wie Nahrungs- oder Flüssigkeitsmangel motiviert sind. Zum anderen sind Essen und Trinken nicht unbedingt die Verhaltenskategorien, die für die Motivationspsychologie besonders interessant erscheinen. Um diese Nachteile zu beheben, führte Hull das Konzept der sekundären Triebe ein. Im Gegensatz zu primären Trieben sind sekundäre Triebe nicht angeboren, sondern werden erlernt. Zum Verständnis der entsprechenden Lernvorgänge betrachten wir zunächst die Methoden, mit denen diese untersucht wurden.

Furcht als erlernter Trieb am Beispiel von Millers Shuttle-Box

N. E. Miller (1951) entwickelte eine Versuchsapparatur, die als Millers Shuttle-Box bezeichnet wird (siehe Abb. 3.3): Sie besteht aus zwei Abteilen, die in unterschiedlichen Farben gehalten und durch eine Tür getrennt sind. Das erste Abteil hat einen Boden, durch den Elektroschocks verabreicht werden können, das zweite Abteil hat einen normalen Boden. Die Verbindungstür lässt sich durch Betätigen einer Walze oder eines Hebels öffnen.

Erste Versuchsphase. Zunächst werden den Versuchstieren im ersten Abteil bei geöffneter Tür Schocks verabreicht; sie zeigen dabei deutliche Anzeichen von Schmerz und Furcht. Die Versuchstiere können diesen Schocks entgehen, indem sie in das zweite Abteil überwechseln. Nach einer bestimmten Zahl von Lerndurchgängen verlassen die Versuchstiere das erste Abteil bereits dann, wenn noch gar kein Schock verabreicht wurde – sie fliehen also nicht vor einem tatsächlichen Schock, sondern vermeiden einen Schock, der noch gar nicht eingetreten ist. Dieser Umstand ist bedeutsam für die zweite Versuchsphase.

Zweite Versuchsphase. In der folgenden Serie von Lerndurchgängen wird die Tür zwischen den Abteilen verschlossen, und ein Verlassen des ersten Abteils ist nur möglich, wenn das Tier den Mechanismus findet, der die Tür öffnet. Wie in Thorndikes Versuchen geschieht dies zunächst eher zufällig. In dieser Versuchsphase werden keine Schocks mehr verabreicht. Ist die richtige Reaktion einmal entdeckt, so tritt diese mit immer kürzerer Latenzzeit auf, bis sie schließlich unmittelbar und ohne Verzögerung ausgeführt wird.

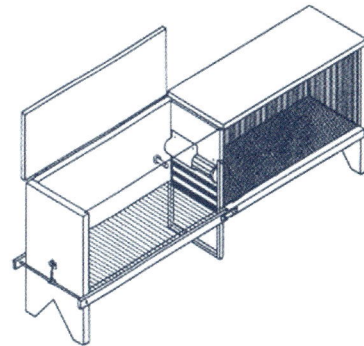

Abbildung 3.3 In Millers Shuttle-Box wurde untersucht, ob Furcht erlernt sein kann

In der zweiten Versuchsphase gibt es zwei bemerkenswerte Phänomene:

(1) Es kommt offensichtlich zu zielgerichtetem Verhalten (Verlassen des Käfigteils), obwohl kein Schock mehr verabreicht wird.

(2) Die neu erlernte Reaktion sehr löschungsresistent – sie verschwindet auch dann nicht, wenn lange Zeit keine weiteren Schocks verabreicht werden.

Was also ist die Triebquelle des Verhaltens? Mit unserem bisherigen Wissensstand von Hulls Theorie ist dieses Verhalten kaum erklärbar, denn es gibt hierbei keinen primären Trieb, der das Verhalten energetisiert.

Schlussfolgerungen. Miller (1948; Miller & Dollard, 1941) schließt aus diesen Beobachtungen zweierlei:

(1) In der ersten Versuchsphase findet ein Konditionierungsprozess statt: Die Versuchstiere lernen, dass der erste Käfigteil mit Schmerz assoziiert ist.

(2) In der zweiten Versuchsphase werden diejenigen Reize, die mit dem Schmerz assoziiert wurden, selbst zu motivierenden Trieben. Die Merkmale des ersten Abteils werden demzufolge zu Auslösern eines sekundären (gelernten) Triebes, der darin besteht, diese Situation zu vermeiden.

Exkurs

Klassisches Konditionieren

Eine kurze Erläuterung zum klassischen Konditionieren ist wichtig für das Verständnis dieser Phänomene: Das klassische Konditionieren konzentriert sich nicht auf die Konsequenzen eines Verhaltens, sondern auf dessen vorausgehenden Bedingungen. Gegenstand des Lernprozesses sind nicht etwa willentliche Reaktionen, sondern reflexhafte (angeborene) Reaktionen, deren Auftreten an neue Bedingungen geknüpft (konditioniert) wird. Berühmte Beispiele sind die Versuche von Iwan Pawlow zur Speichelsekretion von Hunden und die Experimente von John B. Watson zur Konditionierung von Furcht beim „kleinen Albert". Eine gut verständliche Einführung in das klassische Konditionieren geben Meyer et al. (1998).

Kritik am Konzept der sekundären Triebe

Die Untersuchungen zu sekundären Trieben waren insbesondere bei erlernten Furchtreaktionen erfolgreich, wie sie mit Millers Shuttle-Box erzeugt wurden. Es handelt sich hierbei allerdings um ein Vermeidungsverhalten und nicht um ein aufsuchendes Verhalten wie bei den empirischen Untersuchungen zu den primären Trieben. Eine Kritik an diesem Konzept ist, dass es trotz zahlreicher experimenteller Untersuchungen keine Hinweise auf erlernte (sekundäre) Triebquellen aufsuchenden Verhaltens gibt (vgl. Brody, 1983).

Ein weiterer Kritikpunkt betrifft die genauere Analyse der zugrundeliegenden Lernprozesse (Bolles, 1975): Hull (1952) vermutet wie Miller (1951), dass dem Vermeidungsverhalten sowie den Lernprozessen in der zweiten Versuchsphase eine klassisch konditionierte Furchtreaktion zugrunde liegt, die in der ersten Versuchsphase erworben wurde. Die hierzu vorliegenden Befunde bestätigen diese Annahme jedoch nicht: Eine solche konditionierte Furchtreaktion sollte zu spezifischen physiologischen Furchtsymptomen führen (z. B. Anstieg der Herzschlagfrequenz), die allerdings empirisch nicht konsistent nachgewiesen werden konnten.

Fazit

Gibt es andere als primäre Triebe? Die Antwort lautet: Es gibt zwar sekundäre Triebe, aber mit zwei Einschränkungen:

(1) Diese sekundären Triebe sind nur für Vermeidungsverhalten und nicht für aufsuchendes Verhalten nachweisbar.

(2) Selbst für das Vermeidungsverhalten sind die Daten nicht so eindeutig wie gehofft.

Hulls Theorie kann nur diejenigen Bereiche des Verhaltens befriedigend erklären, die primäre Bedürfnisse betreffen, sowie diejenigen sekundären Triebe, die ein Vermeidungsverhalten betreffen.

3.1.4 Triebe als allgemeine Energiequelle?

Sowohl Freud als auch Hull nehmen an, dass Triebe eine allgemeine und „aggregierte" Energiequelle des Verhaltens sind. Hulls Theorie hat im Gegensatz zu der Freuds zahlreiche Untersuchungen hervorgebracht, die dieses Postulat experimentell überprüften.

So wurden in einem Experiment von Meryman (1952) zwei gänzlich unabhängige Triebquellen des Verhaltens manipuliert: die Nahrungsdeprivation und die Ängstlichkeit der Versuchstiere

Tabelle 3.3 Stärke einer Schreckreaktion (in Millimetern nach 10 Lerndurchgängen) in Abhängigkeit von Nahrungsdeprivation und Furchtkonditionierung (Meryman, 1952). Es liegt eine deutlich stärkere Furchtreaktion dann vor, wenn die Versuchstiere hungrig waren. Bei vorheriger Furchtkonditionierung ist die Furchtreaktion der hungrigen Versuchstiere am Ende der Versuchsreihe annähernd doppelt so stark wie diejenige der nicht hungrigen Versuchstiere. Diese Ergebnisse stehen in Einklang mit der Annahme, dass alle Arten von Triebzuständen dasjenige Verhalten energetisieren, das in einer gegebenen Situation in der Habithierarchie weit oben steht (gut gelernt wurde)

Furchtkonditionierung	Nahrungsdeprivation	
	Niedrig (1 Stunde)	Hoch (46 Stunden)
Niedrige Ängstlichkeit	0	4
Hohe Ängstlichkeit	13	22

(siehe Tab. 3.3). Hierbei lernte eine Gruppe von Versuchstieren, dass ein bestimmter Ort (der Versuchskäfig) mit Schmerzreizen einhergeht; in einer anderen Gruppe von Versuchstieren gab es diese Lernphase nicht. Zur Manipulation der ersten Antriebsquelle (Hunger) wurden die Versuchstiere entweder lange Zeit oder kurze Zeit nahrungsdepriviert. Als abhängige Variable wurde die Schreckreaktion der Versuchstiere auf ein lautes Geräusch hin gemessen. Die Ergebnisse zeigen, dass alle Arten von Triebzuständen (hier: Ängstlichkeit und Hunger) gemeinsam dasjenige Verhalten energetisieren, das in einer gegebenen Situation in der Habithierarchie weit oben steht.

Hulls Annahme, dass Triebe eine übergreifende (aggregierte) Energiequelle des Verhaltens sind, konnte auch in anderen Untersuchungen empirisch bestätigt werden.

3.1.5 Die Rolle des Anreizes

Latentes Lernen. Vor allem ein Befund veranlasste Hull (1952) dazu, neben den sekundären Trieben eine weitere Variable in seine Theorie aufzunehmen: Es kommt vor, dass Tiere nach Einführung einer neuen Belohnung plötzlich ebenso gute Leistungen zeigen wie Tiere, die bereits weitaus längere Zeit aufgrund dieser Belohnung gelernt hatten. Da es so aussieht, als würde das neue Reizobjekt verborgenes oder bis dahin nicht ausgenutztes Lernen zum Vorschein bringen, bezeichnet man dies auch als latentes Lernen (Bower & Hilgard, 1970).

Experimente zum latenten Lernen. Blodgett (1929) sowie Tolman und Honzig (1930) führten die ersten Experimente zum latenten Lernen durch. Hierbei durchliefen die Versuchstiere ein komplexes Labyrinth. Die Versuchstiere wurden in drei Gruppen eingeteilt:

(1) Eine Gruppe von Versuchstieren wurde von Anfang an kontinuierlich mit Futter belohnt, wenn sie einen bestimmten Punkt des Labyrinths erreichten; → Fehlerzahl nimmt langsam ab
(2) eine zweite Gruppe wurde erst ab dem elften Durchgang belohnt, → Fehlerzahl nimmt ab 11. Durchgang ab
(3) eine dritte Gruppe wurde niemals belohnt. → Fehlerzahl nimmt überhaupt nicht ab

Als abhängige Variable wurde für jeden Durchgang erfasst, wie viele Fehler die Versuchstiere auf ihrem Weg vom Start- zum Zielpunkt im Labyrinth machen. Hier ist die Triebkraft stets konstant, da die Nahrungsdeprivation der Versuchstiere nicht variiert wird. Variiert wird hingegen Gewohnheitsstärke, da entweder eine sofortige kontinuierliche Belohnung, eine zu einem späteren Zeitpunkt einsetzende Belohnung oder gar keine Belohnung gegeben wird.

Nun kann die Gewohnheitsstärke erst dann ansteigen, wenn das Verhalten verstärkt wird. Deshalb sollte die Fehlerzahl der Versuchstiere in Gruppe 1 langsam abnehmen; das richtige Verhalten nimmt einen kontinuierlich ansteigenden Rang in der Gewohnheitshierarchie dieser Tiere ein. Die Fehlerzahl der Versuchstiere in Gruppe 2 hingegen sollte erst ab dem elften Durchgang und parallel zu derjenigen der ersten Gruppe kontinuierlich abnehmen. Die Fehlerzahl der Versuchstiere in Gruppe 3 schließlich sollte überhaupt nicht abnehmen, da die Gewohnheitshierarchie hier gar nicht beeinflusst wird.

Kognitive Interpretation der Ergebnisse. Einer kognitiven Interpretation dieser Ergebnisse zufolge erkunden die Versuchstiere auch vor Einsetzen der Verstärkungen das Labyrinth und wissen, wie dieses aussieht; d. h. in der Sprache der kognitiven Psychologie, sie bilden eine mentale Repräsentation des Labyrinths. Sobald eine Verstärkung einsetzt, nutzen die Versuchstiere dieses Wissen und zeigen sofort ebenso gute Leistungen wie die Versuchstiere, die immer schon verstärkt wurden.

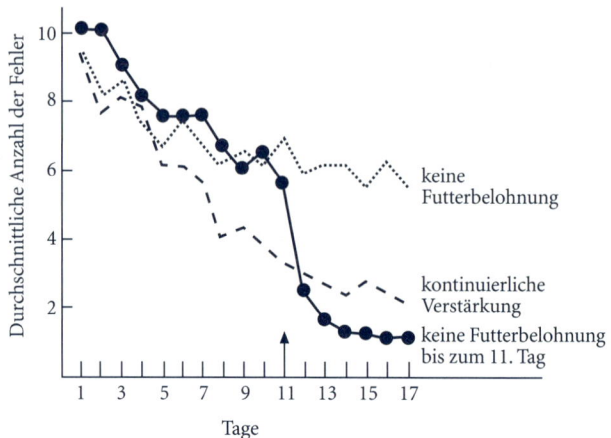

Abbildung 3.4 Ein Experiment zum latenten Lernen von Tolman & Honzig (1930). Der auffällige Gegensatz zwischen den erwarteten und den tatsächlichen Daten besteht in dem abrupten Absinken der Fehlerzahl in der zweiten Gruppe von Versuchstieren: Nach Einsetzen der Verstärkung sinkt die Fehlerzahl dieser Gruppe sehr schnell auf das Niveau der ersten Gruppe. Da jede einzelne Verstärkung ein langsames und kontinuierliches Ansteigen der richtigen Reaktionen in der Gewohnheitshierarchie der Versuchstiere bewirken sollte, müsste ein allmähliches und nicht etwa ein abruptes Absinken der Fehlerzahl zu beobachten sein

Einführung des Anreizes in Hulls Theorie. Diese Interpretation widerspricht jedoch der behavioristischen Theorie, da sie auf kognitive Vorgänge Bezug nimmt. Hull versuchte daher, eine nichtkognitive Interpretation dieser Ergebnisse zu finden, indem er den Begriff des Anreizes („incentive value") in seine Theorie einführte. Demnach hängt das Verhalten von drei Größen ab: Trieb, Habit und Anreiz; diese Größen sind wiederum multiplikativ verknüpft. Somit sollte ein Verhalten nicht auftreten, wenn keinerlei Anreiz besteht. Weiterhin bietet das Anreizkonzept eine gute Erklärung für das abrupte Absinken der Fehlerrate bei den Tieren, die erst später belohnt wurden: Trotz einer vergleichsweise geringen Position der richtigen Reaktionen in der Habithierarchie steigt die Wahrscheinlichkeit des richtigen Verhaltens sehr schnell an, weil entsprechende Anreizwerte multiplikativ mit der Trieb- und Habitkomponente verknüpft sind.

Übersicht

Revidierte Fassung der Hull'schen Theorie

Biologisch verankerte Energie	Lernvariable
Trieb	**Habit**
„PUSH"-Variable, die zu einem Ziel hindrängt (z.B. Hunger, Durst oder Angst), operationalisiert beispielsweise anhand der Dauer der Deprivation.	Eine situationsspezifische Gewohnheitshierarchie, operationalisiert anhand der Zahl der vorauslaufenden Verstärkungen.

Anreiz

Charakteristika des Zielobjektes sowie zugleich erlernte Anreizwerte, die operationalisiert werden, zum Beispiel anhand der Menge oder Qualität des dargebotenen Futters.

Vor der Einführung des Anreizes gab es in Hulls Theorie eine biologisch verankerte Variable, die den Organismus in eine bestimmte Richtung drängt, und eine Lernvariable, die auf der Zahl der Verstärkungen basiert, zu denen eine bestimmte Reaktion in der Vergangenheit geführt hat. Diese Dichotomie wird nun aufgegeben. Das Konzept des Anreizes hat sowohl eine biologische Verankerung (z. B. hat Gras einen hohen Anreizwert für Kühe, nicht aber für Löwen) als auch eine Lernkomponente, denn Organismen können lernen, welche Situationen typischerweise bestimmte Anreizwerte bereithalten (vgl. Crespi, 1942). In Zusammenhang mit dem Konzept des Anreizes ist daher zu fragen, ob nicht gewissermaßen „heimlich" eine kognitive Variable in die Theorie eingeführt wurde (Koch, 1954).

3.1.6 Grenzen von Hulls Theorie

Es geht hier um Befunde, die durch Hulls Theorie nur schwer erklärt werden können oder mit ihr nicht vereinbar sind. Das heißt nicht, dass die mit dieser Theorie gewonnenen Einsichten falsch sind: Wie im Eingangskapitel dargelegt, gilt es zu prüfen, wie weit das Eis nun trägt, das die Theorie uns bietet.

Spontaner Reaktionswechsel

Eine typische Versuchsanordnung zur Untersuchung des spontanen Reaktionswechsels ist ein recht einfaches, kreuzförmiges Labyrinth, in dem die Versuchstiere entweder nach links oder nach rechts abbiegen können. Nach einer großen Zahl von Belohnungen für die Wahl einer bestimmten Verhaltensoption sollte diese Reaktion in der Habithierarchie weit oben angesiedelt sein, während die andere mögliche Reaktion weit unten angesiedelt ist. Dennoch kommt es immer wieder zu sog. spontanen Reaktionswechseln: Das Versuchstier wählt eine Alternative, die zuvor niemals verstärkt wurde.

Erklärungsmöglichkeiten. Wie schon beim latenten Lernen ist eine naheliegende Erklärung für einen solchen spontanen Reaktionswechsel mit einer streng behavioristischen Position nicht vereinbar: Die Versuchstiere seien einfach neugierig und wollten das Labyrinth erkunden. In der kognitiven Psychologie (z. B. Glanzer, 1953) ist dieser Mechanismus auch als Stimulussättigungs-Hypothese bezeichnet worden: Die Bekanntheit eines bestimmten Reizes (ein Teil des Labyrinths) verringert demzufolge das Interesse hieran; ein Reaktionswechsel vermeidet oder reduziert die Effekte einer solchen Stimulussättigung.

Aus evolutionärer Perspektive könnte es einen Überlebensvorteil bedeuten, ein solches Verhalten zu zeigen, da ein spontaner Reaktionswechsel es ermöglicht, veränderte Situationsbedingungen zu erkunden. Man denke etwa an ein Zebra auf dem Weg zu einer bevorzugten, weil vergleichsweise zuverlässigen Wasserstelle: Ein spontaner Reaktionswechsel kann sicherstellen, dass das Tier etwaige Veränderungen im Wasserangebot auch tatsächlich entdeckt. Also könnte eine Tendenz zum spontanen Reaktionswechsel unter natürlichen Umweltgegebenheiten einen Anpassungs- oder Überlebensvorteil bieten (siehe 10.1 zu evolutionären Theorien).

Im Gegensatz zu solchen kognitiven und evolutionären Ansätzen brachten Hull und seine Mitarbeiter eine recht absurde Erklärung des spontanen Reaktionswechsels vor: Sie nahmen an, dass die bei der ersten Reaktion betätigten Muskeln ermüden; ein spontaner Reaktionswechsel beuge einer einseitigen Ermüdung vor.

Entscheidungsexperimente. Die beiden alternativen Erklärungen des spontanen Reaktionswechsels – Stimulussättigung versus Reaktionsermüdung – sind durch Entscheidungsexperimente geprüft worden (Montgomery, 1952; Glanzer, 1953). Hierzu wurde ein kreuzförmiges Labyrinth mit einer senkrechten und einer waagerechten Verbindung verwendet (siehe Abb. 3.5); die beiden waagerechten Arme sind in unterschiedlichen Farben gehalten. Im ersten Durchgang wird das Versuchstier stets in den unteren Teil des senkrechten Arms („Süden") gesetzt, im folgenden Durchgang in den oberen Teil („Norden"). Daher führt die Wiederholung einer Reaktion (die zuvor verstärkt wurde) dazu, dass das Versuchstier eine neue Umge-

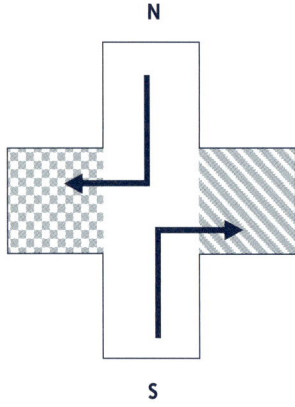

Abbildung 3.5 Ein kreuzförmiges Labyrinth diente in den Entscheidungsexperimenten von Montgomery (1952) und Glanzer (1953) dazu, die beiden alternativen Hypothesen zum spontanen Reaktionswechsel – Stimulussättigung versus Reaktionsermüdung – zu überprüfen

bung erkundet. Ein Reaktionswechsel dagegen führt dazu, dass das Versuchstier den gleichen Laufgang erkundet wie im vorhergehenden Durchgang. Träfe die Hypothese der Reaktionsermüdung zu, so müsste ein spontaner Reaktionswechsel ausbleiben. Montgomery und Glanzer fanden jedoch unter diesen Bedingungen ebenfalls spontane Reaktionswechsel; die Hypothese der Reaktionsermüdung wurde also widerlegt.

Fazit. Organismen sind offensichtlich von neuartigen Reizen angezogen und wollen diese explorieren (erkunden). Dies ist jedoch mit Hulls Theorie nicht mehr vereinbar, denn ein Explorationstrieb setzt kognitive Konzepte voraus, wie etwa Vorstellungen, Gedächtnis und Interesse. Es ist kennzeichnend für viele behavioristische Positionen in der Psychologie, dass elegante Erklärungen menschlichen Verhaltens aufgrund kognitiver Phänomene an ihre Grenzen stoßen. Insofern ist das Beispiel von Hulls Theorie besonders lehrreich.

3.2 Die Aktivationstheorie von Berlyne

Berlyne (1959) hat eine Theorie des Verhaltens entwickelt, die auf Hulls Konzepten aufbaut und zugleich kognitive Phänomene berücksichtigt. Seine Theorie der kognitiven Motivation (1974) setzt da ein, wo Hulls Theorie an ihre Grenzen stößt; damit verlässt er eine streng behavioristische Position. Der Ausgangpunkt seiner Theorie ist in Phänomenen wie dem spontanen Reaktionswechsel zu sehen: Ein Verhalten ist offensichtlich nicht nur von äußeren Reizen gesteuert, sondern der Organismus oder das Individuum wählt unter verfügbaren Reizen oder Informationen aus und betrachtet diese selektiv. Auch aus der Perspektive des Common Sense liegt es nahe, den spontanen Reaktionswechsel mit einem Wunsch nach Exploration oder Wissen zu erklären, mit der Annahme also, dass es als befriedigend empfunden wird, neue Situationen oder Reize zu erkunden und kennen zu lernen.

3.2.1 Trieb- versus Aktivationstheorie
Für Triebtheorien ist kennzeichnend, dass eine lineare Beziehung zwischen (An-)Trieb und Verhalten angenommen wird: Eine Zunahme der Triebkräfte sollte zu einer Erhöhung von Auftretenswahrscheinlichkeit, Häufigkeit und Intensität einer gelernten Reaktion führen. Die Aktivationstheorie geht jedoch davon aus, dass dies nicht stimmt. Vielmehr kann eine zu hohe Aktivation zu einer Beeinträchtigung der Leistung führen, und zwar insbesondere dann, wenn es um schwierige Handlungen oder Aufgaben geht.

Aktivation, Attraktivität und Stimuluskomplexität. Berlyne (1974) betrachtet hierzu drei Konzepte und deren Zusammenhang: Aktivation, Stimuluskomplexität und (Stimulus-)Attraktivität. Er nimmt an, dass Aktivation eine neuropsychologische Grundlage hat, und zwar in einem Teil des Gehirns, der Formatio reticularis. Zwischen der Aktivation und der Attraktivität dieses Aktivationszustandes besteht eine umgekehrt lineare Beziehung: Demzufolge ist ein niedriges Aktivationsniveau angenehmer als ein hohes Aktivationsniveau (siehe Abb. 3.6). Insofern haben wir es hier nach wie vor mit einer Triebreduktionstheorie zu tun, denn eine Senkung von Triebniveau und Aktivation wird als angenehm empfunden.

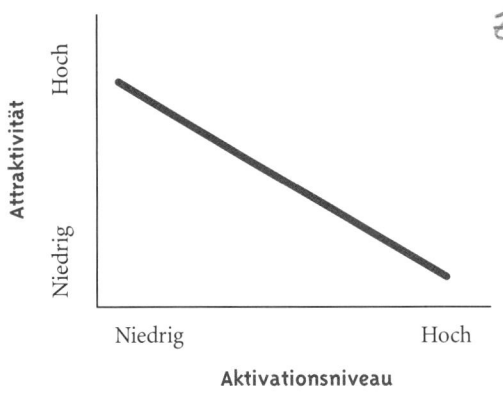

z. B. Hunger

Abbildung 3.6 Das Aktivationsniveau und dessen Attraktivität verhalten sich umgekehrt proportional zueinander: Ein niedriges Aktivationsniveau ist angenehmer als ein hohes

Niedrige Aktivation wird Berlyne zufolge nicht etwa dadurch hervorgerufen, dass eine geringe Stimuluskomplexität vorliegt, z. B. wenn externere Reize ausbleiben. Vielmehr tritt hohe Aktivation dann auf, wenn entweder sehr viele oder sehr wenige Reize auf uns einströmen. Folglich sollten wir eine mittlere Stimuluskomplexität bevorzugen, bei der das geringste mögliche Aktivationsniveau erreicht und als besonders angenehm empfunden wird (siehe Abb. 3.7).

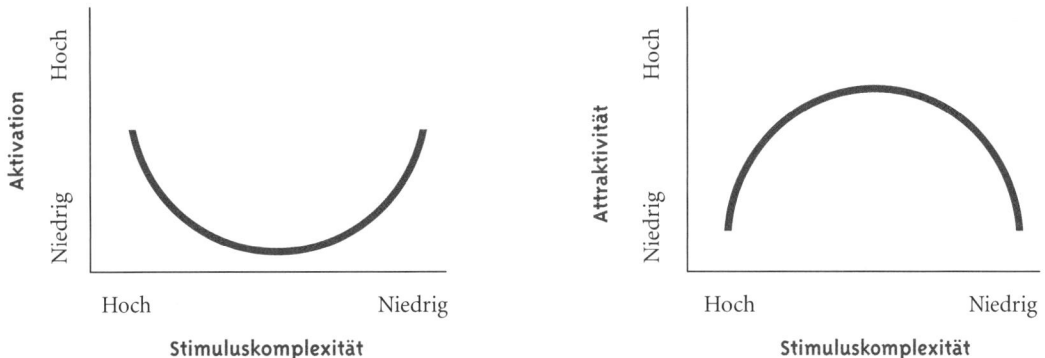

Abbildung 3.7 Stimuluskomplexität und Aktivation bzw. Attraktivität weisen nach Berlyne einen kurvilinearen Zusammenhang auf: Zu viele Reize werden genauso als unangenehm empfunden wie zu wenige; optimal ist eine mittlere Stimuluskomplexität

Externe versus interne Steuerung des Verhaltens. In den Experimenten von Hull und seinen Mitarbeitern wird das Verhalten – sei es von Versuchstieren oder Versuchspersonen – überwiegend extern gesteuert. Berlyne stellt eine andere Art von Motivation in den Mittelpunkt seiner Theorie: Demzufolge sind Menschen motiviert, Dinge zu betrachten, sich aktiv nach ihnen umzusehen, sie zu befragen und zu bedenken. Sie widmen sich diesen Aktivitäten, auch wenn niemand zur Stelle ist, dem sie gefallen oder den sie beeindrucken wollen, und auch dann, wenn keine materiellen Ziele angestrebt werden.

3.2.2 Stimuluskomplexität und Aktivation

Berlyne wendet seine Theorie auf verschiedene Phänomene an, wie z. B. die Wahrnehmung von Musik, Texten, Humor oder geometrischen Figuren, die Präferenz für Aufgaben unterschiedlicher Schwierigkeit und das Phänomen der sensorischen Deprivation.

Sensorische Deprivation. Experimente zur sensorischen Deprivation veranschaulichen Berlynes Ideen besonders gut. Hierbei erfahren Personen das denkbar geringste Maß an Stimulation: Sie befinden sich in einer extrem reizarmen Umgebung und tragen spezielle Brillen, Kopfhörer und Handschuhe, welche die visuelle, akustische und taktile Wahrnehmung drastisch reduzieren. In Experimenten von Bexter et al. (1954) und Vernon (1963) erhielten Personen umso höhere Belohnungen, je länger sie ohne sensorische Stimulation verweilten. Ein solcher Zustand ist auf Dauer unerträglich: Die Probanden beenden einen solchen Versuch spätestens nach 8 Stunden; selbst bei milderen Formen des Reizentzugs ist eine Deprivation über 24 Stunden hinaus unmöglich. Symptome einer solchen Deprivation sind nicht nur starkes Unwohlsein, sondern auch akustische oder visuelle Halluzinationen – offensichtlich kann unser Gehirn kaum ohne externe Stimulation auskommen und muss notfalls sogar selbst interne Reize hervorbringen.

Das Verhalten vieler Tiere im Zoo – die immer die gleichen Bewegungen monoton wiederholen – ist sicherlich ebenfalls durch einen Mangel an (geeigneter) Stimulation bedingt. Eine der eindrücklichsten Darstellungen der Auswirkungen von Stimulusdeprivation beim Menschen ist Stefan Zweigs „Schachnovelle". In dieser Erzählung werden dem Ich-Erzähler für die Dauer einer langen Gefangenschaft systematisch alle Anregungen entzogen, um ihn zum Verrat an anderen Widerstandskämpfern zu zwingen. Der Erzähler fürchtet, dieser Form der Folterer nicht länger standhalten zu können, bis er schließlich ein Schachbuch findet und sich so in die Welt des Schachspiels flüchtet.

Reizüberflutung. Es gibt nicht nur Befunde zu den negativen Folgen einer Reizdeprivation, sondern auch zahlreiche Belege für die Unannehmlichkeiten einer zu hohen Stimuluskomplexität. So führt selbst dauerhafter Lärm, der nicht unmittelbar schmerzhaft ist, am Arbeitsplatz oder am Wohnort zu physiologischen Fehlfunktionen und spezifischen Stresssymptomen. Diese Befunde bestätigen Berlynes Annahme, dass sowohl ein Mangel wie auch ein Überfluss externer Reize unangenehm ist und nicht zu geringer, sondern vielmehr hoher Aktivation führt. Dies ist allerdings noch kein Nachweis für die Annahme, dass wir tatsächlich Reize mittlerer Komplexität bevorzugen, der wir uns nun zuwenden.

Das Yerkes-Dodson-Gesetz

Die erste experimentelle Beobachtung hierzu stammt von Yerkes und Dodson (1908); sie führte zum Yerkes-Dodson-Gesetz der Motivation. In diesem Experiment lösten Mäuse eine Diskriminationsaufgabe und erhielten so lange Elektroschocks, bis sie die richtige Reaktion zeigten. Zwei unabhängige Variablen wurden variiert: die Intensität der Schocks und die Schwierigkeit der Aufgabe. Bei einfachen Diskriminationsaufgaben stieg die Leistung mit der Erhöhung der Schockintensität. Bei einer schwierigen Aufgabe hingegen stieg die Leistung mit zunehmender Schockintensität zunächst an, fiel dann aber wieder ab, wenn diese ein gewisses Maß überschritt.

Diese Befunde lassen sich aktivationstheoretisch gut erklären. Zwei Faktoren führen in dieser Versuchsanordnung zu einer Erhöhung der Aktivation: die Schwierigkeit der Aufgabe und die Intensität der Schocks. Bei mittelschweren bis schwierigen Aufgaben und hoher Schockintensität ist die Aktivation der Versuchstiere offensichtlich so hoch, dass planvolles Verhalten zunehmend beeinträchtigt wird. Ganz ähnliche Befunde finden sich auch für menschliches Verhalten, und zwar beim Phänomen der „sozialen Erleichterung".

3.2.3 Soziale Erleichterung und Aktivation

Entdeckt wurde dieses Phänomen von Triplett (1898). Er bemerkte, dass Radfahrer deutlich bessere Leistungen erzielen, wenn sie gegeneinander antreten als wenn sie eine Strecke allein fahren (und zwar auch dann, wenn Vorteile durch Windschatten ausgeschlossen sind). Diese Beobachtung veranlasste Triplett zum ersten sozialpsychologischen Laborexperiment überhaupt. So forderte er Kinder dazu auf, eine Angelrute schnellstmöglich aufzuspulen. Als unabhängige Variable wurde variiert, ob sie allein an dieser Aufgabe arbeiten oder ob zwei Kinder gleichzeitig und unabhängig voneinander die gleiche Aufgabe ausführen.

Coaction-Effekt und Audience-Effekt. Bei solchen Experimenten zeigen sich bessere Leistungen, wenn andere Anwesende die gleiche Aufgabe bearbeiten („Coaction-Effekt"). So schaufeln z. B. Arbeiter mehr Sand (pro Kopf), wenn mehrere Arbeiter gleichzeitig arbeiten (Chen, 1937); Tiere nehmen mehr Nahrung zu sich, wenn andere Mitglieder der gleichen Spezies ebenfalls Nahrung zu sich nehmen; und Studierende lösen mehr Mathematik-Aufgaben, wenn die Aufgabenbearbeitung in Gruppen stattfindet (Allport, 1920). Dashiell (1930) fand überdies, dass auch die bloße Beobachtung durch andere zu Leistungsverbesserungen führt („Audience-Effekt"). Allerdings zeigt sich bei näherem Hinsehen, dass hier zwar ein quantitativer Leistungsanstieg vorlag, dieser ging allerdings auf Kosten der Qualität, da die Zahl der richtig gelösten Aufgaben abnahm. Auch spätere Untersuchungen (Dashiell, 1935; Cottrell, 1972) gaben Anlass zu Ratlosigkeit, weil manchmal Leistungsverbesserungen, dann aber auch wieder Leistungseinbußen gefunden wurden.

Aktivationstheoretische Erklärung. Die Aktivationstheorie erlaubt es, diese widersprüchlichen Daten zu erklären. Robert Zajonc (1965, 1980) kommt das Verdienst zu, das ihnen zugrundeliegende Muster entdeckt zu haben: Bei einfachen Aufgaben, bei in hohem Maße eingeübten Tätigkeiten sowie bei instinktiven Reaktionen zeigen sich sehr zuverlässig Audience- und Coaction-Effekte, also eine soziale Erleichterung. Bei schwierigen Aufgaben hingegen oder neu gelernten Reaktionen finden sich dagegen Leistungseinbußen. Zajonc (1980) nimmt nun an, dass die Anwesenheit anderer die Aktivation eines Individuums erhöht. Für einfache Reaktionen sollte eine solche Aktivationserhöhung leistungsfördernd sein, bei komplexen Reaktionen dagegen der richtigen Lösung einer Aufgabe entgegenwirken.

Diese Vorhersagen sind empirisch gut bestätigt und haben universellen Charakter: Zajonc et al. (1969) zeigten in einer Studie (die einen der vorderen Plätze unter den kuriosesten psychologischen Experimenten einnimmt), dass der Audience-Effekt bei einfachen Reaktionen auch für vergleichsweise einfach strukturierte Spezies gilt: So lernten Küchenschaben schneller, einem Lichtstrahl auszuweichen (für Küchenschaben nicht ganz unwichtig), wenn andere Küchenschaben anwesend sind.

Zusammenfassung

Der wesentliche Beitrag Hulls zur Motivationspsychologie besteht darin, interne Reize wie Trieb und Habit einer experimentellen Analyse zugänglich gemacht zu haben. Zentral für das Verständnis seiner Theorie sind die Begriffe Trieb, Habit und Anreiz. Hulls Theorie kann insbesondere solches Verhalten gut erklären, das auf primären Trieben beruht. Sekundäre (erlernte) Triebe hingegen haben nur für Vermeidungsverhalten (so etwa die Auswirkungen von Furcht) empirische Bestätigung erfahren, nicht jedoch für aufsuchendes Verhalten. Weiterhin sind die Phänomene des latenten Lernens und des spontanen Reaktionswechsels besser erklärbar, wenn auch kognitive Variablen in die theoretischen Überlegungen einbezogen werden.

Die Erweiterung von Hulls Theorie durch Berlynes Aktivationstheorie ist daher ein wichtiger Fortschritt, denn hier wird besonders deutlich, warum kognitive Konzepte bei der Erklärung menschlichen Verhaltens unvermeidlich sind. Zentral für das Verständnis des Ansatzes von Berlyne sind die Beziehungen zwischen Aktivation, Stimuluskomplexität und Stimulusattraktivität. Das Zusammenspiel dieser Faktoren ermöglicht ein Verständnis von komplexen Phänomenen wie Exploration, sensorischer Deprivation und sozialer Erleichterung.

Denkanstöße

(1) Erläutern Sie das logische Problem bei der Wahrnehmungsabwehr und dessen mögliche Lösung.

(2) Sind Sie schon einmal in einer Situation gewesen, die einer sensorischen Deprivation nahe kommt? Und umgekehrt: Erinnern Sie sich an Situationen, bei denen die Komplexität der auf Sie einströmenden Stimuli zu hoch war?

(3) Eine naheliegende Anwendung der Befunde zur sozialen Erleichterung besteht darin, dass Sie sich gut überlegen sollten, ob Sie für eine mündliche Prüfung Zuschauer zulassen oder nicht. Wann sollten Sie dies tun – und wann lieber nicht?

Weiterführende Literatur

Hulls Theorie kommt zu Unrecht in vielen Lehrbüchern der Motivation nicht mehr vor. Einen sehr guten Überblick aus motivationstheoretischer Perspektive gibt Weiner. Nach wie vor lesenswert ist Berlynes Buch zu Anwendungen seiner Theorie im Bereich der Wahrnehmung von Kunst.

▶ Berlyne, D. E. (1974). Studies in the new experimental aestethics. New York: Wiley.
▶ Weiner, B. (1992). Human Motivation: Metaphors, Theories, and Research. Newbury Park, CA: Sage. (Kapitel 3, S. 59–110).

4 Skinners „System"

„I am sometimes asked: ‚Do you think of yourself as you think of the organisms you study?'
The answer is yes. So far as I know, my behaviour at any given moment has been nothing
more than the product of my genetic endowment, my personal history, and the current
setting. That does not mean I can explain everything I do or have done."
B. F. Skinner (1983)

Was Sie in diesem Kapitel erwartet

Skinners Analyse des Verhaltens wird von ihm selbst als „System" und nicht als Theorie bezeichnet. Wir befassen uns hier aus guten Gründen mit diesem System, obwohl es keine Motivationstheorie im engeren Sinne ist: Skinners System erklärt grundlegende Prinzipien des Verhaltens und beantwortet so die Frage, warum wir uns so verhalten, wie wir es tun.
Hierbei untersucht Skinner den Erwerb, die Intensität und die Dauer erlernter Reaktionen in Abhängigkeit von unterschiedlichen Arten der Verstärkung und Bestrafung sowie in Abhängigkeit von verschiedenen Arten von Verstärkungsplänen. Die Anwendungen dieses Systems spielen eine herausragende Rolle in vielen Teildisziplinen der Psychologie, insbesondere in Erziehung und Unterricht und in der Klinischen Psychologie. Wir betrachten im Folgenden die zentralen Begriffe und Konzepte seines Systems, ausgewählte empirische Belege sowie auch die Anwendungen seiner Überlegungen.

Skinners „System" erklärt sehr gut, warum Menschen sich so verhalten, wie sie es tun. Allerdings ist darin kein Platz für unsere alltagssprachlichen Begriffe zur Erklärung menschlichen Verhaltens, wie Motivation, Motive, Emotionen, Gedanken, Wünsche, Absichten oder Meinungen. Zudem ist Skinners Position eher atheoretisch; er beschreibt in möglichst einfacher Weise und ohne Formalisierungen, was er in seinen Experimenten beobachtete: Unter welchen Bedingungen ändert sich die Auftretenshäufigkeit und Intensität von Verhalten? Dabei legt er den Schwerpunkt auf operantes Verhalten, das als Operation von einem Organismus zu einem bestimmten Zweck aktiv gezeigt und nicht etwa passiv ausgelöst wird.

Es ist Skinners erklärtes Ziel, jene Frage zu beantworten, die ureigenster Gegenstand der Motivationspsychologie ist: „Why do people behave as they do?" (Skinner, 1974). Insofern verwundert es, dass nur wenige Lehrbücher der Motivation seine Verhaltenskonzeption aufnehmen (eine Ausnahme ist Mook, 1987).

Biographie

Burrhus Frederic Skinner – Behaviorist und Humanist

Burrhus Frederic Skinner (1904–1989) ist eine der bedeutendsten Persönlichkeiten in der Geschichte der wissenschaftlichen Psychologie. Ursprünglich wollte Skinner Schriftsteller werden. Unzufrieden mit dieser Tätigkeit, wurde er durch philosophische (Bertrand Russell) und literarische Autoren (H. G. Wells) auf die Arbeiten von John B. Watson und Iwan Pawlow aufmerksam, die Pioniere des klassischen Konditionierens. 1928 begann er sein Studium der Psychologie in Harvard, wo er 1931 promovierte und bis 1936 forschte.

Nach Tätigkeiten an anderen Universitäten in den USA folgte er 1948 erneut einem Ruf nach Harvard. Skinner ging offiziell 1974 in den Ruhestand, arbeitete aber unermüdlich weiter bis wenige Tage vor seinem Tod. Skinner publizierte im Laufe seines Lebens mehr als 200 herausragende und oft zitierte Beiträge in führenden Zeitschriften sowie eine Reihe von Büchern, darunter auch populärwissenschaftliche, philosophische und soziologische Beiträge über die möglichen Anwendungen und Auswirkungen seiner psychologischen Arbeiten auf Gesellschaft und Erziehung. Skinner ist eine auch öffentlich viel beachtete und umstrittene Figur der modernen Psychologie; nur wenige Persönlichkeiten in der Geschichte der Psychologie wurden zugleich so verehrt wie auch abgelehnt. Missverständnisse zu seinem Werk und Kritik an seiner Person beruhen oftmals auf einer ungenauen Kenntnis seiner Arbeiten.

4.1 Grundlegende Begriffe und Konzepte

4.1.1 Respondentes und operantes Verhalten

Ausgangspunkt von Skinners System (1938) ist die Unterscheidung von respondentem und operantem Verhalten (Antwort- und Wirkverhalten). Zum respondenten Verhalten gehören alle Arten von Reflexen. Typisch dafür ist z. B. der Speichelreflex beim klassischen Konditionieren, weil es von einem eindeutig identifizierbaren Stimulus ausgelöst wird, der ihm vorhergeht und den entsprechenden Reflex mit Notwendigkeit auslöst. Operantes Verhalten wird nicht durch vorhergehende Reize oder Stimuli reflexhaft ausgelöst, sondern willentlich ausgeführt. Zum operanten Verhalten gehören alle Arten von (zweckgerichteten) Handlungen, z. B. wenn Sie einen Lichtschalter betätigen oder dieses Lehrbuch lesen oder auch wenn ein Kind um Süßigkeiten bettelt. Ein für Skinners Experimente typisches Beispiel ist es, wenn eine Maus in einem Versuchskäfig lernt, dass sie immer dann Futter erhält, wenn sie einen Hebel drückt. Hierbei ist das Drücken des Hebels das operante Verhalten; die nachfolgende Futterbelohnung bezeichnet Skinner als Verstärkung.

4.1.2 Verstärkung und Löschung

Die Begriffe Verstärkung und Löschung sind bei Skinner operational definiert: Wenn ein Stimulus S einer Reaktion R folgt und nachfolgend die Auftretenswahrscheinlichkeit der Reaktion R steigt, dann ist der Stimulus S gemäß Skinners Definition eine Verstärkung. Das Gesetz der Verstärkung besagt daher, dass die Auftretenshäufigkeit (Wahrscheinlichkeit) eines operanten Verhaltens steigt, wenn ihm eine Verstärkung folgt. Umgekehrt besagt das Gesetz der Löschung, dass die Auftretenshäufigkeit eines operanten Verhaltens sinkt, wenn ihm keine Verstärkung folgt.

Am Beispiel des Kindes, das um Süßigkeiten bettelt, lassen sich die Konzepte der Verstärkung und der Löschung gut veranschaulichen: Das Verhalten des Kindes ist im Sinne von Skinners Analyse ein operantes Verhalten, weil es einem bestimmten Zweck dient. Es wird häufiger vorkommen, wenn es zum Erfolg führt, also verstärkt wird. Interessanterweise „verschwindet" das für die Eltern unerwünschte Verhalten nur kurzfristig, wenn sie dem Drängeln des Kindes nachgeben, während diese Verstärkung mittel- und langfristig natürlich zu einer höheren Auftretenswahrscheinlichkeit führen wird. Um dem vorzubeugen, werden kluge Eltern den Wunsch des Kindes eben nicht erfüllen – so wird die Auftretenshäufigkeit des Verhaltens sinken, da ihm ja nicht die vom Kind gewünschte Reaktion folgen wird.

4.1.3 Klassisches versus operantes Konditionieren

Ein wichtiger Unterschied zwischen klassischem und operantem Konditionieren ist die zeitliche Perspektive (siehe Abb. 4.1): Beim klassischen Konditionieren sind es die vorausgehenden Bedingungen (der unkonditionierte Stimulus und dessen Paarung mit anderen Stimuli), die bei hinreichend häufiger Paarung von unkonditioniertem und konditioniertem Stimulus die unkonditionierte Reaktion herbeiführen. Beim operanten Konditionieren bestimmen dagegen die Auswirkungen des Verhaltens seine Auftretenshäufigkeit.

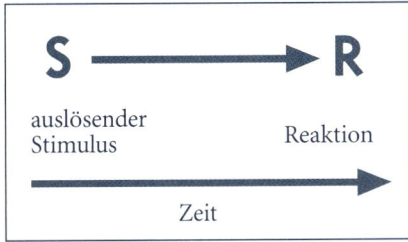
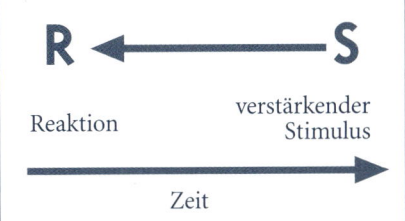

Abbildung 4.1 Beim klassischen Konditionieren führen die vorhergehenden Bedingungen zu einer Reaktion (links), beim operanten Konditionieren bestimmen die nachfolgenden Auswirkungen des Verhaltens seine Auftretenshäufigkeit (rechts)

Ein scheinbarer Widerspruch beim operanten Konditionieren. Da die Auswirkungen eines operanten Verhaltens seine Auftretenshäufigkeit bestimmen, hat es den Anschein, als seien sie zugleich seine Ursache. Zentrales Merkmal einer Ursache ist es jedoch, dass sie ihrer Wirkung vorausgehen muss; es kann keine gegenwärtigen Ereignisse geben, deren Ursachen in der Zukunft liegen (Hume, 1739; Mackie, 1980). Die Auflösung dieser Paradoxie besteht darin, dass die Auswirkungen eines operanten Verhaltens seine nachfolgende und nicht seine gegenwärtige Auftretenshäufigkeit bestimmen. Ein gegenwärtig gezeigtes operantes Verhaltens ist naturgemäß eine Funktion der früheren Verstärkungsgeschichte dieses Verhaltens.

Das Premack-Prinzip. In Skinners System stellt sich nicht die komplexe Frage nach primären und sekundären Trieben, die das Verhalten energetisieren. Premack (1965) zeigt vielmehr, dass jedes Verhalten ein potentieller Verstärker sein und Verhalten motivieren kann. Das Verhalten ist also nicht mehr an spezifische Bedürfnisse gebunden, sondern ausschließlich an dessen Konsequenzen. Ein Beispiel: Sie lesen viel lieber den „Nachtzug nach Lissabon" von Pascal Mercier als das vorliegende Buch. Somit kann das Lesen von Merciers Roman ein Verstärker für das Lesen dieses Buchs unter der Bedingung sein, dass Sie nur dann ein Kapitel aus Mercier lesen, wenn Sie zuvor ein Kapitel aus Rudolph lesen.

Nach dem Premack-Prinzip, das solche Beobachtungen verallgemeinert, kann ein Verhalten mit höherer Auftretenswahrscheinlichkeit (eine bevorzugte Handlung) davon abhängig gemacht werden, dass ein Verhalten mit relativ niedrigerer Auftretenswahrscheinlichkeit gezeigt wird. In diesem Fall wird das (zu einem gegebenen Zeitpunkt) wahrscheinlichere Verhalten zum Verstärker für das unwahrscheinlichere Verhalten.

Unterschiede zwischen Skinner und Thorndike. Skinners Gesetz der Verstärkung sieht auf den ersten Blick dem Gesetz der Auswirkung von Thorndike sehr ähnlich; es gibt jedoch bedeutsame Unterschiede: Für Thorndike stiftet das „Lernen am Erfolg" (z. B. bei Katzen, die sich durch eine bestimmte Reaktion aus einem Käfig befreiten und dafür Futter erhielten) eine Verbindung (Assoziation) zwischen der Reaktion R und der Situation S, so dass nachfolgend die gleiche Situation S wiederum mit höherer Wahrscheinlichkeit zur Reaktion R führt (daher der Begriff S-R-Psychologie). Auch wenn Skinners Position manchmal irreführenderweise der

S-R-Psychologie zugeordnet wird, sieht der Sachverhalt aus Skinners Perspektive ganz anders aus: Operantes Verhalten wird nicht durch die Situation ausgelöst, in der es stattfindet, sondern es wird (aktiv) vom Organismus gezeigt oder hervorgebracht („emitted"), und seine künftige Auftretenshäufigkeit (Wahrscheinlichkeit) ist nur von den nachfolgenden Konsequenzen abhängig.

Abhängige und unabhängige Variablen in Skinners System

Wir folgen hier einem Vorschlag von Lefrancois (1980) und gliedern Skinners System in zwei Teilbereiche:

(1) Faktoren, die das Verhalten beeinflussen und den Status von unabhängigen Variablen haben (die vom Experimentator kontrolliert und variiert werden können)

(2) Verhaltensmerkmale, die von diesen Faktoren beeinflusst werden und den Status von abhängigen Variablen haben.

Hier zeigt sich erneut die erwähnte atheoretische Position: Skinners System kennt keine hypothetischen Konstrukte, sondern orientiert sich sehr viel enger als jede andere psychologische Theorie an den Größen, die experimentell beeinflusst und gemessen werden können. Auf der Seite der unabhängigen Variablen betrachten wir im Folgenden die Konzepte Verstärkungsart und Verstärkungsplan, auf der Seite der abhängigen Variablen die Verhaltensmerkmale Akquisition, Reaktionshäufigkeit und Extinktion.

4.1.4 Verstärkungsarten und Verstärkungspläne

Verstärkungsarten

Skinner zufolge wird ein Verhalten um seiner Konsequenzen willen gezeigt: Ein gegenwärtiges Verhalten wird häufiger auftreten, wenn es positive Konsequenzen hat, und seltener, wenn es negative oder gar keine Konsequenzen hat. Die Unterscheidung von positiven und negativen Konsequenzen impliziert einen psychologischen Hedonismus (siehe 1.1.1), auch wenn Skinners System für die damit verbundenen mentalistischen Konzepte keinen Raum vorsieht.

Die verschiedenen Arten der Verstärkung hat Skinner systematisiert: positive und negative Verstärkung, Bestrafung Typ I und Typ II; diese sind in Tabelle 4.1 zusammenfassend dargestellt. Jede positive Konsequenz eines Verhaltens erhöht seine Auftretenshäufigkeit, jede negative Konsequenz eines Verhaltens senkt seine Auftretenshäufigkeit. Ob ein Verhalten verstärkt oder bestraft wird, hängt normalerweise davon ab, ob es als erwünscht oder unerwünscht betrachtet wird. Dementsprechend sind die Beispiele in der Tabelle so formuliert, als handle es sich um Erziehungssituationen. Es ist jedoch ebenso möglich, die Wahrscheinlichkeit von unerwünschten Verhaltensweisen zu erhöhen (z. B. den Bruder schlagen oder einen Hund so trainieren, dass er möglichst aggressiv reagiert) und die Wahrscheinlichkeit von erwünschten Verhaltensweisen zu senken (z. B. dem Bruder helfen bzw. einen Hund so trainieren, dass er Lawinenopfer aufspürt).

Auch im Folgenden verwenden wir um der intuitiven Plausibilität willen erwünschte Verhaltensweisen als Beispiele. Dies sollte Sie aber nicht davon ablenken, dass jegliches Verhalten in seiner Auftretenshäufigkeit geändert werden kann, und nicht nur solches, das z. B. Erziehern, Lehrern oder Therapeuten als wünschenswert erscheint (auf die moralischen Aspekte dieser Problematik gehen wir im Abschnitt 4.3 ein).

Tabelle 4.1 Arten der Verstärkung nach Skinner

Art der Verstärkung	Definition	Effekt	Beispiel
Positive Verstärkung	Ein positiver Stimulus folgt einem („positiven") Verhalten.	Erhöht die Auftretenswahrscheinlichkeiten des („positiven") Verhaltens.	Ein Schüler erhält für eine gute Arbeit eine gute Note.
Negative Verstärkung	Ein negativer Stimulus wird entfernt, nachdem ein („positives") Verhalten aufgetreten ist.	Erhöht die Auftretenswahrscheinlichkeit des („positiven") Verhaltens.	Das Kind darf sein Zimmer wieder verlassen, wenn sein Wutanfall beendet ist.
Bestrafung Typ I	Ein negativer Stimulus folgt einem („negativen") Verhalten.	Senkt die Auftretenswahrscheinlichkeit des („negativen") Verhaltens.	Ein Schüler erhält für eine schlechte Arbeit eine schlechte Note.
Bestrafung Typ II	Ein positiver Stimulus wird entfernt, nachdem ein („negatives") Verhalten aufgetreten ist.	Senkt die Auftretenswahrscheinlichkeit des („negativen") Verhaltens.	Einem Jugendlichen, der in einem Monat 250 Euro Telefonkosten verursacht hat, wird das Handy weggenommen.

Verstärkungspläne

Während es bei der Verstärkungsart darum geht, welche Arten von Stimuli welchem Verhalten folgen, bestimmen die Verstärkungspläne, mit welcher Häufigkeit und zu welchen Zeitpunkten solche Stimuli einer Reaktion folgen. In Tierexperimenten besteht ein hohes Ausmaß an Kontrolle darüber, wann und welche Stimuli den Reaktionen des Versuchstieres folgen. Bei menschlichem Verhalten ist dieses hohe Maß an Kontrolle selten gegeben, wenngleich natürlich auch hier Verstärkungsprozesse eine wichtige Rolle spielen.

Zwei Alltagsbeispiele. Wie Verstärkungsprozesse im Alltag wirken können, sei an zwei Beispielen illustriert:

(1) Ein Kind in der Schule beteiligt sich eifrig am Unterricht und meldet sich, wenn die Lehrerin eine Frage stellt. Die Verstärkung des erwünschten Verhaltens besteht hier darin, dass die Lehrerin das Kind aufruft, sobald es sich meldet, so dass es seine Fähigkeit zeigen kann.

(2) Ein Angler fährt stets am Wochenende zum Angeln an einen See. Jeder gefangene Fisch ist hier eine Verstärkung.

Betrachten wir beide Beispiel im Lichte verschiedener Verstärkungspläne, der kontinuierlichen und der intermittierenden Verstärkung.

Kontinuierliche Verstärkung. Bei der kontinuierlichen Verstärkung wird jede erwünschte Reaktion von einem positiven Stimulus gefolgt (verstärkt). Im Schulbeispiel ist eine kontinuierliche Verstärkung gar nicht möglich, da die Lehrerin versuchen wird, alle Schülerinnen und Schüler am Unterricht zu beteiligen. Im Falle des Anglers wäre eine kontinuierliche Verstärkung dann gegeben, wenn er an einem sehr fischreichen Gewässer angelt und bei jedem Versuch einen Fisch fängt.

Löschung und Extinktion. In beiden Fällen gilt: Wenn überhaupt keine Verstärkung erfolgt, wird das gewünschte Verhalten schließlich nicht mehr auftreten. Ein Kind, das niemals aufgerufen wird, wird sich schließlich nicht mehr am Unterricht beteiligen. Und ein Angler, der in einem See keinen einzigen Fisch fängt, wird nicht mehr an diesen See fahren. Diesen Prozess bezeichnet Skinner als Löschung des Verhaltens. Die Zeitdauer, bis ein Verhalten ganz unterbleibt, bezeichnet er als Extinktion oder Extinktionsrate der Reaktion; sie lässt sich als abhängige Variable in einem Experiment messen.

Intermittierende Verstärkung. Bei der intermittierenden Verstärkung wird nicht jede erwünschte Reaktion verstärkt. Sie lässt sich nach Skinner systematisch in unterschiedliche Arten von Verstärkungsplänen aufgliedern (siehe Übersicht), und zwar zunächst in Quoten- und Intervallpläne: Die Verstärkung erfolgt entweder nach einer bestimmten Anzahl von Reaktionen oder nach einem bestimmten Zeitintervall. So kann die Lehrerin sich bemühen, das Kind entweder bei jeder dritten Wortmeldung (Quotenplan) oder mindestens drei Mal je Unterrichtsstunde aufzurufen (Intervallplan). Schließlich können beide Arten von Verstärkungsplänen entweder „fixiert " (eine Verstärkung erfolgt exakt nach jeweils 10 Minuten oder exakt bei jeder 3. Wortmeldung) oder aber variabel sein (eine Verstärkung erfolgt im Schnitt alle 10 Minuten oder im Schnitt nach drei Reaktionen).

Übersicht

Verstärkungspläne zur intermittierenden Verstärkung

Intermittierende Verstärkung:
Nicht alle Reaktionen werden verstärkt

Quotenverstärkung Die Verstärkung erfolgt auf der Basis der Reaktionshäufigkeit		Intervallverstärkung Die Verstärkung erfolgt auf der Basis von Zeitintervallen	
Fixierte Quotenpläne Beispiel: Jede 2. Reaktion wird verstärkt	**Variable Quotenpläne** Beispiel: Im Schnitt wird jede 3. Reaktion verstärkt	**Fixierte Intervallpläne** Beispiel: Immer nach genau 10 Minuten wird eine Reaktion verstärkt	**Variable Intervallpläne** Beispiel: Eine Verstärkung erfolgt im Schnitt nach 10 Minuten (und zwar dann, wenn die richtige Reaktion auftritt)

4.1.5 Akquisition, Extinktion und Reaktionsrate

Die verschiedenen Verstärkungspläne haben großen Einfluss auf die Akquisition, Extinktion und Reaktionsrate (oder Intensität) des Verhaltens: Sie bestimmen, wie schnell ein neues Verhalten erlernt (gezeigt), wie schnell es aufgegeben und wie oft (bzw. intensiv) es gezeigt wird. Dies sind die zentralen abhängigen Variablen in Skinners System. Sie haben unmittelbaren Bezug zu unserer Definition von Motivation (siehe Kap. 1). Eines der interessantesten Merkmale dieses Ansatzes ist es, dass somit Verhaltensmerkmale vorhergesagt werden, ohne überhaupt auf alltagssprachliche motivationale Konzepte Bezug zu nehmen.

Aneignung *(handschriftliche Notiz)*

Akquisition. Eine (neue) Reaktion lässt sich – aus der Perspektive des Experimentators – leichter erlernen, wenn der Lernprozess mit einer kontinuierlichen Verstärkung begonnen wird. So besteht z. B. bei Lawinenhunden das größte Trainingsproblem oftmals darin, dass die Hunde zusammen mit ihren Hundeführern mit dem Hubschrauber zur Unglücksstelle geflogen werden. Während viele Hunderassen großes Vergnügen daran haben, nach Spuren zu suchen und Fährten aufzunehmen, gehört es mit Sicherheit nicht zu ihrer Lieblingsbeschäftigung, an einem Stahlseil in 30 bis 50 Meter Höhe gezogen zu werden. Der Hundeführer tut gut daran, den Hund, der sich schon vor dem Lärm des Hubschraubers fürchtet, für jede Form der Annäherung an Hubschrauber und Seil zu verstärken. In diesem Fall wird er den Hund auch dann kontinuierlich belohnen, wenn das gezeigte Verhalten dem gewünschten Verhalten zumindest ansatzweise ähnlich ist (ein als „Shaping" bezeichnetes Verfahren).

(Randnotiz: Aneignung neuer Reaktionen)

Löschung *(handschriftliche Notiz)*

Extinktion. Während sich das Erlernen einer neuen Reaktion bei kontinuierlicher Verstärkung schneller vollzieht, ist es bei der Extinktion umgekehrt: Intermittierende Verstärkungen führen zu einer höheren Löschungsresistenz; das Verhalten wird auch dann über längere Zeit ausgeführt, wenn eine Verstärkung unterbleibt. Aus der Sicht des Hundeführers ist es daher ratsam, im Laufe des Lernprozesses zu einer intermittierenden Verstärkung überzugehen, den Hund also nur noch bei Übungsflügen zu belohnen, wenn der Zeitfaktor zur Rettung der Lawinenopfer eine geringere Rolle spielt. Auch der Angler, der in einem Gewässer nach einer seltenen Fischart angelt und es immer schon gewohnt war, lange erfolglose Zeitintervalle in Kauf zu nehmen (der also einem variablen Intervallplan unterliegt), wird seine Bemühungen in erfolglosen Zeiten viel länger fortsetzen.

(Randnotiz: Löschung vorhandener Reaktionen)

Wie schon das latente Lernen und der spontane Reaktionswechsel bei Hull ist auch die höhere Löschungsresistenz nach intermittierender Verstärkung ein Phänomen, das eine kognitive Interpretation der vorliegenden Daten nahe legt. Ein Angler, der lange Zeit kontinuierlich und problemlos erfolgreich war, könnte angesichts einer längeren Misserfolgsphase schlussfolgern, dass der Fischbestand erschöpft ist. Ein Angler jedoch, der an lange Phasen des Misserfolgs gewöhnt ist, wird im Falle längerer Erfolglosigkeit nicht in ähnlicher Weise beunruhigt sein. „Schlussfolgerung" und „Beunruhigung" sind allerdings Begriffe, die Skinner ablehnt; er hält diese schlichtweg für überflüssig: Die beobachteten Daten sind ihm zufolge allein aufgrund der experimentell manipulierbaren Größen verständlich.

Häufigkeit *(handschriftliche Notiz)*

Reaktionsrate. Die Reaktionsrate, also die Häufigkeit, mit der die „gewünschte" Reaktion gezeigt wird, ist ein Indikator für die Intensität des Verhaltens. Sie ist dann höher, wenn eine variable Verstärkung vorliegt. Bei fixierten Intervallplänen nimmt die Häufigkeit der gewünschten Reaktion unmittelbar vor dem üblichen Verstärkungszeitpunkt stark zu, während es in den Intervallen unmittelbar nach der Verstärkung zu einer deutlichen Reduzierung kommt. Dies ist bei variablen Intervallplänen und auch bei Quotenplänen nicht der Fall; hier findet sich eine kontinuierliche und hohe Reaktionsrate.

(Randnotiz: Häufigkeit, mit der eine Reaktion gezeigt wird)

Wiederum scheint es so, als sei das Verhalten am besten erklärbar, wenn man es als kognitiv vermittelt interpretiert: Die Annahme liegt nahe, dass Erwartungen das Verhalten steuern. Skinner verweist jedoch darauf, dass nicht Erwartungen das Verhalten steuern, sondern der zugrundeliegende Verstärkungsplan. Dementsprechend ist der Hundeführer gut beraten, den einmal etablierten „Spürsinn" seines Hundes durch einen variablen Quotenplan zu verstärken: Dann wird der Hund das bestmögliche Verhalten zeigen und mit größter Wahrscheinlichkeit den gewünschten Erfolg haben.

4.2 Empirische Belege

Empirische Belege und praktische Anwendungen sind bei Skinner kaum voneinander zu trennen. Sein System und die abgeleiteten Gesetzmäßigkeiten des Verhaltens fanden Eingang in alle Anwendungsbereiche der Psychologie. Dennoch ist es sinnvoll, zunächst die grundlegenden Versuchsanordnungen zu betrachten, welche die Grundlage für die von Skinner (1953) postulierten Gesetzmäßigkeiten bilden. Dabei bilden die nachfolgenden Befunde zur „Skinnerbox" nur die winzige Spitze eines Eisbergs: Die Zahl der empirischen Bestätigungen zu diesen Gesetzmäßigkeiten ist unüberschaubar; nur wenige Ansätze in der Psychologie haben eine solche Menge an haltbaren Befunden erbracht.

4.2.1 Die Skinnerbox

Skinner wurde weniger für einzelne Experimente als vielmehr für die Entwicklung eines experimentellen Paradigmas berühmt. Die dafür typische Versuchsanordnung ist die sog. Skinnerbox (siehe Abb. 4.2). Ein hungriges Versuchstier (meist eine Ratte, Maus oder Taube) wird in diese Box gesetzt. Wichtige Bestandteile sind:

(1) ein Hebel (oder im Falle der Taube eine Art Kontaktplatte, die Berührungen durch den Schnabel des Tiers registrieren kann),
(2) ein „Ankunftsbehälter" für flüssige oder feste Nahrung und
(3) eine kleine Signallampe, die vom Experimentator an- und ausgeschaltet werden kann.

Das Versuchstier wird diese Box zunächst einmal erkunden. Dabei wird es irgendwann einmal den Hebelmechanismus auslösen. Die Häufigkeit, mit der dies innerhalb einer vorher festgelegten Zeitspanne geschieht (solange noch keinerlei Verstärkung verabreicht wurde), bezeichnet man auch als Grundrate (englisch: base line level).

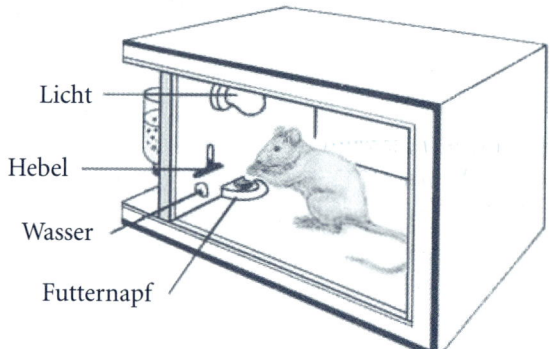

Licht

Hebel

Wasser

Futternapf

Abbildung 4.2 Ein Versuchstier in der Skinnerbox findet zufällig heraus, dass es einen Hebel betätigen kann und dann Futter bekommt. Bleibt das Futter aus, hört das Tier wieder auf, den Hebel zu drücken

Zu Beginn der Verstärkungsphase wird ein Futtermagazin aktiviert, das sich außerhalb der Box befindet. Von diesem Zeitpunkt an wird das Auslösen des Hebelmechanismus verstärkt, und zwar je nach dem zugrundeliegenden Verstärkungsplan: Gemäß einem bestimmten Intervall- oder Quotenplan landet z. B. eine Futterpille im Futternapf. Dies führt unweigerlich dazu, dass das Versuchstier die entsprechende Reaktion häufiger zeigt. Die Löschungsphase beginnt, wenn das Futtermagazin wieder deaktiviert wird und keine Verstärkung mehr erfolgt. So lässt sich mithilfe der Skinnerbox untersuchen, wie schnell eine zu lernende Reaktion gelernt wird (Akquisitionsrate) und wie lange es dauert, bis diese Reaktion wieder gelöscht ist (Extinktion; hier: bis die Reaktionsrate wieder die Basisrate erreicht hat).

Verstärkungshäufigkeit und Löschung

Skinner (1933, aufbauend auf unveröffentlichten Arbeiten von Mitarbeitern) untersuchte, inwiefern die Anzahl der Verstärkungen einen Einfluss auf das Verhalten während der Löschungsphase hat. Unabhängige Variable war die Anzahl der vorausgehenden Verstärkungen: Die Löschungsphase begann, nachdem das Versuchstier eine Verstärkung entweder für eine richtige Reaktion oder für 250 richtige Reaktionen erhalten hatte. Innerhalb von 60 Minuten nach Beginn der Extinktionsphase zeigten die Versuchstiere nach nur einer Verstärkung etwa 60 weitere der zuvor verstärkten Reaktionen, nach 250 Verstärkungen etwa 180 solcher Reaktionen.

Dieser einfache Befund ist aus zwei Gründen bemerkenswert:

(1) Eine Erhöhung der Anzahl der Verstärkungen bewirkt eine Vervielfachung der Löschungsresistenz.
(2) Wie auch ergänzende Untersuchungen von Estes (1944) zeigen, besteht keine lineare Beziehung zwischen Verstärkungshäufigkeit und Löschungsresistenz: Auch eine einzige Verstärkung führt bereits zu einer beträchtlichen Anzahl von operanten Reaktionen.

4.2.2 Abergläubisches Verhalten

Der letztgenannte Umstand trägt zu einem interessanten Phänomen bei, das Skinner als „abergläubisches Verhalten" bezeichnet. Dieses entsteht dann, wenn ein beliebiges Verhalten, möglicherweise rein zufällig, mit einer Verstärkung gekoppelt wird. Betrachten wir dies am Beispiel einer Taube in einer Skinnerbox. Angenommen, eine erste Verstärkung würde zu einem gänzlich zufälligen Zeitpunkt verabreicht, und zwar unabhängig davon, was die Taube gerade tut. Das Versuchstier wird zu diesem Zeitpunkt jedoch auf alle Fälle irgendein Verhalten zeigen, etwa still stehen oder nach oben blicken. Wenn bereits eine einmalige Verstärkung ausreicht, um die Auftretenshäufigkeit dieser zufälligen Reaktion zu erhöhen, so wird die Taube diese Reaktion zu späteren Zeitpunkten mit entsprechend höherer Wahrscheinlichkeit ausführen.

Angenommen, es wurde nun ein zufälliger Blick zur Käfigdecke verstärkt. Aufgrund der Befunde von Skinner (1933) und Estes (1944) ist zu erwarten, dass das Versuchstier im Laufe der nachfolgenden 60 Minuten diese Reaktion etwa einmal pro Minute zeigen wird. Ein solches Verhalten ließe sich leicht weiter verstärken, so dass seine Auftretenshäufigkeit drastisch ansteigt. Schließlich wäre das Versuchstier in der Lage, sich beliebige Futtermengen durch das Betrachten der Käfigdecke zu verschaffen. Ein solches Verhalten ist deshalb abergläubisch, weil es natürlich keinerlei wirkliche funktionale Verbindung zu den tatsächlichen Mechanismen der Verstärkung hat – im Gegensatz zur Betätigung eines Hebels, der einen Mechanismus im Futtermagazin auslöst, oder im Gegensatz etwa zu einer Löwin, die eine Antilope erbeutet und so für ihr Jagdverhalten verstärkt wird.

Auf diese Weise lässt sich auch abergläubisches Verhalten beim Menschen erklären: So wird z. B. ein Prüfungskandidat, der in der ersten Studienprüfung ein Hawaiihemd trug und eine sehr gute Note erhielt, dieses Hemd vielleicht auch in den nachfolgenden Prüfungen tragen. Auch sehr komplexe (und gelegentlich absurd anmutende) Abfolgen von Reaktionen (z. B. die Körperwendung einer Taube nach rechts, ruhiges Verharren, anschließender Blick zur Decke) können auf diese Weise etabliert werden. Bei Sportlern, die beim Einwechseln auf das Spielfeld kommen, sind solche rituell anmutenden Verhaltensweisen regelmäßig zu beobachten. Der Umstand, dass solches abergläubisches Verhalten wahrscheinlich intermittierend verstärkt wird (nicht jeder Einwechselspieler schießt in der verbleibenden Zeit ein Tor) lässt zudem erwarten, dass eine solche, einmal etablierte Reaktionskette überaus beständig (löschungsresistent) ist.

4.3 Anwendungen des Skinnerschen Systems

Die Anwendungen der Überlegungen Skinners allein in Erziehung und Unterricht sowie in der Klinischen Psychologie sind so vielfältig, dass hier nur einige wenige ausgewählte Beispiele angeführt werden können. Betrachten wir zunächst eine Verwendung operanter Prinzipien anhand eines ausgefallenen Beispiels, den Rettungsflügen der amerikanischen Küstenwache. Dieses Beispiel illustriert auch, dass Tierversuche bzw. die Anwendung operanter Prinzipien bei Tieren nicht immer unethisch sein müssen.

Training von Tauben für Rettungsflüge der Küstenwache. Simmons (1981) berichtet von einem Feldversuch der amerikanischen Küstenwache: Tauben wurden darauf trainiert, auf die (weltweit standardisierte) orange Farbe von Rettungswesten mit dem Picken auf einen Sensor zu reagieren. Tauben verfügen über ein ausgezeichnetes Wahrnehmungsvermögen: Sie haben eine hervorragende Fernsicht, ihre Augen ermüden auch nach stundenlanger Beanspruchung nicht, sie können 60 bis 80 Grad der Umgebung mit einem Blick fokussieren (beim Menschen lediglich 2 bis 3 Grad), und sie können zudem Farben sehr gut unterscheiden. Das relevante Verhalten – das Betätigen des Sensors – lässt sich anhand operanter Verstärkungsprinzipien sehr leicht etablieren.

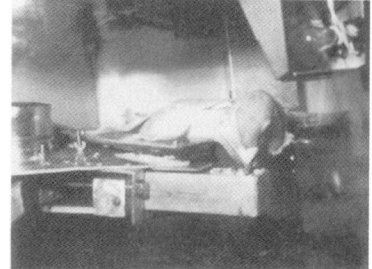

Abbildung 4.3 Bei dem Feldversuch der amerikanischen Küstenwache wurden Tauben darauf trainiert, auf das Orange von Rettungswesten mit Picken auf einen Sensor zu reagieren

Bei den Einsätzen der Küstenwache befinden sich insgesamt drei Tauben in einer durchsichtigen Box an der Unterseite des Hubschraubers (siehe Abb. 4.3). Diese Box ist dreigeteilt, so dass jede Taube nur ein eingeschränktes Blickfeld hat (vorne, links, rechts; mit jeweils etwa 60 bis 80 Grad Blickfeld). Der Hubschrauberpilot überfliegt bei der Suche nach Schiffbrüchigen das kritische Gebiet. Sobald eine der Tauben den Sensor betätigt, fliegt er in die entsprechende Richtung. Befindet sich beispielsweise ein Schiffbrüchiger auf der linken Seite des Hubschraubers, steuert er nach links; steuert er zu weit nach links, gerät der Schiffbrüchige in das Sichtfeld der Taube im mittleren oder rechten Teil der Sichtbox, die dann entsprechend reagiert und den Piloten zurückdirigiert. Simmons (1981) zufolge lassen sich Schiffbrüchige auf diese Weise mit viel höherer Wahrscheinlichkeit und deutlich schneller aufspüren als mit anderen Methoden.

4.3.1 Operantes Konditionieren im Klassenzimmer

Sportunterricht als Belohnung

Schmidt und Ulrich (1969) untersuchten in einer Klasse mit 29 Viertklässlern, wie sich der Geräuschpegel im Unterricht senken lässt. Das Experiment bestand aus insgesamt vier Phasen, in denen das jeweilige Geräuschniveau gemessen wurde (siehe Tab. 4.2). In einer ersten Versuchsphase wurde die Basisrate erfasst, in diesem Fall nicht anhand der Reaktionshäufigkeit, sondern als Geräuschpegel, der zu verschiedenen Zeitpunkten gemessen wurde.

Tabelle 4.2 Schmidt und Ulrich (1969) gelang es, in einer Schulklasse den Geräuschpegel zu senken, indem sie ruhiges und aufmerksames Verhalten mit verlängertem Sportunterricht belohnten (Phase II und IV). Unterblieb diese Belohnung, stieg der Geräuschpegel wieder an (Phase III)

Versuchsphase	Vorgehen	Mittlerer Geräuschpegel (in Dezibel)
I Stunde 01–10	Erfassung der Basisrate (ohne jede Veränderung der ursprünglichen Ausgangssituation).	53
II Stunde 11–17	Lernphase 1: Ruhiges Verhalten (unter 42 Dezibel) wird durch längeren Sportunterricht belohnt.	38
III Stunde 18–23	Löschungsphase: Keine weitere Belohnung für einen geringeren Geräuschpegel.	48
IV Stunde 24–31	Lernphase 2: Ruhiges Verhalten (unter 42 Dezibel) wird erneut durch längeren Sportunterricht belohnt.	38

Es wurde geprüft, ob eine in Aussicht gestellte Verstärkung (in diesem Fall ein verlängerter Sportunterricht) die Auftretenshäufigkeit des unerwünschten Verhaltens senkt und die Wahrscheinlichkeit des erwünschten Verhaltens erhöht. In Bezug auf den Sportunterricht war sichergestellt, dass die Schüler diesen attraktiv fanden; das ist eine direkte Anwendung des Premack-Prinzips, demzufolge der Experimentator solche Verstärker wählen sollte, die eine hohe Auftretenswahrscheinlichkeit haben und als positiv empfunden werden. Weiterhin wurde eine Löschungsphase vorgesehen, in der die zuvor vereinbarte Verstärkung unterblieb. Wenn in dieser Phase der Geräuschpegel wieder ansteigt, kann mit großer Sicherheit gefolgert werden, dass tatsächlich die Verstärkung den gewünschten Effekt herbeiführte.

Die einzelnen Versuchsphasen bestanden jeweils aus mehreren Unterrichtsstunden, die an verschiedenen Tagen nacheinander stattfanden. An diesen Tagen fand zu mehreren Zeitpunkten Sportunterricht statt, der dann verlängert wurde, wenn der Geräuschpegel der vorigen Stunde unter 42 Dezibel geblieben war.

Nach Einführung der positiven Verstärkung sank der Geräuschpegel unter das Niveau, das von den Experimentatoren als maximal zulässig festgelegt wurde. In der Löschungsphase (ohne weitere Verstärkung) stieg der Geräuschpegel wieder an (bis fast auf das ursprüngliche Niveau), und nach Wiedereinführung der positiven Verstärkung sank er erneut auf das Niveau vor der ersten Lernphase.

Variation mit Wertmarkensystemen

Ein Problem bei der Anwendung operanter Prinzipien in einem solchen natürlichen Kontext ist die Tatsache, dass eine Kopplung zwischen Verhalten und Verstärkung oftmals nicht so direkt zu realisieren ist, wie dies wünschenswert wäre: Idealerweise sollte die Verstärkung dem gewünschten Verhalten möglichst unmittelbar folgen. Eine Lösung dieses Problems sind so genannte Wertmarkensysteme (token systems), bei dem die Probanden nicht eine direkte Verstärkung in Form desjenigen Stimulus erhalten, den sie für wünschenswert halten, sondern lediglich Wertmarken oder Bonuspunkte, die später gegen entsprechende Belohnungen getauscht werden können.

Im Schulkontext wurde eine entsprechende Studie beispielsweise von Ayllon und Roberts (1974) durchgeführt. Ziel war es, die Leseleistungen der Schüler einer 5. Unterrichtsklasse zu verbessern und Störungen im Unterricht möglichst gering zu halten. Das Ausgangsniveau der Leseleistungen vor Beginn der Intervention lag bei 40 Prozent, der Anteil des Störverhaltens im Unterricht bei 50 Prozent. Die Schüler erhielten je nach erreichter Leistung Wertmarken (siehe Tab. 4.3). Dieses Wertmarkensystem zeigte ebenso gute Resultate wie die direkte Verstärkung durch Verlängerung des Sportunterrichtes in der Studie von Schmidt und Ulrich (1969): Die Leseleistung erhöhte sich im Laufe weniger Wochen auf 85 Prozent, und der Anteil der Störungen im Unterricht verringerte sich auf 5 Prozent.

Auch beim Wertmarkensystem ist zu beachten, dass vor der Einführung operanter Prinzipien gemäß dem Premack-Prinzip genau festgelegt werden sollte, welche Verstärker den Schülern

Tabelle 4.3 In einer Studie von Ayllon und Roberts (1974) erhielten Schüler für ihre Leistungen eine bestimmte Anzahl von Wertmarken, die sie später gegen entsprechende Belohnungen tauschen konnten

Leistungen:	Anzahl der Wertmarken:
80 % der Aufgaben gelöst	2
100 % der Aufgaben gelöst	5
Tauschwert der Wertmarken:	
Zugang zum Spielzimmer für 15 Minuten	2
Zusätzliche Pause für 10 Minuten	2
Einsicht in die eigenen Noten	5
Anschauen eines Films	6
Verkürzung des Nachsitzens um 10 Minuten	10
Guter Bericht an die Eltern	15
Tilgung der schlechtesten Testnote	20

tatsächlich wertvoll erscheinen. Die Staffelung in unterschiedlich wertvolle und variierende Verstärker erlaubt es zudem, eine Vielzahl von Schülern durch unterschiedliche Verstärker zu motivieren.

4.3.2 Operantes Konditionieren im klinischen Kontext

Die im vorigen Abschnitt genannten Prinzipien lassen sich natürlich auch auf andere Bereiche des Lebens anwenden. Die Anwendung operanter Prinzipien im klinischen Kontext allein könnte bereits ein eigenes Lehrbuch füllen. So belohnt etwa ein Therapeut Patienten oder Klienten für angemessenes Verhalten und entzieht eben diese Belohnungen, wenn das Verhalten nicht gezeigt wird. Dies ist auch dann möglich, wenn der Grad der Beeinträchtigung sehr schwerwiegend ist.

Wertmarkensysteme in der klinischen Psychologie. So wandten Ayllon und Azrin (1965) ein Wertmarkensystem bei schizophrenen Patienten während einer stationären Behandlung an. Hierbei wurde selbständiges Verhalten – z. B. sich um persönliche Bedürfnisse selbst kümmern, statt auf die Hilfe anderer angewiesen zu sein – für die Dauer von 20 Tagen mit Wertmarken belohnt. Auf die Ermittlung des Ausgangsniveaus (nahezu 0 Prozent selbständiger Verhaltensweisen) folgten drei je 20-tägige Versuchsphasen: In Phase I wurden die Patienten für entsprechendes Verhalten belohnt, in Phase II wurde das Programm ausgesetzt und in Phase III fortgeführt. Als abhängige Variable wurde erfasst, wie häufig die Patienten in der Lage waren, entsprechendes Selbständigkeitsverhalten zu zeigen.
Die Ergebnisse fallen ebenso eindeutig aus wie im schulischen Kontext: Die Zahl der erwünschten Verhaltensweisen stieg in Phase I von 0 Prozent auf nahezu 50 Prozent an, fiel in Phase II kontinuierlich ab auf das Ausgangniveau und stieg in Phase III schließlich wieder auf 50 Prozent an.

4.3.3 Ethische Fragen

Eine solche Form der Intervention wirft ethische Fragen auf. Ein kritischer Punkt ist, dass sich durch operante Prinzipien nahezu jedes Verhalten verstärken lässt. Bei Patienten in einer psychiatrischen Klinik sind deren Selbstbestimmungsrecht und -fähigkeit deutlich eingeschränkt. Deshalb können sie die Umweltkontingenzen nicht oder nur teilweise bestimmen.

Selbstbestimmung

Wer bestimmt nun in einer solchen Situation, welche Kontingenzen (welche Gestaltung der Umwelt) hierbei angemessen sind? Wo beginnt und wo endet die Freiheit der betroffenen Personen? Sicherlich ist es aller Ehren wert, Schüler dazu zu motivieren, ausgezeichnete Leser zu werden oder bessere mathematische Kenntnisse zu erwerben. Auch die Fähigkeit, sich um die eigene Person und die eigenen Bedürfnisse kümmern zu können, kann sicherlich positiv bewertet werden.
Insbesondere bei Erziehungsfragen und im Umgang mit seelisch kranken Menschen geht es oftmals um die Frage: Wann und unter welchen Umständen sollte jemand dazu gebracht werden, ein in hohem Maße selbstschädigendes Verhalten aufzugeben? Und wer definiert, was selbstschädigendes Verhalten ist, und wo beginnen Willkür und ungerechter Freiheitsentzug?

Eigen- und Gegenkontrolle

Eine Diskussion dieser Fragen für den klinischen Kontext findet sich z. B. bei Comer (1995), eine Erörterung der ethischen Fragen bei Wertmarkensystemen gibt Glynn (1990). Auch Stanley Kubricks berühmt gewordener Film „Clockwork Orange" (1971) sei hier als Illustration dieser Problematik empfohlen.

Skinner wurde gelegentlich vorgeworfen, er habe zu diesen kritischen Fragen nicht präzise genug Stellung genommen. Im Falle des selbstbestimmten Individuums hat er jedoch immer wieder auf die menschliche Fähigkeit verwiesen, sich eigene Umweltkontingenzen selbst zu setzen und demzufolge selbstbestimmt zu handeln. Die Selbstverstärkung des selbstbestimmten Individuums ist in seinem System ungleich wichtiger als die externe Verstärkung durch andere Personen. Zugleich räumte Skinner ein, dass es in modernen Gesellschaften auch Grenzen für eine solche Eigenkontrolle gibt. Sein Konzept der „Gegenkontrolle" (counter control) macht dies deutlich:

„Organisierte [...] Institutionen wie Regierungen, Religionen und ökonomische Systeme, und in einem geringerem Maße auch Erzieher und Therapeuten, üben eine machtvolle und oftmals auch Besorgnis erregende Kontrolle aus. Die Ausübung dieser Kontrolle stellt eine Verstärkung derjenigen dar, die diese Kontrolle ausüben, und leider führt dies in aller Regel dazu, dass dies für diejenigen, die so kontrolliert werden, negativ ist und langfristig zu Ausbeutung führt. Die so Kontrollierten [versuchen] dann, sich diesem Einfluss zu entziehen [...]. Mit anderen Worten: Menschen begegnen dieser Form der Kontrolle mit Gegenkontrolle. So kann ein Zustand erreicht werden, in dem diese widerstreitenden Kräfte sich in Form eines Äquilibriums gegenüberstehen, aber das Resultat ist nur selten eine optimale Lösung. [...] [Beispielsweise] sind Kinder und Alte zu schwach, sich zu wehren, Gefängnisinsassen werden von der Staatsgewalt kontrolliert, und seelisch und geistig Kranke können ihr eigenes Verhalten oftmals nicht erfolgreich organisieren. Hier kann wenig oder gar nichts erreicht werden, solange nicht eine externe Gegenkontrolle eingeführt wird." (Skinner, 1974, S. 190 f.).

4.4 Skinners System und Freuds Psychoanalyse

Am Ende dieses Kapitels ist es sinnvoll, einen kurzen Vergleich zwischen Freud und Skinner vorzunehmen. Auf den ersten Blick könnten diese beiden Ansätze zur Erforschung der menschlichen Motivation kaum unterschiedlicher sein. Ein Blick auf die Übersicht am Ende von Kapitel 1 zeigt, dass die beiden Theorien bezüglich nahezu aller dort aufgeführten Kriterien unterschiedliche Annahmen machen. Zwei Sachverhalte werden jedoch oft verkannt: Zum einen nahm Skinner die von Freud berichteten Phänomene durchaus sehr ernst und zweifelte die ihnen zugrundeliegende Datenbasis niemals an (Skinner, 1974; Monte, 1999). Zum anderen haben beide Theoretiker auch einige wichtige Gemeinsamkeiten (siehe auch Nye, 1992). Diese Gemeinsamkeiten wie auch die wichtigsten Unterschiede betreffen die Annahme des psychologischen Determinismus, den jeweiligen Fokus des Ansatzes und die Determinanten des Verhaltens. Für einige wichtige psychoanalytischen Konzepte Freuds (Repression, unbewusste Konflikte und Emotionen am Beispiel der Angst) zeigte Monte (1999), wie Skinner sie aus seiner behavioristischen Perspektive analysieren würde (siehe Übersicht).

Gemeinsamkeiten und Unterschiede zwischen Freud und Skinner (nach Nye, 1992)

	Freuds psychoanalytische Theorie	Skinners System
Fokus der Theorie	Individuelles Verhalten Rationales und irrationales Verhalten	Individuelles Verhalten Rationales und irrationales Verhalten
Determinanten des Verhaltens	Bewusstes und Unbewusstes Der mentale Apparat (Es, Ich und Überich) verursacht Verhalten	Kontingenzen der Umwelt Umweltkontingenzen verursachen Verhalten und mentale Inhalte Mentale Inhalte als „erklärende Fiktionen" (Scheinerklärungen)
Determinismus	Mentaler Determinismus (innerpsychisch) Ich, Es und Überich ringen um die Vorherrschaft in Bezug auf das individuelle Verhalten	Umwelt-Determinismus Mentale Konzepte sollten den wahren Ursachen des Verhaltens (den Umweltkontingenzen) nicht die Show stehlen

Zusammenfassung

Für das Verständnis von Skinners System sind die folgenden Konzepte wichtig:

▶ die Unterscheidung zwischen respondentem und operantem Verhalten

▶ die Definition von Verstärkung und Verstärkungsarten; hierzu gehören die positive und negative Verstärkung sowie Bestrafung Typ I und Typ II

▶ Verstärkungspläne als unabhängige Variablen, hierbei die kontinuierliche und intermittierende Verstärkung sowie innerhalb der intermittierenden Verstärkung fixierte versus variable Quoten- und Intervallpläne

▶ Akquisition, Reaktionsrate und Löschung eines Verhaltens als abhängige Variablen.

Ein großer Vorteil von Skinners System ist dessen Anwendbarkeit in Erziehung und Unterricht sowie in der klinischen Psychologie. Hierbei berücksichtigt Skinner wichtige ethische Fragen. Schließlich gibt es beträchtliche theoretische Unterschiede, aber auch Gemeinsamkeiten der Positionen von Freud und Skinner.

Denkanstöße

(1) Versuchen Sie, sich eine Situation vorzustellen, in der ein unerwünschtes Verhalten (kriminelles Verhalten, Drogensucht, andere Beispiele) verstärkt wird. Beschreiben Sie in der Begrifflichkeit Skinners, auf welche Weise in Ihrem selbst gewählten Beispiel die Verstärkung erfolgt.

(2) Gibt es ein Verhalten, das Sie gerne öfter zeigen würden? Wie könnte ein konkreter Verstärkungsplan aussehen (für jeden Tag der Woche), der Ihnen helfen würde, die Auftretenshäufigkeit des von Ihnen gewünschten Verhaltens zu erhöhen? Was sollten Sie beachten?

(3) Gibt es in Ihren Augen gesellschaftliche Bereiche, in denen eine (bessere, effektivere) Gegenkontrolle in Skinners Sinn notwendig ist?

Weiterführende Literatur

Eine sehr lesenwerte Biographie zu Skinner bietet Bjork. Eine kritische Würdigung von Skinners Werk gibt Nye. Von Skinner selbst ist insbesondere ein Buch über Behaviorismus empfehlenswert, das als Einführung für Studierende geschrieben wurde.

▶ Bjork, D. W. (1997): B. F. Skinner: A life. Washington: APA.

▶ Nye, R. D. (1992). The legacy of B. F. Skinner: Concepts and perspectives, controversies and misunderstandings. Englewood Cliffs, NJ: Prentice-Hall.

▶ Skinner, B. F. (1974). About Behaviorism. New York: Knopf.

5 Kurt Lewins Feldtheorie

„Nichts ist so praktisch wie eine gute Theorie."
Kurt Lewin

Was Sie in diesem Kapitel erwartet

Im Rahmen seiner Feldtheorie behandeln wir zentrale Konzepte der Person und der Umwelt, hierzu zählen der Lebensraum, Personbereiche, Spannung, (Quasi-) Bedürfnis, Valenz, psychologische Entfernung und Kraft. Aus diesen Konzepten resultieren Lewins Interpretation psychologischer Konflikte und die Anwendungen der Feldtheorie auf das Leistungsverhalten im Rahmen der Theorie der resultierenden Valenz.

Mit den Theorien von Freud, Hull und Skinner haben wir bislang zwei große Paradigmen der Psychologie – die Psychoanalyse und den Behaviorismus – betrachtet. Ein drittes wichtiges Paradigma ist die Gestaltpsychologie, die Wegbereiterin späterer humanistischer und kognitiver Theorien der Motivation. Lewin ist einer der wichtigsten Vertreter der Gestaltpsychologie.

Biographie

Kurt Lewin – Gestaltpsychologe und Feldtheoretiker

Die Biographie Kurt Lewins (1890–1947) ist typisch für das Schicksal vieler jüdischer Wissenschaftler seiner Zeit in Deutschland: Lewins Familie übersiedelte während seiner Kindheit von Mogilno (heute Polen, damals zu Preußen gehörend) nach Berlin, wo er – unterbrochen von kurzen Abstechern nach Freiburg i. Br. und München – Medizin und Philosophie studierte. Nach seiner Dissertation meldete er sich 1914 als Freiwilliger im Ersten Weltkrieg. Lewin habilitierte 1920 an der Berliner Universität zur Willenspsychologie von Narziß Ach (siehe Kap. 9) – eine kritische Auseinandersetzung, die später als „Ach-Lewin-Kontroverse" bekannt wurde. Nachfolgend arbeitete er in der Abteilung für Angewandte Psychologie am Berliner Psychologischen Institut, 1927 wurde er dort außerordentlicher Professor für Philosophie und Psychologie. In dieser Zeit gelang es ihm bereits, zahlreiche Schüler für seine Ideen zu begeistern.

Nach einem Gastaufenthalt in den USA erfuhr Lewin im Januar 1933 von der Machtergreifung Hitlers. Lewin emigrierte daraufhin sofort in die USA, wo er zunächst an der Cornell University sowie an der Iowa State University arbeitete; später leitete er das Center for Group Dynamics am Massachusetts Institute of Technology. Lewin engagierte sich vehement für die Gründung eines Staates Israel im damaligen Palästina und erwog auch aus persönlichen Gründen, dort an einem Forschungsinstitut zu arbeiten; seine Mutter war 1944 in einem deutschen Konzentrationslager ermordet worden.

Sowohl die Qualität als auch die Vielfalt der von Kurt Lewin bearbeiteten Themengebiete sind beeindruckend: Lewin legte grundlegende und bis heute viel zitierte Arbeiten in der Motivationspsychologie, der Entwicklungspsychologie, der Pädagogischen Psychologie und der Organisationspsychologie vor.

5.1 Begriffe und Konzepte der Feldtheorie

5.1.1 Gestaltpsychologie

Kurt Lewin gehört mit Max Wertheimer, Kurt Koffka, Wolfgang Köhler und Otto von Selz zu den führenden Vertretern der Gestaltpsychologie. Eine der wichtigsten Erkenntnisse der Gestaltpsychologen war, dass die Analyse von psychologischen Phänomenen oftmals gerade nicht möglich ist, indem man ein Phänomen in möglichst viele Teilprozesse zerlegt – vielmehr postulierten die Gestaltpsychologen, dass „das Ganze mehr ist als die Summe seiner Teile" (siehe Abb. 5.1).

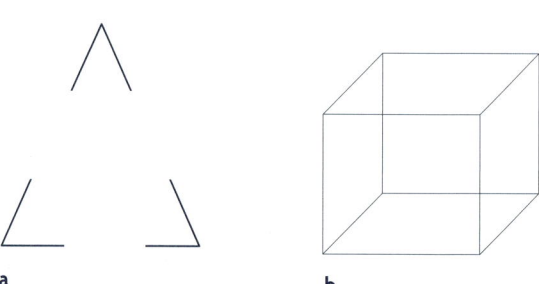

Abbildung 5.1 Selbst einfache Wahrnehmungsphänomene verdeutlichen, dass das Ganze mehr ist als die Summe seiner Teile. So geht in **a** der visuelle Gesamteindruck eines großen Dreiecks über die unmittelbar gegebene Darstellung der drei spitzen Winkel hinaus. In **b** entsteht der Wahrnehmungseindruck eines dreidimensionalen Würfels, obwohl dieser natürlich zweidimensional dargestellt ist

Lewin wandte viele gestaltpsychologische Ideen auf Phänomene der Motivation an. Seine daraus resultierende Theorie trägt verschiedene Namen, am geläufigsten ist die Bezeichnung „Feldtheorie".

5.1.2 Grundlagen der Feldtheorie

Nach Lewin (1936) ist eine Erklärung menschlichen Verhaltens nur möglich, wenn man die in einem gegebenen Moment auf die Person einwirkenden Kräfte in Betracht zieht. Seine Theorie ist daher ahistorisch – im Gegensatz zu Freuds Psychoanalyse, in der die Wirkung vergangener Ereignisse auf das momentane psychische Geschehen eine große Rolle spielt. Verhalten ist nach Lewin vielmehr eine Funktion von aktuellen Merkmalen der Person und Merkmalen der Situation:

$$V = f(P, U) \text{ (mit } P = \text{Person und } U = \text{Umwelt)} .$$

Lebensraum. Der Begriff des Lebensraums repräsentiert alle Kräfte (Größen, Umstände), die zu einem gegebenen Zeitpunkt auf die Person einwirken. Nach Lewin bestimmen jedoch nicht die objektiven Faktoren einer Situation oder Person das Verhalten, sondern vielmehr die in einem Moment wahrgenommenen Kräfte. Der Lebensraum besitzt also keine objektive, sondern eine psychologische Realität: Er umfasst die eigene Person und die Umwelt, wie sie subjektiv von der Person wahrgenommen werden.

Beispiel

Wenn Sie eine schwierige Prüfung zu bewältigen haben, dann ist Ihre Prüfungsangst nicht ausschließlich durch Ihre tatsächlichen Fähigkeiten beeinflusst, sondern durch die eigene Wahrnehmung Ihrer Fähigkeiten. So ist sehr wohl möglich, dass Ihre Fähigkeiten zwar tatsächlich außerordentlich hoch sind, Sie diese jedoch subjektiv für gering halten. Wenn dem so ist, werden Sie trotz hoher Fähigkeiten Prüfungsangst haben.

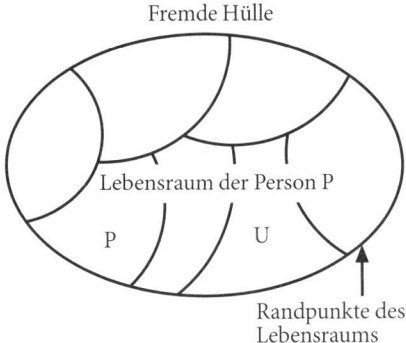

Fremde Hülle

Lebensraum der Person P

P   U

Randpunkte des
Lebensraums

Abbildung 5.2 Eine graphische Darstellung des Lebensraums (nach Lewin, 1936)

5.1.3 Person- und Umweltkonstrukte

Das Konzept des Lebensraums wird in Lewins Feldtheorie präzisiert, indem er bestimmte Komponenten oder Variablen benennt, die für den Bereich der Person beziehungsweise der Situation bedeutsam sind. Für beide unterscheidet Lewin jeweils strukturelle Konstrukte, die überdauernd sind, und dynamische Konstrukte, die fortwährenden Veränderungen unterworfen sind.

Strukturelle Personkonstrukte

Strukturelle Personkonstrukte sind einerseits „Bereiche" einer Person und ihre Nachbarschaft (Nähe) zueinander, andererseits die Grenzwände zwischen diesen Bereichen und ihre Durchlässigkeit.

Bereiche und Nachbarschaft. Die Bereiche einer Person stehen für unterschiedliche Bedürfnisse oder Ziele der Person. Nah benachbarte Bereiche stehen für ähnliche, weit entfernte für unähnliche Bedürfnisse oder Ziele. Möchte ich z. B. einer anderen Person einen Brief schreiben, so ist dieses Ziel ein bestimmter Bereich meiner Person. Wenn ich eine andere Form der Kommunikation beabsichtige, so ist dies ein benachbarter Bereich. Wenn ich zugleich Hunger habe, so ist dies ein ganz anderes Bedürfnis in einem weit entfernten Bereich.

Die graphische Darstellung der Person- und Umweltkonstrukte entspricht einem von Marie Ennemond Camille Jordan (1838–1922) entwickelten mathematischen Verfahren („Jordankurve"). Sie gibt Auskunft über diejenigen Bereiche einer Person, die zu deren Lebensraum gehören.

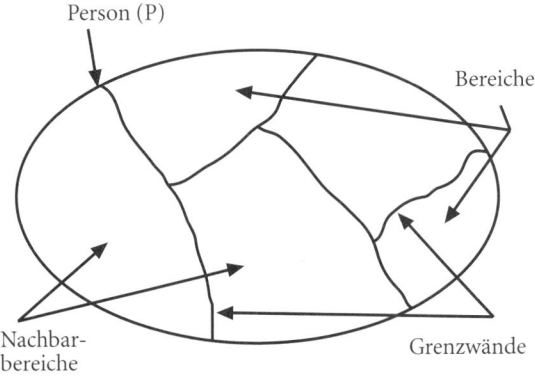

Person (P)

Bereiche

Nachbar-
bereiche

Grenzwände

Abbildung 5.3 Die Bereiche der Person, die ihre Bedürfnisse oder Ziele repräsentieren. Benachbarte Bereiche stehen für ähnliche Bedürfnisse oder Ziele; sie sind durch Grenzwände getrennt, die in unterschiedlichem Maße durchlässig sind

Lewin vermeidet komplizierte Analysen derjenigen Bedürfnisse, die das Verhalten einer Person energetisieren können (im Gegensatz zu Hull; vgl. Kap. 3.1): Personbereiche können Bedürfnisse repräsentieren, die biologischer Natur sind (z. B. Hunger oder Durst), aber auch alle Arten von Zielen, Absichten oder „Vornahmen" einer Person, die Lewin demgegenüber als „Quasibedürfnisse" bezeichnet.

Grenzwände und Durchlässigkeit. Die Personbereiche sind durch Grenzwände getrennt, die in unterschiedlichem Maße durchlässig sind. Die Durchlässigkeit der Grenzwände spielt eine wichtige Rolle für die folgenden dynamischen Personkonstrukte.

Dynamische Personkonstrukte

Dynamische Personkonstrukte sind Spannung, Bedürfnis und Quasibedürfnis.

Spannung und Bedürfnis. In einem bestimmten Bereich einer Person entsteht eine Spannung, wenn ein bestimmtes (Quasi-)Bedürfnis vorhanden ist. Möchte ich z. B. eine Tasse Kaffee trinken (Bedürfnis) oder einem anderen Menschen einen Brief schreiben (Quasibedürfnis), so entsteht eine Spannung in dem entsprechenden Bereich. Diese Spannung wird dann beseitigt, wenn das zugrundeliegende (Quasi-)Bedürfnis gestillt ist. Außerdem kann diese Spannung dann beseitigt werden, wenn ein ähnliches Quasibedürfnis gestillt wird (also z. B. durch ein Telefonat anstelle eines Briefes).

Lewin zufolge bedeutet dies, dass die beiden Bereiche der Person (Brief, Telefonat) eng benachbart und die Grenzwände dazwischen durchlässig sind. Je durchlässiger die Grenzwände sind, desto wahrscheinlicher ist es, dass die Befriedigung eines benachbarten Quasibedürfnisses auch zu einer Befriedigung des angrenzenden Bedürfnisses führt.

Strukturelle Umweltkonstrukte

Wie bei den Personkonstrukten gibt es bei den strukturellen Umweltkonstrukten verschiedene Bereiche und eine unterschiedliche Nähe oder Entfernung dieser Bereiche. Jedoch sind hier die verschiedenen Bereiche nicht auf Bedürfnisse oder Ziele, sondern auf verschiedene Aktivitäten bezogen. So kann z. B. ein Kinobesuch in unterschiedliche Teilhandlungen aufgegliedert werden (die Wahl des Films und des Kinos, das Fahren zum Kino, das Kaufen einer Karte usw.), die vom Ausgangspunkt zum Ziel führen (siehe Abb. 5.4).

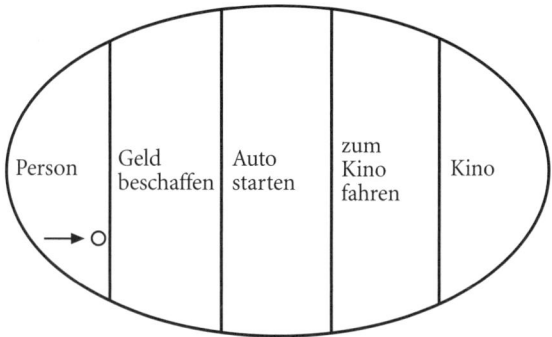

Abbildung 5.4 Eine Gesamthandlung, die vom Ausgangspunkt zum Ziel führt, kann in verschiedene Bereiche oder Teilhandlungen aufgegliedert werden, die hier am Beispiel eines Kinobesuchs dargestellt sind

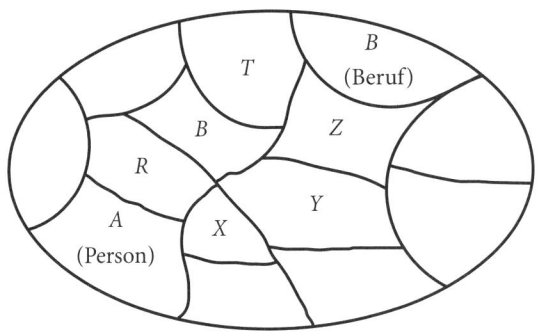

Abbildung 5.5 Bei manchen Aufgaben führen auch mehrere Wege zum Ziel, die alternativ als Umweltbereiche durchlaufen werden können. So erfordert die Ausbildung zum Psychologen zwar den erfolgreichen Abschluss des Psychologiestudiums und dieser bestimmte Leistungsnachweise, jedoch können hierbei verschiedene Lehrveranstaltungen besucht und verschiedene Studienschwerpunkte gesetzt werden

Hindernisse. Die Grenzwände haben hier den Charakter von Hindernissen: Ein anvisiertes Ziel kann meist erst dann erreicht werden, wenn eine bestimmte Teilhandlung oder -aufgabe erledigt ist. Ferner markieren diese Grenzen den Raum, welcher der Person frei zugänglich ist, sei es aufgrund von Beschränkungen der Umwelt oder der eigenen Fähigkeiten.

Verhaltenstaxonomie. Lewin bezeichnet die Gesamtheit der einer Person verfügbaren Umweltbereiche als hodologischen Raum (griech. hodos = Pfad). Auch der Begriff des Pfades verweist darauf, dass (intentionales) Verhalten etwas mit Richtung zu tun hat – jedoch nicht nur im physikalischen Sinn wie beim Kinobesuch, sondern auch im psychologischen Sinn, wie z. B. bei der Prüfungsvorbereitung. Lewin hat die verschiedenen Richtungen, die ein Verhalten annehmen kann, in einer Taxonomie zusammengefasst. Demzufolge kann ein Verhalten von einem Bereich zu einem anderen hinführen oder von ihm wegführen; weiterhin lassen sich im ersten Fall konsumatorisches und instrumentelles Verhalten, im zweiten Fall Flucht- und Vermeidungsverhalten unterscheiden (siehe Übersicht).

Übersicht

Taxonomie des Verhaltens nach Lewin (1935)

Anzahl der Bereiche	Richtung des Verhaltens			
	„hin zu"		„weg von"	
Ein Bereich	Individuum bleibt in A	**Konsumatorisches Verhalten** Ein Versuchstier bleibt in einem bestimmten Teil eines Labyrinths, weil es erwartet, dort Futter zu erhalten.	Individuum verlässt A	**Fluchtverhalten** Ein Versuchstier verlässt einen bestimmten Teil des Versuchskäfigs, um einem Schock zu entgehen. Es spielt keine Rolle, wohin das Versuchstier flieht.
Mehr als ein Bereich	Individuum geht von A nach B	**Instrumentelles Annäherungsverhalten** Ein Verbrecher raubt eine Bank aus und begibt sich zu diesem Zweck von seiner Wohnung aus zu dem betreffenden Bankgebäude.	Individuum ist in B und vermeidet A	**Vermeidungsverhalten** Ein Verbrecher hat in A eine Bank ausgeraubt und begibt sich von dort an einen möglichst weit entfernten Ort B, an dem er nicht erkannt werden will. Eine baldige Rückkehr nach A ist unwahrscheinlich.

Dynamische Umweltkonstrukte

Die dynamischen Umweltkonstrukte können nicht losgelöst von den dynamischen Person-konstrukten erörtert werden, da Lewin zufolge beide in einer wechselseitigen Beziehung stehen. Dies wird deutlich beim Konzept der Valenz.

Valenz („Wertigkeit") bezeichnet einen positiven oder negativen Wert, den ein Objekt für uns haben kann.

Valenz und Bedürfnis. Lewin zufolge hängt die Valenz eines bestimmten Objekts von den (Quasi-)Bedürfnissen der Person ab: Es nimmt dann eine positive Valenz an, wenn es mit einem Bedürfnis oder Quasibedürfnis einer Person korrespondiert. Dies gilt z. B. für einen Post-kartenständer und einen Briefkasten, wenn ich einer Person eine Urlaubspostkarte schreiben möchte, weil es sich dann um Objekte handelt, die zur Zielerreichung dienen.

Wenn eine Person ein Bedürfnis hat, entsteht eine Spannung in einem bestimmten Bereich, und alle Objekte, die dieses Bedürfnis befriedigen können, nehmen eine positive Valenz an. Ist das Bedürfnis befriedigt, so ist die Spannung in dem zugehörigen Bereich beseitigt, und die positive Valenz entsprechender Objekte erlischt.

Korrespondierende Objekte. Andere Objekte können dem zum Spannungsabbau geeigneten Objekt ähnlich sein und somit mit benachbarten Personbereichen korrespondieren. Diese Objekte sollten Lewin zufolge (eine Durchlässigkeit der Bereichsgrenzen vorausgesetzt) gleichfalls einen Spannungsabbau ermöglichen und eine positive Valenz annehmen. Dies wäre z. B. dann der Fall, wenn ich auch vom Internet-Café aus einen elektronischen Urlaubsgruß verschicken kann, sofern ich eine solche Kommunikationsform nicht ablehne (bzw. die Bereichsgrenze zwischen „Postkarte schreiben" und „E-Mail schreiben" durchlässig ist).

Stärke der Valenz. Die Stärke der Valenz eines Objektes ist Lewin zufolge direkt proportional zur Intensität des Bedürfnisses und somit des Ausmaßes der Spannung in einem Personbereich. So ist z. B. eine Mahlzeit umso attraktiver, je hungriger wir sind. Außerdem beeinflussen Merkmale des jeweiligen Objektes seine Valenz. So wird ein Menü in einem Restaurant für mich eine höhere Valenz haben als ein Fertiggericht aus der Dose.

Lewin fasst diese Zusammenhänge in der folgenden Formel zusammen, die eng mit der Grund-annahme korrespondiert, Verhalten sei eine Funktion von Person und Umwelt: $Va_Z = f(s, Z)$. Hierbei steht Va_Z für die Valenz eines Zielobjekts; diese ist abhängig von dem Spannungszu-stand des korrespondierenden Personbereichs (s) und den Merkmalen des Zielobjektes (Z).

Kraft. Die Valenz eines Zielobjektes ist nicht identisch mit der motivationalen Größe, die eine Person zu diesem Objekt hin- oder von ihm wegführt; diese bezeichnet Lewin als Kraft. Mit der Valenz eines bestimmten Objektes, das in einem psychologischen Feld eine bestimmte Position zu der Person einnimmt, entsteht ein Kräftefeld.

Entfernung vom Zielobjekt. Die Stärke der Kraft hängt nicht nur von der Stärke der Valenz, sondern auch von der Entfernung vom Zielobjekt ab: Mit einer geringeren Entfernung zum Zielobjekt wird die Kraft immer größer. Es gibt zahlreiche empirische Belege und Alltagsbei-spiele, die diese Annahme stützen. So werden Versuchstiere, die ein komplexes Labyrinth durchlaufen, zunehmend schneller, je mehr sie sich der Zielbox mit dem Futter nähern.

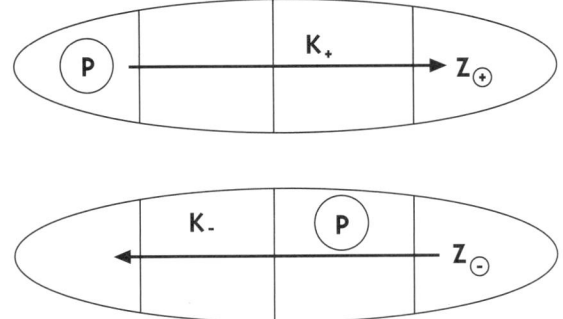

Abbildung 5.6 Eine Kraft (*k*) führt eine Person zu einem Objekt hin oder von ihm weg. Sie entscheidet auch darüber, mit welcher Geschwindigkeit sich die Person in eine bestimmte Richtung bewegt; die in einer gegebenen Situation resultierenden Kräfte (denn dies können ja auch mehrere sein) geben dem Verhalten einer Person folglich Richtung und Stärke. Im Falle einer positiven Valenz für ein bestimmtes Objekt wird dies ein Annäherungsverhalten sein; im Falle einer negativen Valenz wird dieses Verhalten vom Objekt wegführen

Lewin fasst diese Zusammenhänge wiederum in einer Formel zusammen:

$$\text{Kraft } k = f(Va_z/e) = f((s, Z)/e) \text{ (mit } e = \text{Entfernung) .}$$

5.1.4 Die Columbia Obstruction Box aus feldtheoretischer Sicht

Betrachten wir ein Beispiel, das alle bislang betrachteten Größen von Lewins Theorie einbezieht: eine Interpretation der Beobachtungen anhand der Columbia Obstruction Box (vgl. 3.1.1).

Ein Versuchstier wird zu Beginn des Experiments in die Startbox gesetzt; in der Zielbox befindet sich Futter, und beim Überqueren des Gitters zwischen Start- und Zielbox erhält das Versuchstier Stromschläge. Als abhängige Variable wird in der Regel die Zeitdauer erfasst, bis das Tier das Gitter überquert, um an das Futter zu gelangen (z. B. Moss, 1924). Wird als unabhängige Variable die Dauer der Nahrungsdeprivation variiert, so zeigt sich, dass mit höherer Nahrungsdeprivation die Zeitdauer bis zum Überqueren des Gitters kontinuierlich absinkt. Außerdem variiert diese Zeitdauer mit dem Nahrungsangebot: Je attraktiver es ist, desto mehr verringert sie sich.

Hull zufolge steigt mit zunehmender Nahrungsdeprivation die Triebstärke an. Die Verhaltenstendenz, das Futter aufzusuchen, wird mit zunehmender Triebstärke immer größer; und daher wird das Überqueren des Gitters immer wahrscheinlicher. Dieses Verhalten sollte auch dann wahrscheinlicher sein, wenn das Futter einen höheren Anreizwert hat.

Bereich A: Startbox	Bereich B: Gitter	Bereich C: Zielbox
←———→		
Tier	-	Futter +
$k_1 (A \rightarrow C)$	$k_2 (B \rightarrow -B)$	

Abbildung 5.7 In Lewins Augen eignet sich die Columbia Obstruction Box zur Messung von psychologischen Kräften, deren Wirksamkeit hier sichtbar wird: Das Versuchstier wird so lange in der Startbox verweilen, wie die von dem Gitter wegführende Kraft stärker ist als jene Kraft, die zur Zielbox hinführt. Mit steigender Nahrungsdeprivation – und somit steigender Spannung – sowie mit zunehmender Attraktivität des Zielobjektes steigt die Valenz des Zielobjektes und somit auch die Kraft an, die zum Ziel hinführt. Sobald nun die hinführende Kraft (k_1; zum Bereich C) stärker ist als die negative Kraft, die von dem Gitter ausgeht (k_2; Bereich B), wird das Versuchstier dieses Gitter überqueren

Aus feldtheoretischer Sicht lässt sich diese Situation folgendermaßen beschreiben: Aufgrund der Spannung (dem Bedürfniszustand) in einem Bereich des Organismus (Hunger) nimmt die Nahrung in der Zielbox eine positive Valenz an. Die Spannung s wird umso größer, je hungriger das Versuchstier ist. Die Valenz des Objektes variiert mit der Spannung des Organismus und mit Merkmalen des Zielobjektes Z. Aufgrund dieser Valenz entsteht eine Kraft k, die den Organismus zur Zielbox hinführt und die sich umgekehrt proportional zur Entfernung verhält. Zwischen Start- und Zielbox befindet sich allerdings ein Hindernis (elektrisches Gitter). Hiervon geht eine negative Valenz aus: Das Bedürfnis, Schmerz zu vermeiden, kann aufgefasst werden als ein bestimmter Teilbereich des Organismus, der mit dem negativen Objekt korrespondiert. Es entsteht eine Kraft, die das Tier von diesem Teil des Käfigs fernhält. Weil es keinen anderen Weg zu dem begehrten Ziel gibt, entsteht hier eine konflikthafte Situation: Es sind also zwei entgegengesetzte Kräfte und somit widerstreitende Verhaltenstendenzen wirksam, und zwar eine Kraft zur Zielbox hin und eine andere von der Zielbox weg.

5.2 Interpretation psychologischer Konflikte

Wenn wir unseren eigenen Alltag aus der Perspektive von Lewins Feldtheorie betrachten, können offensichtlich vielerlei Kräfte auf uns einwirken: Handlungsziele, Absichten, Vorlieben und Bedürfnisse führen zu mehreren gleichzeitig gespannten Personbereichen. Beispielsweise kann eine Person beabsichtigen, ein Referat vorzubereiten, zudem kann sie in der gegebenen Situation hungrig sein, und weiterhin hat dieselbe Person das Bedürfnis, mit einem Freund eine wichtige Angelegenheit zu besprechen. Für jeden dieser verschiedenen gespannten Personbereiche können zudem jeweils verschiedene Objekte zur Bedürfnisbefriedigung vorhanden sein. Somit gibt es eine ganze Reihe von Objekten in der Umwelt, die zu einem bestimmten Zeitpunkt positive und oder negative Valenzen annehmen.

Konflikte. Nach Lewin wenden wir uns demjenigen Objekt zu, bei dem zu einem gegebenen Zeitpunkt die (aus Valenz und Entfernung) resultierende Kraft am größten ist. Wenn widerstreitende Kräfte auf die Person einwirken, kommt es zu Konflikten. Dabei unterscheidet Lewin drei Konflikttypen:
- ▶ Annäherungs-Annäherungs-Konflikte
- ▶ Annäherungs-Vermeidungs-Konflikte
- ▶ Vermeidungs-Vermeidungs-Konflikte.

5.2.1 Annäherungs-Annäherungs-Konflikte
Hierbei haben mindestens zwei Objekte eine positive Valenz. Dies kann der Fall sein, wenn die Objekte verschiedenen Bedürfnissen oder Zielen bzw. Personbereichen entsprechen oder wenn alternative Objekte dasselbe (Quasi-)Bedürfnis befriedigen können.

Psychologische Entfernung. In der Feldtheorie ist Entfernung subjektiv definiert. Sie ist abhängig von der Anzahl der Hindernisse, die zum Erreichen des geeigneten Objektes zu überwinden sind. Wenn sowohl die Valenz als auch die psychologische Entfernung zu zwei Handlungsalternativen gleich groß sind, besteht ein vorübergehendes Gleichgewicht der Kräfte. Dieses Gleichgewicht ist nach Lewin jedoch recht instabil, da bereits eine geringfügige, sei es auch zufällige

Annäherung an eines der beiden Objekte das die Person umgebende Kräftefeld zugunsten dieser Alternative verändert.

Baukasten oder Kaufladen?

Nehmen wir an, ein Kind hat die Wahl zwischen zwei Spielen, einem Baukasten und einem Kaufladen. Die Spannung (s) in dem relevanten Personbereich sei in beiden Fällen $s = 12$. Weiterhin seien beide Spielalternativen als Zielobjekte (Z) gleich attraktiv: $Z = + 5$. Schließlich sei auch die psychologische Entfernung (e) zum Zielobjekt gleich groß: $e = 10$. Dann ergibt sich in beiden Fällen als Produkt aus s und Z die Valenz $Va_Z = 60$ und aus der Division durch die psychologische Entfernung e die resultierende Kraft $k = 6$. Dieses Gleichgewicht ändert sich, sobald eine (zufällige) Annäherung an eines der beiden Objekte erfolgt – sei diese physikalischer Natur, etwa wenn das Kind zum Lichtschalter geht und nun dem Baukasten näher als dem Kaufladen kommt, oder aber psychologischer Natur, etwa wenn sich das Kind erinnert, dass der Kaufladen in Unordnung ist. Nehmen wir also an, die psychologische Entfernung vergrößere sich nun auf $e = 12$ für den Kaufladen und verringere sich auf $e = 6$ für den Baukasten; dann betrüge die Kraft 5 bzw. 10. Dieses Beispiel bestätigt Lewins Annahme, dass Annäherungs-Annäherungs-Konflikte eher instabiler Natur sein sollten; denn bei einer auch nur geringfügigen Annäherung an eines der beiden Objekte wird die Kraft, die zu diesem Objekt hinführt, stärker, und die Kraft, die zu dem anderen Objekt hinführt, schwächer, so dass sich das gesamte Kräftefeld zugunsten des ersten Objekts verschiebt.

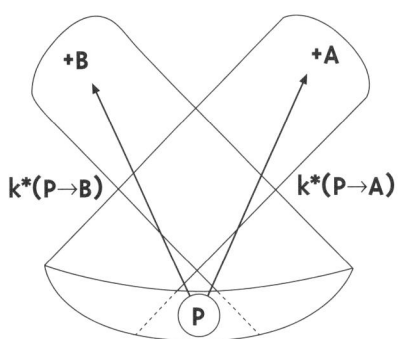

Abbildung 5.8 Skizze eines Annäherungs-Annäherungs-Konflikts. Es wirken zwei Kräfte auf das Kind ein, von denen die eine zum Baukasten **(A)** hinführt, die andere zum Kaufladen **(B)**. Lewin glaubte, dass Konflikte dieser Art leicht zu lösen seien und daher instabile Situationen darstellen. Sind die Valenzen der beiden Handlungsalternativen unterschiedlich groß, so wird sich das Kind bei gleich großer (psychologischer) Entfernung für diejenige Alternative entscheiden, die die größere Valenz aufweist. Im Falle zweier gleich großer positiver Valenzen sollte hingegen diejenige Handlungsalternative gewählt werden, die eine geringere (psychologische) Entfernung aufweist und daher leichter zu erreichen ist

5.2.2 Vermeidungs-Vermeidungs-Konflikte

Hierbei gibt es zwei Handlungsalternativen mit jeweils negativer Valenz. Dies wäre z. B. dann der Fall, wenn Sie am kommenden Wochenende die Wahl haben, entweder Ihre Steuererklärung auszufüllen oder den Keller aufzuräumen. Solche Konflikte sollten schwer zu lösen sein: Mit der Annäherung an die eine Handlungsalternative vergrößert sich die Kraft, die von dieser wegführt; zugleich vergrößert sich die Entfernung zur zweiten Alternative, und somit verringert sich die Kraft, die von Letzterer wegführt.

5.2.3 Annäherungs-Vermeidungs-Konflikte

Hierbei nimmt ein Bereich in der Umwelt sowohl positive als auch negative Valenzen an. Wenn Sie z. B. eine Zigarette rauchen wollen, haben Sie daran vielleicht kurzfristig Vergnügen, müssen jedoch mittelfristig gesundheitliche Probleme in Kauf nehmen. Kennzeichnend für Annäherungs-Vermeidungs-Konflikte ist also, dass eine Handlungsalternative positive und gleichzeitig negative Konsequenzen in sich birgt.

5.3 Empirische Überprüfungen von Lewins Theorie

Während wir bislang einige empirische Phänomene betrachtet haben, die auch im Rahmen anderer Theorien berücksichtigt wurden, behandeln wir in diesem Abschnitt empirische Phänomene, die durch Lewins Theorie überhaupt erst entdeckt wurden. Wir beschränken uns hierbei auf eine Auswahl derjenigen Untersuchungen, die in möglichst enger Beziehung zu motivationalen Phänomenen stehen; dies betrifft:

(1) Erinnerung an und
(2) Wiederaufnahme von unterbrochenen Handlungen,
(3) Ersatzhandlungen sowie
(4) Anspruchsniveausetzung.

Alle Arbeiten zu diesen Phänomenen wurden von Schülern Lewins in den Jahren um 1930 publiziert. Obwohl alle bis heute oft zitiert werden, schrieb Lewin (1935) vor allem den Experimenten von Zeigarnik (1927) und Ovsiankina (1928) zur Erinnerung bzw. Wiederaufnahme unterbrochener Handlungen eine bahnbrechende Rolle zu: „Alle nachfolgenden experimentellen Untersuchungen bauten auf [diesen beiden] Arbeiten auf. Es war ein Versuch, einen ersten Pfad in einen Urwald von Fakten und Annahmen zu schlagen, indem Konzepte verwendet wurden, deren praktischer Wert noch völlig unerprobt war." (S. 240)

5.3.1 Erinnerung an unterbrochene Handlungen

Eine Alltagsbeobachtung Lewins gab den Anlass zu Zeigarniks (1927) Experimenten zur Erinnerung an unterbrochene Aufgaben. Zu seiner Zeit am Berliner Institut besuchte Lewin zusammen mit seinen Mitarbeitern regelmäßig ein Café. Lewin fiel auf, dass der Kellner sich die zahlreichen unterschiedlichen Bestellungen der einzelnen Personen sehr gut merken konnte; er berechnete auf Verlangen den Betrag für jede Person aus dem Kopf. Eines Tages kehrte Lewin zurück, kurz nachdem alle Rechnungen bezahlt waren. Es stellte sich heraus, dass der Kellner sich nicht mehr an die Bestellungen erinnern konnte. Lewin schloss daraus, dass die Beendigung der Handlung zu einem Erlöschen der Spannung in dem relevanten Personbereich des Kellners geführt hatte. Zeigarniks Experimente sollten diese Alltagsbeobachtung empirisch überprüfbar machen.

Grundannahmen

(1) Nach Lewin führt eine Handlungsabsicht zu einer Spannung (s) des auf dieses Ziel (Z) bezogenen Bereichs der Person. Besteht eine Handlungsabsicht, so gilt: $s_Z > 0$.
(2) Diese Spannung erlischt, sobald das Ziel erreicht ist. Folglich gilt nach Zielerreichung: $s_Z = 0$.
(3) Mit dem Entstehen der Spannung kommt dem geeigneten Zielobjekt eine positive Valenz zu. Diese bewirkt – in Abhängigkeit von der psychologischen Entfernung zum Ziel – die Entstehung einer positiven Kraft (k), die die Person (P) zu dem Ziel hinführt: Wenn $s_Z > 0$, dann $k(P \rightarrow Z) > 0$.
(4) Eine positive Kraft hin zu einem Ziel führt nicht nur zu einer realen (physischen) Annäherung an das Ziel, sondern auch zu einer gedanklichen Beschäftigung damit, und diese wie-

derum zu einer besseren Erinnerung (E) an dieses Handlungsziel. Es folgt: Wenn $s_z > 0$, dann $E_z > 0$.

(5) Die Bedürfnisspannung für unvollendete Aufgaben (UA) sollte höher sein als für vollendete Aufgaben (VA) (Annahme 2) und die Wahrscheinlichkeit einer Annäherung an das Ziel vergrößern (Annahme 3), ebenso die Wahrscheinlichkeit einer gedanklichen Beschäftigung und der Erinnerung an unvollendete Aufgaben (Annahme 4). Hieraus folgt: $E_{VA} < E_{UA}$.

Zeigarnik-Quotient

Die Probanden in Zeigarniks Experimenten erhielten eine Reihe von Aufgaben (Anagrammaufgaben, Puzzles, Rechenrätsel und dergleichen mehr). Als unabhängige Variable wurde manipuliert, ob diese Aufgaben vollendet werden konnten: Bei der Hälfte der Aufgaben wurden die Probanden vom Versuchsleiter unterbrochen, bei der anderen Hälfte nicht. Nach der Bearbeitungsphase wurden die Probanden – entweder wenige Minuten oder aber einen Tag später – gebeten, sich an die Aufgaben zu erinnern. Abhängige Variable war hierbei das Verhältnis der Erinnerung an vollendete versus unvollendete Aufgaben.

Es zeigte sich, dass bei einer Gedächtnisprüfung einige Minuten nach der Bearbeitungsphase im Durchschnitt etwa doppelt so viele unerledigte wie erledigte Aufgaben erinnert werden; dieses Verhältnis von 2:1 wird als Zeigarnik-Quotient bezeichnet.

Abbau der Bereichsspannung. Angesichts von Lewins Überlegungen zur Durchlässigkeit von Bereichsgrenzen kann angenommen werden, dass dieser Quotient mit fortlaufender Zeitdauer geringer wird: Die Bereichsspannung für unerledigte Aufgaben dürfte im Laufe der Experimente abnehmen, etwa weil die Probanden ähnliche Aufgaben bearbeiten, so dass die ursprüngliche Spannung durch Spannungsabbau in Nachbarbereichen abgebaut werden kann. Tatsächlich sank der ursprüngliche Quotient auf einen Quotienten von 1,2:1, wenn die Erinnerungsleistung 24 Stunden nach der Bearbeitungsphase gemessen wurde. Demnach gibt es auch längere Zeit nach der Aufgabenbearbeitung einen Erinnerungsvorteil für unvollendete Handlungen; dieser fällt jedoch deutlich geringer aus.

Methodische Schwierigkeiten beim Zeigarnik-Effekt

Einfluss der Aufmerksamkeit. Ein methodisches Problem besteht darin, dass die Unterbrechung der Aufgabenbearbeitung die Aufmerksamkeit der Probanden in besonderem Maße auf diese Aufgaben lenkt. Eine so erhöhte Aufmerksamkeit könnte gleichfalls zu besseren Erinnerungsleistungen bei unvollendeten Aufgaben führen. Dieser Einwand ist nur schwer zu entkräften.

Ein Experiment von Marrow (1938) spricht auf den ersten Blick gegen diese Einwand. Ebenso wie in den Experimenten von Zeigarnik bearbeiteten die Probanden Aufgaben, bei denen sie unterbrochen oder nicht unterbrochen wurden. Hierbei wurde ihnen mitgeteilt, dass eine vollständige Bearbeitung der Aufgabe auf eine schlechte Leistung hinweise, eine Aufgabenunterbrechung dagegen auf eine gute Leistung. Bei einer Unterbrechung gelangten die Probanden also zur Auffassung, schon der Lösungsansatz sei derart erfolgversprechend, dass eine Beendigung der Aufgabe nicht mehr notwendig sei. Die Probanden befinden sich nun in einer anderen psychologischen Situation: Sie müssen zu dem Schluss kommen, dass gerade die nicht unterbrochenen Aufgaben unvollendet (d. h. nicht richtig gelöst) seien. Entsprechende Aufmerksamkeitseffekte, die dem oben genannten methodischen Einwand zufolge für die Gedächtniseffekte verantwortlich sein können, sind also ausgeschlossen.

Weitere Schwierigkeiten. Eine Reihe späterer Studien konnte die Befunde von Zeigarnik nicht replizieren (z. B. Schlote, 1935; Rosenzweig, 1943; Alper, 1946; Glixman, 1949; Sears, 1950; Caron & Wallach, 1959; Weiner, 1965; zusammenfassend siehe Weiner, 1966). Die methodischen Schwierigkeiten in Zusammenhang mit diesem Phänomen sind zahlreicher und schwerer zu lösen, als zunächst zu vermuten wäre.

Betrachten wir etwa die auf den ersten Blick überzeugende Untersuchung Marrows (1938) etwas genauer: Hierbei gelangen die Probanden zu der Auffassung, gerade die nicht unterbrochenen Aufgaben seien unvollendet, und eben diese Aufgaben werden nachfolgend besser erinnert. Bessere Gedächtnisleistungen lassen sich daher nicht auf eine aufmerksamkeitserregende Handlungsunterbrechung zurückführen.

Jedoch enthält auch diese Untersuchung eine gravierende methodische Schwäche, denn hierbei werden die nicht unterbrochenen Aufgaben auch länger bearbeitet. Einem der grundlegendsten Befunde der Gedächtnispsychologie zufolge sind aber Erinnerungsleistungen umso besser, je mehr Zeit zur Niederlegung einer Gedächtnisspur zur Verfügung steht (Ebbinghaus, 1904). Daher könnten die besseren Gedächtnisleistungen bei nicht unterbrochenen (aber subjektiv unvollendeten) Aufgaben entweder auf anhaltende Spannung in den relevanten Personbereichen zurückgeführt werden oder auf den Gedächtnisvorteil durch die längere Bearbeitung.

Nach Heckhausen (1990) setzt ein Zeigarnik-Effekt voraus, dass die Materialien zunächst einmal gleich gut gelernt werden müssen. Demzufolge erfolgt ein unterschiedlicher Spannungsabbau bei zunächst gleichermaßen gut gelernten Materialien, weil eine Unterbrechung der Bearbeitung (in der Versuchsanordnung von Zeigarnik) zu einem weiteren Nachdenken über die Aufgabe und somit zu einem erfolgreicheren Abruf derselben führt. Diese methodische Schwierigkeit des Forschungsparadigmas zum Zeigarnik-Effekt ist im Grunde bis heute nicht gelöst (siehe Atkinson, 1953; Green, 1963; Heckhausen, 1963; Moulton, 1965).

5.3.2 Wiederaufnahme unterbrochener Handlungen

Den Untersuchungen zur Wiederaufnahme unterbrochener oder unerledigter Handlungen durch Maria Ovsiankina (1928) lagen die gleichen Annahmen zugrunde wie den Studien von Zeigarnik, zudem verwendete Ovsiankina hierzu auch eine ähnliche Versuchsanordnung: Wiederum bearbeiteten die Probanden eine ganze Reihe von Aufgaben, und bei einem Teil dieser Aufgaben wurde die Bearbeitung unterbrochen. Dies geschah auf zweierlei Art:

(1) **Zufallsunterbrechung:** Der Versuchsleiter wurde zu einem vorher definierten Zeitpunkt aus dem Experimentalraum weggerufen. In der so entstehenden Pause (im Folgenden als Wartephase bezeichnet) standen weiterhin alle Aufgaben zur Verfügung.

(2) **Störungsunterbrechung:** Den Probanden wurde eine bestimmte Aufgabe vom Versuchsleiter kommentarlos weggenommen und eine neue Aufgabe zugewiesen. Eine Wartephase folgte zu einem Zeitpunkt, zu dem diese zweite Aufgabe bereits vollendet worden war.

Der Serie von Experimenten lag der folgende Versuchsplan zugrunde: Unabhängige Variablen sind zunächst einmal der Zeitpunkt der Unterbrechung der Aufgaben (eine Aufgabe war entweder zum Zeitpunkt der Unterbrechung bereits beendet oder noch in Arbeit) sowie die Art der Unterbrechung (Zufall versus Störung). Als abhängige Variable wird erfasst, welchen Aufgaben sich die Probanden in der Wartephase „spontan" zuwenden.

Tendenz zur Wiederaufnahme. Die Ergebnisse des ersten Experiments sind sehr eindeutig: Bei der Zufallsunterbrechung beträgt die Wahrscheinlichkeit einer Wiederaufnahme der unterbrochenen Handlung 100 Prozent, bei der Störungsunterbrechung 79 Prozent. Die Probanden kehren demgegenüber so gut wie niemals zu solchen Aufgaben zurück, deren Bearbeitung bereits abgeschlossen war.

Im Lichte von Lewins Feldtheorie lassen sich diese Befunde dadurch erklären, dass für die unvollendeten Aufgaben nach wie vor eine Spannung des relevanten Personbereichs vorliegt, so dass die entsprechenden „Objekte" (Aufgaben) ihre positive Valenz behalten und eine Kraft zur Wiederaufnahme dieser Aufgaben drängt. Ovsiankina analysierte eine Reihe von weiteren Faktoren, welche die Wiederaufnahmetendenz beeinflussen (siehe Übersicht).

Übersicht

Tendenz zur Wiederaufnahme

	Faktoren, die die Wiederaufnahme beeinflussen	Empirischer Befund zur Wiederaufnahmetendenz (WAT)
1	Dauer der Unterbrechung	Je länger die Unterbrechung dauert, desto geringer wird die WAT und umgekehrt.
2	Zeitpunkt der Unterbrechung	Je näher sich die Person dem Ziel (Abschluss der Aufgabenbearbeitung) befindet, desto größer die WAT.
3	Art der unterbrochenen Aufgabe	Aufgaben mit klar definierten Endzuständen oder Lösungen führen zu einer höheren WAT als andere Aufgaben.
4	Valenz der unterbrochenen Aufgabe	Auch bei unangenehmen Aufgaben gibt es eine starke WAT, wenn eine subjektive Verpflichtung zur Erledigung vorhanden ist.
5	Äußere Anreize	Die weitaus überwiegende Zahl der Wiederaufnahmen erfolgt ohne sichtbare äußere Anreize.
6	„Innere Einstellung zur Handlung" und Personmerkmale	„Ehrgeizige" Versuchspersonen zeigen eine besonders große WAT; andere Personen scheinen sich vor einem möglichen Misserfolg zu fürchten und zeigen eine generell niedrigere WAT.

Erklärungen der Tendenz zur Wiederaufnahme

Dauer der Unterbrechung. Wie bei der Erinnerung an Unerledigtes kommt Lewins Theorie zu der Vorhersage, dass mit zunehmender Dauer der Unterbrechung auch die Wiederaufnahmetendenz abnehmen sollte, weil die Spannung in dem relevanten Bereich mit fortlaufender Zeit, etwa durch die Befriedigung ähnlicher Quasibedürfnisse, abgebaut werden könnte. Die Ergebnisse bestätigen diese Vorhersage ganz eindeutig.

Zeitpunkt der Unterbrechung. Da die zum Ziel hinführende Kraft mit geringerer psychologischer Entfernung zum Ziel nach Lewin größer wird, sollte die Wiederaufnahmetendenz umso größer sein, je näher die Person dem Ziel ist. Diese Annahme wird sowohl durch die Ergebnisse wie auch durch weitere Beobachtungen Ovsiankinas bestätigt: Die Versuchspersonen reagieren auf eine Unterbrechung kurz vor Zielerreichung wesentlich unwilliger als zu anderen Zeitpunkten und wollen sich die Aufgabe nicht wegnehmen lassen.

Art der unterbrochenen Aufgabe. Ovsiankina verwendete in ihren Versuchsanordnungen verschiedene Aufgabentypen:

▶ Aufgaben mit einem klaren Ziel („Endhandlungen"), z. B. eine Problemlöseaufgabe, die eine richtige Lösung erfordert
▶ Aufgaben ohne klar definiertes Ziel („fortlaufende Handlungen"), z. B. das Aufreihen von Perlen auf eine Schnur.

Für Endhandlungen ist der Ovsiankina-Effekt deutlich höher als für fortlaufende Handlungen. Dies erklärt Ovsiankina damit, dass die Versuchspersonen bei einer weniger klaren Zieldefinition eigene Maßstäbe dafür anlegen können, wann eine Handlung als beendet anzusehen ist.

Valenz der unterbrochenen Aufgabe. Wie steht es bei der Bearbeitung einer unangenehmen Aufgabe? Lewins Theorie sagt zunächst vorher, dass eine Wiederaufnahme unangenehmer Handlungen generell nicht erfolgen sollte, da hier eine negative Valenz der unerledigten Aufgabe eine negative Kraft erzeugt, welche die Probanden von der Aufgabe wegführt. Bei genauerer Betrachtung lässt sich eine solche Versuchssituation jedoch als Annäherungs-Vermeidungs-Konflikt auffassen: Einerseits sollte die negative Valenz der unterbrochenen Aufgabe einer Wiederaufnahme entgegenstehen, andererseits sollte das Bemühen, eine „gute" Versuchsperson zu sein, die Wiederaufnahme fördern. Qualitative Analysen von Aussagen der Probanden bestätigen diese Auffassung (z. B.: „Ich tue es direkt mit Widerwillen, doch lassen kann ich es nicht"; Ovsiankina, 1928, S. 338).

Äußere Anreize. Ovsiankina behandelt ferner die Frage, ob eine unvollendete Aufgabe an sich zur Wiederaufnahme anrege oder ob ein solcher Aufforderungscharakter ein Quasibedürfnis voraussetze. Die Ergebnisse zeigen, dass eine Wiederaufnahme in den allermeisten Fällen auch dann angestrebt wird, wenn die unvollendete Aufgabe gar nicht mehr vorliegt und nachgefragt werden muss. Daher scheint Ovsiankinas Schlussfolgerung gerechtfertigt, dass der Aufnahmetendenz ein inneres Spannungssystem zugrunde liegt.

Fazit

Im Gegensatz zum Zeigarnik-Effekt haben die Studien Ovsiankinas kaum weitere psychologische Forschungen nach sich gezogen. Dies mag damit zusammenhängen, dass der Ovsiankina-Effekt aus alltagspsychologischer Perspektive als selbstverständlich erscheint: Natürlich kehren wir mit höherer Wahrscheinlichkeit zu unerledigten Dingen zurück als zu bereits erledigten Dingen.

Dieser Sichtweise sind drei Argumente entgegenzuhalten:

(1) Die Wiederaufnahme von Handlungen ist ein Phänomen, das unserer eingangs gegebenen Definition von Motivation in idealtypischer Weise entspricht.
(2) Es handelt sich dabei um ein Phänomen, das anderen theoretischen Ansätzen nicht ohne weiteres zugänglich ist; Lewins Theorie eignet sich zu seiner Analyse besonders gut und macht spezifische Vorhersagen.
(3) Die Offensichtlichkeit einer empirischen Tatsache ist kein Anzeichen dafür, dass dieses nicht theoretisch wie praktisch bedeutsam ist.

5.3.3 Ersatzhandlungen

Bei der Betrachtung der strukturellen Personkonzepte hatten wir gesehen, dass Lewin zufolge benachbarte Personbereiche ähnliche Bedürfnisse oder Quasibedürfnisse darstellen. Sofern die Bereichsgrenzen dazwischen durchlässig sind, sollte bei einer unvollendeten Handlung die erfolgreiche Durchführung einer ähnlichen Handlung (Ersatzhandlung) die Spannung in dem Personbereich der ursprünglichen, unvollendeten Handlung reduzieren.

Lewins Interesse an unerledigten Handlungen und den Auswirkungen von solchen Ersatzhandlungen geht auf Beobachtungen von Freud (1915) zurück: Ihm zufolge können unerfüllte Triebwünsche vom Ich auch auf andere Objekte verschoben werden und so zu einer Ersatzbefriedigung führen. Wie Hull und Skinner nahm auch Lewin die Beobachtungen Freuds aus dessen therapeutischer Arbeit ernst, hielt aber eine experimentelle Analyse solcher Phänomene für notwendig.

Ersatzwert von Aufgaben. Lewins Begriff der Ersatzhandlung leitet sich ab aus dem „Ersatzwert", den die Vollendung einer alternativen Handlung für eine unvollendete Handlung haben kann. Der Ersatzwert ist nach Lewin hoch, wenn die alternative Handlung den durch die Unterbrechung einer anderen Handlung gespannten Personbereich zu entspannen vermag. Seine Theorie sagt vorher, dass ähnliche Handlungen oder Aufgaben einen höheren Ersatzwert als unähnliche haben sollten. Diese Zusammenhänge wurden von drei Schülern Lewins – Käte Lissner, Wera Mahler und Maria Henle – untersucht.

Ähnlichkeit und Schwierigkeit von Ersatzhandlungen

In den Studien von Lissner (1933) erhielten die Probanden bei der Unterbrechung einer Aufgabenbearbeitung entweder ähnliche oder unähnliche sowie leichtere oder schwierigere Ersatzaufgaben. Unabhängige Variablen sind somit die Ähnlichkeit zwischen der unterbrochenen und der nachfolgenden Handlung sowie die Schwierigkeit der Ersatzhandlung. Als abhängige Variable wird die Wiederaufnahme der zuvor unterbrochenen Handlung während einer scheinbar zufälligen Wartephase erhoben. Die Wahrscheinlichkeit einer Wiederaufnahme in diesen Bedingungen wird mit einer Kontrollgruppe (ohne Ersatzaufgaben) verglichen, die ein Vergleichsniveau darstellt.

Nach Lewins Theorie hat eine Wiederaufnahme der zuvor unterbrochenen Handlung in dieser Versuchssituation zwei Implikationen:

(1) Wird die ursprüngliche Aufgabe wieder aufgenommen, so existiert nach wie vor eine positive Kraft, die zu der unvollendeten Handlung hinführt. Somit hat das Handlungsziel weiterhin eine positive Valenz, und der entsprechende Personbereich ist gespannt.

(2) Die eingeschobene Aufgabe hat in diesem Falle offensichtlich einen geringen Ersatzwert gehabt. Demzufolge ist das Ausbleiben einer Wiederaufnahme ein Indikator für einen hohen Ersatzwert der Ersatzaufgabe. Lissners Ergebnisse bestätigen diese Schlussfolgerung.

Einfluss der Ähnlichkeit. Je ähnlicher die Ersatzaufgabe der unvollendeten ursprünglichen Aufgabe ist, desto unwahrscheinlicher wird deren Wiederaufnahme. Im Durchschnitt sinkt die Wiederaufnahme im Vergleich zur Kontrollgruppe bei hoher Ähnlichkeit um etwa 40 Prozent; bei unähnlichen Aufgaben ist dieser Wert deutlich geringer.

Einfluss der Schwierigkeit. Einer relativ schwierigeren Ersatzaufgabe kommt unter sonst gleichen Umständen ein höherer Ersatzwert zu als einer leichteren Ersatzaufgabe: Ein höherer Ersatzwert impliziert eine geringere Wiederaufnahmetendenz der ursprünglichen Aufgabe.

Tatsächlich findet Lissner bei schwierigen Aufgaben eine Wiederaufnahmerate von nur 33 Prozent, bei leichteren Aufgaben von 66 Prozent.

Anspruchsniveau. Lissner diskutiert dieses Resultat unter dem Aspekt der Leistungsmotivation: Demzufolge setzten sich die Versuchspersonen zunächst das Lösen der schwierigeren Ursprungsaufgabe zum Ziel („Anspruchsniveau"). Das Lösen einer weniger schwierigen Ersatzaufgabe macht es der Person unmöglich, dem ursprünglich gesetzten Anspruchsniveau gerecht zu werden; dieses kann nur dann erreicht werden, wenn die Ersatzaufgabe als annähernd gleich schwierig („gleichwertig") wahrgenommen wird.

Realitätsgrad von Ersatzhandlungen

In einer Serie von Experimenten zeigte Mahler (1933), dass der so genannte Realitätsgrad der Ersatzhandlung ebenfalls einen Einfluss auf die Wiederaufnahmetendenz hat. Mahler variierte den Realitätsgrad verschiedener Ersatzhandlungen, indem sie den Versuchspersonen Gelegenheit gab, die Ersatzhandlungen tatsächlich auszuführen, dem Versuchsleiter über eine mögliche Ausführung zu berichten oder sich eine solche Ausführung nur gedanklich vorzustellen.

Mit abnehmendem Realitätsgrad steigt die Wiederaufnahmetendenz; einer bloßen Phantasietätigkeit kommt also ein geringerer Ersatzwert zu als einer tatsächlichen Ausführung. Dennoch hat selbst eine nur gedankliche Beschäftigung mit einer unerledigten Aufgabe einen gewissen Ersatzwert, denn die Wiederaufnahmetendenz der ursprünglichen Aufgabe ist in diesem Falle geringer, als wenn keine solche Ersatzhandlung vorlag.

Valenz von Ersatzhandlungen

Henle (1944) stellte in ihren Experimenten fest, dass eine Wiederaufnahmetendenz auch von den relativen Valenzen von Ursprungs- und Ersatzaufgabe abhängig ist. Dabei wurden die Versuchspersonen um eine Einschätzung der wahrgenommenen Attraktivität verschiedener Aufgaben gebeten. Sie erhielten verschiedene Kombinationen von (relativ) attraktiven versus unattraktiven Ursprungs- und Ersatzaufgaben, wobei die Aufgabenbearbeitung wiederum unterbrochen wurde. Es zeigte sich, dass die Wiederaufnahmetendenz umso größer ist, je positiver die Valenz der Ursprungsaufgabe ist; eine negative Ersatzaufgabe hat hier praktisch keinen Ersatzwert. Weiterhin ist die Wiederaufnahmetendenz umso geringer, je positiver die Valenz der Ersatzaufgabe und je negativer die Valenz der Ursprungsaufgabe ist.

Fazit

Die angeführten Arbeiten zeigen, dass verschiedene Ziele einander ersetzen können und dass die Befriedigung eines (Quasi-)Bedürfnisses auch auf anderem Wege erreicht werden kann. In Lewins Worten kann gesagt werden, dass es „dynamische Verbindungen" zwischen verschiedenen Bereichen (Bedürfnissen) der Person gibt. Hull und seine Schüler hatten bereits für primäre und erlernte Bedürfnisse gezeigt, dass diese zu einer gemeinsamen Energiequelle des Verhaltens „aggregiert" werden, und somit auch eine grundlegende Annahme Freuds bestätigt.

Durch die Studien von Lissner, Mahler und Henle wird diese eher ungenaue Annahme in mehrfacher Hinsicht erweitert und verfeinert:

(1) Der eingeschränkte Bedürfnisbegriff Hulls wird auf alle möglichen Arten von Bedürfnissen und Zielen erweitert.

(2) Das Verhältnis zwischen verschiedenen Handlungen, die dasselbe Bedürfnis befriedigen sollen, erweist sich als abhängig von mehreren Faktoren:
- ▶ der Ähnlichkeit und Schwierigkeit der verschiedenen Ziele und Handlungen
- ▶ dem Realitätsgrad der Ersatzhandlung
- ▶ dem Verhältnis der Valenzen (der Attraktivität) der verschiedenen Ziele und Aufgaben.

5.3.4 Anspruchsniveau und Leistung

Wir wenden uns nun einer empirischen Arbeit zu, deren Einfluss auf die weitere Motivationsforschung kaum überschätzt werden kann; in den nächsten Kapiteln werden wir wiederholt auf diese Befunde zurückkommen. Es handelt sich hierbei um Studien zum so genannten Anspruchsniveau, die von Ferdinand Hoppe (1930) unter Lewins Anleitung durchgeführt wurden. Dem Begriff des Anspruchsniveaus sind wir bei der Darstellung der Arbeiten Lissners schon kurz begegnet.

Definition

Anspruchsniveau wird definiert als diejenige Leistungsgüte, die eine Person bei einer Aufgabe explizit zu erreichen versucht und die sie mindestens erreichen muss, um mit ihrer Leistung zufrieden zu sein.

Der von einer Person angegebene Wert mag nicht unbedingt der „wahre Wert" sein. So könnten Sie z. B. einem Kommilitonen mitteilen, Sie würden gerne mindestens eine „3" in der Statistikklausur erreichen. In Wahrheit wären Sie aber mit einer solchen Note sehr unzufrieden, geben dies jedoch nicht bekannt, da Sie nicht gerne als „Streber" erscheinen wollen.

Ausgangspunkt der Experimente. Hoppe machte zunächst überraschende Beobachtungen zur Wiederaufnahme von Handlungen: Eine Wiederaufnahme erfolgte gelegentlich auch dann, wenn ein bestimmtes Ziel bereits erreicht worden war. So bestand eine Aufgabe der Versuchspersonen darin, eine Drahtfigur zu basteln. Nach deren Fertigstellung verließ der Versuchsleiter den Raum. Trotz der Vollendung der Handlung gab es nun einen gewissen Prozentsatz an „spontanen Wiederaufnahmen". Eine solche Wiederaufnahme nach Befriedigung eines Quasibedürfnisses ist mit den Annahmen Lewins nicht vereinbar – und wie so oft in der Wissenschaft beruht eine wichtige Entdeckung auf einer genauen und sorgfältigen Beobachtung und Sammlung empirischer Daten.
Statt die nicht allzu große Zahl der nicht mit der Theorie konformen Daten zu ignorieren, kam Hoppe durch deren genaue Analyse zu anderen Schlussfolgerungen: Bei der Wiederaufnahme liegen der Handlung meist ganz bestimmte neue Ziele zugrunde, die zwar an das frühere Ziel anknüpfen, aber weit darüber hinausgehen.

Anspruchsniveau und Erfolg oder Misserfolg. Aus weiteren Beobachtungen schloss Hoppe, dass insbesondere Erfolg und Misserfolg bei einer bestimmten Aufgabe einen Einfluss auf das Anspruchsniveau sowie das nachfolgende Erleben und Verhalten haben:
- ▶ Nach einem Erfolg oder Misserfolg kann eine Person bei der gleichen Aufgabe ein leichteres oder schwierigeres Ziel anstreben als zuvor.
- ▶ Das Erleben einer Leistung als Erfolg oder Misserfolg ist nicht allein von der objektiven Leistungsgüte abhängig, sondern vielmehr davon, ob einer Person das eigene Anspruchsniveau als erreicht oder nicht erreicht erscheint.

► Das Anspruchsniveau wird nach Erfolg typischerweise erhöht. Spätere Befunde (vgl. Sears, 1942) zeigen, dass das Anspruchsniveau nach Misserfolg typischerweise gesenkt wird.
► Das Erreichen oder Überschreiten des jeweiligen Anspruchsniveaus geht mit positiven Emotionen (Freude, Zufriedenheit) einher, das Unterschreiten mit negativen Emotionen (Unwillen, Ärger).

Sequenzmodell zur Aufgabenbearbeitung

Auf der Grundlage seiner Untersuchungen zum Anspruchsniveau entwickelte Hoppe ein Sequenzmodell zur Aufgabenbearbeitung.

Beispiel

Angenommen, Sie spielen ein für Sie neues Computerspiel und erreichen beim ersten Mal 1.000 Punkte (Ausgangsleistung). Auf Befragen versichern Sie, beim nächsten Mal werden sie 1.200 Punkte erreichen; sie legen sich also auf ein bestimmtes Anspruchsniveau fest. Erreichen Sie dieses Anspruchsniveau oder einen höheren Punktwert, werden Sie zufrieden sein; unterschreiten Sie es, werden Sie unzufrieden sein.

Zieldiskrepanz. Die Diskrepanz zwischen Ausgangs- und Anspruchsniveau bezeichnet Hoppe als Zieldiskrepanz. Sie hat einen positiven Wert, wenn die Person sich vornimmt, ein höheres Anspruchsniveau zu erreichen als das Ausgangsniveau (in dem genannten Beispiel 200 Punkte), andernfalls einen negativen Wert.

Zielerreichungsdiskrepanz. Die Differenz zwischen Anspruchsniveau und der erreichten Leistung bezeichnet Hoppe als Zielerreichungsdiskrepanz (wenn Sie im zweiten Spiel z. B. 2.000 Punkte erreichen, beträgt diese 800 Punkte). Hoppe nimmt an, dass gerade mit der Zielerreichungsdiskrepanz verschiedene affektive Reaktionen verbunden sind: Bei einer Zielerreichungsdiskrepanz, die positiv oder gleich null ist, werden Sie sich freuen; bei einer negativen Zielerreichungsdiskrepanz werden negative affektive Reaktionen folgen.

Diese grundlegenden Gesetzmäßigkeiten der Anspruchsniveausetzung sind empirisch gut bestätigt und zudem intuitiv plausibel. Letzteres gilt etwa für die Feststellung, dass es nicht das objektive Leistungsniveau, sondern das individuelle Anspruchsniveau ist, das die Bewertung einer Leistung bestimmt: So kann z. B. ein hervorragender Schüler mit einer Zwei in der Mathematikklausur unzufrieden sein, während ein weniger guter Schüler sich über die gleiche Note freuen wird.

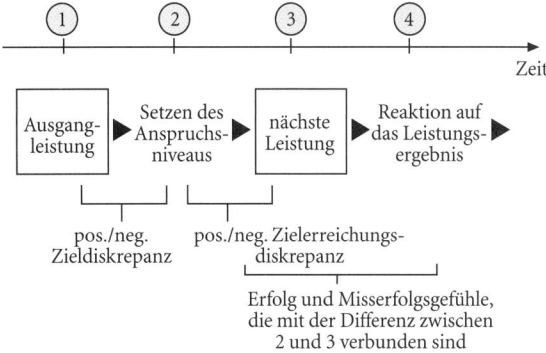

Typische Sequenz einer Aufgabenbearbeitung

Abbildung 5.9 Sequenz einer Aufgabenbearbeitung: Das Anspruchsniveau wirkt sich darauf aus, ob eine Aufgabe als Erfolg oder Misserfolg bewertet wird. Darüber hinaus kann es sich mit Erfolg oder Misserfolg verändern (nach Hoppe, 1930)

Verschiebungen des Anspruchniveaus

Hoppe hat auch zahlreiche Beobachtungen festgehalten, die über solche intuitiv plausiblen Befunde hinausgehen. Diese wurden insbesondere im Rahmen der Theorie der Leistungsmotivation wieder aufgegriffen (siehe Kap. 6).
Wie oben festgestellt wurde, wird das Anspruchsniveau typischerweise nach einem Erfolg erhöht und nach einem Misserfolg gesenkt. Hoppe beobachtete dabei auch eine

ganze Reihe von individuellen Unterschieden zwischen den Versuchspersonen. Sie betreffen die Ausprägung verschiedener Verhaltenstendenzen, z. B. (1) das Anspruchsniveau bis an die Grenze des Möglichen zu steigern, (2) große oder kleine Schritte in der einen oder anderen Richtung zu machen oder (3) nach Misserfolgen eher ganz abzubrechen, als das Anspruchsniveau allmählich zu senken.

Untypische Verschiebungen. Für die nachfolgende Erforschung der Leistungsmotivation besonders wichtig war die Beobachtung, dass einige wenige Versuchspersonen zu untypischen Verschiebungen des Anspruchsniveaus neigten, indem sie ihr Anspruchsniveau nach Misserfolg erhöhten und nach Erfolg senkten. Wir gehen auf diesen Befund im nächsten Abschnitt ein, denn ein Vorteil der „Theorie der resultierenden Valenz" besteht gerade darin, solche untypischen Verschiebungen erklären zu können.

5.4 Feldtheorie und Leistungsverhalten

5.4.1 Theorie der resultierenden Valenz

Die Theorie der resultierenden Valenz geht zurück auf die Daten von Hoppe (1930) und basiert auf Überlegungen von Escalona (1940) und Festinger (1942). Lewin, Dembo, Festinger und Sears (1944) haben diese Überlegungen zusammengefasst und erweitert.

Aufgabenwahl in Leistungssituationen

Die Aufgabenwahl wird hier erstmals als Annäherungs-Vermeidungs-Konflikt aufgefasst. Eine Annäherungstendenz ist in Leistungssituationen deshalb gegeben, weil ein möglicher Erfolg ein Ziel mit positiver Valenz darstellt; eine Vermeidungstendenz für das gleiche Ziel oder die gleiche Aufgabe besteht deshalb, weil einem möglichen Misserfolg naturgemäß eine negative Valenz zukommt.

Besteht die Wahl zwischen Aufgaben verschiedener Schwierigkeit, so sollte diejenige Aufgabe gewählt werden, für welche die resultierende Kraft am größten ist, für die also die Summe der positiven und negativen Kräfte den größten Wert annimmt. Dabei führt die (negative) Kraft, einen Misserfolg zu vermeiden, immer von der Aufgabe weg. Somit gilt:

$$\text{Resultierende Kraft} = k_e + k_m \text{ (mit } e = \text{Erfolg und } m = \text{Misserfolg).}$$

Valenz des Erfolg bzw. Misserfolgs und Schwierigkeit der Aufgaben. Die positive Valenz eines Erfolgs bei einer Aufgabe sollte am größten sein, wenn die Aufgabe besonders schwierig ist. Angenommen z. B., Sie sind ein mittelmäßiger Tennisspieler, so ist es für Sie wertvoller, gegen Roger Federer zu gewinnen als gegen einen Tennisanfänger. Weiterhin ist der Misserfolg bei sehr schweren Aufgaben längst nicht so unangenehm wie bei sehr leichten Aufgaben. So wäre es für einen mittelmäßigen Tennisspieler nicht schlimm, gegen einen Weltklassespieler zu verlieren, aber höchst unangenehm, gegen einen Anfänger zu verlieren.

Bei alleiniger Berücksichtigung dieser Überlegungen müssten stets besonders schwierige Aufgaben gewählt werden, denn angesichts der hohen positiven Valenz des möglichen Erfolges und der geringen negativen Valenz des möglichen Misserfolges sollte sich die größte resultierende Kraft auf solche schwierigen Ziele richten. Aus den Studien Hoppes wissen wir jedoch, dass die meisten Personen Aufgaben mittlerer Schwierigkeit bevorzugen und nur wenige Personen extrem leichte oder extrem schwierige Aufgaben wählen.

Subjektive Erfolgswahrscheinlichkeit. Lewin et al. (1944) schlossen aus den ihnen verfügbaren Beobachtungen, dass weitere Faktoren die Anspruchsniveausetzungen beeinflussen. Die Autoren benutzen hierzu das Konzept der subjektiven Erfolgs- bzw. Misserfolgswahrscheinlichkeit oder kurz Wahrscheinlichkeit (wir verwenden die beiden Begriffe hier synonym). Diese Wahrscheinlichkeiten geben an, wie wahrscheinlich ein Erfolg bzw. Misserfolg aus der Sicht der betreffenden Person ist. Sie hängen mit der psychologischen Entfernung zusammen: Je schwieriger eine Aufgabe, desto größer die psychologische Entfernung zum Ziel und desto geringer folglich die Erfolgswahrscheinlichkeit bzw. desto größer die (reziproke) Misserfolgswahrscheinlichkeit.

Aufgabenwahl und Setzung des Anspruchsniveaus

Lewin et al. (1944) zufolge sind Valenz und Wahrscheinlichkeit multiplikativ verknüpft. Diese multiplikative Verknüpfung ist die konsequente Weiterentwicklung von Lewins Annahme, dass die positive Valenz eines Ziels mit zunehmender psychologischer Entfernung abnimmt. Hieraus folgt eine mathematische Ableitung der resultierenden Kräfte, die im Falle eines möglichen Erfolgs zur Aufgabe hinführen sowie im Falle des Misserfolges von der Aufgabe wegführen (mit W = Wahrscheinlichkeit):

- resultierende Kraft, Erfolg anzustreben $= k_e = Va_e \times W_e$
- resultierende Kraft, Misserfolg zu meiden $= k_m = Va_m \times W_m$

Da aufgrund des Annäherungs-Vermeidungs-Konfliktes, welcher der Aufgabenwahl zugrunde liegt, beide Fälle eintreten können und somit entgegengesetzte Kräfte wirken, folgt:

- resultierende Kraft $= k_e + k_m = (Va_e \times W_e) - (Va_m \times W_m)$

Die Konzeption der Aufgabenwahl und Anspruchsniveausetzung lässt sich wie folgt zusammenfassen:

- Die Aufgabenwahl ist das Resultat eines Annäherungs-Vermeidungs-Konfliktes, es entsteht eine positive Kraft zur Aufgabe hin sowie eine negative Kraft von der Aufgabe weg.
- Die positive wie auch die negative Kraft werden durch zwei Faktoren bestimmt, nämlich die Valenz der Aufgabe (positiv für Erfolg; negativ für Misserfolg) und die Wahrscheinlichkeit, einen Erfolg bzw. Misserfolg zu erzielen. Diese Faktoren sind multiplikativ verknüpft.
- Diese multiplikative Verknüpfung führt dazu, dass die extrem positive Valenz schwieriger Aufgaben durch deren geringe Erfolgswahrscheinlichkeit gewichtet wird, die geringe negative Valenz extrem leichter Aufgaben dagegen durch deren hohe Erfolgswahrscheinlichkeit.

5.4.2 Individuelle Unterschiede im Leistungsverhalten

Es bedarf einer numerischen Illustration, um zu erkennen, dass dieses Modell von Lewin et al. (1944) die erwähnten Befunde Hoppes (1930) erklären kann: Viele Personen bevorzugen realistische Anspruchsniveausetzungen und somit Aufgaben mittlerer Erfolgswahrscheinlichkeit, aber einige Personen neigen zu unrealistischen Anspruchsniveausetzungen und wählen extrem leichte oder extrem schwierige Aufgaben.

Das Modell von Lewin et al. (1944) sagt für misserfolgsängstliche Personen genau jenes Verhalten vorher, dass Hoppe bei einigen seiner Versuchspersonen beobachtet hatte: Die Anspruchsniveausetzungen dieser Person sind sehr schwer vorherzusagen, und es kann nach einem Erfolg bei einer mittelschweren Aufgabe nachfolgend eine extrem schwierige oder extrem leichte Aufgabe gewählt werden.

Die empirischen Beobachtungen von Hoppe sowie die von Lewin et al. vorgelegte theoretische Analyse der Anspruchsniveausetzung deuten darauf hin, dass individuelle Unterschiede zwischen Personen eine bedeutsame Rolle bei der Vorhersage motivierten Leistungsverhaltens spielen.

Eine noch offene Frage bei dieser theoretischen Analyse des motivierten Verhaltens in Leistungssituationen besteht darin, Personen danach klassifizieren zu können, welche Aufgabenwahl sie in Leistungssituationen vornehmen. Das von Lewin et al. vorgeschlagene Modell kann aus dem Wahlverhalten einer Person nachträglich ableiten, welche Valenzen für Erfolge und Misserfolge wahrgenommen wurden; es erlaubt jedoch keine Vorhersage des Wahlverhaltens. Eines der Hauptziele von Atkinsons Theorie der Leistungsmotivation (siehe Kap. 6) besteht in der weiteren Berücksichtigung und Systematisierung dieser individuellen Unterschiede, um entsprechende Vorhersagen zu machen.

Zwei Rechenbeispiele

Die in den folgenden Tabellen wiedergegebenen Rechenbeispiele stammen von Lewin et al. (1944) und wurden für unsere Zwecke geringfügig abgewandelt.

Beispiel 1

Positive Valenz von Erfolg

Mögliches Leistungsniveau:	Formel: Aufgabennummer:	Stärke der Kraft, Erfolg anzustreben $Va_e \times$	$W_e =$	k_e	Stärke der Kraft, Misserfolg zu vermeiden $Va_m \times$	$W_m =$	k_m	Resultierende Kraft $k_e + k_m$
Zu schwierig	12	10	0	0	0	100	0	0
	11	10	0	0	0	100	0	0
	10	10	5	50	0	95	0	50
	9	9	10	90	0	90	0	90
	8	7	25	175	− 1	75	− 75	100
	7	6	40	240	− 2	60	− 120	120
	6	5	50	250	− 3	50	− 150	100
	5	3	60	180	− 5	40	− 200	− 20
	4	2	75	150	− 9	25	− 225	− 75
	3	1	85	85	− 10	15	− 150	− 65
	2	0	95	0	− 10	5	− 50	− 50
Zu leicht	1	0	100	0	− 10	0	0	0

Betrachten wir zunächst den Fall einer Person, die bei verschiedenen Aufgaben von einem möglichen Erfolg in etwas höherem Maße angezogen ist und weniger vor einem möglichen Misserfolg bei diesen Aufgaben zurückschreckt.

Stärke der Kraft, Erfolg anzustreben. Die Wahrscheinlichkeit eines Erfolges (W_e) ist umso geringer, je schwieriger die Aufgabe ist. Also werden die Aufgaben 1 bis 12 in aufsteigender Reihenfolge immer schwieriger. Weiterhin ist die positive Valenz schwieriger Aufgaben höher (Va_e). Die Kraft, Erfolg anzustreben (k_e), ergibt sich nun aus dem Produkt von Va_e und W_e. Diese positive Kraft ist für Aufgaben mittlerer Schwierigkeit am größten.

Stärke der Kraft, Misserfolg zu vermeiden. Die Misserfolgswahrscheinlichkeiten (W_m) der verschiedenen Aufgaben verhalten sich reziprok zu den Erfolgswahrscheinlichkeiten. Beträgt also z. B. in Aufgabe 3 $W_e = 85$ Prozent, so ist $W_m = 15$ Prozent. Das Produkt dieser Misserfolgswahrscheinlichkeiten und der negativen Valenzen von Misserfolg (Va_m) bei den verschiedenen Aufgaben ergibt die Kraft, Misserfolg zu vermeiden (k_m). Wiederum finden wir bei Aufgaben mittlerer Schwierigkeit die größte Kraft, hier allerdings mit negativem Vorzeichen.

Resultierende Kraft. Da wir es hier mit einer Person zu tun haben, für die der Betrag der positiven Valenzen für Aufgaben mittlerer Schwierigkeit höher ist als der Betrag der negativen Valenzen, folgt, dass für solche Aufgaben die Kraft, Erfolg anzustreben, stärker ist als die Kraft, Misserfolg zu vermeiden: Die resultierende Kraft ($k_e + k_m$) ist für diese Person für Aufgaben mittlerer Schwierigkeit am größten.

Prognose der Aufgabenwahl. Nehmen wir an, diese Person habe im ersten Versuchsdurchgang die Aufgabe 6 erfolgreich bewältigt; dann ist diese Leistung das Ausgangsniveau. Das Modell würde nun vorhersagen, dass diese Person im nächsten Durchgang die Aufgabe 7 wählt, denn hier ist die resultierende Kraft am größten. Die Differenz zwischen dem Ausgangsniveau (Aufgabe 6) und dem nachfolgenden Anspruchsniveau (Aufgabe 7) ist die Zieldiskrepanz (bei weiteren Durchgängen: Zielerreichungsdiskrepanz).

Beispiel 2

Betrachten wir demgegenüber eine Person, die einen möglichen Misserfolg als besonders negativ bewertet.

Analyse der Kräftekonstellation. Die Misserfolgsbefürchtungen zeigen sich in sehr hohen negativen Valenzen von Misserfolg (Va_m), insbesondere bei sehr leichten bis mittelschweren Aufgaben. Diese Person weist für eine große Zahl von Aufgaben eine negative resultierende Kraft auf. Sie wird daher Leistungssituationen dieses Typs generell mit ungleich geringerer Wahrscheinlichkeit aufsuchen.

Prognose der Aufgabenwahl. Wie verhält es sich aber, wenn diese Person in einer Leistungssituation eine der verfügbaren Aufgaben wählen muss? Angenommen, sie hat in einem ersten Durchgang ebenfalls Aufgabe 6 bearbeitet und erfolgreich abgeschlossen. Aus der Tabelle ist zu ersehen, dass diese Person keine positiven Wahlalternativen hat, denn es gibt keine Handlungsalternative mit positiver resultierender Kraft. Sie wird also diejenige Aufgabe wählen, welche die geringste negative Kraft aufweist. Dann hat sie drei quantitativ gleichwertige Alternativen: Sie kann entweder nochmals die gleiche Aufgabe bearbeiten (keine Verschiebung des Anspruchsniveaus), eine extrem leichte Aufgabe (Aufgabe 1) oder aber extrem schwierige Aufgaben (Aufgabe 11 oder 12) – alle diese Aufgaben haben die resultierende Kraft 0.

Hohe negative Valenz von Missfolg

Mögliches Leistungsniveau:	Formel: *Aufgaben-nummer:*	Stärke der Kraft, Erfolg anzustreben			Stärke der Kraft, Misserfolg zu vermeiden			Resultierende Kraft
		$Va_e \times$	$W_e =$	k_e	$Va_m \times$	$W_m =$	k_m	$k_e + k_m$
Zu schwierig	12	10	0	0	0	100	0	0
	11	10	0	0	0	100	0	0
	10	10	5	50	−1	95	−95	−45
	9	9	10	90	−2	90	−180	−90
	8	7	25	175	−3	75	−225	−50
	7	6	40	240	−4	60	−240	0
	6	5	50	250	−6	50	−300	−50
	5	3	60	180	−10	40	−400	−220
	4	2	75	150	−14	25	−350	−200
	3	1	85	85	−18	15	−270	−175
	2	0	95	0	−20	5	−100	−100
Zu leicht	1	0	100	0	−20	0	0	0

Zusammenfassung

Für das Verständnis von Lewins Theorie sind die strukturellen und dynamischen Komponenten seiner Feldtheorie besonders wichtig. Hierzu gehören für den Personbereich die strukturellen Konzepte des Personbereichs, der Grenzwände und der Durchlässigkeit dieser Grenzwände sowie die dynamischen Konzepte der Spannung und der Valenz. Für den Umweltbereich sind dies als strukturelle Konzepte Merkmale des Zielobjektes sowie Umweltbereiche (die durch Hindernisse voneinander getrennt sind) und als dynamische Konzepte die psychologische Entfernung und die Kraft (die zu einem Ziel hinführt oder von einem Objekt wegführt).

Diese Konzepte ermöglichen Vorhersagen zu motivationalen Phänomenen wie dem Erinnern an und die Wideraufnahme von unerledigten Handlungen. Weiterhin lässt sich die Wirkung unterschiedlicher Ersatzhandlungen sowie das Phänomen der Anspruchsniveausetzung empirisch untersuchen. Die Analyse unterschiedlicher Konflikttypen hat sich als besonders fruchtbar für die Analyse des Leistungsverhaltens erwiesen, die anhand der Theorie der resultierenden Valenz auch mathematische Ableitungen und Vorhersagen erlaubt.

Denkanstöße

(1) Geben Sie für die drei Konflikttypen nach Lewins Theorie Beispiele aus Ihrem Alltagsleben.

(2) Warum ist eine Leistungssituation – z. B. eine Prüfung – immer auch ein Annäherungs-Vermeidungs-Konflikt?

(3) Was würde Skinner an Lewins Feldtheorie kritisieren? Nennen Sie mindestens drei zentrale Kritikpunkte.

Weiterführende Literatur

▶ Alfred J. Marrow, ein Mitglied der Arbeitsgruppe Kurt Lewins, hat eine sehr lesenswerte Biographie Lewins vorgelegt. Ein Überblick zu wichtigen Stationen in Lewins Leben findet sich im Internet unter www.allpsy2.de. Das Buch von Lück gibt eine sehr gute grundlegende Einführung in Lewins Feldtheorie.

▶ Lück, H. E. (1996). Die Feldtheorie und Kurt Lewin: Eine Einführung. Weinheim: Beltz.

▶ Marrow, A. J. (1977). The practical theorist: The life and work of Kurt Lewin. New York: Teachers College Press.

6 Die Theorie der Leistungsmotivation

„Das Herz hat Gründe, die die Vernunft nicht kennt."
Blaise Pascal, „Pensées" (1670)

Was Sie in diesem Kapitel erwartet

Diese beiden Motive werden als emotionale Dispositionen aufgefasst, nämlich als die Bereitschaft, nach Erfolg Stolz und nach Misserfolg Scham zu erleben. Zusätzlich zu diesen stabilen Personmerkmalen determinieren subjektive Erfolgs- und Misserfolgswahrscheinlichkeiten sowie positive Anreize von Erfolg und negative Anreize von Misserfolg das Leistungshandeln. Diese Überlegungen wurden insbesondere im Hinblick auf die Aufgabenwahl, Anspruchsniveausetzungen und Ausdauer empirisch untersucht. Weiterhin hat McClelland auf Parallelen zwischen Leistungsmotiv und protestantischer Ethik hingewiesen und entsprechende Überlegungen auf gesellschaftliche Prozesse angewandt.

Der Theorie der resultierenden Valenz zufolge bestimmen entgegengesetzte Erwartungen und Valenzen von möglichen Erfolgen und Misserfolgen das Verhalten in Leistungssituationen. Atkinsons Theorie der Leistungsmotivation baut in zweifacher Hinsicht auf den Überlegungen Lewins und den Untersuchungen seiner Schüler auf: Atkinson erweiterte Lewins Konzeption der Motivation zu einem so genannten Erwartungs-mal-Wert-Ansatz. Zudem legte er großes Gewicht auf die Vorhersage der menschlichen Motivation anhand individueller Unterschiede.

Atkinsons Theorie zufolge unterscheiden sich Menschen hinsichtlich ihres Motivs, Erfolg aufzusuchen, und ihres Motivs, Misserfolg zu vermeiden.

Biographie

John Atkinson – Psychologe der Leistungsmotivation

John Atkinson (1915–2002) wurde in New Jersey (USA) geboren. Er promovierte an der University of Michigan und lehrte und forschte dort auch bis zum Ende seiner wissenschaftlichen Karriere.

Insbesondere zwei Forschungsschwerpunkte ließen Atkinson zu einem einflussreichen Motivationsforscher werden: Zunächst setzte er sich zusammen mit David McClelland zum Ziel, das Leistungsmotiv als überdauerndes Persönlichkeitsmerkmal anhand eines standardisierten Testverfahrens messbar zu machen. Darüber hinaus entwickelte Atkinson mit seiner Theorie der Leistungsmotivation die Theorie der resultierenden Valenz weiter; dies ist Atkinsons außerordentlich guter Kenntnis der Arbeiten Lewins und seiner Schüler zu verdanken, so etwa der Befunde von Hoppe (1930) zum Anspruchsniveau.

Obwohl Atkinson ein renommierter und bis heute viel zitierter Psychologe ist, war die Rezeption seiner Arbeiten keineswegs immer nur positiv. Die Publikation seiner Leistungsmotivationstheorie fiel in eine Zeit, die stark durch behavioristische Konzepte geprägt war – eine Theorie, deren zentraler Bestandteil die subjektive Wahrnehmung von Wahrscheinlichkeiten war, konnte es da nicht leicht haben.

6.1 Erwartungs-mal-Wert-Ansätze in der Psychologie

Die Idee einer Abwägung von Erwartungen und Werten findet sich in Lewins (1935) Theorie wieder – in den Konzepten der psychologischen Entfernung und der Valenz. Die Berücksichtigung von Erwartungs-mal-Wert-Konzepten erwies sich als bahnbrechend und sehr fruchtbar für die weitere Theoriebildung nicht nur in der Motivationspsychologie, sondern auch in vielen anderen Gebieten der Psychologie.

So entstanden in der Nachfolge Lewins eine Reihe von so genannten Erwartungs-mal-Wert-Theorien. Ihnen zufolge bestimmen der Wert (die Valenz) eines Ziels und die Wahrscheinlichkeit, dass dieses Ziel erreicht wird, gemeinsam die Wahl einer Handlungsalternative. Hierbei sollte unter den verfügbaren Handlungsalternativen stets diejenige gewählt werden, für die das Produkt aus Erwartung und Wert am größten ist: Auch das wertvollste Ziel wird nicht angestrebt, wenn die Erwartung, es zu erreichen, null ist. Umgekehrt werden wir keine Ziele anstreben, die zwar hohe subjektive Wahrscheinlichkeit haben, denen wir aber keinerlei Wert zumessen. Eine solche Konzeption finden wir in Theorien des sozialen Lernens (z. B. Rotter, 1954), in verschiedenen Theorien der Motivation (Brehm & Cohen, 1962; Vroom, 1964) sowie in Entscheidungstheorien (z. B. Edwards, 1954).

In diesem Kapitel betrachten wir nur eine und zugleich die prominenteste Motivationstheorie, die einem Erwartungs-mal-Wert-Ansatz zuzurechnen ist: Atkinsons Theorie der Leistungsmotivation (Atkinson, 1964). Sie ist von dem Gedanken geprägt, dass Menschen Entscheidungen treffen aufgrund von Informationen, die ihnen verfügbar sind und die sie in rationaler Weise verknüpfen und verarbeiten.

Im Folgenden werden wir den Begriff der Wahrscheinlichkeit gebrauchen, wenn es um die objektive Wahrscheinlichkeit eines bestimmten Ereignisses geht, den Begriff der Erwartung dagegen, wenn es um die subjektive Einschätzung solcher Wahrscheinlichkeiten durch eine Person geht.

6.2 Warum Leistungsmotivation?

Warum sollten wir uns in der Motivationspsychologie gerade mit der Leistungsmotivation beschäftigen? Es handelt sich hierbei um eine Eingrenzung der aus psychologischer Sicht relevanten Phänomene, und dies bedarf einer Begründung. Und warum ist die Entwicklung von Verfahren zur individuellen Motivdiagnose für die Theorie Atkinsons grundlegend? Für die Beantwortung beider Fragen sind die Arbeiten von Henry Murray wichtig, die wir im folgenden Abschnitt zusammenfassen.

6.2.1 Das Leistungsmotiv

Ein wichtiger Ursprung dieses Forschungszweiges sind Arbeiten von Henry Murray, der 1938 das Buch „Explorations in Personality" publizierte. Wie schon der Titel nahe legt, war Murray vor allem an Fragen der Persönlichkeit und somit auch individuellen Unterschieden zwischen Personen interessiert. Ein erstes Ziel von Murray war die Entwicklung einer Taxonomie grundlegender menschlicher Bedürfnisse, die nach seiner Auffassung alle mentalen Funktionen sowie das Verhalten organisieren.

Bedürfnis nach Leistung. Murray (1938) postulierte neben anderen Bedürfnissen auch ein Bedürfnis nach Leistung, d. h. nach dem Bewältigen von Aufgaben, die als herausfordernd erlebt werden. Dieses Leistungsmotiv äußert sich z. B. darin, dass wir Freude daran haben, etwas Schwieriges zu schaffen, Fähigkeiten zu erwerben und anzuwenden, Hindernisse zu überwinden und mit anderen zu konkurrieren.

Messung von Motiven. Ein zweites Ziel Murrays bestand darin, Bedürfnisse oder Motive – im Sinne überdauernder Personmerkmale – zu messen. Hier erhebt sich zunächst die Frage, wie sich Motive als Dispositionen überhaupt äußern. Murray (1938) zufolge kann ein solches Bedürfnis anhand bestimmter Indikatoren sichtbar werden: welche Situationen aufgesucht oder vermieden werden, welche Emotionen für Leistungssituationen typisch sind, wie jemand mit Erfolg oder Misserfolg umgeht (siehe Übersicht).

Übersicht

Indikatoren für Bedürfnisse (nach Murray, 1938)

	Beobachtbarer Indikator für ein Bedürfnis:	Beispiel aus dem Bereich leistungsmotivierten Verhaltens:
1	Typische Verhaltenstrends (welche Situationen werden aufgesucht oder gemieden).	Ein Kind nimmt an einem Sportfest zur Erreichung des Sportabzeichens teil oder entscheidet sich gegen die Teilnahme.
2	Typische Handlungsweisen (wie ist das Verhalten in entsprechenden Situationen).	Das Kind fiebert dem 1000-Meter-Lauf entgegen und strengt sich an, oder es sieht diesem mit Unbehagen entgegen und gibt leicht auf.
3	Die Suche nach, die Vermeidung oder Auswahl von, die Beachtung und die Reaktion auf bestimmte Objekte.	Der Umgang mit leistungsrelevanten Informationen: Das Kind vergleicht die eigene Leistung mit den Leistungen anderer, oder es meidet diese Information.
4	Äußerung einer typischen Emotion oder eines Gefühls.	Das Kind zeigt große Freude und hat offensichtlich Spaß an dem Wettkampf oder nimmt eher unwillig daran teil.
5	Äußerungen der Befriedigung nach Erreichen eines bestimmten Effektes oder Äußerung von Unzufriedenheit, wenn dieser Effekt nicht erreicht werden kann.	Das Kind freut sich über einen Erfolg und ist stolz auf diesen, oder es ist enttäuscht oder beschämt bei Erreichen eines negativen Leistungsergebnisses.

Projektive Tests. Murray hielt es nicht für sinnvoll, Personen direkt zu solchen Neigungen zu befragen. Vielmehr wollte er Personen in eine Situation bringen, in der sie entsprechende Neigungen oder Dispositionen auch tatsächlich zeigen, und zwar anhand von phantasieartigen Vorstellungen (Projektionen). Dabei griff er auf Freuds Konzept der Projektion zurück: Demzufolge neigen Menschen dazu, eigene Absichten und Gefühle auch anderen Personen zu unterstellen. So erklärt Freud (1894) die Angst des Paranoikers durch verdrängte aggressive

Impulse der paranoiden Person, die diese sich jedoch nicht eingesteht, sondern auf andere Personen oder geeignete Objekte der Umwelt „projiziert".

Murray und Mitarbeiter hatten in Experimenten entdeckt, dass eigene motivationale Zustände tatsächlich die Wahrnehmung der Umwelt stark beeinflussen (Murray, 1933; Morgan & Murray, 1935; Sanford, 1937): So hielten Kinder, die auf einer Geburtstagsfeier ein furchteinflößendes Spiel erlebt hatten, nachfolgend die Porträtfotos unbekannter Personen für gefährlicher als vor dem Spiel. Bei den Probanden Sanfords beeinflusste ein motivationaler Zustand, nämlich Hunger, die Interpretation von ambivalentem Bildmaterial.

Leistungsmessung mit dem thematischen Apperzeptionstest

Thematischer Apperzeptionstest als projektives Testverfahren. Auf der Basis dieser Überlegungen und Daten entwickelte Murray (1938) den thematischen Apperzeptionstest (TAT). Hierbei werden den Probanden Bilder vorgegeben (siehe Abb. 6.1), zu denen sie eine Geschichte erfinden sollen, und sogenannte Leitfragen gestellt, die durch diese Geschichte beantwortet werden sollen (z. B.: Was geschieht hier gerade bzw. wer tut was? Was geschah zuvor? Was wird geschehen bzw. was wird von wem gewünscht?). Ein wichtiges Merkmal dieser Bilder besteht darin, dass nicht eindeutig festgelegt ist, was dargestellt ist. Es handelt sich um ein projektives Testverfahren, weil die Probanden verborgene und unbewusste Bedürfnisse (Motive) in die so zu erfindenden Geschichten projizieren können. Nach Murray sagt eine Person bei der Interpretation einer mehrdeutigen Situation ebenso viel über ihre eigene Persönlichkeit aus wie über das jeweilige Ereignis und offenbart so ihre inneren Neigungen.

Abbildung 6.1 Im thematischen Apperzeptionstest werden Bilder verwendet, bei denen nicht klar ist, was genau abgebildet ist. Dies soll die Phantasie der Probanden anregen und ihre verborgenen und unbewussten Motive aufdecken

Leistungsmotivmessung. Der TAT wurde das meistgenutzte Messinstrument zur Diagnose des Leistungsmotivs und regte zahlreiche Forschungsarbeiten an, die sich mit der schwierigen Auswertung der so gestalteten Geschichten befassten. Das Leistungsbedürfnis wurde auch deshalb so eingehend untersucht, weil es experimentell leicht angeregt werden kann (Sie sind vermutlich hoch motiviert, ein gutes Ergebnis zu erzielen, wenn Ihnen ein Versuchsleiter mitteilt, Sie nähmen an einem Intelligenztest teil). Weiterhin können leistungsrelevante Informationen wie Erfolg oder Misserfolg leicht rückgemeldet werden (z. B. wird Ihnen gesagt, Ihre Ergebnisse lägen weit über oder weit unter dem Durchschnitt Ihrer Mitstudierenden). Auch kulturelle Faktoren trugen dazu bei, dass das Leistungsmotiv so intensiv untersucht wurde: Leistungsbezogenes Verhalten spielt in den modernen westlichen Gesellschaften eine herausragende Rolle.

6.2.2 Die Kontroverse um den TAT

Sowohl McClelland als auch Atkinson waren der festen Überzeugung, dass die Diagnose individueller Motivunterschiede einen entscheidenden Fortschritt in der Motivationspsychologie darstellt. In einer einflussreichen Arbeit legten beide mit anderen Autoren (McClelland et al., 1953) eine Verbesserung des ursprünglichen Verfahrens vor: Sie erarbeiteten erstmals einen standardisierten Inhaltsschlüssel, anhand dessen die Auswertung erfolgte und die Höhe der Leistungsmotivation berechnet wurde.

Aus der Sicht der klassischen Testtheorie ist der TAT jedoch auch nach dieser Revision kein zuverlässiges Messverfahren, wie die nachfolgende jahrzehntelange Kontroverse zeigt (siehe z. B. Entwisle, 1972). Ein gravierender Nachteil des TAT besteht nach wie vor darin, dass seine Auswertung sehr aufwendig ist und nur von gut geschulten Personen durchgeführt werden kann. Weiner (1972) – der als Schüler Atkinsons sicherlich zahlreiche TAT-Auswertungen vornahm – meinte, dass die Verwendung des TAT seitens der Forscher „ein gewisses Maß an Masochismus voraussetzt."

Leistungsmotiv-Gitter. Schmalt (1976, 1999) kommt das Verdienst zu, für den deutschen Sprachraum ein alternatives Verfahren entwickelt zu haben, das so genannte Leistungsmotiv-Gitter. Hierbei werden Aussagen aus dem Auswertungsschlüssel des TAT vorgegeben, und die skalierten Antworten erlauben direkte Berechnungen der Leistungsmotiv-Kennwerte. Das Leistungsmotiv-Gitter ist deshalb das im deutschen Sprachraum am weitesten verbreitete Messverfahren zur Erfassung des Leistungsmotivs.

6.3 Atkinsons Risikowahlmodell der Leistungsmotivation

6.3.1 Zentrale Annahmen des Risikowahlmodells

Fassen wir die Ausgangspunkte von Atkinsons Theorie zunächst in Form der wichtigsten Annahmen kurz zusammen, wie wir sie bislang kennen gelernt haben.

Merkmale von Person und Situation. Das Verhalten einer Person in einer Situation ist – in Anlehnung an Lewin (siehe 5.1.2) – determiniert durch Merkmale der Person und Merkmale der Situation. Merkmale der Person sollen anhand systematischer interindividueller Unterschiede berücksichtigt werden – wie z. B. die Daten von Hoppe aus seinen Studien zur Anspruchsniveausetzung nahelegen (siehe 5.3.4).

Emotionale Dispositionen. Emotionale Reaktionen auf Erfolg und Misserfolg – die zu Murrays Indikatoren motivierten Verhaltens gehören – sollten für das Leistungsverhalten von besonderer Bedeutung sein. Winterbottom (1958) liefert empirische Belege für diese Annahme: So deuten Lehrerbeobachtungen darauf hin, dass hoch leistungsmotivierte Schüler sich über einen Erfolg mehr freuen und mehr Stolz empfinden als niedrig leistungsmotivierte Schüler.

Wahl einer Handlungsalternative. Diese wird nicht nur von Merkmalen der Person, sondern auch von Merkmalen der Situation beeinflusst. Dies sind nach Atkinson der Wert des anzustrebenden Ziels sowie die subjektive Erwartung, dieses Ziel zu erreichen. Diese Annahme führt zu einem Erwartungs-mal-Wert-Modell der Leistungsmotivation.

Annäherungs-Vermeidungs-Konflikt. Eine Leistungssituation wird in Anlehnung an Lewin (1935) als Annäherungs-Vermeidungs-Konflikt aufgefasst (siehe 5.2.3): Die Annäherungstendenz beruht darauf, dass ein möglicher Erfolg angenehm ist; eine Vermeidungstendenz liegt vor, weil ein möglicher Misserfolg abschreckend wirkt.

Mathematische Darstellung

Atkinsons auch als Risikowahlmodell bezeichnete Theorie versucht, die genannten Variablen in einem mathematischen Modell zusammenzufassen. Diese mathematische Formalisierung der Theorie Atkinsons ist Hulls Ansatz sehr ähnlich.

Aufgrund des Konfliktcharakters der Leistungsmotivation lassen sich die Grundelemente von Atkinsons Theorie in zwei Teile gliedern:

(1) die Tendenz, Erfolg aufzusuchen (T_e; auch „Hoffnung auf Erfolg" genannt)
(2) die Tendenz, Misserfolg zu vermeiden (T_m; auch „Furcht vor Misserfolg" genannt).

Beide Kräfte zusammen ergeben die resultierende Tendenz (T_r): $T_r = T_e + T_m$.

6.3.2 Die Tendenz, Erfolg aufzusuchen

Die Tendenz, Erfolg aufzusuchen, ist nach Atkinson (1964) ein Produkt aus drei verschiedenen Größen:

(1) dem Leistungsmotiv (auch: Erfolgsmotiv),
(2) der subjektiven Erfolgserwartung (in Atkinsons Terminologie: Wahrscheinlichkeit von Erfolg) für eine bestimmte Aufgabe und
(3) dem Anreiz dieses Erfolges bei der betreffenden Aufgabe.

Das Leistungsmotiv. Das Motiv, Erfolg anzustreben (M_e), fasst Atkinson als eine stabile Disposition der Person auf. Unter Bezugnahme auf Murray (1938) definiert er dieses Motiv als die Fähigkeit, Stolz nach Erfolg zu erleben oder zu antizipieren.

Die subjektive Erfolgserwartung. Die subjektive Wahrscheinlichkeit von Erfolg (W_e) ist definiert als die Erwartung einer Person, dass eine Handlung zum Ziel führen wird. Im Leistungskontext ist dies in aller Regel die Erwartung, dass eine gewählte Aufgabe erfolgreich bearbeitet werden kann. Es handelt sich um eine Situationsvariable, die eine Person aufgrund eigener Erfahrungen erlernt.

Die subjektive Erfolgserwartung kann durch Prozentwerte angegeben werden; so könnte sie bei einer schwierigen Aufgabe .10 (10 %) betragen, bei einer einfachen Aufgabe .90 (90 %). In vielen Experimenten wurde die Erfolgserwartung für Aufgaben, die den Probanden unbekannt waren, anhand von normativen Informationen operationalisiert. So wird den Versuchspersonen etwa mitgeteilt, die große Mehrheit anderer Studierender (z. B. 95 %) oder nur wenige andere Studierende (z. B. 5 %) würden die betreffende Aufgabe lösen.

Der Anreiz von Erfolg. Der Stolz auf die erfolgreiche Bearbeitung einer Aufgabe wird Atkinson zufolge umso größer sein, je schwieriger diese ist. Daraus resultiert eine inverse Beziehung zwischen dem Anreiz von Erfolg (A_e) und der Erfolgserwartung (W_e), also: $A_e = 1 - W_e$.

Diese drei Variablen sind multiplikativ miteinander verknüpft und ergeben so die Tendenz, einen Erfolg aufzusuchen: $T_e = M_e \times W_e \times A_e$.

Hohe und geringe Erfolgserwartung

Stellen Sie sich vor, Sie erreichen eine Eins in einer Statistikklausur und erfahren anschließend, dass nur zwei von 200 Studierenden diese Note erreicht haben ($W_e = .01$); oder Sie erreichen die gleiche Note, erfahren jedoch, dass 198 von 200 Studierenden ebenfalls diese Note erreicht haben ($W_e = .99$). Sie werden wohl im ersten Fall mehr Stolz auf die erbrachte Leistung empfinden als im zweiten Fall. Nach Atkinson ist der Anreiz für Erfolg, der aufgrund der Anbindung an die Erfolgserwartung ebenfalls zwischen 0 und 1 variieren kann, im ersteren Fall sehr hoch ($A_e = 1 - .01 = .99$), und im letzteren Fall sehr gering ($A_e = 1 - .99 = .01$).

Emotionale Reaktion auf den Erfolg. Ein wichtiges Merkmal des Anreizwertes ist neben der Verknüpfung mit der Erfolgserwartung die Definition dieser Variablen als eine emotionale Reaktion auf Erfolg. Somit sind die Reaktionen auf Erfolg von zwei Faktoren abhängig: einer stabilen Persondisposition (M_e) und einer situativen Variablen (W_e). Der Stolz auf einen Erfolg wird umso größer sein, je ausgeprägter das Leistungsmotiv und je schwieriger die Aufgabe ist.

Gemeinsamkeiten und Unterschiede zu Lewins Konzept der Valenz. Beim Anreizkonzept besteht daher eine Analogie zu Lewins Konzept der Valenz, die zugleich von Merkmalen der Person (Spannungszustände in Personbereichen) und Eigenschaften des Zielobjektes abhängig ist. Im Rahmen von Lewins ahistorischem Ansatz ist allerdings das Spannungskonzept als Personvariable eine variable Größe: Die Spannung in Bezug auf die Erledigung einer Aufgabe sollte reduziert werden, sofern diese gelöst wird. Im Gegensatz dazu definiert Atkinson die Personvariable als eine überdauernde Disposition: Eine hohe Leistungsmotivation sollte über viele verschiedene Arten von Situationen stabil sein, und zwar unabhängig davon, ob gerade eine Aufgabe erfolgreich abgeschlossen wurde oder nicht.

Empirische Untersuchungen

Die inverse Beziehung zwischen Erfolgserwartung und Anreiz ist ein Axiom der Theorie, d. h. eine Annahme, die unbewiesen vorausgesetzt wird. Es gibt aber auch empirische Untersuchungen zu diesem Zusammenhang. So fand Litwin (1958), dass Probanden umso höhere Belohnungen für ein Leistungsergebnis aussetzen, je schwieriger die zu bearbeitende Aufgabe war. Strodtbeck et al. (1957) sowie Atkinson und O'Connor (1963) fanden zudem hohe negative Korrelationen zwischen dem wahrgenommenen Prestige eines Berufes und der wahrgenommenen Wahrscheinlichkeit, diesen Beruf erfolgreich ausüben zu können (Korrelationen zwischen $-.85$ und $-.90$), so dass tatsächlich eine negative lineare Beziehung zwischen den beiden Größen angenommen werden kann.

Implikationen

Diese Konzeption der Tendenz, Erfolg aufzusuchen, hat einige wichtige Implikationen für die Motivation im Leistungskontext (siehe Tab. 6.1):

(1) Das Streben nach Erfolg sollte für Aufgaben mittlerer Schwierigkeit höher sein als für leichte oder schwierige Aufgaben, da hier das Produkt aus W_e und A_e besonders hoch ist.

(2) Das Streben nach Erfolg ist für Personen mit hohem Erfolgsmotiv durchweg für alle Aufgabenschwierigkeiten höher als für Personen mit niedrigem Erfolgsmotiv (vgl. Spalte 4 und 5).

(3) Das Streben nach Erfolg zeigt im Falle eines niedrigen Erfolgsmotivs nur geringe Unterschiede für Aufgaben verschiedener Schwierigkeit (diese schwankt zwischen .09 und .25, also um einen Betrag von .16). Das Streben nach Erfolg variiert dagegen umso stärker, je höher das Erfolgsmotiv ist (T_e liegt zwischen .90 und 2.50 für niedrig versus hoch motivierte Personen, variiert also um einen zehn Mal höheren Betrag).

(4) Die Unterschiede für T_e zwischen niedrig und hoch motivierten Personen sind bei mittleren Aufgabenschwierigkeiten am deutlichsten. Diese Differenz beträgt $2.50 - .25 = 2.25$ für Aufgaben mit $W_e = .50$; sie beträgt jedoch nur $.90 - .09 = .81$ für Aufgaben mit $W_e = .10$ oder .90.

(5) Aus 3 und 4 folgt, dass Unterschiede im Leistungshandeln, die zwischen niedrig versus hoch Erfolgsmotivierten zu erwarten sind, sich besonders deutlich bei Aufgaben mittlerer Schwierigkeit zeigen sollten.

Tabelle 6.1 Die Tendenz, Erfolg aufzusuchen (T_e), ergibt sich als Produkt aus den Faktoren: Leistungsmotiv (M_e), Erfolgserwartung (W_e) und Anreiz von Erfolg (A_e). Die Werte unterscheiden sich bei Personen mit niedrigem ($M_e = 1$) und hohem Erfolgsmotiv ($M_e = 10$) (nach Atkinson, 1964)

Aufgabe	W_e	A_e	T_e, wenn $M_e = 1$	T_e, wenn $M_e = 10$
A	.90	.10	$1 \times .90 \times .10 = .09$	$10 \times .90 \times .10 = 0.90$
B	.70	.30	$1 \times .70 \times .30 = .21$	$10 \times .70 \times .30 = 2.10$
C	.50	.50	$1 \times .50 \times .50 = .25$	$10 \times .50 \times .50 = 2.50$
D	.30	.70	$1 \times .30 \times .70 = .21$	$10 \times .30 \times .70 = 2.10$
E	.10	.90	$1 \times .10 \times .90 = .09$	$10 \times .10 \times .90 = 0.90$

6.3.3 Die Tendenz, Misserfolg zu vermeiden

Die Tendenz, Misserfolg zu meiden, wird von Atkinson (1964) analog definiert wie die Tendenz, Erfolg aufzusuchen. Dies gilt auch für ihre drei Variablen: das Misserfolgsmotiv, die subjektive Misserfolgserwartung (Wahrscheinlichkeit von Misserfolg) und den negativen Anreiz eines möglichen Misserfolgs.

Das Misserfolgsmotiv. Atkinson fasst auch das Misserfolgsmotiv als eine Fähigkeit zum Erleben bzw. zur Antizipation von Emotionen auf, und zwar als die Fähigkeit, auf Misserfolg mit Scham oder Betroffenheit zu reagieren. Ein hohes Misserfolgsmotiv sollte dazu führen, dass Angst vor Leistungsbewertungen und eine Vermeidungstendenz für Leistungssituationen besteht.

Zur Diagnose des Misserfolgsmotivs wird in aller Regel der Test Anxiety Questionnaire (TAQ) von Mandler und Sarason (1952) verwendet, der ursprünglich zur Erfassung von Prüfungsängstlichkeit entwickelt wurde. Dies ist ein Widerspruch in Atkinsons Theorie, weil zur Erfassung einer positiven Motivdisposition projektive Verfahren als unerlässlich gelten, während das negative Gegenstück anhand eines objektiven Fragebogens erfasst wird.

Die subjektive Misserfolgserwartung. Die Wahrscheinlichkeit von Misserfolg (W_m) resultiert naturgemäß direkt aus der Wahrscheinlichkeit von Erfolg, so dass gilt: $W_m = 1 - W_e$. So ist bei geringer Erfolgserwartung (z. B. $W_e = .10$) die Wahrscheinlichkeit eines Misserfolgs hoch ($W_m = .90$); umgekehrt impliziert eine hohe Erfolgserwartung (z. B. $W_e = .95$), dass ein Misserfolg sehr unwahrscheinlich ist ($W_m = .05$).

Der „Anreiz" von Misserfolg. Der Begriff „Anreiz" ist hier in Anführungszeichen gesetzt, weil zu beachten ist, dass der Anreiz von Misserfolg immer negativ sein muss. Misserfolge sind jedoch bei verschiedenen Aufgabenschwierigkeiten nicht gleichermaßen unangenehm. Es ist intuitiv nachvollziehbar, dass der Misserfolg umso unangenehmer ist, je leichter die Aufgabe ist, und umgekehrt (vgl. 5.4.1). Daher gilt für den (stets negativen) Anreiz von Misserfolg: $A_m = W_m - 1$. Diese drei Variablen sind multiplikativ miteinander verknüpft und ergeben so die Tendenz, Misserfolg zu vermeiden (diese Tendenz ist immer negativ, weil ein negativer Wert (A_m) in die Multiplikation eingeht): $T_m = M_m \times W_m \times A_m$.

Implikationen

Auch die Definition der Tendenz, Misserfolg zu vermeiden, hat wichtige Implikationen für das motivationale Geschehen (siehe Tab. 6.2):

(1) Das Vermeiden von Misserfolg sollte für Aufgaben mittlerer Schwierigkeit ausgeprägter sein als für leichte oder schwierige Aufgaben, da bei mittelschweren Aufgaben das (negative) Produkt aus W_m und A_m besonders hoch ist.

(2) Das Vermeiden von Misserfolg ist für Personen mit hohem Misserfolgsmotiv durchweg für alle Aufgabenschwierigkeiten höher als für Personen mit niedrigem Misserfolgsmotiv (vgl. Spalte 4 und 5).

(3) Das Vermeiden von Misserfolg zeigt im Falle eines niedrigen Erfolgsmotivs nur geringe Unterschiede für Aufgaben verschiedenen Schwierigkeitsgrades (diese Tendenz schwankt zwischen $-.09$ und $-.25$, also um einen Betrag von .16), und variiert umso stärker, je höher das Misserfolgsmotiv ist (T_m liegt zwischen $-.90$ und -2.50 für hoch misserfolgsmotivierte Personen, variiert also um einen zehnmal höheren Betrag).

Tabelle 6.2 Die Tendenz, Misserfolg zu vermeiden (T_m), ergibt sich als Produkt aus den Faktoren: Misserfolgsmotiv (M_m), Misserfolgserwartung (W_m) und Anreiz von Misserfolg (A_m). Die Werte unterscheiden sich bei Personen mit niedrigem ($M_e = 1$) und hohem Erfolgsmotiv ($M_e = 10$) (nach Atkinson, 1964)

Aufgabe	W_m	A_m	T_m, wenn $M_m = 1$	T_e, wenn $M_m = 10$
A	.90	$-.10$	$1 \times .90 \times .10 = -.09$	$10 \times .90 \times -.10 = -0.90$
B	.70	$-.30$	$1 \times .70 \times .30 = -.21$	$10 \times .70 \times -.30 = -2.10$
C	.50	$-.50$	$1 \times .50 \times .50 = -.25$	$10 \times .50 \times -.50 = -2.50$
D	.30	$-.70$	$1 \times .30 \times .70 = -.21$	$10 \times .30 \times -.70 = -2.10$
E	.10	$-.90$	$1 \times .10 \times .90 = -.09$	$10 \times .10 \times -.90 = -0.90$

(4) Die Unterschiede für T_m zwischen niedrig und hoch motivierten Personen sind bei mittleren Aufgabenschwierigkeiten am deutlichsten. Diese Differenz beträgt $2.50 - .25 = 2.25$ für Aufgaben mit $W_m = .50$; sie beträgt jedoch nur $.90 - .09 = .81$ für Aufgaben mit $W_m = .10$ oder $.90$.

(5) Aus 3 und 4 folgt, dass Unterschiede im Leistungshandeln, die zwischen niedrig versus hoch Misserfolgsmotivierten zu erwarten sind, sich besonders deutlich bei Aufgaben mittlerer Schwierigkeit zeigen.

6.3.4 Zur zentralen Rolle der Erfolgserwartung im Risikowahlmodell

Aus den bisherigen Ausführungen folgt, dass der Erfolgserwartung im Rahmen von Atkinsons Theorie eine herausragende Bedeutung zukommt. Neben dem Erfolgs- und Misserfolgsmotiv, die unabhängig voneinander verschiedene Ausprägungen annehmen können, sind es vier situative Variablen, die das Leistungshandeln determinieren: die Erfolgserwartung, der Anreiz von Erfolg, die Wahrscheinlichkeit von Misserfolg und der (negative) Anreiz von Misserfolg.

Diese Variablen sind jedoch nicht unabhängig voneinander, sondern Anreiz von Erfolg und Misserfolg sowie Misserfolgserwartung sind durch die Erfolgserwartung determiniert. Hat also die Person eine subjektive Vorstellung von der Schwierigkeit einer Aufgabe und somit eine Erfolgserwartung, so folgt hieraus:

(1) wie hoch der Anreiz im Erfolgsfalle wäre: $\qquad A_e = 1 - W_e$

(2) wie wahrscheinlich ein Misserfolg ist: $\qquad W_m = 1 - W_e$

(3) wie hoch der negative Anreiz eines Misserfolgs wäre: $\quad A_m = W_m - 1 \; (= -A_e)$.

Zu beachten ist hierbei, dass in den einschlägigen Experimenten den Probanden in aller Regel mitgeteilt wird, ein bestimmter Prozentsatz von (vergleichbaren) Personen würde eine Aufgabe lösen. Schneider und Schmalt (2000) weisen darauf hin, dass dieses Verfahren nicht unproblematisch ist. Stellen Sie sich vor, Sie bestreiten ein Schachspiel gegen einen sehr guten Turnierspieler: Wenn Sie ein bloßer Gelegenheitsspieler sind, dürfte ihre subjektive Erfolgserwartung normalerweise weit unter 10 Prozent liegen; wenn Sie aber ein begeisterter Hobbyspieler oder sogar selbst ein erfolgreicher Turnierspieler sind, so dürfte sie deutlich höher liegen. Entsprechende individuelle Konzepte der eigenen Fähigkeiten bleiben jedoch bei der empirischen Prüfung der Theorie in den meisten Fällen unberücksichtigt.

Resultierende Tendenz und Motivkonstellation

Da nach Atkinson eine Leistungssituation einen Annäherungs-Vermeidungs-Konflikt darstellt und die beiden entgegengesetzten Tendenzen, Erfolg aufzusuchen bzw. Misserfolg zu vermeiden, additiv zusammenwirken, sollte eine Leistungssituation immer dann aufgesucht werden, wenn $T_e > T_m$, und gemieden werden, wenn $T_e < T_m$.

Das Verhältnis zwischen diesen beiden Kräften hängt ausschließlich von der Motivkonstellation ab: Wenn das Erfolgsmotiv – die Fähigkeit, Stolz nach Erfolgen zu erleben – größer ist als das Misserfolgsmotiv – die Disposition, Scham nach Misserfolgen zu empfinden –, dann sollte die Erfolgstendenz größer sein als die Misserfolgstendenz; umgekehrt verhält es sich, wenn das Misserfolgsmotiv größer ist als das Erfolgsmotiv.

Extrinsische Kräfte. Die genannte Schlussfolgerung steht scheinbar in Widerspruch zu vielen Alltagsbeobachtungen: In der Schule und im Arbeitsleben wie auch in vielen anderen Situationen befinden sich Personen fortwährend in Leistungssituationen, oft auch dann, wenn ihre

Leistungstendenz offenbar nicht überwiegt; nur wenigen Menschen gelingt es, sich Leistungssituationen vollständig zu entziehen. Das Leistungshandeln dient jedoch nach Atkinson nicht ausschließlich dazu, Leistungsbedürfnisse zu befriedigen. So genannte extrinsische Anreize wie materielle Belohnungen, das Vermeiden von Bestrafungen oder auch das Streben nach Macht können Menschen ebenfalls zur Leistung motivieren. Atkinson (1964) fasst diese extrinsischen Anreize in Anlehnung an Feather (1961) ganz generell als extrinsische Tendenzen (T_{ex}) zusammen. Erst wenn sie zur resultierenden Tendenz hinzugezählt werden, ergibt sich also das Leistungshandeln = $T_r + T_{ex}$.

Hierzu führt Feather (1961) aus: „Wäre die leistungsbezogene Motivation die einzige in dieser Situation ausgelöste Motivation, so würde eine Person mit stärkerem Motiv zur Vermeidung von Misserfolg die Leistungsaufgabe natürlich überhaupt nicht in Angriff nehmen. Sie würde (…) die Aufgabe vermeiden und Aktivitäten wählen, die keine Angst vor Misserfolg aktivieren. Der Begriff der extrinsischen Motivation zur Ausführung einer Aufgabe wird hier eingeführt, um den Tatbestand zu erklären, dass sich die Person in einer sozialen Situation befindet […] Der übliche soziale Zwang (der Wunsch nach Anerkennung oder Furcht vor Nicht-Anerkennung) ist für Personen, bei denen das Misserfolgsmotiv größer ist als das Erfolgsmotiv, eine wesentliche Motivationsquelle." (S. 553)

Die Hinzunahme einer additiven Variablen ändert nichts an dem generellen Muster der resultierenden Tendenz: Nach wie vor bleiben mittelschwere Aufgaben für überwiegend erfolgsmotivierte Personen attraktiver als leichte und schwere Aufgaben, während für überwiegend misserfolgsmotivierte Personen gerade leichte und schwere Aufgaben die größte resultierende Tendenz aufweisen sollten.

6.3.5 Hull, Skinner, Lewin und Atkinson im Vergleich

Ein Vergleich der Konzeptionen von Hull, Skinner, Lewin und Atkinson verdeutlicht Gemeinsamkeiten und Unterschiede. Eine grundlegende Gemeinsamkeit besteht darin, dass alle diese Theorien jeweils eine Person-, Umwelt- und Lernvariable enthalten (siehe Übersicht). Bei Hull beinhaltet die Person-Variable primäre oder sekundäre Triebe, bei Lewin sind es verschiedene Personbereiche, bei Atkinson schließlich sind es Motive. Lernprozesse finden sich bei Hull in Zusammenhang mit dem Konzept der Gewohnheitshierarchie, bei Lewin ist es die psychologische Entfernung und bei Atkinson die subjektive Erfolgswahrscheinlichkeit, welche gelernt wird. Und schließlich verwenden alle Autoren eine Anreizvariable. Demnach ist eine motivationale Theorie ohne Konzepte der Person, der Umwelt sowie der Lernprozesse kaum denkbar.

Personkonstrukte

Hulls Theorie hat den Nachteil, auf wenige primäre und sekundäre Triebe beschränkt zu sein. Skinners System zeigt, dass diese Einschränkung keineswegs für alle behavioristischen Ansätze gelten muss: Sein System bezieht sich auf alle Arten operanten Verhaltens. Lewins Theorie überwindet ebenfalls die Restriktionen von Hulls Ansatz – möglicherweise geschieht dies allerdings um den Preis einer nur metaphorischen Beschreibung der Person als eines Gesamtbereichs, der in verschiedene Bereiche (Bedürfnisse, Ziele) eingeteilt ist. Atkinsons Theorie ist der einzige Ansatz, der stabile Personfaktoren (Motive) und überdauernde Unterschiede zwischen Personen annimmt, während Hull, Skinner und Lewin die momentane Befindlichkeit der Person als Motivationsquelle sehen.

Vier Theorien im Vergleich

Theorie	Theoretisches Konstrukt, bezogen auf ...		
	... die Person	... die Umwelt	... das Lernen
Hull	**Trieb** Primäre und sekundäre Triebe, momentane Zustände	**Anreiz** Merkmale des Zielobjektes	**Habit** Verbindung zwischen Reiz und Reaktion
Skinner	**Verstärkungsgeschichte** (kumulierte Erfahrungen, ständig im Fluss)	**Umweltkontingenzen**	**Verbindung** zwischen Verhalten und dessen Folgen
Lewin	**Spannung** Momentane Zustände verschiedener Personbereiche	**Valenz** Soweit durch Merkmale des Zielobjektes definiert	**Psychologische Entfernung**
Atkinson	**Motiv** Stabiles Personmerkmal	**Anreiz von Erfolg und Misserfolg**	**Erfolgswahrscheinlichkeit**

Hedonismus und Homöostase. Alle Ansätze haben gemeinsam, dass Personen hedonistisch motiviert sind; allerdings hat Atkinsons Theorie schließlich Daten hervorgebracht, die hieran zweifeln lassen (siehe 6.4.4). Und während Hull und Lewin von homöostatischen Prozessen ausgehen, vertreten Skinner und Atkinson implizit die Auffassung, dass „mehr" positive Konsequenzen bzw. Affekte auch „besser" sind und die Personen also nach deren Maximierung streben.

Situationskonstrukte

Bei Atkinson sind Anreize von Personmerkmalen unabhängige Konstrukte; bei Lewin dagegen sind diese teilweise von dem momentanen Bedürfniszustand des Individuums abhängig. Skinner hingegen spricht überhaupt nicht von Anreizen; vielmehr hält die Umwelt Konsequenzen für operante Verhaltensweisen des Organismus bereit. Atkinsons Theorie stellt hier wiederum eine Besonderheit dar, weil die Situationsvariable (Anreize) vollständig von der Lernvariablen, in diesem Fall der Erfolgserwartung, abhängig ist.

Lernkonstrukte

Hulls Theorie sieht Lernen als Resultat einer Verbindung zwischen Reiz und Reaktion, während in Skinners System die Verbindung zwischen dem Verhalten und dessen Konsequenzen gelernt wird. Lewins Konzept der psychologischen Entfernung nimmt Atkinsons Erfolgserwartung vorweg: Gelernt wird, wie schwer es ist, ein bestimmtes Ziel zu erreichen. Beide Konzepte gehen über eine bloß mechanistische Abbildung von Reiz-Reaktions- bzw. Reaktions-Konsequenz-Verbindungen hinaus und erfordern eine kognitive Repräsentation der Umwelt.

6.4 Empirische Befunde zur Theorie der Leistungsmotivation

Wir konzentrieren uns hier auf drei klassische und oft zitierte Experimente zu den wichtigsten Phänomenen des Leistungshandelns, die im Rahmen von Atkinsons Theorie untersucht wurden: Aufgabenwahl, Setzung des Anspruchsniveaus und Ausdauer bei unlösbaren Aufgaben.

6.4.1 Aufgabenwahl

Ringwurfaufgabe. Atkinson und Litwin (1960) ließen Probanden eine sogenannte Ringwurfaufgabe bearbeiten: Es galt, einen Ring aus unterschiedlichen Entfernungen über einen Stab zu werfen. Die Distanz zum Stab war für die Probanden frei wählbar und konnte in 15 Stufen variieren. Hierbei sollte eine große Distanz mit einer geringen Erfolgserwartung einhergehen, eine geringe Distanz mit einer hohen Erfolgserwartung. Unabhängige Variable in diesem Experiment waren die Ausprägungen des Erfolgs- und Misserfolgsmotivs, die mit dem TAT bzw. TAQ erfasst wurden. Wir betrachten hier zwei Motivkonstellationen (und somit experimentelle Gruppen):

(1) Personen mit hohem Erfolgsmotiv und geringem Misserfolgsmotiv
(2) Personen mit geringem Erfolgsmotiv und hohem Misserfolgsmotiv.

Als abhängige Variable wurde erfasst, welche Distanzen zum Stab die Probanden wählten. Atkinsons Theorie sagt vorher, dass (vorwiegend) erfolgsmotivierte Personen (Gruppe 1) Aufgaben mittlerer Schwierigkeit bevorzugen, (vorwiegend) misserfolgsorientierte Personen (Gruppe 2) sehr leichte und sehr schwierige Aufgaben (siehe Tab. 6.3).

Tabelle 6.3 Experiment zur Aufgabenwahl von Atkinson und Litwin (1960). Wer hoch leistungsmotiviert ist, bevorzugt zwar in stärkerem Maß Aufgaben mit mittlerer Schwierigkeit als Misserfolgsmotivierte. Doch bei den eher misserfolgsmotivierten Probanden sagt Atkinsons Theorie andere Ergebnisse vorher: Die Befunde zeigen, dass auch Misserfolgsmotivierte insgesamt eher mittelschwere Aufgaben bevorzugen

Aufgabenschwierigkeit	Geringes Leistungsmotiv, hohes Misserfolgsmotiv	Hohes Leistungsmotiv, geringes Misserfolgsmotiv
1 = geringster Abstand zum Stab 15 = größter Abstand zum Stab	Häufigkeit der Aufgabenwahl in Prozent	
01–03	16	9
04–06	11	2
07–09	25	37
10–12	29	44
13–15	19	8

Resultate und Interpretation. Erfolgsmotivierte Personen bevorzugten tatsächlich in beträchtlichem Maß Aufgaben mittlerer Schwierigkeit. Jedoch bevorzugten misserfolgsmotivierte Probanden nicht wie vorhergesagt die leichten oder schweren Aufgaben, sondern ebenfalls – wenngleich in deutlich geringerem Maß – mittelschwere Aufgaben. Dies könnte entweder darauf hindeuten, dass die Vorhersagen der Theorie unzutreffend sind, oder darauf zurückzuführen sein, dass bei der Motivdiagnose die Ausprägungen des Erfolgs- und Misserfolgsmotivs nicht richtig erfasst wurden.

Meyer et al. (1976) fassen die Befunde zur Aufgabenwahl zusammen und bestätigen das Bild, das sich auch bei Atkinson und Litwin (1960) abzeichnet: Personen mit überwiegender Erfolgsmotivation bevorzugen mittelschwere Aufgaben stärker als eher misserfolgsmotivierte Personen. Letztere bevorzugen aber, anders als die Theorie vorhergesagt, nicht eindeutig leichte oder schwere Aufgaben.

6.4.2 Anspruchsniveau

Anagramm-Aufgaben. Moulton (1965) legte Probanden drei Anagramm-Aufgaben vor, die als einfach, mittelschwer oder schwierig bezeichnet wurden; hierzu wurden fingierte Aufgabennormen verwendet. Diesen Normen zufolge sollte die leichte Aufgabe von 75 Prozent, die mittelschwere von 50 Prozent und die schwere Aufgabe von 25 Prozent vergleichbarer Personen gelöst werden. In einem ersten Teil des Experiments bearbeiteten die Probanden die mittelschwere Aufgabe.

Als unabhängige Variable wurde der Erfolg bei dieser Aufgabe variiert: Die Hälfte der Probanden erhielt eine Erfolgsrückmeldung, die andere Hälfte eine Misserfolgsrückmeldung. Weiterhin wurden die Motivdispositionen der Probanden erfasst und drei Motivgruppen gebildet: eine Gruppe mit überwiegender Erfolgsmotivation, eine Gruppe mit annähernd gleich starkem Erfolgs- und Misserfolgsmotiv und eine Gruppe mit überwiegender Misserfolgsmotivation.

Als abhängige Variable wurde erfasst, welche Aufgabe die Probanden im Anschluss an den Erfolg oder Misserfolg bei der ersten Aufgabenbearbeitung wählten. Hierbei konnte nur eine der beiden verbleibenden Aufgaben gewählt werden, also entweder die „schwierige" Aufgabe ($W_e = .25$) oder die „leichte" Aufgabe ($W_e = .75$).

Übersicht

Vorhersagen für die Setzung des Anspruchsniveaus

Motivgruppe	Leistungsergebnis	Änderung von W_e für die beiden verfügbaren Aufgaben	Anspruchsniveausetzung
Erfolgs-motivierte	Erfolg	+ .10 also .85 und .35	Wahl der Aufgabe mit $W_e = .35$
▶ Hypothese: Wahl der schwereren Aufgabe nach Erfolg			
Erfolgs-motivierte	Misserfolg	− .10 also .65 und .15	Wahl der Aufgabe mit $W_e = .65$
▶ Hypothese: Wahl der leichteren Aufgabe nach Misserfolg			
Misserfolgs-motivierte	Erfolg	+ .10 also .85 und .35	Wahl der Aufgabe mit $W_e = .85$
▶ Hypothese: Wahl der leichteren Aufgabe nach Erfolg			
Misserfolgs-motivierte	Misserfolg	− .10 also .65 und .15	Wahl der Aufgabe mit $W_e = .15$ (schwere Aufgabe)
▶ Hypothese: Wahl der schwereren Aufgabe nach Misserfolg			

Prognose. Was sind nun die Vorhersagen der Theorie Atkinsons? – Eine gute Erfolgskontrolle für das Verständnis der bisherigen Ausführungen zur Theorie der Leistungsmotivation besteht darin, dass Sie sich diese Vorhersagen selbst herleiten. Bitte nehmen Sie sich kurz Zeit dafür, bevor Sie weiterlesen.

Die Vorhersagen lauten: Erfolgsmotivierte sollten nach Erfolg die schwierigere und nach Misserfolg die leichtere Aufgabe wählen. Dies ist eine typische Verschiebung des Anspruchsniveaus; Atkinson zufolge wählen Erfolgsmotivierte solche Aufgaben, die einer mittleren Erfolgserwartung nahe sind. Misserfolgsmotivierte hingegen sollten nach Erfolg die leichtere, nach Misserfolg die schwerere Aufgabe wählen. Dies ist eine atypische Anspruchsniveauverschiebung; Atkinson zufolge wählen Misserfolgsmotivierte Aufgaben, die von einer mittleren Erfolgserwartung am weitesten entfernt sind.

Tabelle 6.4 Experiment zur Setzung des Anspruchsniveaus von Moulton (1965). Probanden veränderten ihr Anspruchsniveau anders als vorhergesagt: Die meisten, gleich ob eher erfolgs- oder eher misserfolgsmotiviert, nahmen typische Anspruchsniveausetzungen vor. Erfolgsmotivierte wählen nach einem Erfolg die schwierigere Aufgabe und nach Misserfolg die leichtere Aufgabe. Misserfolgsmotivierte verschoben ihr Anspruchsniveau allerdings etwas häufiger in untypischer Weise als Erfolgsmotivierte

Motivgruppe	Art der Leistungsmotivation	Anspruchsniveauänderung	
		Typisch	Atypisch
$M_e > M_m$	Erfolg aufsuchend	30	1
$M_m < M_e$	Misserfolg meidend	20	11

Resultate. Die Ergebnisse sind denen aus dem angeführten Experiment zur Aufgabenwahl recht ähnlich: Erfolgsmotivierte Personen zeigen eine klare Tendenz zu typischen Anspruchsniveausetzungen; misserfolgsmotivierte Personen zeigen zwar eine gewisse Tendenz zu atypischen Anspruchsniveausetzungen, aber gleichwohl häufiger typische als untypische Anspruchsniveausetzungen (Verhältnis etwa 2/3 zu 1/3; siehe Tab 6.4). Die Befunde Moultons bestätigen also eher Hoppes anfängliche Beobachtung, dass nämlich atypische Anspruchsniveausetzungen vergleichsweise selten sind.

6.4.3 Ausdauer

Unlösbare Aufgaben. Feather (1961) führte ein Experiment zur Ausdauer durch, bei dem die Probanden unter anderem unlösbare Aufgaben erhielten. Hierbei sollten komplexe geometrische Figuren nachgezeichnet werden, ohne den Stift abzusetzen. Die geometrischen Figuren lassen sich leicht so gestalten, dass die Aufgaben unlösbar sind, ohne dass jedoch die Probanden dies selbst feststellen können.

Feather variierte als unabhängige Variable die Erfolgserwartung durch Vorgabe unterschiedlicher Normen: Entweder 5 Prozent oder aber 70 Prozent der Studierenden seien in der

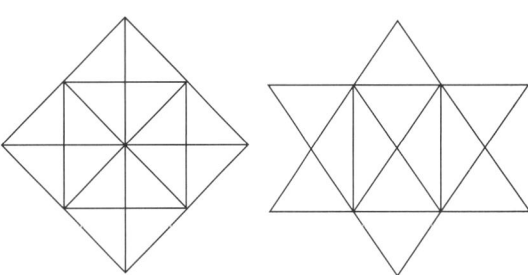

Abbildung 6.2 Feather (1961) legte seinen Probanden unlösbare (links) und lösbare (rechts) Aufgaben vor. Die geometrischen Figuren sollten in einem Strich nachgezeichnet werden

Lage, diese Aufgaben zu lösen. Als zweite unabhängige Variable wurden zwei Motivgruppen ermittelt, nämlich erfolgs- versus misserfolgsorientierte Probanden. Als abhängige Variable erfasste Feather die Anzahl der Versuche, ein und dieselbe Aufgabe zu lösen.

Auch hier angenommen, dass die subjektive Erfolgserwartung mit jedem Misserfolg sinken sollte. Erfolgsmotivierte sollten insbesondere bei eher einfachen Aufgaben ausdauernd sein, nicht jedoch bei schwierigen Aufgaben. Dies ist darauf zurückzuführen, dass fortlaufende Misserfolge bei einem Ausgangswert von $W_e = .70$ sukzessive zu einer Verschiebung von W_e in Richtung .50 (mittlere Erfolgserwartung) führen sollte; bei einem Ausgangswert von $W_e = .05$ entfernt sich die subjektive Erfolgserwartung immer mehr von .50.

Tabelle 6.6 Experiment zur Ausdauer von Feather (1961): Da Misserfolgsmotivierte eher besonders schwere oder besonders leichte Aufgaben bevorzugen, sollten diese Probanden vor allem dann ausdauernd sein, wenn sie mit einer subjektiv schwierigen Aufgabe beginnen (die ihnen dann aufgrund der fortlaufenden Misserfolge immer schwieriger erscheinen muss). Bei einem Ausgangsniveau von $W_e = .70$ dagegen nähern sich Misserfolgsmotivierte bei weiteren Misserfolgen immer mehr einer mittleren subjektiven Erfolgserwartung und sollten daher hier weniger motiviert und somit weniger ausdauernd sein

Versuchs-bedingung	Durch-gang	$M_e > M_m$									$M_m > M_e$							
		W_e M_e W_e A_e	M_m W_m A_m	T_{ex}	T_r						M_e W_e A_e	M_m W_m A_m	T_{ex}	T_r				
$W_e = .70$	1	.70 2× .7× .30 +	(1× .30× −.70)	+.50 =	.71						1× .70×.30 +	(2× .30× −.70)	+.50 =	.29				
	2	.60 2× .6× .40 +	(1× .40× −.60)	+.50 =	.74						1× .60×.40 +	(2× .40× −.60)	+.50 =	.26				
	3	.50 2× .5× .50 +	(1× .50× −.50)	+.50 =	.75						1× .50×.50 +	(2× .50× −.50)	+.50 =	.25				
$W_e = .05$	1	.05 2× .05×.95 +	(1× .95× −.05)	+.50 =	.55						1× .05×.95 +	(2× .95× −.05)	+.50 =	.45				
	2	.04 2× .04×.96 +	(1× .96× −.04)	+.50 =	.54						1× .04×.96 +	(2× .96× −.04)	+.50 =	.46				
	3	.03 2× .03×.97 +	(1× .97× −.03)	+.50 =	.53						1× .03×.97 +	(2× .97× −.03)	+.50 =	.47				

Tabelle 6.7 Feather (1961) untersuchte die Ausdauer bei lösbaren und unlösbaren Aufgaben: Erfolgsmotivierte sind dann ausdauernd, wenn sie bei subjektiv leichten Aufgaben keinen Erfolg haben. Misserfolgsmotivierte sind ausdauernd, wenn sie an schwierigen Aufgaben scheitern. Feather nennt leider nicht die numerische Anzahl der Versuche seiner Probanden bei einer Aufgabe, sondern nimmt eine Medianbildung der Anzahl der Versuche vor. Er gibt an, wie viele der Probanden innerhalb jeder Bedingung über diesem Median beziehungsweise unter diesem Median liegen. Eine solche Medianbildung wurde laut Feather (1961) deshalb vorgenommen, weil die Varianzen hinsichtlich der Ausdauer – operationalisiert als Anzahl der Versuche je Aufgabe – außerordentlich hoch sind

Leistungsmotivation	Erfolgswahrscheinlichkeit	Anzahl der Probanden, für die gilt:	
		Ausdauer hoch (über dem Median)	Ausdauer gering (unter dem Median)
Erfolg aufsuchend	$W_e = .70$	6	2
Erfolg aufsuchend	$W_e = .05$	2	7
Misserfolg meidend	$W_e = .70$	3	6
Misserfolg meidend	$W_e = .05$	6	2

Resultate. Die Ergebnisse zeigen eine recht gute Bestätigung der theoretischen Vorhersagen: Erfolgsmotivierte sind überwiegend dann besonders ausdauernd, wenn fortwährende Misserfolge bei zunächst subjektiv leichten Aufgaben auftreten (so dass sich die subjektive Erfolgserwartung zur mittleren Erfolgserwartung hin verschiebt). Umgekehrt sind Misserfolgsmotivierte vorwiegend dann besonders ausdauernd, wenn sie Misserfolg bei recht schwierigen Aufgaben haben (so dass sich die subjektive Erfolgserwartung zur hohen Aufgabenschwierigkeit hin verschiebt).

6.4.4 Diagnostizität von Aufgaben: Eine Alternativerklärung

Atkinson zufolge streben Erfolgsmotivierte danach, positive Affekte (Stolz nach Erfolg) zu maximieren, während Misserfolgsmotivierte negative Affekte (Scham nach Misserfolg) minimieren wollen. Trope und Brickman (1975) haben vorgeschlagen, das Leistungshandeln lasse sich besser mit einem Bedürfnis erklären, etwas über die eigene Person zu erfahren. Die Autoren untersuchen, wie sich der mögliche Informationsgewinn, der aus der Bearbeitung von Aufgaben resultiert, auf das Leistungshandeln auswirkt. Ausgangspunkt ist die Beobachtung, dass das Resultat einer Aufgabenbearbeitung je nach Aufgabenschwierigkeit unterschiedlich informativ ist. Warum ist dies so?

Nach Weiner und Kukla (1970) wird der Erfolg bei einer sehr leichten Aufgabe typischerweise deren Leichtigkeit und nicht der Person zugeschrieben. Umgekehrt werden für sehr schwierige Aufgaben Misserfolge in aller Regel auf deren (zu) hohe Schwierigkeit zurückgeführt. In beiden Fällen erfährt man daher nichts über die eigenen Fähigkeiten; das zu erwartende Resultat geht darauf zurück, dass die Aufgabe zu einfach oder zu schwierig war.

Anders liegt der Fall dagegen bei mittelschweren Aufgaben: Wenn die Erfolgserwartung bei 50 Prozent liegt, so lassen Erfolge oder Misserfolge eher Rückschlüsse auf die Person zu – also z. B. darauf, wie fähig oder begabt sie ist und wie sehr sie sich angestrengt hat. Wenn aber nur bei etwa mittelschweren Aufgaben Informationen über die eigene Person zu gewinnen sind, wie erklärt sich dann, dass manche Personen Aufgaben mittlerer Schwierigkeit wählen, andere Personen dagegen gerade solche Aufgaben meiden?

Nach Trope und Brickman bevorzugen Misserfolgsmotivierte gerade deshalb sehr leichte oder sehr schwere Aufgaben, weil das zu erwartende Handlungsergebnis nichts über die eigenen Fähigkeiten aussagt, sondern nur etwas über Merkmale der Aufgabe; dagegen bevorzugen Erfolgsmotivierte mittelschwere Aufgaben, eben weil sie etwas über die eigenen Fähigkeiten erfahren wollen. Somit sind es keine hedonistischen Mechanismen, die das unterschiedliche Leistungshandeln erklären, sondern unterschiedlich starke Bedürfnisse, etwas über die eigene Leistungsfähigkeit zu erfahren.

Diagnostizität

Wenn wir nun entscheiden wollen, was Personen tatsächlich motiviert – entweder die Maximierung positiver und Minimierung negativer Emotionen oder aber der mögliche Informationsgewinn aus verschiedenen Aufgabenbearbeitungen –, so ist es notwendig, zwei Variablen unabhängig voneinander zu variieren: die Schwierigkeit der Aufgabe und deren „Diagnostizität".

Als **Diagnostizität** einer Aufgabe bezeichnet man die bei Aufgabenbearbeitung auftretende durchschnittliche Leistungsdifferenz zwischen fähigen und nicht fähigen Personen. Hohe Diagnostizität ist dann gegeben, wenn diese Differenz groß ist; niedrige Diagnostizität liegt dann vor, wenn diese Differenz klein ist.

Die Diagnostizität gibt daher an, mit welcher Wahrscheinlichkeit Personen mit hohen oder geringen Fähigkeiten bei einer Aufgabe Erfolg haben. Eine hoch diagnostische Aufgabe wird bei Studierenden, die fleißig gelernt haben, mit hoher Wahrscheinlichkeit zum Erfolg führen, jedoch bei solchen Studierenden, die wenig oder gar nicht gelernt haben, mit hoher Wahrscheinlichkeit zu Misserfolg. Eine schlechte, wenig diagnostische Klausur wäre gegeben, wenn sich die Ergebnisse für „fleißige" und „faule" Studierende nicht oder nur wenig unterscheiden.

Empirische Überprüfung der Diagnostizität

Trope und Brickman (1975; Trope, 1975) führten Experimente durch, bei denen Erfolgserwartung und Diagnostizität der Aufgabe unabhängig voneinander variiert wurden. Ein Experiment von Trope (1975) ist besonders aufschlussreich, weil zusätzlich auch das Leistungsmotiv der Probanden erfasst wurde. Hierbei wurden die Probanden über den Schwierigkeitsgrad und die Diagnostizität von Aufgaben informiert, von denen sie annahmen, sie würden sie später bearbeiten. Als abhängige Variable wurde erfasst, wie oft diese Aufgaben jeweils gewählt wurden.

Der wichtigste Befund dieses Experiments ist, dass für alle Arten von Aufgabenschwierigkeiten die diagnostischen gegenüber den nicht diagnostischen Aufgaben bevorzugt werden (siehe Tab. 6.7). Dies deutet daraufhin, dass dies generell eine wichtige Determinante der Aufgabenwahl ist. Bei hoch leistungsmotivierten Probanden ist zudem die Präferenz für diagnostische Aufgaben weitaus deutlicher ausgeprägt als bei den niedrig leistungsmotivierten Personen (siehe Tab. 6.8). Diese Befunde wurden wiederholt bestätigt (z. B. Meyer et al., 1976).

Tabelle 6.7 Experiment zur Diagnostizität: Alle Probanden, ob hoch oder wenig leistungsmotiviert, entschieden sich für Aufgaben mit einer hohen Diagnostizität, die also in hohem Maße Rückschlüsse über die eigene Person erlaubten (Trope, 1975)

UV 2: Diagnostizität	UV 1: Aufgabenschwierigkeit					
	leicht		mittel		schwer	
	−	+	−	+	−	+
AV: Anzahl gewählter Aufgaben in dieser Versuchsbedingung	4.8	6.0	2.3	5.0	2.3	4.9

Tabelle 6.8 Hoch motivierte Probanden bevorzugten in stärkerem Maß als niedrig motivierte Probanden Aufgaben mit einer hohen Diagnostzität (Trope, 1975)

UV 2: Leistungs-motivation:	UV 1: Diagnostizität der Aufgabe	
	niedrig	hoch
hoch	2,1	5,9
niedrig	3,7	4,5

Fazit

Die Befunde von Trope zur Diagnostizität von Aufgaben legen nahe, dass die weitaus meisten Personen ein Leistungshandeln zeigen, das Informationen über die eigenen Fähigkeiten ermöglicht, während einige wenige Personen solche Informationen lieber meiden. Dieses Datenmuster fügt sich gut in die Befunde, die in den Abschnitten 6.4.1 bis 6.4.3 zu Aufgabenwahl, Anspruchsniveausetzung und Ausdauer präsentiert wurden: Auch hier war es – entgegen den Annahmen Atkinsons und in Einklang mit den früheren Befunden Hoppes – nur eine relativ geringe Zahl von Personen, die sich misserfolgsorientiert verhalten. Angesichts der weitreichenden Implikationen der Befunde zur Diagnostizität für das Menschenbild, das Motivationstheorien zugrunde liegt, werden wir diese im Rahmen der Attributionstheorie wieder aufgreifen.

6.5 Leistungsmotiv und Wirtschaftsentwicklung: Die Studien von David McClelland

Atkinson und McClelland hatten zunächst gemeinsam an der Revision des von Murray entwickelten TATs gearbeitet. Während Atkinson sich danach vor allem der experimentellen Analyse des Leistungsmotivs und Leistungshandelns widmete, untersuchte McClelland vor allem den Einfluss des Leistungsmotivs auf die gesellschaftliche und ökonomische Entwicklung.

6.5.1 Leistungsstreben und Protestantismus

In seinem vielfach beachteten Buch „The Achieving Society" (1961) publizierte McClelland umfangreiche Analysen zum Zusammenhang zwischen gesellschaftlicher Entwicklung und Leistungsmotiv bzw. Protestantismus.

Ein wichtiger Ausgangpunkt waren dabei die Arbeiten des deutschen Soziologen Max Weber, besonders „Die protestantischen Ethik und der Geist des Kapitalismus" (1904). Weber zufolge betont der Protestantismus in höherem Maße als andere christliche Denktraditionen die Eigenverantwortlichkeit des Individuums und äußert sich in größerem Ehrgeiz und Leistungsstreben. Deshalb seien protestantisch geprägte Gesellschaften wirtschaftlich erfolgreicher als andere Gesellschaften.

McClelland (1961) wies darauf hin, dass die von Weber beschriebene „protestantische Persönlichkeit" überraschende Parallelen zu einer hoch leistungsmotivierten Person aufweist: „[Weber] erwähnt, dass junge protestantische Arbeiterinnen härter und länger zu arbeiten schienen, ihr Geld für längerfristige Ziele aufsparten, und protestantische Unternehmer häufiger auf Spitzenpositionen in der Geschäftswelt gelangten […]. Was aber trieb die Protestanten zu so gewaltigen Leistungen […]? Weber glaubt, ‚dass der protestantische Mensch aus seinem Reichtum keinen persönlichen Gewinn zieht, außer dem irrationalen Gefühl, seine Sache gut gemacht zu haben'. Dies entspricht nun genau unserer Definition des Leistungsmotivs, das wir anhand von projektiven Verfahren erheben." (S. 47)

McClelland (1961) untersuchte insbesondere die Beziehung zwischen Protestantismus bzw. Leistungsmotiv und Wirtschaftswachstum. Hierzu zog er vielfältige Datenquellen heran: Er kodierte leistungsthematische Inhalte in Kinderbüchern, arbeitete an verschiedenen Indizes zur Ermittlung des Wirtschaftswachstums und analysierte das Wirtschaftswachstum in früheren wie gegenwärtigen Gesellschaften über eine Zeitspanne von mehr als zwei Jahrtausenden. Weiterhin untersuchte er das Verhalten und die Persönlichkeitsmerkmale von Unternehmensgründern, und zwar neben dem Leistungsmotiv auch Risikobereitschaft, Fähigkeit zur Übernahme von Verantwortung und langfristige Planungsstrategien.

6.5.2 Studien zum wirtschaftlichen Erfolg

Drei Befunde McClellands (1961) seien hier beispielhaft erwähnt. Zum einen verglich er eine ganze Reihe von überwiegend protestantischen Staaten (so etwa Norwegen, Kanada, Schweden, USA und die Schweiz) mit katholischen Staaten (wie Belgien, Spanien, Argentinien, Italien und Polen). Im Rahmen dieses Quasiexperiments mit religiöser Zugehörigkeit der Bevölkerung als unabhängiger Variable erfasste er die Pro-Kopf-Energieproduktion als abhängige Variable. Von insgesamt 25 erhobenen Staaten gelangten die katholischen Länder auf einen mittleren Rangplatz von 16, die protestantisch geprägten Staaten auf einen mittleren Rangplatz von 10; zudem gingen die ersten sechs Rangplätze allesamt an protestantisch geprägte Staaten.

Weiterhin bildete McClelland einen Zusammenhang zwischen einem nationalen Motivindex und der Zuwachsrate bei der Stromerzeugung in insgesamt 39 Ländern. Der Motivindex setzte sich aus Inhaltsanalysen schriftlicher Dokumente einer Gesellschaft zusammen; ein hoher Motivindex bedeutet, dass es in den Texten viele Hinweise auf leistungsthematische Inhalte gab. Staaten mit hohem nationalen Motivindex verzeichneten signifikant höhere Zuwachsraten im Stromverbrauch, während Staaten mit niedrigem Motivindex mehrheitlich besonders niedrige Zuwachsraten oder sogar negative Entwicklungen aufwiesen (siehe Tab. 6.9).

Was Kinder lesen. Einen möglichen Einblick in die Zusammenhänge zwischen Leistungsmotivation und Wirtschaftsentwicklung liefert zudem die Längsschnittanalyse zum Zusammenhang von leistungsthematischen Inhalten in der Kinder- und Jugendliteratur und dem Patentindex. Da ein Patentindex angibt, wie viele neue Patente in einem bestimmten Zeitraum angemeldet werden, dient er als Indikator für Erfindungsreichtum und wirtschaftlichen Erfolg einer Gesellschaft. DeCharms und Moeller (1962) fassten diese Daten von McClelland für den Zeitraum von 1810 bis 1950 bezogen auf die USA zusammen (siehe Tab. 6.10). Demnach wirkt sich leistungsthematische Literatur für Kinder und Jugendliche tatsächlich leistungsfördernd aus: Die Entwicklung des Motivindexes geht der Patententwicklung zeitlich voraus, und zwar in etwa um einen Zeitraum von 20 Jahren.

Fazit

Die Studien von McClelland und Mitarbeitern unterscheiden sich in methodischer Hinsicht grundlegend von den experimentellen Analysen Atkinsons. Es ist zu beachten, dass in dem jeweils untersuchten komplexen volkswirtschaftlichen Gefüge so viele Größen eine Rolle spielen, dass der Einfluss der Leistungsmotivation – und insbesondere der Erziehung der Kinder zu Eigenverantwortlichkeit und Selbständigkeit – nur schwer zu bestimmen ist. Umso überraschender ist, dass McClelland solche Zusammenhänge überhaupt auffinden konnte. McClelland (1961) selbst räumte jedoch ein, dass das Wissen um diese Zusammenhänge noch nicht bedeutet, dass wir auch schon wissen, wie entsprechende Merkmale gefördert werden können. Es gibt nur wenige Studien zur möglichen Effektivität von Motiv-Änderungsprogrammen (z. B. McClelland & Winter, 1969). Deren Erfolg fiel gering aus, und spätere Motivationsforscher haben sich mit dieser Frage leider nur in geringem Maße beschäftigt.

Tabelle 6.9 Die Zuwachsrate der Stromproduktion hängt mit dem sogenannten nationalen Motivindex zusammen, der Inhalte aus schriftlichen Dokumenten eines Landes umfasst. Je höher dieser Motivindex, desto höher auch die Zuwachsraten der Stromerzeugung eines Landes (die Tabelle zeigt den Zeitraum zwischen 1952 und 1958)

	Nationaler Motivindex (nach) 1950		Zuwachsrate über dem erwarteten Wert	Nationaler Motivindex (nach) 1950		Zuwachsrate unter dem erwarteten Wert
hoher Leistungs-motivwert	3.62	Türkei	+1.38			
	2.71	Indien	+1.12			
	2.38	Australien	+ .42			
	2.33	Israel	+1.18			
	2.33	Spanien	+ .01			
	2.29	Pakistan	+2.75			
	2.29	Griechenland	+1.18	3.38	Argentinien	− .56
	2.29	Kanada	+ .06	2.71	Libanon	− .57
	2.24	Bulgarien	+1.37	2.38	Frankreich	− .24
	2.24	USA	+ .47	2.33	Südafrikanische Union	− .06
	2.14	BRD	+ .53	2.29	Irland	− .41
	2.10	UdSSR	+1.62	2.14	Tunesien	−1.87
	2.10	Portugal	+ .76	2.10	Syrien	− .25
niedriger Leistungs-motivwert	1.95	Irak	+ .29	2.05	Neuseeland	− .29
	1.86	Österreich	+ .38	1.86	Uruguay	− .75
	1.67	Großbritannien	+ .17	1.81	Ungarn	− .62
	1.57	Mexiko	+ .12	1.71	Norwegen	− .77
	.86	Polen	+1.26	1.62	Schweden	− .64
				1.52	Finnland	− .08
				1.48	Niederlande	− .15
				1.33	Italien	− .57
				1.29	Japan	− .04
				1.20	Schweiz	−1.92
				1.19	Chile	−1.81
				1.05	Dänemark	− .89
				.57	Algerien	− .83
				.43	Belgien	−1.65

Zeit-raum	1810	1830	1850	1870	1890	1910	1930	1950
Patent-index	4	6	10	32	69	68	66	42
Motiv-index	3,0	2,5	4,5	8,5	11,0	9,5	6,5	4,2

Tabelle 6.10 Studien von McClelland zeigen: Wenn Kinder und Jugendliche Literatur mit leistungsthematischen Inhalten lesen, wirkt sich das etwa 20 Jahre später auf den Erfindungsreichtum und den Erfolg einer Gesellschaft aus – die Entwicklung des Motivindexes geht also der Patententwicklung zeitlich voraus. Ein hoher Patentindex, das heißt, die Zahl der angemeldeten Patente pro eine Million Einwohner, ist hierbei ein Index für den Erfindungsreichtum und wirtschaftlichen Erfolg. Der Motivindex steht in dieser Studie für leistungsthematische Motive in der Literatur von Kindern und Jugendlichen

Zusammenfassung

Die zentralen Konzepte des Erwartungs-mal-Wert-Ansatzes von John Atkinson sind:

▶ das Motiv, Erfolg aufzusuchen

▶ das Motiv, Misserfolg zu vermeiden

▶ die Wahrscheinlichkeiten und Anreize von Erfolg und Misserfolg, die allesamt aus der subjektiven Erfolgswahrscheinlichkeit ableitbar sind.

Nach Atkinsons Risikowahlmodell der Leistungsmotivation ergibt sich

▶ die Tendenz, einen Erfolg aufzusuchen, als Produkt aus den drei Variablen Erfolgsmotiv, Erfolgserwartung und Anreiz von Erfolg;

▶ die Tendenz, einen Misserfolg zu vermeiden, als Produkt aus den drei Variablen Misserfolgsmotiv, Misserfolgserwartung und Anreiz von Misserfolg.

Zu den Implikationen dieses Modells gehören:

▶ Erfolgsmotivierte Personen sollten mittelschwere Aufgaben bevorzugen, misserfolgsmotivierte Personen dagegen leichte oder schwere Aufgaben.

▶ Unterschiede im Leistungshandeln zwischen erfolgs- und misserfolgsmotivierten Personen sollten sich am deutlichsten bei Aufgaben mittlerer Schwierigkeit zeigen.

Wichtige experimentelle Analysen zu Atkinsons Theorie der Leistungsmotivation betreffen Aufgabenwahl, Ausdauer und Anspruchsniveau. Nicht alle Vorhersagen der Theorie wurden bestätigt. So zeigt sich in Bezug auf die Aufgabenwahl, dass misserfolgsmotivierte Personen ebenfalls mittelschwere Aufgaben bevorzugen, wenngleich in geringerem Maße als erfolgsmotivierte Personen.

Das Konzept der Diagnostizität von Trope kann als ernsthafte Alternative zur Theorie von Atkinson gelten. Ihm zufolge lässt sich das Leistungshandeln besser mit dem Bedürfnis erklären, etwas über die eigene Person zu erfahren: Erfolgsmotivierte Personen bevorzugen mittelschwere Aufgaben, weil sie etwas über ihre eigenen Fähigkeiten erfahren möchten; misserfolgsmotivierte Personen bevorzugen eher sehr leichte oder sehr schwere Aufgaben, weil diese keine Rückschlüsse auf ihre Fähigkeiten erlauben.

McClelland untersuchte insbesondere die Beziehung zwischen Leistungsmotivation (bzw. Protestantismus) und Wirtschaftswachstum und stellte zahlreiche Zusammenhänge zwischen entsprechenden Indikatoren für verschiedene Gesellschaften fest.

Denkanstöße

(1) Atkinsons Theorie zufolge sollte es überdauernde Motivdispositionen geben, und diese sind mit emotionalen Dispositionen (Stolz nach Erfolg, Scham nach Misserfolg) verknüpft. Was sind in Ihren Augen leistungsthematische Situationen? Benennen Sie mindestens drei möglichst verschiedene solcher Situationen. Erleben Sie in all diesen Bereichen gleichermaßen Stolz nach Erfolg und Scham nach Misserfolg?

(2) Ein zentrales Postulat der Theorie von Atkinson ist die inverse Beziehung zwischen subjektiver Erfolgserwartung und Anreiz – Sie sollten umso mehr Stolz empfinden, je schwieriger eine von Ihnen bewältigte Aufgabe ist. Trifft dies in Ihren Augen tatsächlich immer zu?

(3) Erstellen Sie eine Liste zu den Ansätzen von Hull, Lewin, Skinner und Atkinson: Benennen Sie bitte für jede Theorie die jeweilige Person-, Umwelt- und Lernvariable.

Weiterführende Literatur

Zur Einführung in die Leistungsmotivationstheorie eignet sich insbesondere das Lehrbuch von Atkinson; eine gute Zusammenfassung bietet auch Kuhl. Sehr lesenswert ist überdies das Buch von David McClelland.

▶ Atkinson, J. W. (1964). An introduction to motivation. New York: Van Nostrand.
▶ Kuhl, J. (1983). Motivation, Konflikt und Handlungskontrolle. Heidelberg: Springer.
▶ McClelland, D. C. (1967). The achieving society. New York: The Free Press.

7 Attributionstheorien

> „Alle menschlichen Handlungen haben eine oder mehrere der folgenden Ursachen:
> Zufall, Notwendigkeit, Zwang, Gewohnheit, Vernunft, Leidenschaft und Verlangen."
> Aristoteles

Was Sie in diesem Kapitel erwartet

Attributionen (synonym für Ursachenzuschreibungen) sind neueren Motivationstheorien zufolge zentrale Determinanten von Emotion und Motivation. Zum Verständnis der Auswirkungen von Attributionen auf Erleben und Verhalten ist es in einem ersten Schritt wichtig zu verstehen, wie Menschen zu Ursachenzuschreibungen gelangen.

Hierzu betrachten wir zunächst die naive Handlungsanalyse von Fritz Heider, anhand deren beschrieben wird, wie wir im Alltag die Ursachen eines Ereignisses auffinden. Anschließend untersuchen wir die Weiterentwicklung von Heiders Konzepten durch Harold Kelley, insbesondere das Kovariationsprinzip und kausale Schemata. Die Wichtigkeit und Allgegenwart kausaler Schlussfolgerungen wird abschließend illustriert anhand eines Phänomens, das als „implizite Kausalität in der Sprache" bezeichnet wird.

Übersicht

Attributions- und attributionale Theorien

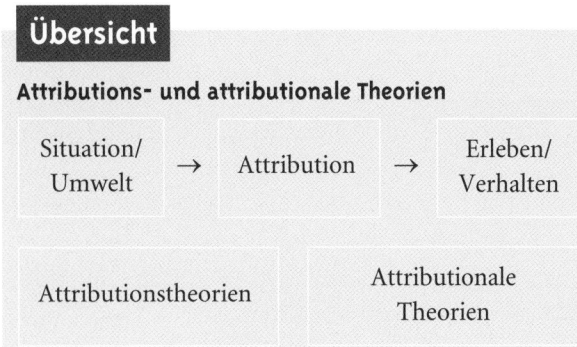

Psychologische Theorien, in denen Attributionen eine zentrale Rolle spielen, lassen sich nach Kelley und Michela (1980) in zwei grundlegend verschiedene Ansätze einteilen:

Attributionstheorien befassen sich damit, wie wir unsere Umwelt und uns selbst wahrnehmen und hierbei zu Ursachenzuschreibungen gelangen. In diesem Fall haben Attributionen den Status einer abhängigen Variable, die von unterschiedlichen kognitiven Prozessen und Umweltgegebenheiten (als unabhängigen Variablen) determiniert werden.

Attributionale Theorien beschäftigen sich damit, welche Auswirkungen Ursachenzuschreibungen auf unser Erleben und Verhalten haben. In diesem Fall haben Attributionen den Status von unabhängigen Variablen, die unser Erleben (Emotionen) und unser Verhalten (beide als abhängige Variablen) vorhersagen. Dies betrifft einerseits emotionale Reaktionen wie z. B. Stolz, Scham, Mitleid oder Ärger; andererseits ein breites Spektrum von beobachtbaren Verhaltensweisen in unterschiedlichen Kontexten, wie etwa leistungsbezogenes Verhalten (z. B. Anstrengung oder Ausdauer) und soziales Verhalten (z. B. Hilfe und Aggression).

Fritz Heider – Begründer der Attributionstheorien

Fritz Heider (1896–1988), in Wien geboren und in Graz aufgewachsen, wollte eigentlich Maler oder Zeichner werden. In Graz studierte er alle möglichen Fächer, besuchte zunehmend fachfremde Vorlesungen und erwarb gleichwohl 1919 „eher zufällig" die Promotion.

Ab Anfang der 20er Jahre studierte Heider in Berlin bei Max Wertheimer und Wolfgang Köhler, wichtigen Begründern der Gestalttheorie. In dieser Zeit wurde er auch zu einem engen Freund Kurt Lewins, der damals ein junger Nachwuchswissenschaftler an der Berliner Universität war. Es folgten Wanderjahre, während deren Heider durch ganz Europa reiste und überwiegend philosophische und literarische Werke las. 1927 wurde Fritz Heider Assistent von Wilhelm Stern in Hamburg, und auf Empfehlung Sterns trat er 1930 einen Auslandsaufenthalt bei Kurt Koffka am Smith College in den USA (Massachusetts) an. Bis 1947 arbeitete er an einer Taubstummen-Schule und erhielt schließlich 1947 eine Professur an der University of Kansas. Heider publizierte nur wenige Schriften; er schrieb allerdings seine Gedanken auf Notizzettel, die später als „Notebooks" erschienen. Sein wichtigster Beitrag ist die 1958 erschienene „Psychologie der interpersonalen Beziehungen", mit der er die Attributionstheorie begründete.

7.1 Der Mensch als „naiver Wissenschaftler"

7.1.1 Das Menschenbild der Attributionstheorien

Die Erkenntnisse Heiders beruhen nicht auf experimentellen oder klinischen Methoden, sondern vorwiegend auf drei Quellen: alltäglichen Beobachtungen seiner Umwelt, einer exzellenten Kenntnis der Weltliteratur und Gedankenexperimenten.

Gedankenexperimente. Heider führte oftmals Gedankenexperimente an, um seine Ideen zu prüfen und zu illustrieren: Was wäre z. B. geschehen, wenn Julia Romeo nicht geliebt hätte oder wenn ihr die Meinung ihrer Eltern gleichgültig gewesen wäre? Wie würden Sie sich fühlen, wenn Sie eine Prüfung nicht bestehen und zugleich wissen, dass die meisten anderen Studierenden die Aufgaben ebenfalls nicht lösen konnten oder aber dass sie hervorragende Ergebnisse erzielt haben? Auf der Basis solcher Gedankenexperimente versuchte Heider, die Schnittmenge seiner Erkenntnisse in Form übergreifender Beziehungen zu fassen, so z. B. seine „naive Handlungsanalyse".

Der „naive Wissenschaftler". Alle bislang betrachteten Theorien folgen dem Prinzip des Hedonismus: Wir streben danach, positive Zustände oder Ereignisse zu erreichen bzw. beizubehalten und negative Zustände oder Ereignisse zu vermeiden. Die Attributionstheorien zeichnen in der Nachfolge Heiders ein völlig anderes Menschenbild: das eines „naiven Wissenschaftlers", der seine Umwelt verstehen, vorhersagen und kontrollieren möchte. Dies bedeutet, dass das bloße Registrieren von Ereignissen – in der Umwelt und bei sich selbst – nicht ausreicht: Wenn wir z. B. in einer wichtigen Prüfung scheitern, wollen wir verstehen, warum dies geschieht. Nur dann können wir die Ursache verändern und im nächsten Versuch ein besseres Ergebnis erzielen. Das Streben nach einem Verständnis unserer selbst und unserer Umwelt kann also auch zu unangenehmen Erkenntnissen führen.

Aber nicht nur in Bezug auf Ereignisse, die uns selbst betreffen, sondern auch im zwischenmenschlichen Bereich spielen Ursachenzuschreibungen eine wichtige Rolle. Wenn z. B. ein

Notleidender Sie um Hilfe bittet, werden Sie vermutlich überlegen, was die Ursachen dieser Hilfsbedürftigkeit sind: Ist die betreffende Person unverschuldet in diese Lage gekommen, oder hat sie diese Lage selbst herbeigeführt? Ihre Hilfsbereitschaft wird sicher auch von der Antwort auf diese Frage abhängen.

Heiders Charakterisierung des normalen Menschen als „naiver Wissenschaftler" ist keineswegs abwertend gemeint: Er glaubte, dass jeder Mensch die in seinem Alltagsleben auftretenden Ereignisse ursächlich erklären möchte. Viele der gedanklichen Prozesse, die uns solche Ursachenzuschreibungen ermöglichen, sind Heider zufolge den wissenschaftlichen Methoden zum Auffinden von Ursachen sehr ähnlich – daher das Menschenbild des „naiven Wissenschaftlers".

Attributionstheorien und „naive Theorien". Attributionstheorien sind somit wissenschaftliche Theorien über „naive Theorien"; diese betreffen unsere ursächlichen Analysen der alltäglichen Ereignisse. Es geht in den Attributionstheorien also nicht darum, welche objektiven Ursachen den Ereignissen zugrunde liegen, sondern welchen subjektiven Ursachen wir als „naive Wissenschaftler" sie zuschreiben. – Dies ist eine Parallele zu Lewins phänomenologischem Ansatz: Es ist nicht die objektive Umwelt, die unser Verhalten determiniert, sondern unsere subjektive Wahrnehmung derselben.

Beispiel

Wenn Sie angesichts eines Misserfolgs in einer objektiv zu schwierigen Prüfung (fast niemand besteht die Prüfung) zu dem Schluss gelangen, sie hätten sich nur zu wenig angestrengt, dann werden Sie sich auch entsprechend verhalten: Sie werden sich nicht über die zu schwierigen Fragen beschweren, sondern sich vornehmen, ihre Anstrengungen zu verstärken. Wenn Sie jedoch die zu schwierigen Fragen als Ursache für Ihr schlechtes Abschneiden erkannt haben, werden Sie erwägen, sich beim Prüfer zu beschweren, anstatt Ihre Anstrengungen zu verstärken. – In beiden Fällen führt das gleiche Ereignis in Abhängigkeit von verschiedenen Ursachenzuschreibungen zu verschiedenen Reaktionen.

7.1.2 Warum-Fragen

Ob Sie eine Tageszeitung aufschlagen, die Nachrichten sehen oder einen Krimi lesen – Sie werden bei näherem Hinsehen feststellen, dass Attributionen allgegenwärtig sind. Es gibt z. B. in der Presse fast keinen Artikel, in dem es nicht um Ursachenzuschreibungen geht: Warum ist es zu dem Flugzeugabsturz gekommen? Warum gibt es eine lang anhaltende Trockenperiode? Warum konnte das Gift in die Lebensmittel geraten? Warum eskalierte der Konflikt zwischen Israelis und Palästinensern?

Allerdings lösen nicht alle Arten von Situationen eine Ursachensuche aus: Wenn Sie z. B. Ihr Auto starten und es anspringt oder Sie ein Getränk aus dem Kühlschrank nehmen und feststellen, dass es gut gekühlt ist – dann werden Sie sich kaum jemals fragen, warum dies geschieht. Die Suche nach Ursachen ist überflüssig für solche Situationen, über deren kausale Struktur wir bereits vorgefertigte Annahmen (Schemata) haben. In den genannten Beispielen sähen Sie sich jedoch wahrscheinlich dann zu einer Ursachensuche veranlasst, wenn das Auto nicht anspringt bzw. das Getränk wider Erwarten nicht gekühlt ist.

Weiner (1995) hat die Bedingungen herausgearbeitet, unter denen die Suche nach Attributionen besonders wahrscheinlich ist. Hierzu zählen insbesondere:

- negative Ereignisse (z. B. Sie bestehen eine wichtige Prüfung nicht)
- wichtige Ereignisse (z. B. Sie verlieben sich)
- überraschende Ereignisse (z. B. Ihr Auto springt nicht an).

Nun gibt es eine ganze Reihe von negativen, überraschenden oder wichtigen Ereignissen in unserem Leben und in unserer Umwelt, über deren Ursachen wir gerne mehr wissen würden. Heiders Überlegungen zur „naiven Handlungsanalyse", zur phänomenalen Kausalität und zur Differenzmethode analysieren diesen Verstehensprozess genauer.

7.1.3 Heiders „naive Handlungsanalyse"

Diese Handlungsanalyse ist eine Beschreibung unserer intuitiven Annahmen über das Zusammenwirken von Ursachenfaktoren in Bezug auf angestrebte Handlungsergebnisse. Heider (1958) geht davon aus, dass wir Handlungsergebnisse oder Ereignisse zwei grundsätzlich verschiedenen Faktoren zuschreiben: Faktoren, die in der Person liegen, und Faktoren, die in der Umwelt liegen.

Effektive Kraft der Person und der Situation. In Bezug auf die Ursachen von Handlungen – also Verhaltensweisen, denen eine Intention zugrunde liegt – verwendet Heider die beiden Begriffe „effektive Kraft der Person" und „effektive Kraft der Situation". Beide Faktoren sind additiv miteinander verknüpft und dienen als Oberbegriffe für diverse spezifischere Faktoren, die jeweils einer dieser beiden Kräfte zuzuordnen sind:

$$\text{Handlungsergebnis} = \text{effektive Kraft der Person} + \text{effektive Kraft der Situation}.$$

Die additive Verknüpfung dieser beiden Kräfte ist Heider zufolge deshalb sinnvoll, weil eine Person bisweilen ein Ziel erreichen kann, ohne dass irgendwelche Situationsfaktoren (sei es begünstigend oder hemmend) einwirken, und weil sie umgekehrt unter Umständen auch ein Ziel ohne ihr Zutun erreichen kann, sofern sehr günstige Umweltbedingungen gegeben sind. Für den zweiten Fall nennt Heider das Beispiel eines Ruderers, der allein aufgrund einer günstigen Strömung über einen See gelangt, obwohl er in seinem Boot eingeschlafen ist.

Lokationsdimension. Die Unterscheidung in effektive Person- versus Umweltkraft wird später in den attributionalen Theorien der Motivation wieder aufgegriffen (z. B. Weiner, 1986); sie wird dort als Lokationsdimension bezeichnet: Ursachen von Handlungen oder Effekten können entweder in der Person (internal) oder in der Umwelt (external) lokalisiert sein.

Die effektive Kraft der Person

Motivation und Macht. Heider unterscheidet bei den Personfaktoren Motivation und Macht. Mit Motivation ist zweierlei gemeint: welches Ziel die Person erreichen möchte (welche Intention sie hat) und wie intensiv sie an dem Erreichen dieses Ziels arbeitet (wie viel Anstrengung sie investiert). Der Faktor Macht bezeichnet die körperlichen wie geistigen Fähigkeiten einer Person. Motivation und Macht sind Heider zufolge multiplikativ miteinander verknüpft:

$$\text{Effektive Kraft der Person} = \text{Motivation} \times \text{Macht}.$$

Somit ist die effektive Kraft der Person gleich null, wenn keinerlei Motivation (also keine Intention und keine Anstrengung) vorliegt; das Gleiche gilt, wenn keinerlei Macht oder Fähigkeit vorhanden ist – deshalb sind Motivation und Macht multiplikativ miteinander verknüpft.

Heiders Beispiel des Ruderers, der allein durch günstige Strömungen ans andere Seeufer gelangt, zeigt: Aus welchen Gründen auch immer die effektive Kraft der Person gleich null ist (z. B. wegen ausbleibender eigener Anstrengungen), das Handlungsziel kann unter hinreichend günstigen (situativen) Umständen möglicherweise dennoch erreicht werden.

Stabilitätsdimension. Heider trifft hier eine weitere Unterscheidung, die in der späteren Attributionsforschung aufgegriffen wurde; sie wird dort als Stabilitätsdimension bezeichnet: Intention und Anstrengung als Ursache können über die Zeit hinweg beträchtlich variieren (daher: variable Ursachen). Macht oder Fähigkeit hingegen sind in hohem Maße über die Zeit stabil (daher: stabile Ursachen).

Die effektive Kraft der Situation

Schwierigkeit und Zufall. Nach Heider sind insbesondere (Aufgaben-)Schwierigkeit und Zufall die wichtigsten Umweltfaktoren. Eine Aufgabenschwierigkeit ist z. B. die Stärke einer Strömung, mit der oder gegen die Sie rudern, wenn Sie ein bestimmtes Ziel erreichen wollen. Zufällige Faktoren, z. B. günstige Winde, können dem Erreichen des Handlungsergebnisses förderlich oder hinderlich sein; alltagssprachlich sprechen wir von Glück oder Pech. Auch bei den Umweltkräften gibt es somit stabile versus variable Ursachenfaktoren: Die Aufgabenschwierigkeit gehört eher zu den stabilen Ursachen, zufällige Umstände naturgemäß zu den variablen Ursachen. Zusammenfassend gilt:

$$\text{Effektive Kraft der Situation} = \text{Funktion von Schwierigkeit, Zufall.}$$

Das Konzept des Könnens

Die Schwierigkeit einer Aufgabe und die zufälligen Umstände stehen in einer engen Beziehung zur Fähigkeit der Person: Eine Person wird ein Handlungsergebnis nur dann erreichen können, wenn ihre Fähigkeiten größer sind als die der Zielerreichung entgegenstehenden situativen Faktoren:

$$\text{Können} = (\text{Macht bzw. Fähigkeit}) - (\text{Schwierigkeit, Zufall}).$$

Dies bedeutet: Die Schwierigkeit der Aufgabe darf relativ zu den Fähigkeiten der Person nicht zu groß sein, und auch andere zufällige Umstände dürfen der Zielerreichung nicht in zu hohem Maße entgegenstehen (z. B. plötzliche Krankheit oder ein Unfall). Wenn die Macht oder Fähigkeit einer Person größer ist als alle handlungshemmenden Faktoren zusammen, so spricht Heider von „Können".

Können und Motivation. Heider zufolge kann ein Ziel nur erreicht werden, wenn Können und Motivation vorliegen; beide Faktoren sind wiederum multiplikativ miteinander verknüpft:

$$\text{Erreichen des Handlungsergebnisses} = \text{Motivation} \times \text{Können.}$$

Soweit wir Heiders Überlegungen bislang betrachtet haben, betreffen diese unsere alltäglichen Annahmen über das Zusammenwirken von möglichen Ursachen von Handlungsergebnissen. Damit ist noch nichts darüber gesagt, wie wir zu Schlussfolgerungen über die Anwesenheit oder Abwesenheit der vier wichtigsten von Heider genannten Ursachen (Anstrengung, Fähigkeit, Aufgabenschwierigkeit, Zufall) kommen. Heider griff hierzu auf gestaltpsychologische Prinzipien zur phänomenalen Kausalität zurück. Des Weiteren führte er die von dem Philosophen

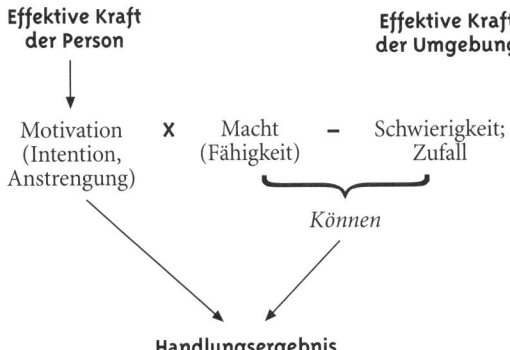

Effektive Kraft der Person

Effektive Kraft der Umgebung

Motivation (Intention, Anstrengung) **X** Macht (Fähigkeit) **−** Schwierigkeit; Zufall

Können

Handlungsergebnis

Abbildung 7.1 Heider beschreibt in seiner naiven Handlungsanalyse, welche Ursachen das Erreichen eines Handlunsgergebnisses beeinflussen. Dabei wirken Personfaktoren (Motivation und Macht) und Umweltfaktoren (Schwierigkeit und Zufall) zusammen

John Stuart Mill (1872) beschriebene Differenzmethode in die Psychologie ein. Betrachten wir diese beiden Ansätze im Folgenden etwas genauer.

7.1.4 Das Konzept der phänomenalen Kausalität

Definition

Als phänomenale Kausalität bezeichnet Heider die von einer Person anschaulich wahrgenommenen Verursachungszusammenhänge.

Heider (1958) nimmt an, dass dabei
(1) subjektiv insbesondere Personen und deren Motiven eine besondere Bedeutung als „Ursprünge für Ursachen" zukommt,
(2) die gestaltpsychologischen Prinzipien der Ähnlichkeit und Nähe für unsere kausale Wahrnehmung bedeutsam sind.

Diese Annahmen lassen sich am besten anhand einer experimentellen Demonstration von Heider und Simmel (1944) illustrieren. Hierbei sahen die Probanden einen kurzen Film, bei dem sich eine Reihe von geometrischen Figuren (ein großes Dreieck, ein kleines Dreieck und ein Kreis) über die Leinwand bewegten; ferner gab es ein größeres Rechteck, bei dem sich eine Klappe öffnen und schließen konnte (siehe Abb. 7.2). Die Probanden interpretierten die Bewegungen der geometrischen Figuren nahezu immer als Ausdruck der Intentionen und Handlungen von Personen.

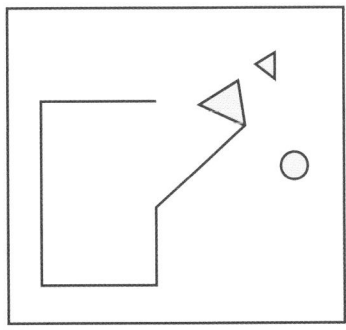

Abbildung 7.2 Experimentelle Demonstration von Heider und Simmel (1944): Die Probanden beschrieben den Film so, als ob es sich um Personen handle. Eine geometrische Figur würde vor den anderen fliehen, die anderen Figuren die eine Figur verfolgen oder jagen, oder eine der Figuren würde in dem Rechteck Zuflucht suchen

Heider zufolge hat eine solche Interpretation des Wahrgenommenen in Form von Meinungen, Wünschen, Motiven und Absichten viele Vorteile; insbesondere ermöglicht sie die Organisation einer Vielzahl einzelner Beobachtungen zu einem sinnvollen Ganzen (vgl. Lück, 2006).

7.1.5 Die Differenzmethode

Bei der Frage, wie wir Kausalität entdecken können, kommen nicht nur gestaltpsychologische Prinzipien zum Tragen. Heider (1958) griff hierzu insbesondere auf die Arbeiten des Philosophen John Stuart Mill (1806–1873) und die von ihm beschriebene Differenzmethode zurück. Diese Methode wird Heider zufolge auch bei Ursachenzuschreibungen von Seiten des naiven Wissenschaftlers angewandt.

Die Differenzmethode erfordert die Beobachtung von Veränderungen (Differenzen). Vereinfacht gesagt, prüfen wir, welche möglichen Umstände bei der Hervorbringung eines zu erklärenden Effekts einen entscheidenden Unterschied machen. Die beobachteten Veränderungen betreffen die Zusammenhänge zwischen vorhergehenden Bedingungen als möglichen Ursachen und dem nachfolgenden Effekt (den es zu erklären gilt).

Kovariation von Ursache und Effekt. Betrachten wir zunächst die kompliziert klingende Formulierung der Differenzmethode nach Heider (1958), um diese dann anhand von Beispielen zu illustrieren: „Diejenige Gegebenheit wird für einen Effekt als verantwortlich angesehen, die vorhanden ist, wenn der Effekt vorhanden ist, und die nicht vorhanden ist, wenn der Effekt nicht vorhanden ist."

Stellen Sie sich z. B. vor, Fritz freut sich (zu erklärender Effekt). Für die Ursache der Freude muss nach diesem Prinzip zweierlei gelten: (1) Die Ursache ist vorhanden, wenn Fritz sich freut. (2) Wenn Fritz sich nicht freut, dann ist die Ursache nicht vorhanden.

Dieses gemeinsame Auftreten und Ausbleiben von Ursache und Effekt kann wird auch als Kovariation bezeichnet: Effekt und mögliche Ursache müssen, damit eine bestimmte Gegebenheit tatsächlich als Ursache identifiziert werden kann, immer gemeinsam auftreten und gemeinsam ausbleiben, also kovariieren. Die Variation der möglichen Ursache (anwesend versus nicht anwesend) muss also notwendigerweise auch die entsprechende Variation des Effektes zur Folge haben. Wenn z. B. die Freude von Fritz auf eine gute Note im Studium zurückzuführen ist, dann wird (1) Fritz sich immer freuen, wenn er eine gute Note bekommen hat, und (2) er wird keine gute Note bekommen haben, wenn er sich nicht freut.

Sie können diese Methode auf beliebige Sachverhalte anwenden: Stellen Sie sich vor, Sie haben zu bestimmten Zeiten Heuschnupfen. Dieser Effekt kann nur auf diejenigen Gegebenheiten zurückgeführt werden, die mit dem Auftreten des Effektes kovariieren. Dies bedeutet, wenn Sie gegen Birkenpollen allergisch sind, so müssen die Birken in Ihrer Nähe immer dann blühen, wenn Sie Heuschnupfen haben; wenn Sie hingegen keinen Heuschnupfen haben, so dürfen auch keine Birkenpollen in der Luft sein.

Aufgrund der weiteren Ausarbeitung der Differenzmethode durch Kelley (z. B. 1969) werden wir diese in Zusammenhang mit dessen Kovariationsprinzip wieder aufgreifen (siehe 7.2.1).

7.1.6 Anstrengung, Fähigkeit und Aufgabenschwierigkeit

Welchen praktischen Nutzen hat die Differenzmethode für den naiven Wissenschaftler? Heider (1958) macht auf zwei Sachverhalte aufmerksam:

(1) Oft ist es wichtig für uns, etwas über unsere eigenen Fähigkeiten oder auch über die Fähigkeiten anderer zu erfahren.

(2) In vielen alltägliche Situationen möchten wir wissen, wie sehr wir uns anstrengen müssen, um ein Ziel zu erreichen.

Nach Heiders Auffassung ermöglicht uns unser Wissen um das Zusammenspiel von Ursachenfaktoren, zu Fähigkeitsinferenzen zu gelangen und Anstrengungskalkulationen vorzunehmen.

Anstrengungskalkulation

Heider formulierte unsere alltäglichen Annahmen hierzu in Form einer Gleichung:

$$\text{Anstrengung} = \text{Schwierigkeit} : \text{Fähigkeit}.$$

Demzufolge wird die zur Zielerreichung notwendige Anstrengung umso größer ausfallen müssen, je schwieriger die Aufgabe und je geringer die Fähigkeit der betreffenden Person sind. Betrachten wir zwei Extrembeispiele und nehmen wir hierzu an, dass Schwierigkeit (S), Anstrengung (A) und Fähigkeit (F) zwischen 1 und 10 variieren können. Bei sehr hoher Aufgabenschwierigkeit ($S = 10$) und geringer Fähigkeit ($F = 1$) ergibt sich für die Anstrengung der Maximalwert ($A = 10$), bei sehr leichten Aufgaben ($S = 1$) und sehr hoher Fähigkeit ($F = 10$) der Minimalwert ($A = 0.1$). Aus der Gleichung folgt z. B. auch, dass bei konstanter Aufgabenschwierigkeit diejenige Person mehr Anstrengung aufwenden muss, die die geringere Fähigkeit hat.

Fähigkeitsinferenzen

Die entsprechenden Schlussfolgerungen (Inferenzen) über Fähigkeiten ergeben sich aus einer einfachen Transformation der bereits bekannten Gleichung:

$$\text{Fähigkeit} = \text{Schwierigkeit} : \text{Anstrengung}.$$

Demzufolge wird die Fähigkeit einer Person umso höher eingeschätzt, je weniger sie sich bei einer gegebenen Aufgabenschwierigkeit anstrengen muss. Hierzu wiederum die beiden Extrembeispiele: Wird eine Aufgabe bei höchster Schwierigkeit ($S = 10$) und geringster Anstrengung ($A = 1$) gelöst, so ist die Fähigkeit maximal ($F = 10$); wird sie umgekehrt bei geringster Schwierigkeit ($S = 1$) nur bei äußerster Anstrengung ($A = 10$) gelöst, ist die Fähigkeit minimal ($F = 0.1$).

Anstrengungskalkulation versus Fähigkeitsinferenzen

Hierbei haben wir es mit zwei ganz unterschiedlichen Arten von Schlussfolgerungen zu tun: Bei der Anstrengungskalkulation richten sich die Überlegungen auf eine voraussichtlich aufzubringende Anstrengung, bevor eine neue Aufgabe in Angriff genommen wird; hierbei werden (Vor-)Erfahrungen und/oder Wissen von eigenen Fähigkeiten und der zu erwartenden Schwierigkeit der Aufgabe in Rechnung gestellt. Die Anstrengungskalkulation dient überdies der flexiblen Anpassung eines in hohem Maße variablen Ursachenfaktors (der eigenen Anstrengung).

Dagegen erfolgen Fähigkeitsinferenzen, nachdem ein Handlungsergebnis erzielt wurde, und zwar unter Einbeziehung wahrgenommener Anstrengung und Aufgabenschwierigkeit. Weiterhin stellt die Fähigkeitsinferenz eine Schlussfolgerung über ein stabiles Merkmal einer Person dar.

Die Schlussfolgerung über stabile versus variable Personmerkmale ist in Zusammenhang mit dem Menschenbild der Attributionstheorie besonders wichtig, denn gerade Inferenzen über stabile Personmerkmale erlauben die Vorhersage und Kontrolle zukünftiger Ereignisse.

7.1.7 Das Erschließen von Absichten

Dies gilt auch für das Erschließen von Handlungsabsichten, weil sie Auskunft darüber geben, was eine Person in Zukunft tun wird: Eine Absicht ist ein überdauernder Zustand einer Person (eine Disposition), die auch in verschiedenen Situationen ihr Verhalten bestimmen wird. Heider (1958) spricht in diesem Zusammenhang von „persönlicher Kausalität". Diese ist dann gegeben, wenn eine Person eine Handlung absichtlich ausführt oder ein bestimmtes Handlungsergebnis (einen Effekt) absichtlich verursacht.

Äquifinalität. Ein wichtiges Kriterium für die Zuschreibung von Absichten ist das Vorliegen von Äquifinalität: Damit bezeichnet Heider den Sachverhalt, dass eine Person mit verschiedenen Mitteln ein Ziel zu erreichen versucht; er spricht hier auch von der Invarianz des Ziels und Variabilität der Mittel (siehe Abb. 7.3). Wenn also z. B. eine Person einer anderen Person helfen will, so wird sie dieses Ziel mit unterschiedlichen Mitteln verfolgen und wird dies auch tun, bis die beabsichtigte Hilfe ein befriedigendes Ausmaß erreicht hat.

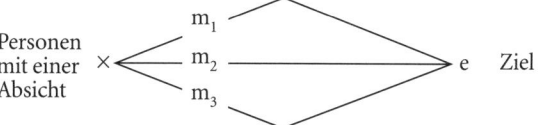

Abbildung 7.3 Das Konzept Äquifinalität bezeichnet den Sachverhalt, dass ein und dasselbe Ziel mit unterschiedlichen Mitteln und auf verschiedenen Wegen erreicht werden soll

Multifinalität. Im Gegensatz dazu liegen Multifinalität und nichtpersönliche Kausalität dann vor, wenn ganz verschiedene Situationen oder Umstände zu ganz verschiedenen Effekten führen. Wenn Sie z. B. einer anderen Person unbeabsichtigt geschadet haben, werden Sie nicht andere Mittel suchen, den gleichen Effekt zu erzielen, sondern den Schaden wiedergutmachen oder andere Ziele verfolgen (Multifinalität). Heider (1958) beschreibt diesen Sachverhalt folgendermaßen: „Wenn ich von einer Gefahr aus einer nicht-persönlichen Quelle bedroht werde, dann brauche ich im Allgemeinen nur die Bedingungen zu verändern, um der Gefahr zu entgehen. Wenn ich auf einem Berg von fallenden Steinen bedroht bin, dann kann ich mich aus der Gefahrenzone begeben und Schutz suchen. […] Die Steine werden ihren Weg nicht ändern, um mich hinter dem Schutz zu finden. Wenn mich jedoch eine Person mit einem Stein treffen will und sie schneller laufen kann als ich, dann bin ich der Gefahr, getroffen zu werden, in viel größerem Maße ausgesetzt." (S. 101)

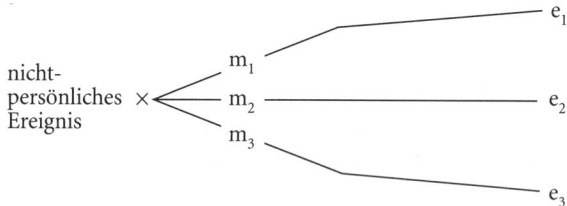

Abbildung 7.4 Multifinalität bezeichnet den Sachverhalt, dass Verhalten nicht etwa einem, sondern verschiedenen Zielen dient

Verwendung des Attributionsbegriffs

Der Begriff der Attribution wird in Heiders Theorie recht uneinheitlich verwendet (siehe Eimer, 1987); daher hier ein kurzer Überblick über die verschiedenen Bedeutungen. Mit dem Begriff „Attributionen" bezeichnet Heider:

(1) Eigenschaftszuschreibungen von Objekten (wenn ich sage, ein Objekt habe diese oder jene Eigenschaft)

(2) objektive Kausalzuschreibungen (wenn ich bestimmte Gegebenheiten als Ursachen ansehe, andere Gegebenheiten als deren Effekte)

(3) interpersonale Kausalzuschreibungen (wenn ich sage, dass eine Person eine bestimmte Handlung ausführt, um ein Ziel zu erreichen).

7.2 Kovariation und kausale Schemata

Harold Kelley (1967, 1973) hat die Ideen Heiders weiterentwickelt: Zum einen griff er die Differenzmethode auf und wandte sie systematisch auf menschliches Verhalten in verschiedenen Situationen an, um empirisch überprüfbar vorherzusagen, wie Personen aufgrund mehrfacher Beobachtungen ihrer Umwelt zu Attributionen gelangen. Hierzu formulierte er das sogenannte Kovariationsprinzip. Zum anderen nahm er in Anlehnung an das Konzept der phänomenalen Kausalität an, dass eine Reihe von kausalen Schemata angewandt werden, wenn solche mehrfachen Beobachtungen nicht möglich sind und wir auf einzelne Beobachtungen eines Effektes angewiesen sind.

7.2.1 Das Kovariationsprinzip

Wenn Ihnen etwas nicht gelingt, so macht es einen Unterschied, ob es viele oder wenige andere Personen gibt, die bei dem gleichen Unterfangen scheitern. Es macht auch einen Unterschied, ob Ihnen andere Dinge auch nicht gelingen. Weiterhin werden Sie sich fragen, ob Sie bei ähnlichen Unterfangen früher erfolgreich waren oder nicht. Kelleys Kovariationsprinzip systematisiert die Prozesse, aufgrund deren wir anhand solcher Informationen zu Ursachenzuschreibungen gelangen, und erlaubt Rückschlüsse, wann wir einen Effekt auf die Person, auf Merkmale der Situation oder auf Zufall zurückführen. Im Rückgriff auf die Differenzmethode formuliert Kelley (1973) dieses generelle Prinzip folgendermaßen: „Ein Effekt wird derjenigen seiner möglichen Ursachen zugeschrieben, mit der er, über die Zeit hinweg, kovariiert." (S. 108).

Ursachen als unabhängige, Effekte als abhängige Variablen. Kelley (1973) betrachtet die möglichen Ursachen eines Effekts als unabhängige Variablen, von denen wir gerne wüssten, ob sie einen (kausalen) Einfluss auf den zu erklärenden Effekt ausüben. Der Effekt selbst hat somit den Status einer abhängigen Variablen; und wir beobachten, ob sich der betreffende Effekt ebenfalls ändert, wenn sich die möglichen Ursachen ändern. Zum Auffinden einer Ursache sind also mehrere Beobachtungen notwendig.

Weiterhin unterscheidet Kelley (1973) drei Klassen von Informationen, anhand deren die Ursachen eines Effektes oder eines Ereignisses bestimmt werden können: Konsensus, Distinktheit und Konsistenz. Anhand dieser sogenannten Kovariationsinformationen ist es möglich, einen Effekt auf Merkmale der Person, der Entität (etwa mit Situation gleichzusetzen) oder auf Zufall zurückzuführen. Wir unterscheiden also einerseits die Informationen, die kausale Schlussfolgerungen ermöglichen (im Folgenden als Kovariationsinformationen bezeichnet), und andererseits die kausalen Schlüsse selbst, die bei Vorliegen dieser Kovariationsinformationen möglich sind.

Kovariationsinformationen

Wir betrachten die Kovariationsinformationen anhand eines Beispiels; nehmen wir an, ein bestimmter Schüler (Fritz) habe eine Klassenarbeit nicht bestanden.

Konsensusinformation. Diese Informationsklasse gibt an, inwieweit ein Effekt über verschiedene Personen variiert. Konsensusinformation lässt sich auch als die relative Häufigkeit ansehen, mit der ein Effekt nicht nur von einer bestimmten Person, sondern auch von anderen Personen erzielt oder erlebt wird – inwieweit also ein Effekt über verschiedene Personen generalisierbar ist oder nicht.

Hierbei sind zwei Extremfälle denkbar: Hoher Konsensus bedeutet, dass ein Effekt bei vielen oder sogar allen Personen auftritt; im letzten Fall liegt keine Kovariation des Effektes mit einer bestimmten Person vor. In unserem Beispiel hieße dies, auch alle anderen Schüler der Schulklasse bestehen diese Klassenarbeit nicht. Bei niedrigem Konsensus dagegen tritt der Effekt nur bei wenigen oder keiner anderen Person auf; im letzten Fall kovariiert der Effekt ganz eindeutig mit der Person. In unserem Beispiel hieße dies, nur Fritz und niemand sonst besteht diese Klassenarbeit nicht.

Distinktheitsinformation. Die Distinktheitsinformation gibt an, ob eine Person einen bestimmten Effekt nur in einer Entität (z. B. bei einer Aufgabenart) erzielt oder aber bei vielen Entitäten. (Distinktheit bedeutet hier also so viel wie Spezifität.) Anders gesagt, sie gibt die relative Häufigkeit an, mit der eine Person einen bestimmten Effekt auch bei anderen Entitäten erzielt oder erlebt.

Wiederum sind zwei Extremfälle denkbar: Bei maximaler Distinktheit ist ein Effekt für eine Entität, etwa eine bestimmte Aufgabe spezifisch; der Effekt kovariiert eindeutig mit dem Aufgabentyp. Dies wäre z. B. dann der Fall, wenn Fritz nur in der Mathematikarbeit Misserfolg hat, nicht aber in anderen Fächern. Bei minimaler Distinktheit dagegen ist ein Effekt völlig unspezifisch; es liegt keine Kovariation zwischen Effekt und Aufgabentyp vor. Dies bedeutet also, dass Fritz nicht nur in Mathematik, sondern auch in allen anderen Fächern ebenso Misserfolg hat.

Konsistenzinformation. Die Konsistenzinformation gibt an, ob ein Effekt nur zu einem bestimmten Zeitpunkt auftritt oder aber zu vielen verschiedenen Zeitpunkten. Sie gibt also die relative Häufigkeit an, mit der ein Effekt über verschiedene Zeitpunkte erfolgt. Bei hoher Konsistenz liegt keine Kovariation zwischen Effekt und Zeitpunkt vor. Dies wäre z. B. dann der Fall, wenn Fritz in Mathematik immer wieder Misserfolg hat. Bei niedriger Konsistenz ist dagegen eine Kovariation zwischen Effekt und Zeitpunkt gegeben. Dies bedeutete im Extremfall, dass Fritz nur zu einem einzigen Zeitpunkt in einer Mathematikarbeit Misserfolg hat.

Zu Kelleys Terminologie. Zu beachten ist hierbei, dass die von Kelley gewählte Bezeichnung der Informationsklassen oft Verwirrung stiftet: Während Konsensus- und Konsistenzinformation angeben, inwieweit ein Effekt über verschiedene Personen bzw. über verschiedene Zeitpunkte generalisiert, gibt Distinktheitsinformation an, inwiefern ein Effekt für eine Entität (Situation) spezifisch ist. Diese Terminologie führt dazu, dass hoher Konsensus und hohe Konsistenz eine

Generalisierung über viele verschiedene Personen bzw. Zeitpunkte beinhalten. Im Gegensatz dazu bedeutet hohe Distinktheit (Spezifität), dass ein Effekt nur bei einer Entität auftritt.

Kovariationsinformationen im Alltag. Eine Ursachenzuschreibung mit Hilfe dieser drei Informationsklassen erfordert also, Beobachtungen eines Effektes bei mehreren Personen, in verschiedenen Situationen und zu verschiedenen Zeitpunkten machen zu können. Es mag auf den ersten Blick unwahrscheinlich erscheinen, dass dies in Alltagssituationen oft vorkommt. Das Beispiel von Fritz und der Klassenarbeit zeigt jedoch, wie alltäglich solche Informationen etwa aus der Perspektive eines Lehrers sind: Dieser beurteilt viele Schüler einer Klasse bei verschiedenen Aufgaben über längere Zeiträume. Damit hat er Informationen über mehrere Schüler (Konsensus), bei verschiedenen Aufgabenarten (Distinktheit) und zu verschiedenen Zeitpunkten (Konsistenz). Ähnlich verhält es sich etwa auch bei einer Führungskraft mit mehreren Mitarbeitern oder bei einem Arzt, der die Wirkung eines Medikaments bei verschiedenen Patienten und mit unterschiedlichen Krankheitsbildern betrachtet. Diese Liste von Beispielen ließe sich beliebig fortführen.

Kausale Schlüsse aus Kovariationsinformationen

Kelley unterscheidet drei Arten von Attributionen, die anhand bestimmter Muster von Kovariationsinformationen ermöglicht werden: Attributionen auf die Person, auf die Entität und auf Zufall. Bezogen auf unser Beispiel für einen zu erklärenden Effekt bedeutet dies, dass bestimmte Ausprägungen von Konsensus, Distinktheit und Konsistenz den Schluss erlauben, dass dieser Misserfolg entweder auf Fritz, auf die Aufgabenart oder auf Zufall zurückzuführen ist.

Zu beachten ist hierbei, dass es nicht nur diese drei idealtypischen Informationsmuster gibt, sondern auch weitere Kombinationen zwischen den Informationsklassen, und dass die jeweiligen Informationsklassen nicht nur die Ausprägungen „hoch" und „niedrig" annehmen, sondern beliebige relative Häufigkeiten zwischen 0 und 1. Wir betrachten hier der Einfachheit halber jedoch nur diese idealtypischen Ausprägungen (siehe Übersicht).

Übersicht

Informationsmuster und Attributionen (nach Kelley, 1967)

Attribution auf:	Kovariationsinformation			Kovariation zwischen Effekt und ...
	Konsensus	Distinktheit	Konsistenz	
... Person	niedrig	niedrig	hoch	... Person
... Entität	hoch	hoch	hoch	... Entität
... Zufall	niedrig	hoch	niedrig	... Person, Entität und Zeitpunkt

Personattribution. Hierbei kovariiert der Effekt nur mit der Person, während es keinen Unterschied macht, welche Situationen und Zeitpunkte man betrachtet. In diesem Fall ist Fritz die einzige Person, die einen Misserfolg hat (Konsensus niedrig), er hat Misserfolge bei vielen Aufgabenarten (niedrige Distinktheit) und zu vielen Zeitpunkten (hohe Konsistenz).

Attribution auf die Entität. Hierbei kovariiert der Effekt mit der Entität (Situation), während es keinerlei Unterschied macht, welche Personen oder Zeitpunkte betrachtet werden. In diesem

Fall (z. B. zu hohe Aufgabenschwierigkeit) hat nicht nur Fritz Misserfolg, sondern auch alle anderen Personen (Konsensus hoch), Fritz hat nur bei dieser Aufgabe Misserfolg (Distinktheit hoch), und bei dieser Aufgabe hat Fritz immer Misserfolg (Konsistenz hoch).

Übersicht

Attribution auf:	Kovariationsinformation		Kovariation zwischen Effekt und ...
	Konsensus	Distinktheit	
... Person	niedrig	niedrig	... Person
... Entität	hoch	hoch	... Entität

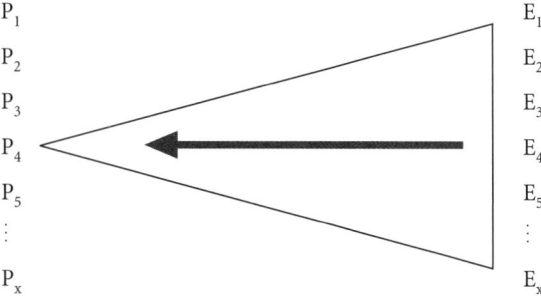

Abbildung 7.5 Ein durch niedrigen Konsensus und niedrige Distinktheit gekennzeichnetes Informationsmuster: Nur eine Person erzielt einen bestimmten Effekt, dies jedoch bezüglich aller verfügbaren Entitäten. Eine Merkhilfe bei dieser Illustration besteht darin, dass das entstehende Dreieck wie mit einer Pfeilspitze auf die wahrgenommene Ursache des Ereignisses zeigt, nämlich auf die betreffende Person (zurückgehend auf eine Idee von Roger Brown; siehe Brown & Fish, 1983)

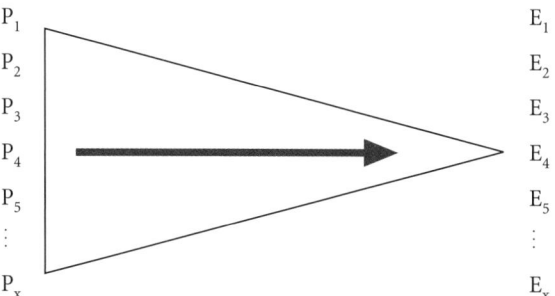

Abbildung 7.6 Das genau umgekehrte Kovariationsmuster, nämlich hoher Konsensus und hohe Distinktheit: In diesem Fall erzielen alle Personen einen bestimmten Effekt, dies jedoch nur in Bezug auf eine bestimmte Entität. Wiederum weist die Dreiecksspitze in Form eines Pfeils auf die wahrgenommene Ursache, nämlich in diesem Fall die fragliche Entität, bei der alle Personen diesen Effekt erzielen

Attribution auf Zufall. Hierbei kovariiert der Effekt mit der Person, der Situation und dem Zeitpunkt. In diesem Fall hat Fritz als einzige Person Misserfolg (Konsensus niedrig), und zwar nur bei einer Entität (Distinktheit hoch) und zu einem Zeitpunkt (Konsistenz niedrig). Ein Musterbeispiel dafür ist auch ein Sechser im Lotto.

Die Besonderheit bei der Zufallsattribution, dass der Effekt mit allen Arten von Ursachenfaktoren kovariiert (vgl. Grimm, 1979), ist insofern plausibel, als dies nichts anderes bedeutet, als dass wir eben nicht wissen, auf welche der möglichen Ursachen ein Effekt zurückzuführen ist.

Vor dem Hintergrund des Menschenbildes der Attributionstheorie ist die Zufallsattribution uninteressant, denn sie erlaubt es gerade nicht, uns selbst und unsere Umwelt besser zu verstehen und vorherzusagen. Vielmehr ist es relevant, entscheiden zu können, ob ein bestimmtes Ereignis eher einer Person (bzw. ihrem Verhalten oder ihren Eigenschaften) oder der Situation (den Umständen) zuzuschreiben ist.

7.2.2 Kausale Schemata

In vielen alltäglichen Situationen mag eine Analyse von Kovariationsinformationen aufwendig erscheinen oder sind diese Informationen möglicherweise nicht verfügbar. Man denke z. B. an einen Lehrer, der am Anfang des Schuljahres seine Schüler noch nicht kennt, oder an einen Manager, der die Fähigkeiten seines Mitarbeiters nur in einem bestimmten Bereich gut kennt. Kelley (1972) zufolge können Ursachenzuschreibungen auch anhand einmaliger Beobachtungen eines Effektes vorgenommen werden. Dazu dienen bestimmte Schemata in Form verallgemeinerter Konzepte über das Zusammenwirken von zwei oder mehreren möglichen Ursachen. Zwei davon seien hier kurz beschrieben (Kelley, 1973, postulierte eine weitaus größere Zahl).

Schema der multiplen notwendigen Ursachen. Nehmen wir an, dass es für einen Effekt zwei mögliche Ursachen gibt: Wenn z. B. eine Person in einer Prüfung Erfolg hat, so kann dies auf ihre hinreichende Anstrengung oder ihre Fähigkeit zurückgehen. Dann kann man auf das Schema der multiplen notwendigen Ursachen zurückgreifen, dem zufolge mehrere Ursachen vorhanden sein müssen, damit der Effekt eintreten kann. Dieses Kausalschema ist insbesondere bei einer schwierigen Aufgabe anzuwenden: Dabei müssen Anstrengung und Fähigkeit gegeben sein, um den beabsichtigten Effekt (Erfolg) zu erreichen.

Schema der multiplen hinreichenden Ursachen. Bei leichten Aufgaben kann man das Schema der multiplen hinreichenden Ursachen anwenden, dem zufolge eine Ursache ausreicht, damit der Effekt eintreten kann. In unserem Beispiel genügt es daher, wenn entweder Anstrengung oder Fähigkeit vorhanden sind. Typischerweise wird das Schema der multiplen hinreichenden Ursachen auch bei erwarteten oder normalen Ereignissen angewendet, das Schema der multiplen notwendigen Ursachen dagegen bei außergewöhnlichen oder extremen Ereignissen.

7.3 Die Grenzen des „naiven Wissenschaftlers"

Kelleys Kovariationsprinzip ist ein normatives Modell, das vorhersagt, aufgrund welcher wahrgenommener Informationsmuster bestimmte Attributionen resultieren. Dieses Modell wurde in neuerer Zeit vielfach weiterentwickelt und erweitert (siehe z. B. Cheng & Novick, 1990). Diesen Arbeiten liegt die gemeinsame Annahme zugrunde, dass die für die Ursachenanalyse verfügbaren Informationen in rationaler Weise und unvoreingenommen verarbeitet werden. Der naive Wissenschaftler ist jedoch nicht unbedingt immer unvoreingenommen. Zahlreiche Forschungsarbeiten haben sich daher mit der Frage beschäftigt, welche Fehler oder Verzerrungen dem naiven Wissenschaftler bei seiner Ursachensuche unterlaufen. Im Folgenden wird einer dieser Attributionsfehler behandelt.

7.3.1 Zur Selbstwertdienlichkeit von Attributionen

Ob wir nach einem Misserfolg oder Erfolg die Ursachen dafür uns selbst oder den Umständen zuschreiben, wirkt sich auf unseren Selbstwert aus: Wenn wir einen Misserfolg auf widrige Umstände zurückführen, beeinträchtigt dies unseren Selbstwert weniger, als wenn wir den Fehler bei uns selbst suchen; umgekehrt bestärkt es den Selbstwert, wenn wir einen Erfolg auf unsere eigene Leistung zurückführen und nicht auf günstige Umstände. Individuen könnten also (entgegen dem attributionstheoretischen Menschenbild) motiviert sein, statt realistischer eher selbstwertdienliche Ursachenzuschreibungen zu bevorzugen.

Solche Auswirkungen der Selbstwertdienlichkeit von Attributionen sind nachgewiesen worden. So neigen z. B. Lehrer dazu, Erfolge ihrer Schüler mit der Qualität des eigenen Unterrichtes zu erklären, während entsprechende Misserfolge eher auf geringe Fähigkeiten oder geringe Anstrengungen der Schüler zurückgeführt werden (Beckman, 1970). In ähnlicher Weise sehen Politiker in Wahlsiegen gern ihren persönlichen Erfolg und schieben Wahlniederlagen auf die eigene Partei oder andere Einflüsse (Kingdon, 1967).

Zahlreiche Untersuchungsergebnisse zeigen jedoch, dass Selbstwertdienlichkeit zwar Ursachenzuschreibungen beeinflusst, aber dabei eine geringere Rolle spielt als die Kovariationsinformationen (vgl. z. B. Miller & Ross, 1975; Zuckerman, 1979). Während sich in Studien zur Wirkung von Kovariationsinformationen auf Attributionen in aller Regel eine Varianzaufklärung zwischen 60 und 80 Prozent zeigt (siehe z. B. McArthur, 1972; Rudolph & Försterling, 1998), liegt die Varianzaufklärung durch den Faktor Selbstwertdienlichkeit in aller Regel bei weitem niedriger (vgl. Bradley, 1978).

Motivation oder Informationsverarbeitung?

Sind es tatsächlich motivierte Fehlinterpretationen, die die Selbstwertdienlichkeit von Attributionen hervorbringen, oder handelt es sich vielleicht doch um ein durchaus realistisches Abwägen der verfügbaren Information?

Eine Reihe von Umständen spricht für die zweite Alternative: So erscheint es plausibel, dass Personen, die eine Aufgabe beginnen, in aller Regel Erfolg erwarten und auch glauben, die notwendigen Fähigkeiten zu besitzen. Nach einer erfolgreichen Aufgabenbearbeitung führt man also das Ergebnis auf die eigene Person zurück, weil man die eigenen Ausgangsannahmen bestätigt sieht – und nicht etwa, um dem eigenen Selbstwert zu schmeicheln. Im Falle eines unerwarteten Misserfolgs hingegen kann es unangemessen sein, die eigenen Fähigkeiten sogleich in Frage zu stellen – stattdessen hat die Person oftmals gute Gründe, nach anderen Faktoren Ausschau halten, die das erwartete Handlungsergebnis verhindert haben. Auch in diesem Falle hätte die scheinbar selbstwertmotivierte Ursachenschreibung keine motivationalen Gründe, sondern würde auf der kognitiven Interpretation der jeweiligen Situation beruhen.

Bislang liegen keine Studien vor, die es erlauben würden, zwischen motivationalen und kognitiven Erklärungsansätzen für die Selbstwertdienlichkeit von Attributionen zu unterscheiden. Abschließend sei auf ein methodisches Problem entsprechender Experimente hingewiesen: Es ist oftmals schwierig, überhaupt einzuschätzen, ob die Versuchspersonen die selbstwertdienlichen Ursachenzuschreibungen nur dem Experimentator mitteilen – um einer positiven Selbstdarstellung gegenüber anderen willen – oder ob sie tatsächlich in dieser Weise attribuieren. Es wäre ja auch denkbar, dass die Probanden zwar motiviert sind, sich selbst bei anderen Personen (etwa dem Versuchsleiter) in einem positiven Licht darzustellen, aber durchaus um die wahren Ursachen der eigenen Leistungsergebnisse wissen und diese nur nicht mitteilen wollen.

7.4 Implizite Kausalität in der Sprache

Der vorliegende Abschnitt ist ein Beispiel für eine Anwendung dessen, was Sie bislang über Attributionstheorien gelernt haben. Zudem soll illustriert werden, wie allgegenwärtig und leicht zugänglich kausale Informationen tatsächlich sind. Dazu betrachten wir ein Phänomen, das als „implizite Kausalität in Sprache" bezeichnet wird.

7.4.1 Sprache und „implizite Ursachen"

Um zu verdeutlichen, was mit diesem Phänomen gemeint ist, betrachten wir hier zunächst ein Beispiel.

> Satz 1: Michael bewundert Peter, weil er so klug ist.

Was würden Sie auf die Frage antworten, welche der beiden Personen klug ist? Offensichtlich ist hier Peter derjenige, der bewundert wird, weil er klug ist. Dies ist bereits eine kausale Schlussfolgerung, denn die Klugheit von Peter wird als Ursache dafür angesehen, dass er von Michael bewundert wird. Nahezu unmöglich erscheint dagegen die umgekehrte Interpretation, dass es Michaels Klugheit ist, die ihn dazu bewegt, Peter zu bewundern. Betrachten Sie nun den folgenden Satz; wir tauschen lediglich das Verb aus:

> Satz 2: Michael überrascht Peter, weil er so klug ist.

Was würden Sie nun auf die Frage antworten, wer von den beiden klug ist? Die naheliegendste Interpretation ist in diesem Fall eine ganz andere als beim ersten Satz: Offensichtlich ist Peter deshalb überrascht, weil er mit Michaels Klugheit nicht gerechnet hat. Wiederum enthält diese Schlussfolgerung eine Ursachenzuschreibung, da in diesem Fall Michaels Klugheit als Ursache für Peters Überraschung angesehen wird.

Obwohl die beiden Sätze bis auf das verwendete Verb identisch sind, gelangen wir zu ganz verschiedenen Schlussfolgerungen über die jeweiligen Ursachen. Weiterhin sind diese Ursachenzuschreibungen in den genannten Beispielen nicht explizit erwähnt – es handelt sich vielmehr um minimale Beschreibungen zwischenmenschlicher Ereignisse, in denen nicht explizit festgelegt ist, welche der beiden Personen den Effekt (Bewunderung, Überraschung) verursacht hat.

Brown und Fish (1983) haben dieses Phänomen als implizite Kausalität in Sprache bezeichnet. Dieses Phänomen ist aus mehreren Gründen besonders interessant:

► Bereits Fritz Heider (1958) hatte Überlegungen zum Zusammenhang von Sprache und wahrgenommener Kausalität angestellt – ohne allerdings die von ihm gefundenen Zusammenhänge schlüssig systematisieren zu können.

► Das sprachliche Phänomen tritt in Zusammenhang mit sogenannten interpersonalen Verben auf, also Verben wie lieben, hassen, helfen, bewundern, überraschen, trösten oder beleidigen. Die interpersonalen Verben sind unser einziges Mittel, Beziehungen, Handlungen oder Vorgänge zwischen Menschen zu beschreiben, und es gibt sie in allen Sprachen der Welt: Es handelt sich also um ein universelles Phänomen.

► Das Phänomen wird als „implizite Kausalität in Sprache" bezeichnet, weil explizite Informationen über die Verursachung des (zwischenmenschlichen) Ereignisses gar nicht genannt werden.

7.4.2 Erklärungen der impliziten Kausalität in Sprache

Insbesondere das zuletzt genannte Merkmal wirft die Frage auf, wie es zu solchen kausalen Schlussfolgerungen kommt. Es sind eine Reihe von Erklärungen hierfür vorgeschlagen worden; und nach Sichtung der vorhandenen Literatur sind Rudolph und Försterling (1998) zu dem Schluss gelangt, dass uns Kelleys Kovariationsprinzip hier weiterhilft.

Implizite Kovarianzinformationen. Bereits Brown und Fish (1983) haben darauf hingewiesen, dass unsere sprachlichen Schemata implizite Kovariationsinformationen enthalten: So können prinzipiell alle Menschen Bewunderung empfinden, aber nur wenigen Menschen wird Bewunderung entgegengebracht. Im Sinne von Kelleys Kovariationsprinzip besteht also hier hoher Konsensus (viele Menschen können Bewunderung empfinden) und hohe Distinktheit (wenige Menschen werden bewundert). Ein solches Informationsmuster sollte Ursachenzuschreibungen auf die Entität wahrscheinlich machen – in unserem Beispiel also auf das Satzobjekt (Peter). Ganz anders verhält es sich beim Verb „überraschen": Jede Person kann Überraschung empfinden, aber nur wenige Personen lösen Überraschung aus. Im Sinne des Kovariationsprinzips haben wir es hier mit niedrigem Konsensus (wenige Menschen können Überraschung auslösen) und niedriger Distinktheit (viele Menschen werden überrascht) zu tun. Ein solches Informationsmuster sollte Ursachenzuschreibungen auf die Person auslösen – in unserem Beispiel also auf das Satzsubjekt (Michael).

Sowohl das Phänomen selbst als auch der auf Kovariationsinformationen basierende Erklärungsansatz sind auf vielfältige Arten geprüft worden. So finden wir das Phänomen in vielen Sprachen der Welt. Auch Kinder ab einem Alter von etwa 3 bis 5 Jahren nehmen bei Beschreibungen interpersonaler Ereignisse entsprechende Attributionen vor und sind in der Lage, die zugrundeliegenden Kovariationsmuster zu benennen (z. B. Au, 1986; Rudolph, 2007).

7.4.3 Konsequenzen für den Gebrauch von Sprache

Beschreibungen interpersonaler Ereignisse lösen demzufolge Ursachenzuschreibungen auf den einen oder anderen Interaktionspartner aus, weil die verwendeten Verben implizite Kovariationsinformationen enthalten – Informationen also über die typischen Häufigkeiten der entsprechenden Handlungen beim Satzsubjekt und -objekt.

Wird also Sprache auch so verwendet, dass entsprechende Ursachenzuschreibungen z. B. von einer Person mündlich oder schriftlich nahe gelegt werden? Dieser Frage sind Schmid und Fiedler (1998) in einer Untersuchung nachgegangen, bei der die Schlussplädoyers der Staatsanwälte und Verteidiger in den Nürnberger Prozessen analysiert wurden. In diesen Prozessen wurden die hochrangigsten Akteure des deutschen Naziregimes nach Ende des Zweiten Weltkrieges vor Gericht gestellt. Hierbei sollten den Hypothesen der Autoren zufolge die Staatsanwälte (als „Ankläger") die Taten der nationalsozialistischen Angeklagten in einer Weise beschreiben, die in höherem Maße zu Personattributionen führen als die sprachlichen Beschreibungen der Verteidiger. Es zeigte sich tatsächlich, dass die Staatsanwälte bei der Beschreibung der Verbrechen seitens der Angeklagten häufiger Verben verwendeten, die entsprechende Personattributionen nahe legten; im Gegensatz dazu vermieden die Verteidiger einen entsprechenden Sprachgebrauch.

Ähnliche Phänomene in Bezug auf den aktiven Sprachgebrauch wurden inzwischen in vielen verschiedenen Bereichen gezeigt, sei es in der Sportberichterstattung, in der Politik oder in anderen gesellschaftlichen Bereichen (siehe z. B. Maas et al., 1989; Semin & Fiedler, 1989; zusammenfassend: Rudolph und Försterling, 1998, sowie Semin & Fiedler, 1991).

Diese Befunde legen nahe, dass

(1) selbst einfache sprachliche Beschreibungen zwischenmenschlicher Handlungen und Zustände zu Ursachenzuschreibungen führen,

(2) hierbei implizites Wissen um entsprechende Kovariationen zwischen Effekt und Ursache zum Tragen kommt und

(3) dieses Wissen um entsprechende Verursachungszusammenhänge auch aktiv eingesetzt wird, um die Attributionen des Hörers oder Lesers zu beeinflussen.

Zusammenfassung

Ursachenzuschreibungen spielen im menschlichen Erleben und Verhalten eine große Rolle. Heider war der erste Psychologe, der dies erkannte. Er betrachtet den Menschen als „naiven Wissenschaftler", der seine Umwelt verstehen, vorhersagen und kontrollieren will und dafür Ursachenzuschreibungen braucht. Attributionstheorien sind demnach wissenschaftliche Theorien über unsere alltäglichen Ursachenzuschreibungen.

Heiders naive Handlungsanalyse beschreibt das Zusammenwirken von Ursachenfaktoren im Hinblick auf angestrebte Handlungsergebnisse. Als grundlegende Ursachenfaktoren unterscheidet Heider:

▶ die effektive Kraft der Person, die sich aus Motivation (Intention, Anstrengung) und Macht (Fähigkeiten) multiplikativ zusammensetzt;

▶ die effektive Kraft der Umwelt, zu der vor allem Schwierigkeit und Zufall gehören.

Um ein Handlungsergebnis zu erreichen, müssen zwei Bedingungen erfüllt sein:

(1) Die Fähigkeiten der Person müssen größer sein als die entgegenstehenden Umweltfaktoren (Schwierigkeit, Widrigkeiten); diese subtraktive Größe nennt Heider Können.

(2) Können und Motivation müssen gegeben sein, die wiederum multiplikativ verknüpft sind.

Mit der Differenzmethode lässt sich die tatsächliche Ursache aus den möglichen Ursachen eines Effekts herausfinden: Es ist diejenige Ursache, die immer zusammen mit dem Effekt auftritt oder ausbleibt bzw. kovariiert. Kelleys Kovariationsprinzip erweitert und systematisiert diese Differenzmethode durch Informationsklassen, anhand deren die Ursachen eines Effekts bestimmt werden können. Kelley unterscheidet drei Klassen von Kovariationsinformationen:

(1) Konsensus (Personen)

(2) Distinktheit (Situationen)

(3) Konsistenz (Zeitpunkte).

Ferner legt Kelley dar, welche Muster von Kovariationsinformationen zu kausalen Schlussfolgerungen über die Person, die Situation oder zufällige Umstände führen. Zudem nimmt er an, dass wir bestimmte Kausalschemata anwenden, wenn wir einen Effekt nur einmal beobachten können.

Das Phänomen der impliziten Kausalität in der Sprache bezeugt die Allgegenwart kausaler Informationen und Zuschreibungen in der Sprache. Es zeigt insbesondere, dass Kovariationsinformationen bereits Bestandteil unserer sprachlichen Beschreibungen alltäglicher Handlungen und Zustände sind.

Denkanstöße

(1) Erinnern Sie sich bitte an ein für Sie wichtiges Ereignis, bei dem Sie oft oder intensiv nach den möglichen Ursachen gesucht haben. Welche Kovariationsinformationen liegen Ihnen für diese Situation vor?

(2) In Heiders naiver Handlungsanalyse gibt es vier verschiedene Ursachen: Fähigkeit, Anstrengung, Aufgabenschwierigkeit und Zufall. Denken Sie noch einmal an das Ereignis, an das Sie sich bei Frage 1 erinnern sollten: Gab es bei diesem Ereignis auch Ursachen, die nicht in dieses Schema passen?

(3) Notieren Sie auf einem Zettel vier interpersonale Verben, die nicht in den vorliegenden Beispielen genannt wurden. Ermitteln Sie, welche Attributionen (Satzsubjekt, Satzobjekt) diese Verben nahe legen und warum.

Weiterführende Literatur

Sehr lesenswert ist die Autobiographie von Fritz Heider, die auch einen guten Einblick in die Entwicklung seiner Ideen gibt. Eine exzellente Einführung in die Attributionstheorien hat Försterling vorgelegt.

▶ Heider, F. (1984). Das Leben eines Psychologen. Weinheim: Beltz.

▶ Försterling, F. (2001). Attribution: An introduction to theories, research and applications. Hove, Sussex: The Psychology Press.

8 Attributionale Theorien

„We cannot live only for ourselves. A thousand fibers connect us with our fellow men;
and among those fibers, as sympathetic threads, our actions run as causes,
and they come back to us as effects."
Hermann Melville, „Moby Dick" (1851)

Was Sie in diesem Kapitel erwartet

Wir betrachten zunächst die Systematisierung verschiedenster Ursachen anhand des Konzeptes der Kausaldimensionen. Dies betrifft die Lokationsdimension, die Stabilitätsdimension und die Kontrollierbarkeitsdimension.

Es erfolgt dann eine Analyse der emotionalen und behavioralen Konsequenzen von Attributionen im Kontext des Leistungshandelns (insbesondere Erfolgserwartungen, Aufgabenwahl und Ausdauer) und des sozialen Verhaltens (hier vor allem Hilfe, Aggression und Entschuldigungen).

Die Anwendungen der attributionalen Theorien konzentrieren sich auf Beispiele aus Erziehung und Unterricht, hierbei insbesondere zur persönlichen Verursachung, zum Urhebertraining und zur intrinsischen Motivation.

8.1 Das Konzept der Kausaldimensionen

Die Liste der möglichen Ursachen, die wir im Rahmen der Attributionstheorien von Heider und Kelley betrachtet haben, ist sehr beschränkt: Bei Heider waren es vier Ursachen – Fähigkeit, Anstrengung, Aufgabenschwierigkeit und Zufall –, bei Kelley sogar nur drei – Person, Umwelt und Zufall. Weiner (1972, 1986) hat darauf hingewiesen, dass mit diesen vier Ursachen die wesentlichen Attributionen nicht vollständig genannt sind; es wurde zunehmend deutlich, dass eine Liste der möglichen Ursachen sehr viel länger und vielfältiger ist. So erfragte Triandis (1972) in vier verschiedenen Kulturen (Griechenland, eine indianische Kultur, Japan und die USA) die wesentlichen Determinanten von Erfolg. Zwar spielen Anstrengung und Fähigkeit oder verwandte Konzepte in drei dieser vier Kulturen eine wichtige Rolle; es werden jedoch darüber hinaus eine ganze Reihe weiterer Ursachen genannt (siehe Übersicht).

Übersicht

Ursachen von Erfolg in verschiedenen Kulturen (nach Triandis, 1972)

Griechenland	Indianische Kultur	Japan	USA
Geduld	Taktgefühl	Anstrengung	Harte Arbeit
Willenskraft	Führungskraft	Willenskraft	Fähigkeit
Fähigkeit	Zahl der Krieger	Geduld	Anstrengung
Anstrengung	Planung	Fähigkeit	Hingabe
Mut	Einigkeit	Gute Analyse	Geduld
Kooperation	Disziplin	Kooperation	Planung
Fortschritt		Mut	Vorbereitung

Das Fazit aus dieser und ähnlichen Studien lautet: Über Anstrengung, Fähigkeit und Umstände hinaus können Erfolge (und analog Misserfolge) auch von anderen Faktoren abhängen wie der Strategie und Kooperation sowie von Dispositionen der Persönlichkeit wie Geduld oder auch von vorübergehenden Stimmungen. Diese Liste ließe sich problemlos verlängern. Zudem spielen in weiteren Lebensbereichen (neben dem Leistungshandeln) auch weitere Ursachen eine Rolle; dies gilt insbesondere für das soziale Miteinander. Wenn Sie z. B. darüber nachdenken, warum jemand Ihre Einladung ins Kino ablehnt, so können viele Ursachen wirksam sein, die für das Erreichen von Leistungszielen unerheblich sind (siehe Übersicht in 8.1.4).

Untersuchungen zu Attributionen in verschiedenen Lebensbereichen liegen etwa vor für interpersonelle Situationen (Anderson, 1983c), Armut und Arbeitslosigkeit (Feather, 1974; Furnham, 1983), Krankheit oder Unfälle (Bulman & Wortman, 1977), politische Wahlen (Kingdon, 1967) und selbst zu ganz spezifischen Situationen wie einer Führerscheinprüfung (Mark et al., 1984). Weiner (1986) hat z. B. die am häufigsten genannten Ursachen von Reichtum, Armut und Krankheit vergleichend zusammengestellt (siehe Übersicht).

Übersicht

Wie wir uns Reichtum, Armut oder Krankheit erklären

Reichtum	Armut	Krankheit
Familiärer Hintergrund:	**Gesellschaftliche Faktoren:**	**Nicht schwerwiegende Krankheiten:**
Erbschaft	Regierungspolitik	Erschöpfung
Güte der Schulbildung	Lohnpolitik	Krankheitserreger
	Vorurteile, Diskriminierung	Wetter
Soziale Faktoren:		
Einfluss der Lohnpolitik	Ausbeutung durch Reiche	Ernährung
Art der Berufswahl	Schlechtes Bildungssystem	Stressfaktoren
Individuelle Faktoren:	**Individuelle Faktoren:**	**Schwerwiegende Krankheiten:**
Anstrengung	Mangel an Anstrengung	Schlechte Gewohnheiten
Risikobereitschaft	Mangel an Intelligenz	Erbliche Faktoren
Glück	Mangel an Mobilität	Persönlichkeitsfaktoren
	Geringe Arbeitsmoral	Stressfaktoren
	Krankheit; Behinderung	Schicksal

Angesichts dieser Vielfalt möglicher Ursachen besteht eine wichtige Aufgabe attributionaler Theorien darin herauszufinden, welche gemeinsamen Merkmale diese unterschiedlichen Ursachenzuschreibungen haben. Nur so ist es möglich, ein Klassifikationssystem für verschiedene Ursachen zu schaffen und deren Konsequenzen für das Erleben und Verhalten auch unabhängig von dem jeweils fraglichen Lebensbereich zu systematisieren. Diese gemeinsamen Merkmale von Ursachen werden als Kausaldimensionen (auch: Ursachendimensionen) bezeichnet.

8.1.1 Die Lokationsdimension

Bereits in Heiders naiver Handlungsanalyse wird zwischen Person- und Umweltfaktoren unterschieden (7.1.3), wie wir im vorhergehenden Kapitel für den Leistungsbereich gesehen haben.

Auch bei alltäglichen Handlungen gibt es Ursachen, die entweder in der Person oder in der Situation lokalisiert sind. So mag z. B. ein Restaurantbesuch darauf zurückzuführen sein, dass die betreffende Person hungrig ist oder dass sie einer geschäftlichen Verpflichtung nachkommt. In Anlehnung an Rotter (1966) wird diese Unterscheidung als Lokationsdimension bezeichnet.

Internale versus externale Ursachen. Ursachen, die in der Person lokalisiert sind, werden als internal bezeichnet; Ursachen, die in der Situation lokalisiert sind, als external. Diese Kausaldimension ist im Gegensatz zu den nachfolgend dargestellten Dimensionen kein Kontinuum, sondern hat dichotomen Charakter: Eine Ursache ist entweder in der Person oder in der Umwelt lokalisiert.

8.1.2 Die Stabilitätsdimension

Weiner (1979) zufolge werden mit der Lokationsdimension bestimmte Ursachen als gleich klassifiziert, die jedoch bedeutsame Unterschiede aufweisen. Dies gilt z. B. für die beiden Ursachen Fähigkeit und Anstrengung: Obwohl beide als internal zu klassifizieren sind, ist es ein großer Unterschied, ob ein Schüler eine Prüfung deshalb nicht besteht, weil er sich nicht angestrengt hat oder weil seine Fähigkeiten für das betreffende Fach nicht ausreichen.

Stabile versus variable Ursachen. Ein erster Unterschied zwischen diesen beiden Ursachen betrifft deren Stabilität: Während der Aufwand an Anstrengung recht kurzfristigen Änderungen unterliegen kann, sind die meisten Fähigkeiten eher stabil. So kann ich mich z. B. beim Fahrradfahren vorübergehend mehr anstrengen, um eine Steigung zu bewältigen; dagegen braucht es einige Zeit, bestimmte Fähigkeiten zu erwerben, und diese werden, einmal erworben, kaum wieder „verlernt". Eine sehr hohe Stabilität ist bei einer z. B. musikalischen Begabung gegeben, die einer Person sprichwörtlich in die Wiege gelegt worden ist.

Wie diese Beispiele zeigen, handelt es sich bei der Stabilitätsdimension um ein Kontinuum. Die Extrempunkte werden als stabil bzw. variabel bezeichnet. Anhand der beiden bislang genannten Ursachendimensionen lassen sich etwa die von Heider (1958) postulierten Ursachen in einem Schema klassifizieren (siehe Übersicht).

Übersicht

Lokalität und Stabilität von Ursachen (nach Heider, 1958)

Stabilitäts-dimension	Lokationsdimension	
	Internal	External
Stabil	Fähigkeit	Aufgaben-schwierigkeit
Variabel	Anstrengung	Zufall

8.1.3 Die Kontrollierbarkeitsdimension

Ein weiteres Unterscheidungsmerkmal von Ursachen ist, ob sie willentlich beeinflusst werden können oder nicht. Dieses Merkmal hat Rosenbaum (1972) zunächst als Intentionalität bezeichnet, Weiner (1979) als Kontrollierbarkeit. So unterscheiden sich z. B. die beiden internalen und variablen Ursachen Anstrengung und Erschöpfung in diesem Merkmal: Anstrengung kann in aller Regel von der Person willentlich beeinflusst bzw. kontrolliert werden, Erschöpfung dagegen nicht.

Wiederum handelt es sich um eine Ursachendimension, die ein Kontinuum darstellt. Dies wird deutlich, wenn wir die möglichen Ursachen Anstrengung, Fähigkeit und Begabung miteinander vergleichen: Wir können in aller Regel die von uns aufgewendete Anstrengung in jedem gegebenen Augenblick willentlich verändern, z. B. wenn wir uns spontan entscheiden, an einem Musikstück länger zu üben. Dies gilt jedoch nicht für unsere Fähigkeit, ein Musikstück spielen zu können, die nur mittelfristig oder langfristig geändert oder erworben werden kann. Begabung wie etwa Musikalität schließlich ist auch langfristig nicht kontrollierbar.

8.1.4 Ein vorläufiger Überblick über die verschiedenen Kausaldimensionen

Angesichts der drei bislang genannten Kausaldimensionen stellt sich die Frage, ob eine vollständige Kombination aller dieser Ursachenmerkmale möglich ist: Wenn wir jeweils einmal die Extrempunkte der jeweiligen Dimensionen betrachten (internal – external, stabil – variabel, kontrollierbar – unkontrollierbar), so resultieren theoretisch acht verschiedene Kombinationen.

Dem steht zunächst entgegen, dass uns externale Ursachen auf den ersten Blick stets als unkontrollierbar erscheinen mögen. Dies ist jedoch bei näherer Betrachtung keineswegs zwingend. Stellen Sie sich z. B. vor, ein Mitarbeiter wird von seinem Vorgesetzten immer wieder vor unlösbare Aufgaben gestellt. Dabei handelt es sich aus der Perspektive des Mitarbeiters um eine externale und stabile Ursache seines Misserfolgs. Dennoch ist diese Situation nicht zwingend unkontrollierbar: Der Mitarbeiter könnte etwa eine Verhaltensänderung bei seinem Vorgesetzten zu bewirken versuchen oder eine Versetzung in eine andere Abteilung beantragen.

Somit resultiert eine dreidimensionale Klassifikation von Ursachen, bei der Lokation, Stabilität und Kontrollierbarkeit berücksichtigt werden (siehe Übersicht).

Übersicht

Dreidimensionale Klassifikation von Ursachen

Leistungskontext: Misserfolg bei einer Prüfung

	kontrollierbar		unkontrollierbar	
	stabil	variabel	stabil	variabel
internal	Faulheit als stabiles Personmerkmal	Mangel an Anstrengung	Geringe Begabung	Müdigkeit oder Erschöpfung
external	Lehrer ist voreingenommen	Die Hilfe eines Freundes bleibt aus	Aufgabenschwierigkeit	Zufall (Pech, widrige Umstände)

Sozialer Kontext: Ablehnung für Kinoeinladung

	kontrollierbar		unkontrollierbar	
	stabil	variabel	stabil	variabel
internal	Andauernd ungepflegtes Äußeres	Einladung zu spät vorgebracht	Geringe Attraktivität des Einladenden	Bei Einladung einen kranken Eindruck gemacht
external	Eingeladene/r lernt eigentlich abends immer	Eingeladene/r will eigentlich heute Abend Fernsehen	Religiöse Gebote des/der Eingeladenen	Eingeladene/r muss kranke Mutter pflegen

8.1.5 Offene und kritische Fragen zum Konzept der Kausaldimensionen

Auch wenn wir uns auf die drei wichtigsten Kausaldimensionen beschränken, ist noch auf einige Probleme hinzuweisen, die in diesem Zusammenhang aufgetreten und nach wie vor nicht befriedigend beantwortet sind.

Kausaldimensionen als Bestandteil der naiven Psychologie?

Wie oben ausgeführt, sind Attributionstheorien nach Heider wissenschaftliche Theorien über „naive Theorien" zu Verursachungszusammenhängen (siehe 7.1.1). Gilt dies auch für die Theorieelemente der Kausaldimensionen? Sind diese Kausaldimensionen also Konzepte, die nur in Attributionstheorien verwendet werden, oder sind sie auch in der „naiven Psychologie" repräsentiert? Ist z. B. einem Schüler der 5. Klasse klar, dass Anstrengung und Fähigkeit internale Personfaktoren sind, sich aber in Hinblick auf Stabilität und Kontrollierbarkeit unterscheiden?

Während die attributionstheoretischen Begriffe für konkrete Ursachen (wie „Anstrengung", „Fähigkeit" oder „Zufall") mit unserem alltäglichen Sprachgebrauch übereinstimmen, gilt dies nicht für die Begriffe zur Systematisierung dieser Attributionen anhand von Kausaldimensionen. Aber auch wenn Heiders „naiver Wissenschaftler" diese Begriffe nicht benutzt, ist es natürlich denkbar, dass Gemeinsamkeiten und Unterschiede zwischen verschiedenen Ursachen in der naiven Psychologie durchaus erkannt werden – und somit auch Konsequenzen für nachfolgendes Erleben und Verhalten haben.

Es sind viele Studien zur Klärung der Frage durchgeführt worden, ob der „naive Wissenschaftler" Wissen über die Merkmale von Ursachen hat und ob er die Merkmale von Ursachen in ähnlicher Weise klassifiziert wie attributionale Theorien. Diese Studien verwenden sehr anspruchsvolle statistische Verfahren, so etwa die Multi-Dimensionale Skalierung, Clusteranalysen, Faktoranalysen und aufwendige Sortierverfahren (einen Überblick gibt Stern, 1983). Weiner (1986) kommt aufgrund einer umfassenden Analyse der vorhandenen Studien zu dem Schluss, dass Lokation, Stabilität und Kontrollierbarkeit durchaus Bestandteil der naiven Psychologie sind (vgl. auch Anderson, 1983a, 1983b; Fincham & Hewstone, 2001).

Individuelle Unterschiede in der Wahrnehmung von Ursachen

Bei den bisherigen Beispielen sind wir implizit davon ausgegangen, dass spezifische Ursachen von verschiedenen Personen in ganz ähnlicher Weise nach den drei Kausaldimensionen eingeordnet werden. Das mag in der Regel auch zutreffen, gilt aber nicht in allen Fällen. Interessanterweise sind bestimmte psychologische Probleme gerade dadurch gekennzeichnet, dass Personen Ursachen anders wahrnehmen, als dies nach unseren bisherigen Erörterungen zu erwarten wäre. Betrachten wir z. B. eine Person, die wichtige Dinge immer wieder aufschiebt, sich so in Schwierigkeiten begibt und unwohl fühlt. Der Einfachheit halber bezeichnen wir diese „Symptome" als Anstrengungsmangel.

Aus theoretischer Perspektive wie auch in der naiven Psychologie ist Anstrengung sicherlich eine eher kontrollierbare Ursache. Andererseits gibt es Situationen, in denen wir uns außerstande sehen, bestimmte Aufgaben anzufangen und die erforderlichen Anstrengungen aufzuwenden; in solchen Fällen werden diese Anstrengungen als unkontrollierbar betrachtet. Dies gilt z. B. für eine Person, die das Rauchen aufgeben will, dies aber nicht zu können glaubt. Wie dieses Beispiel zeigt, ist es insbesondere für die Konsequenzen von Attributionen im Erleben und Verhalten wichtig, die subjektive Wahrnehmung der entsprechenden Ursachen zu berücksichtigen.

Offensichtlich erfolgt die Einordnung nach den drei Kausaldimensionen bei manchen Ursachen mit sehr großer, bei anderen mit weniger großer Übereinstimmung: So wird Begabung allgemein als sehr stabil angesehen. Bei Fähigkeit ist dies weniger eindeutig: Manche Personen denken hierbei an Fähigkeiten, die sie erwerben oder verbessern wollen (z. B. eine Fremdsprache sprechen); andere Personen an Fähigkeiten, die sie niemals erworben haben und nicht mehr erwerben zu können glauben (z. B. ein Musikinstrument lernen). Auch Geduld, eine bei Triandis (1972) genannte, aber sonst in der Attributionstheorie vernachlässigte Ursache, kann entweder als stabile und unkontrollierbare Disposition betrachtet werden („Ich bin ein ungeduldiger Mensch") oder als variables und kontrollierbares Verhalten („Ich muss mich in Geduld üben").

Hieraus folgt, dass einerseits die Konsequenzen von Attributionen oftmals vorhersagbar sind, weil wir deren zugrundeliegenden dimensionalen Merkmale kennen. Andererseits sind durchaus Fälle denkbar, bei denen erst eine Kenntnis der individuell besonderen Wahrnehmungen dieser Ursachen eine Vorhersage des nachfolgenden Erlebens und Verhaltens erlaubt (Krantz & Rude, 1984).

Intentionalität und Globalität als Kausaldimensionen?

In den von Weiner (1986) referierten empirischen Studien zur subjektiven Repräsentation von Kausaldimensionen wurden andere Dimensionen zumindest nicht in systematischer Weise gefunden. Dies heißt aber nicht, dass es keine weiteren Kausaldimensionen gibt oder dass sie in der Attributionstheorie zu vernachlässigen wären.

Intentionalität versus Kontrollierbarkeit. Die drittgenannte Kausaldimension bezeichnet Rosenbaum (1972) als Intentionalität, Weiner (1986) als Kontrollierbarkeit. Zweifelsohne ist das, was wir intendieren (beabsichtigen, anstreben), zumeist auch subjektiv kontrollierbar (willentlich beeinflussbar); dies gilt jedoch keineswegs immer. Der Unterschied zwischen den typischerweise als internal, variabel und kontrollierbar betrachteten Ursachen Anstrengung und Strategiewahl illustriert dies: Eine Person kann zwar für die Aufwendung von zu wenig Anstrengung verantwortlich gemacht werden, nicht aber für die Wahl einer falschen Strategie; denn kaum jemand wählt zur Bearbeitung einer Aufgabe absichtlich die falsche Strategie aus. Försterling (1988) hat zudem darauf hingewiesen, dass eine Ursachenzuschreibung auf Anstrengungsmangel impliziert, dass ein zukünftiger Erfolg die Investition von mehr Energie und Zeit erfordert. Dies ist bei einer Ursachenzuschreibung auf falsche Strategiewahl nicht der Fall: Die Wahl einer besseren Strategie kann dazu führen, dass ein Erfolg sich einstellt, ohne dass die Person mehr Energie und Zeit investiert.

Gegen eine Einbeziehung von Intentionalität als Kausaldimension spricht jedoch, dass die bislang betrachteten Kausaldimensionen Merkmale von Ursachen sind, Intentionalität dagegen ein Merkmal der Person ist (vgl. 7.1.7 zum Erschließen von Absichten). Zur Vermeidung konzeptueller Probleme ist es daher sinnvoll, sich auf die Kausaldimension Kontrollierbarkeit zu beschränken.

Globalität als Kausaldimension. Damit ist gemeint, dass manche Ursachen nur in wenigen Situationen wirksam sind (z. B. räumliches Vorstellungsvermögen), andere hingegen in vielen verschiedenen Situationen (z. B. allgemeine Intelligenz). Die Extrempunkte dieses Kontinuums sind also sehr spezifische Ursachen einerseits und sehr globale Ursachen andererseits (Abramson et al., 1978).

Obwohl diese Unterscheidung intuitiv plausibel ist und bei Anwendungen attributionaler Theorien (z. B. bei Depression) eine wichtige Rolle spielt (siehe 8.3), wurde sie in den alltäglichen Konzeptionen von Ursachenmerkmalen niemals gefunden. Weiterhin ist ihre Bedeutung nicht ganz klar: Wenn z. B. ein Mitarbeiter wegen einer Erkältung ein schlechtes Arbeitsergebnis erzielt, handelt es sich dann um eine spezifische Ursache, weil er zu anderen Zeitpunkten (ohne Erkältung) bessere Ergebnisse erzielt hätte? Oder handelt es sich um eine generelle Ursache, weil er zum Zeitpunkt der Erkältung bei vielen verschiedenen Tätigkeiten beeinträchtigt ist? Weiner (1986) erörtert die Möglichkeit, die Stabilität und die Globalität einer Ursache über verschiedene Situationen hinweg zu einer breiter angelegten Dimension der Generalisierbarkeit zusammenzufassen. Es bleibt jedoch das Problem bestehen, dass eine solche weiter gefasste Kausaldimension in den alltäglichen Ursachenanalysen nicht repräsentiert ist.

Kulturelle Unterschiede in der Wahrnehmung von Ursachen

Eine weitere Frage ist, ob dieselben Ursachen in verschiedenen Kulturkreisen vergleichbaren Ausprägungen der genannten (drei) Kausaldimensionen zugeordnet werden. Einiges spricht dafür, dass es durchaus interkulturelle Unterschiede gibt. So wird Begabung in westlichen Industrienationen typischerweise als internale Ursache angesehen, in fernöstlichen oder bestimmten religiös geprägten Kulturkreisen dagegen eher als göttliche Gabe und somit als externale Ursache. Auch Geduld dürfte etwa in buddhistisch geprägten Kulturen in höherem Maße als variabel und kontrollierbar angesehen werden als in westlichen Kulturen.

In einigen Studien und insbesondere für eine Reihe wichtiger Ursachen wurden allerdings ähnliche Dimensionswahrnehmungen für unterschiedliche Kulturen gefunden. In Bezug auf Anstrengung und Fähigkeit etwa fanden Bar-Tal et al. (1984) keine signifikanten Unterschiede bei asiatischen, afrikanischen, israelischen und amerikanischen Schulkindern. In diesem Zusammenhang sind jedoch weitere Studien erforderlich (vgl. Bond, 1983).

Fazit

Zur Systematisierung von Ursachen anhand von Kausaldimensionen lässt sich zusammenfassend folgendes festhalten:

▶ Ursachen lassen sich anhand der Kausaldimensionen Lokation, Stabilität und Kontrollierbarkeit systematisieren.
▶ Es sind diese drei genannten Kausaldimensionen, die sich im Wesentlichen auch in der naiven Psychologie wieder finden.
▶ Es gibt in der Wahrnehmung von Ursachen und deren Kausaldimensionen sowohl Unterschiede als auch Gemeinsamkeiten zwischen Personen. Gleiches gilt für verschiedene Kulturen. Hierbei ist nicht abschließend geklärt, wie groß der Anteil der jeweiligen Gemeinsamkeiten und Unterschiede ist.
▶ Sofern interpersonelle Unterschiede in der Wahrnehmung von Ursachen und deren Kausaldimensionen bestehen, ist es zur Vorhersage menschlichen Erlebens und Verhaltens sinnvoll, diese jeweiligen personspezifischen Wahrnehmungen zu erfassen. Entsprechendes gilt für interkulturelle Unterschiede.
▶ Intentionalität und Globalität sind mögliche weitere Kausaldimensionen. Allerdings gibt es bei diesen Ursachendimensionen einige konzeptuelle Probleme. Zudem sind diese Ursachendimensionen nicht Bestandteil der naiven Psychologie.

8.2 Auswirkungen von Attributionen auf Erleben und Verhalten

Unser Erleben und Verhalten ist in hohem Maße davon abhängig, auf welche Ursachen wir Ereignisse zurückführen und welche dimensionalen Merkmale wir den Ursachen zuordnen. Die Forschung zu den Konsequenzen von Attributionen und deren dimensionalen Merkmalen lässt sich in zwei Bereiche gliedern:

(1) Leistungsverhalten, insbesondere die Analyse von Erfolgserwartungen, Aufgabenwahl und Anstrengung
(2) soziales Verhalten, insbesondere die Vorhersage von Hilfe, Aggression und „Impression Management" (die gezielte Beeinflussung des Eindrucks, den andere Personen von uns haben).

8.2.1 Leistungsverhalten

Die attributionale Analyse des Leistungsverhaltens lässt sich zunächst am besten anhand eines Gedankenexperiments veranschaulichen (siehe Übersicht). Bitte notieren Sie Ihre Antworten zu den in der Tabelle genannten Fragen, bevor Sie mit der Lektüre fortfahren.

Übersicht

Ein Gedankenexperiment

Stellen Sie sich bitte vor:	Situation A: Erfolg in Prüfung 1	Situation B: Misserfolg in Prüfung 1
Sie absolvieren eine Prüfung. Diese ist Bestandteil Ihres Studiums, und weitere ähnliche Prüfungen werden folgen.	Sie haben in dieser wichtigen Prüfung Erfolg.	Sie haben in dieser wichtigen Prüfung Misserfolg.
Welche **unmittelbaren** Gefühle verbinden Sie mit diesem Leistungsergebnis?	Ist es wahrscheinlicher, dass … Sie sich freuen, oder dass … Sie traurig und enttäuscht sind?	Ist es wahrscheinlicher, dass … Sie sich freuen, oder dass … Sie traurig und enttäuscht sind ?
Wann empfinden Sie **Stolz** beziehungsweise Gefühle wie **Schuld oder Scham** in höherem Maße?	Sie empfinden mehr Stolz, wenn Sie … … den Erfolg auf hohe Anstrengung zurückführen, oder … den Erfolg auf Zufall zurückführen?	Sie empfinden mehr Scham oder Schuld, wenn Sie … … den Misserfolg auf geringe Anstrengung zurückführen, oder … den Misserfolg auf Zufall zurückführen?
Wann sind sie **zuversichtlicher** bezüglich der nächsten Prüfung? Wenn Sie …	… den Erfolg auf ihre Fähigkeit zurückführen, oder … den Erfolg auf Zufall zurückführen?	… den Misserfolg auf ihre Fähigkeit zurückführen, oder … den Misserfolg auf Zufall zurückführen?
Sie haben für nachfolgende Prüfungen die **Wahl** zwischen zwei Vertiefungsfächern, von denen das eine (Fach A) als schwieriger, das andere (Fach B) als einfacher gilt:	Welches Fach wählen Sie? Fach A (schwieriger) Fach B (einfacher)	Welches Fach wählen Sie? Fach A (schwieriger) Fach B (einfacher)

Stellen Sie sich bitte vor:	Situation A: Erfolg in Prüfung I	Situation B: Misserfolg in Prüfung I
Angenommen, Sie führen den Effekt (Erfolg, Misserfolg) auf **Anstrengung** zurück – wie sehr strengen Sie sich für die nächste (gleich schwierige) Prüfung an?	hoher Anstrengung – wie sehr strengen Sie sich an … weniger – genauso – mehr	Bei Misserfolg aufgrund geringer Anstrengung – wie sehr strengen Sie sich an … weniger – genauso – mehr
Angenommen, Sie führen den Effekt (Erfolg, Misserfolg) auf die (geringe, hohe) **Aufgabenschwierigkeit** zurück. Wie sehr strengen Sie sich für die nächste (gleich schwierige) Prüfung an?	Bei Erfolg aufgrund einer leichten Aufgabe – wie sehr strengen Sie sich an … weniger – genauso – mehr	Bei Misserfolg aufgrund einer schweren Aufgabe – wie sehr strengen Sie sich an … weniger – genauso – mehr
Sie sind nach einer Reihe von Prüfungen zu dem Schluss gekommen, dass …	… Ihre Fähigkeiten in diesem Studienfach sehr hoch sind.	… Ihre Fähigkeiten in diesem Studienfach sehr gering sind.
Im Rahmen des letzten Vertiefungsfachs vor dem Diplom verstehen Sie Teile des Stoffes absolut nicht. **Wie lange werden Sie versuchen, diesen Stoff zu verstehen?**	… sehr lange, hohe Ausdauer … nur kurz, geringe Ausdauer	… sehr lange, hohe Ausdauer … nur kurz, geringe Ausdauer

Wenn Sie Ihre Antworten betrachten, werden Sie aller Wahrscheinlichkeit nach feststellen, dass Ihr Erleben (Stolz und Scham, subjektive Erfolgswahrscheinlichkeit) und Ihr Verhalten (Aufgabenwahl, Anstrengung und Ausdauer) in Abhängigkeit von Erfolg und Misserfolg sowie von Ihren jeweiligen Ursachenzuschreibungen und deren dimensionalen Merkmalen variieren.

Wir werden nun diese Effekte auf das Erleben und Verhalten anhand der behandelten Kausaldimensionen systematisieren. Zum besseren Verständnis sollten Sie ihre eigenen Antworten mit den Vorhersagen der attributionalen Theorien vergleichen.

Emotionale Reaktionen auf Erfolg und Misserfolg

Attributionsunabhängige emotionale Reaktionen. Weiner et al. (1978, 1979) haben in einer Serie von Studien die naheliegende Annahme bestätigt, dass nach Erfolg die Emotion Freude und nach Misserfolg Emotionen wie Unzufriedenheit und Frustration auftreten, und zwar gänzlich unabhängig von den wahrgenommenen Ursachen für die beschriebenen Ereignisse. Diese emotionalen Reaktionen werden daher als attributionsunabhängig bezeichnet.

Stolz und Selbstwert. In Atkinsons Theorie der Leistungsmotivation sind Stolz und Scham zwei zentrale Determinanten des Leistungsverhaltens; diese sind unter anderem durch überdauernde Persondispositionen determiniert, dem Erfolgs- und dem Misserfolgsmotiv (siehe 6.3.2 und 6.3.3). Nach der attributionalen Konzeption dagegen ist die Emotion Stolz von der Lokationsdimension abhängig: Eine Person wird auf einen Erfolg nur dann stolz sein, wenn sie ihn auf internale Ursachen (Anstrengung, Fähigkeit) und nicht auf externale Faktoren (Zufall, geringe Aufgabenschwierigkeit) zurückführt.

Stolz ist weiterhin mit dem Begriff des Selbstwertes und anderen damit verbundenen Emotionen in Verbindung gebracht worden. So zeigt Stipek (1983), dass Stolz den Selbstwert erhöht. Umgekehrt beeinträchtigt ein Misserfolg den Selbstwert, aber nur dann, wenn er internalen Ursachen zugeschrieben wird.

Schuld und Scham. Schämen wir uns dementsprechend für Misserfolge, die internale Ursachen haben? In diesem Zusammenhang wurde eine Differenzierung zwischen Schuld und Scham vorgeschlagen (vgl. Weiner, 1986). So zeigen Studien von Brown und Weiner (1984), dass im Leistungskontext Scham dann am wahrscheinlichsten ist, wenn ein Misserfolg internalen und unkontrollierbaren Ursachen zugeschrieben wird (z. B. Mangel an Begabung oder Fähigkeit), während Schuldgefühle dann besonders wahrscheinlich sind, wenn ein Misserfolg internalen und kontrollierbaren Ursachen zugeschrieben wird (z. B. Mangel an Anstrengung).

Subjektive Erfolgserwartungen

Zur Analyse des Zusammenhangs zwischen der subjektiven Erfolgserwartung und Attributionen bzw. Kausaldimensionen existieren zwei Forschungsparadigmen.

Korrelativer Ansatz. Dabei werden den Probanden Erfolge oder Misserfolge bei Leistungsaufgaben zurückgemeldet und Ursachenzuschreibungen für diese Ergebnisse und subjektive Erfolgserwartungen für nachfolgende Aufgaben erfasst (z. B. Meyer, 1970; Weiner et al., 1976). Es gibt Untersuchungen für verschiedene Nationalitäten und Altersgruppen, verschiedene Aufgabenarten sowie unterschiedliche Methoden, Erfolg oder Misserfolg zu induzieren. Weiterhin werden Attributionen und Erfolgserwartungen auf vielerlei Arten erfasst (einen Überblick gibt Weiner, 1986).

Manipulation der Ursachenzuschreibungen. Dabei stellen die Probanden sich vor, sie würden solche fiktiven Leistungsergebnisse erzielen und auf unterschiedliche Ursachen zurückführen. Dieses Vorgehen beinhaltet somit lediglich Gedankenexperimente über vorgestellte Erfolge und Misserfolge, erlaubt es jedoch, nicht nur die Handlungsergebnisse, sondern auch die jeweiligen Ursachenzuschreibungen systematisch zu manipulieren (Rosenbaum, 1972; Valle, 1974).

Übersicht

Stabilitätsdimension und Erfolgserwartung

Ereignis	Stabilität der Ursache	Beispiele für Ursachen	Wirkung auf die Erfolgserwartung
Erfolg	stabil	Fähigkeit, Aufgabenschwierigkeit	… steigt an.
	variabel	Zufall, Anstrengung	… steigt wenig oder gar nicht an.
Misserfolg	stabil	Fähigkeit, Aufgabenschwierigkeit	… sinkt ab.
	variabel	Zufall, Anstrengung	… sinkt wenig oder gar nicht ab.

Erfolgserwartungen und Stabilitätsdimension. Unabhängig vom verwendeten Forschungsparadigma sind die Ergebnisse dieser Studien ganz eindeutig: Die subjektiven Erfolgserwartungen variieren in Abhängigkeit von der Stabilitätsdimension (siehe Übersicht), d. h., sie fallen signifikant höher aus, wenn Erfolge auf stabile Ursachen (z. B. hohe Fähigkeit oder geringe Aufgabenschwierigkeit) als wenn sie auf variable Ursachen (z. B. hohe Anstrengung oder Zufall) zurückgeführt werden; ebenso signifikant niedriger, wenn Misserfolge auf stabile Ursachen (geringe Fähigkeit oder hohe Aufgabenschwierigkeit) als wenn sie auf variable Ursachen (Anstrengungsmangel, Zufall) zurückgeführt werden.

Die Ergebnisse der Studien zu Auswirkungen von Erfolgserwartungen auf nachfolgendes Verhalten sind in der folgenden Übersicht zusammengefasst.

Stabilitätsdimension, Erfolgserwartung und Verhalten

Autoren und Thema	Beschreibung	Wichtigste Ergebnisse
Carroll & Payne (1977): Bewährungsauflagen	Juroren bei Gericht, die über die Dauer von Bewährungsauflagen entscheiden.	Bewährungsauflagen hängen in hohem Maße von der Stabilität der Ursache für das begangene Verbrechen ab.
Janoff-Bulman (1979): Folgen einer Vergewaltigung	Vergewaltigungsopfer, die sich selbst eine Mitschuld an der Vergewaltigung geben (z. B. zur falschen Zeit am falschen Ort sein).	Vergewaltigungsopfer, die einen etwaigen eigenen Schuldanteil auf stabile Ursachen zurückführen, leiden längere Zeit unter den Folgen des Ereignisses als Vergewaltigungsopfer, die auf variable Ursachen attribuieren.
Pancer (1978): Kursbelegung von Studierenden	Vorsatz von Studierenden, im Rahmen eines Nebenfachs nach einem ersten Kurs auch weitere Kurse zu besuchen.	Je mehr Erfolge im ersten Kurs auf stabile Ursachen attribuiert werden, desto höher ist die Wahrscheinlichkeit eines Besuches weiterer Kurse; das Gegenteil gilt im Falle von Misserfolg.
Crittenden & Wiley (1980): Überarbeitung von Fachbeiträgen in Zeitschriften	Vorsatz von Wissenschaftlern, ein zur Publikation eingereichtes und abgelehntes Manuskript zu überarbeiten.	Je mehr die Zurückweisung des Manuskriptes auf variable Ursachen zurückgeführt wird, desto höher ist die Wahrscheinlichkeit einer Überarbeitung und Neu-Einreichung
C.A. Anderson & Jennings (1980): Erfolgserwartungen von Personen, die telefonisch um Blutspenden bitten	Die Probanden führen Misserfolg bei einer telefonischen Werbung von Blutspendern entweder auf stabile oder variable Ursachen zurück.	Die Erfolgserwartung für zukünftige Werbeversuche ist umso höher, je mehr der anfängliche Misserfolg auf variable Ursachen zurückgeführt wird.
Folkes (1984): Verbraucherverhalten	Analyse der Entscheidungen von Konsumenten nach Produkt-Fehlern.	Bei Ursachenzuschreibungen auf variable Faktoren ist die Wahrscheinlichkeit höher, dass die Konsumenten das Produkt umtauschen; bei Attributionen auf stabile Ursachen ist die Wahrscheinlichkeit höher, dass ein anderes Produkt gekauft wird.
Whalen & Henker (1976): Medikamentöse Behandlung von Hyperaktivität	Im Falle von Hyperaktivität wird oftmals eine medikamentöse Therapie verordnet und nahe gelegt, die Symptome seien genetisch bedingt (stabile Ursache) und nur medikamentös zu behandeln. Die Autoren liefern „nur" einen theoretischen Beitrag – es wird jedoch vermutet, dass diese Informationen über stabile Ursachen der Störung dazu führen, dass die Patienten geringe Erfolgserwartungen haben und wenig tun, um die Symptome aus eigener Kraft zu bekämpfen.	

Fähigkeitskonzepte. Meyer (zusammenfassend 1984) hat zudem darauf hingewiesen, dass eine Person auch ein Konzept der eigenen Fähigkeiten oder Begabungen entwickelt, wenn sie wiederholt Erfahrungen in einem Aufgabenbereich sammelt. Ein solches Fähigkeitskonzept sollte wiederum die subjektive Erfolgserwartung beeinflussen: So werden z. B. Personen, die sich für hervorragende Schachspieler halten, bezüglich eines bestimmten Schachproblems höhere Erfolgserwartungen haben als Schachnovizen.

Aufgabenwahl

Die Frage, welche Aufgaben und welche Aufgabenschwierigkeiten von Personen gewählt werden, ist bislang insbesondere im Rahmen von Atkinsons Leistungsmotivationstheorie untersucht worden. Deren Voraussage, dass erfolgsmotivierte Personen Aufgaben mittlerer Schwierigkeit, misserfolgsmotivierte Personen hingegen leichte oder schwere Aufgaben bevorzugen, konnte jedoch bei misserfolgsmotivierten Personen nicht bestätigt werden (siehe 6.4.1). Umso interessanter ist es daher, das gleiche Phänomen aus attributionstheoretischer Perspektive zu betrachten.

Dabei lässt sich an den bereits dargestellten Ansatz von Trope (1975) anknüpfen: Im Einklang mit dem Menschenbild der Attributionstheorien bevorzugen Personen in der Regel solche (diagnostischen) Aufgaben, die möglichst viele Informationen über eigene Fähigkeiten liefern (siehe 6.4.4 zur Diagnostizität von Aufgaben). Dieser Ansatz lässt sich mit Hilfe des Konzepts der Kausaldimensionen verallgemeinern.

Sehr leichte und sehr schwierige Aufgaben. Aus attributionstheoretischer Perspektive wird die Wahl von subjektiv sehr leichten oder sehr schwierigen Aufgaben häufig zu externalen Attributionen führen: Erfolg bei einer leichten Aufgabe und Misserfolg bei einer schwierigen Aufgabe sollten auf die jeweilige Aufgabenschwierigkeit zurückgeführt werden, Misserfolg bei leichten Aufgaben und Erfolg bei sehr schwierigen Aufgaben hingegen auf Zufall. In diesen Fällen ist also von der Aufgabenbearbeitung kein Informationsgewinn bezüglich der eigenen Person zu erwarten.

Mittelschwere Aufgaben. Bei subjektiv mittelschweren Aufgaben dagegen werden die Personen zum Teil Erfolg haben, zum Teil Misserfolg. Diese Leistungsergebnisse geben Auskunft über die eigenen Fähigkeiten, denn nur Personen mit den relevanten Fähigkeiten haben wahrscheinlich Erfolg.

Dies gilt auch aus der Fremdperspektive: Ein Lehrer, der seinen Schülern extrem leichte oder schwierige Aufgaben gibt, erfährt nur wenig über ihre Fähigkeiten, denn die meisten Schüler werden bei sehr leichten Aufgaben erfolgreich und bei sehr schwierigen Aufgaben nicht erfolgreich sein. Nur mittelschwere Aufgaben geben dem Lehrer Auskunft darüber, welche Schüler eher hohe oder eher geringe Fähigkeiten haben.

Vorhersage von Leistungsergebnissen. Da die eigene Fähigkeit ein (relativ) stabiles Merkmal der Person ist, erlaubt sie auch die Vorhersage zukünftiger Leistungsergebnisse. Sowohl das bessere Verständnis der eigenen Person wie auch die Vorhersage zukünftiger Leistungsergebnisse stehen gänzlich in Einklang mit dem Menschenbild der Attributionstheorie. Diese Überlegungen werden durch eine Reihe von Untersuchungen gestützt (Frieze & Weiner, 1971; Weiner & Kukla, 1970; Trope & Brickman, 1975; Meyer et al., 1976).

Informationsgewinn oder Affektmaximierung? Heckhausen (1990) hat in diesem Zusammenhang auf ein Problem hingewiesen; hierzu bedarf es eines genaueren Vergleichs zwischen Atkinsons Leistungsmotivationstheorie und attributionalen Theorien. Die Theorie der Leistungsmotivation basiert auf dem hedonistischen Prinzip der Affektmaximierung, dem zufolge Personen danach streben, bestimmte positive Affekte (Stolz) zu maximieren und negative Affekte (Scham) zu minimieren. Die attributionale Erklärung der Aufgabenwahl stellt diesem Prinzip das kognitive Bedürfnis der Person entgegen, Informationen über die eigene Person zu erhalten und so zukünftige eigene Handlungen und Handlungsergebnisse besser vorhersagen zu können. Heckhausen (1990) weist darauf hin, dass auch diese Erklärung mit dem Prinzip der Affektmaximierung übereinstimmen könnte. Warum ist dies so?

Stolz und auf den Selbstwert bezogene Emotionen nach Erfolg und Misserfolg sind von der Lokationsdimension abhängig: Internale Attributionen nach Erfolg lösen Stolz und eine Erhöhung des Selbstwertes aus, externale Attributionen nach Misserfolg beugen einer Beeinträchtigung des Selbstwertes und dem Erleben entsprechender negativer Emotionen vor. Somit könnten insbesondere Personen mit einem hohen oder mittleren Fähigkeitskonzept bei der Wahl subjektiv mittelschwerer Aufgaben positive Emotionen maximieren, Personen mit einem niedrigen Fähigkeitskonzept bei der Wahl sehr leichter oder sehr schwerer Aufgaben negative Emotionen minimieren (die Begriffe Affekt und Emotion werden hier synonym verwendet).

Demnach gibt es zwei Varianten einer attributionalen Erklärung der Aufgabenwahl: Die eine betont den Informationsgewinn dank internaler Attributionen, die andere die Maximierung positiver Affekte aufgrund internaler Attributionen von Erfolgen bzw. die Minimierung negativer Affekte infolge externaler Attributionen von Misserfolgen. Im Gegensatz zur Leistungsmotivationstheorie determinieren beiden Varianten zufolge nicht überdauernde Motivdispositionen das Leistungshandeln. Zwar behauptet auch die zweite Variante eine Affektmaximierung, es gibt allerdings zwei Unterschiede (siehe auch Meyer et al., 1976):

(1) Nicht nur die Emotionen Stolz und Scham werden maximiert bzw. minimiert, sondern Stolz bzw. Scham und andere auf den Selbstwert bezogene Emotionen.

(2) Diese Affektmaximierung beruht auf subjektiven kognitiven Überlegungen zu den emotionalen Konsequenzen von möglichen Attributionen.

Anstrengung

Heiders naiver Handlungsanalyse zufolge (1958) ist Anstrengung eine Funktion von Aufgabenschwierigkeit und eigenen (wahrgenommenen) Fähigkeiten: Je schwieriger die Aufgabe und je geringer die eigene Fähigkeit ist, desto mehr Anstrengung muss aufgewendet werden, um die Aufgabe erfolgreich zu bearbeiten (und umgekehrt). Hierbei sind die Anstrengungskalkulation und die tatsächlich aufgewendete Anstrengung voneinander zu unterscheiden (siehe 7.1.6).

Aspekte der Anstrengungskalkulation. Bei den gedanklichen Prozessen bezüglich der voraussichtlich aufzuwendenden Anstrengung werden verschiedene Aspekte berücksichtigt:

(1) Bevor wir eine Aufgabe anfangen, überlegen wir, ob wir diese Aufgabe überhaupt bewältigen können oder wollen.

(2) Hierzu setzen wir die eigene wahrgenommene Fähigkeit und die wahrgenommene Aufgabenschwierigkeit zueinander in Beziehung und berechnen so die zur erfolgreichen Aufgabenbearbeitung voraussichtlich aufzuwendende Anstrengung sowie die subjektive Erfolgserwartung.

(3) Wir fragen uns nicht nur, wie viel Anstrengung zur Bewältigung einer Aufgabe erforderlich ist, sondern auch, ob unsere gegenwärtigen Ressourcen es überhaupt erlauben, diese Anstrengung auch tatsächlich aufzuwenden.

Experimente zur Anstrengungskalkulation. Prozesse der Anstrengungskalkulation lassen sich untersuchen, indem Probanden dazu befragt werden, welches Ausmaß an Anstrengung sie für eine bestimmte Aufgabe aufwenden wollen. Meyer und Hallermann (1974) haben die genannten Zusammenhänge zwischen wahrgenommener eigener Fähigkeit, Aufgabenschwierigkeit und intendierter Anstrengung bei einer sportbezogenen Aufgabe untersucht: Schüler sollten Angaben über ihre diesbezüglichen subjektiven Fähigkeiten machen und sich vorstellen, unterschiedlich schwierige Aufgaben (von sehr leicht bis sehr schwer) zu bearbeiten. Als abhängige Variable wurden die subjektiven Erfolgserwartungen und das Ausmaß intendierter Anstrengung erfasst. Die Ergebnisse bestätigen die Überlegungen zur Anstrengungskalkulation:

(1) Die subjektive Erfolgserwartung nimmt bei zunehmend schwierigeren Aufgaben ab.

(2) Die Erfolgserwartung variiert zudem in Abhängigkeit vom Fähigkeitskonzept der Schüler: Je höher das Fähigkeitskonzept, desto höher die Erfolgserwartung.

(3) Eine mittlere Erfolgserwartung ist für subjektiv fähigere Schülern bei eher schwierigen Aufgaben gegeben, bei den subjektiv wenig fähigen Schülern dagegen bei eher leichten Aufgaben.

(4) Die intendierte Anstrengung wird sowohl durch die (subjektive) Fähigkeit als auch durch die (wahrgenommene) Aufgabenschwierigkeit bestimmt.

(5) Diese intendierte Anstrengung ist bei mittelschweren Aufgaben am größten.

Indikatoren für die tatsächliche Anstrengung. Anstrengung lässt sich am besten definieren als die Mobilisierung von Ressourcen, um ein instrumentelles Verhalten auszuführen (Dewey, 1897; Brehm & Self, 1989). Im Gegensatz zu einem abstrakten Konzept wie dem der Fähigkeit kann aufgewendete Anstrengung zumindest in manchen Fällen direkt beobachtet werden. Als Indikatoren für Anstrengung sind in der Motivationspsychologie verschiedene Maße verwendet worden, die jedoch mit spezifischen Problemen verbunden sind:

▶ **Selbstberichte:** Berichte über eigene Anstrengung sind nicht frei von verzerrenden Einflüssen. So könnten Personen bestrebt sein, ein höheres Ausmaß an Anstrengung zu berichten, um sozialen Erwartungen zu entsprechen, oder aber ein niedrigeres Ausmaß an Anstrengung, da dies auf höhere Fähigkeiten schließen lässt.

▶ **Ausdauer:** Sie ist insbesondere in der frühen Leistungsmotivationsforschung als Indikator für Anstrengung gewertet worden. Auch dies ist problematisch, da Ausdauer und Anstrengung zwar eine große Übereinstimmung aufweisen können, diese Operationalisierung von Anstrengung aber keine Auskunft über die Intensität der Aufgabenbearbeitung gibt. So kann eine Person lange Zeit bei einer Aufgabe verweilen, ohne viele Ressourcen zu mobilisieren.

▶ **Erzielte Leistung:** Dieser Indikator hat den Nachteil, dass die Leistung neben anderen Faktoren ein Resultat aus Anstrengung und Fähigkeit ist. Dasselbe Leistungsergebnis zweier Personen kann also auch bei gleichem Zeitaufwand darauf zurückgehen, dass die eine Person aufgrund höherer Fähigkeit weniger Anstrengung aufwenden musste als die andere.

Kardiovaskuläre Reaktionen. In neuerer Zeit wurde dieses methodische Problem durch Messungen kardiovaskulärer Reaktionen (Reaktionen des Herz-Kreislauf-Systems) während der Aufgabenbearbeitung gelöst. Ausgehend von Befunden zu kardiovaskulären Reaktionen bei physischen Anstrengungen (z. B. Obrist, 1981) haben Wright und Mitarbeiter (z. B. Wright, 1998) gezeigt, dass auch kognitive Anstrengungen solche Reaktionen bewirken. Dabei sind Herzschlagrate sowie systolischer und diastolischer Blutdruck (d. h. während der Anspannung bzw. Entspannung der Herzmuskulatur) zu unterscheiden. Da der systolische Blutdruck ein direkter Indikator der Aktivität des sympathischen Nervensystems ist, liefert er einen sehr guten Anhaltspunkt für die Mobilisierung von Ressourcen (Wright, 1996).

Theorie der Motivationsintensität. Brehm und Mitarbeiter (z. B. Brehm & Self, 1989) schlugen eine Theorie der Motivationsintensität vor, die anhand solcher kardiovaskulären Daten überprüft wurde. Sie basiert auf dem Schwierigkeitsgesetz der Motivation von Hillgruber (1912). Demnach wird eine Person genau so viel Anstrengung aufwenden, wie subjektiv nötig erscheint, um eine gegebene Anforderung oder Aufgabe zu lösen. Kommt die Person zu dem

Schluss, dass die Aufgabe zu schwierig sei, um diese lösen zu können, so unterlässt sie weitere Anstrengungen.

Dieser Zusammenhang wurde durch empirische Untersuchungen von Wright und Mitarbeitern (z. B. Wright & Brehm, 1989) sowie von Gendolla (z. B. 1998, 1999; Gendolla & Krüsken, 2001; Gendolla 2002) bestätigt. Somit hat die Erfassung der kardiovaskulären Reaktivität einen großen Fortschritt bei der Messung von Anstrengung mit sich gebracht.

Zum Einfluss von Attributionen und Attributionsdimensionen auf das Leistungshandeln

	Vom Ergebnis abhängige Emotion		Attributionsdimension	Ausprägung der Attributionsdimension	Auswirkung auf das Erleben	Auswirkung auf Kognitionen	Auswirkung auf das Verhalten
Erfolg	Freude	→	Stabilität	stabil … →		Erfolgserwartungen	Wahl schwierigerer Aufgaben, Anstrengungs- und Ausdauer-Regulation
Erfolg	Freude	→	Stabilität	variabel … →		Erfolgserwartungen	Wahl gleich schwieriger oder leichterer Aufgaben, Anstrengungs- und Ausdauer-Regulation
						↑	
Erfolg	Freude	→	Lokation	internal … →	Stolz, höherer Selbstwert	höheres Fähigkeitskonzept	
Erfolg	Freude	→	Lokation	external … →	kein höherer Selbstwert	kein höheres Fähigkeitskonzept	
Misserfolg	Frustration, Traurigkeit	→	Stabilität	stabil … →		Erfolgserwartungen	Wahl leichterer Aufgaben, Anstrengungs- und Ausdauer-Regulation
Misserfolg	Frustration, Traurigkeit	→	Stabilität	variabel … →		Erfolgserwartungen	Wahl gleich schwieriger oder leichterer Aufgaben, Anstrengungs- und Ausdauer-Regulation
						↑	
Misserfolg	Frustration, Traurigkeit	→	Lokation	internal … →	geringerer Selbstwert	geringeres Fähigkeitskonzept	
Misserfolg	Frustration, Traurigkeit	→	Lokation	external … →	kein geringerer Selbstwert	kein geringeres Fähigkeitskonzept	

8.2.2 Attributionale Analysen von Hilfe und Aggression

Theorie der Verantwortlichkeit. Unter den zahlreichen Auswirkungen von Ursachenzuschreibungen auf soziales Verhalten konzentrieren wir uns in diesem Abschnitt auf die Vorhersage von Hilfeleistung und Aggression. Weiner (z. B. 1995) schlug hierzu eine Theorie der Verantwortlichkeit vor, der zufolge Zuschreibungen von Verantwortlichkeit unser pro- bzw. antisoziales Verhalten bestimmen.

Wenn wir z. B. entscheiden wollen, ob wir einer Person die erbetene Hilfe leisten sollen, so berücksichtigen wir in der Regel, ob sie für ihre Notlage selbst verantwortlich ist oder nicht: Im letzten Fall sollte Hilfeleistung nach Weiners Theorie viel wahrscheinlicher sein. Andererseits werden wir wahrscheinlich eher aggressiv reagieren, wenn wir davon überzeugt sind, dass jemand uns absichtlich geschadet hat, als im gegenteiligen Fall.

Kriterien für die Zuschreibung von Verantwortlichkeit

Weiner postulierte drei Kriterien dafür, dass wir einer Person Verantwortlichkeit zuschreiben:
(1) persönliche Kausalität,
(2) kontrollierbare Ursachen und
(3) die Abwesenheit mildernder Umstände.

Persönliche Kausalität. Der Begriff geht zurück auf Heider (1958; siehe 7.1.7). Heider unterscheidet zwischen Ursachen, die in der Person lokalisiert sind, und Ursachen, die in der Situation lokalisiert sind. Wenn Sie z. B. ein Klavierkonzert geben wollen und es daran scheitert, dass der Flügel verstimmt ist, so ist dies keine persönliche Ursache.

Kontrollierbarkeit der Ursache. Auch im Falle persönlicher Kausalität kann eine Ursache unkontrollierbar sein. Dies ist z. B. dann der Fall, wenn Sie zu Ihrem Klavierkonzert trotz einer akuten fiebrigen Erkrankung antreten müssen und das Konzert deshalb misslingt; hier ist die Erkrankung eine persönliche Ursache, die jedoch nicht kontrollierbar ist.

Mildernde Umstände. Dieser Begriff ist ist insbesondere aus der Rechtsprechung bekannt. Stellen Sie sich vor, Sie sind Schöffe an einem Gericht, und Ihre Aufgabe ist es, einem Verbrecher (bei dem persönliche Kausalität und Kontrollierbarkeit vorliegen) eine angemessene Strafe beizumessen. Wann sollten Sie „mildernde Umstände" anerkennen, die zu einer Herabsetzung der üblichen Strafe führen? Dies sollte einschlägigen Gesetzestexten gemäß dann der Fall sein, wenn

(1) der Täter „aus achtungswerten Beweggründen, in schwerer Bedrängnis, unter dem Eindruck einer schweren Drohung, auf Veranlassung einer Person, der er Gehorsam schuldig oder von der er abhängig ist", gehandelt hat;
(2) er durch das Verhalten des Verletzten ernstlich in Versuchung geführt wurde;
(3) er durch starke Emotionen (so etwa „Zorn oder großer Schmerz über eine ungerechte Reizung oder Kränkung") hingerissen wurde;
(4) er aufrichtige Reue zeigt und den Schaden, soweit es ihm zuzumuten ist, ersetzt hat;
(5) seit der Tat verhältnismäßig lange Zeit verstrichen ist und der Täter sich während dieser Zeit wohl verhalten hat;
(6) der Täter im Alter von 18 bis 20 Jahren noch nicht die volle Einsicht in das Unrecht seiner Tat besaß.

Fazit. Die Ursachendimension der Kontrollierbarkeit ist für die Zuschreibung von Verantwortlichkeit sehr wichtig, jedoch nicht mit dieser gleichzusetzen: Wir messen Ursachen die Merkmale kontrollierbar versus nicht kontrollierbar bei, schreiben aber Personen Verantwortlichkeit zu oder nicht zu. Sofern keine mildernden Umstände vorliegen, wird eine Person, deren Zustand oder Handlung auf persönliche und kontrollierbare Ursachen zurückzuführen ist, zu Recht dafür verantwortlich gemacht werden können.

Vorhersage von Hilfeverhalten und Aggression

Hilfeverhalten. Weiner nimmt an, dass die Zuschreibung von Verantwortlichkeit in hohem Maße die Wahrscheinlichkeit bestimmt, mit der einer hilfsbedürftigen Person geholfen wird. Hierbei ist zwischen mehreren Aspekten unseres Erlebens und Verhaltens zu unterscheiden:
(1) Kognitive Wahrnehmung der Situation: Ist die Person für ihre Bedürftigkeit verantwortlich oder nicht?
(2) Emotionale Reaktionen: Empfinden wir Mitleid mit der bedürftigen Person oder Ärger über sie?
(3) Verhaltensreaktion: Helfen wir der hilfsbedürftigen Person, ignorieren wir sie, oder sanktionieren wir sie negativ?

Sequenzmodell. Weiners Theorie ist ein Sequenzmodell: Sie soll die Abfolge von Kognition, Emotion und Verhalten darstellen, wobei die empfundenen Emotionen (Mitleid und Ärger) zwischen Situationswahrnehmung und Verhaltensreaktion vermitteln. Darüber hinaus legt die Theorie fest, welche kognitiven und emotionalen Variablen das Hilfeverhalten vorhersagen:
(1) die Wahrnehmung von Kontrollierbarkeit und Verantwortlichkeit
(2) die Emotionen Mitleid und Ärger.

Mitleid und Ärger. Weiner zufolge führt die Wahrnehmung geringer Kontrollierbarkeit und Verantwortlichkeit mit hoher Wahrscheinlichkeit zu Mitleid und hemmt das Auftreten von Ärger; beides sollte wiederum die Wahrscheinlichkeit von Hilfeverhalten erhöhen. Dagegen führt die Wahrnehmung hoher Kontrollierbarkeit und Verantwortlichkeit mit hoher Wahrscheinlichkeit zu Ärger und hemmt das Auftreten von Mitleid; beides sollte wiederum die Wahrscheinlichkeit von Hilfeverhalten senken.

Aggression. Die Vorhersage aggressiven Verhaltens folgt einem entsprechenden Sequenzmodell wie dem des Hilfeverhaltens: Es beinhaltet dieselben kognitiven (Wahrnehmungen von Kontrollierbarkeit und Verantwortlichkeit) und emotionalen Variablen (die Emotionen Mitleid und Ärger). Hierbei sollte Ärger aggressives Verhalten wahrscheinlicher machen, während Mitleid die Wahrscheinlichkeit aggressiven Verhaltens senken sollte.
In den Worten von Weiner (1995): „The basic argument […] is that if a person is the victim of a harmful act, then that person seeks to determine the cause of that infraction. If the act was committed by another person, if the person is perceived as subject to volitional control, and if there are no mitigating circumstances, then the perpetrator of the misdeed is inferred to be responsible for his or her conduct. This gives rise to anger and the tendency to engage in hostile retaliation. […] On the other hand, if the offender is not perceived to be responsible for the damage, then anger will not be experienced and the tendency to respond aggressively […] will not be aroused." (S. 187)

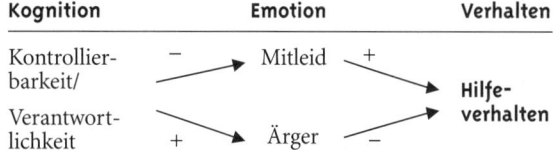

Abbildung 8.1 Weiners Sequenzmodell des Hilfeverhaltens. Ob wir einem Menschen in Not helfen oder nicht, hängt zunächst von kognitiven Faktoren (Wahrnehmung von Kontrollierbarkeit und Verantwortlichkeit) ab, weiterhin von emotionalen Faktoren; Mitleid erhöht und Ärger senkt die Wahrscheinlichkeit von Hilfeverhalten

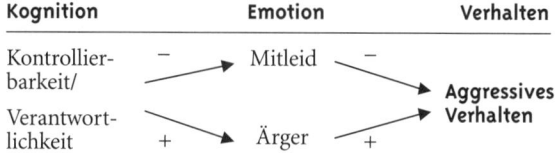

Abbildung 8.2 Weiners Sequenzmodell des aggressiven Verhaltens. Es entspricht dem Modell des Hilfeverhaltens, wobei allerdings Ärger die Wahrscheinlichkeit aggressiven Verhaltens erhöht und Mitleid diese senkt

Einschränkungen von Weiners Theorie der Verantwortlichkeit

Wie Weiner (1995) selbst betont, ist seine Theorie der Verantwortlichkeit keine generelle Theorie sozialen Verhaltens, da sie keineswegs alle dessen Determinanten vollständig erfasst. So ist Hilfeverhalten umso wahrscheinlicher, je geringer die Zahl der potentiellen Helfer ist (Latané & Darley, 1968); auch die Sympathie oder das verwandtschaftliche Verhältnis zwischen Helfendem und Hilfsbedürftigen spielt eine Rolle (einen Überblick geben Carlson & Miller, 1987). Aggressives Verhalten wird auch durch soziodemographische Variablen wie Alter, Wohnort und Armut vorhergesagt; ferner wirken klimatische und sogar meteorologische Bedingungen mit (Berkowitz, 1993).

Reaktive Aggressionen. Weiner betont ferner, dass sein Modell nur reaktive Aggressionen erklären kann, d. h. Reaktionen auf vorhergehende aggressive Handlungen einer anderen Person, nicht aber sogenannte proaktive Aggressionen, also den Beginn einer aggressiven Interaktion.

Situationen ohne Verantwortlichkeitszuschreibung. Schließlich wird eine Person nicht in jeder Art von Situation Gelegenheit oder das Bedürfnis haben, erst eine aufwendige kognitive Analyse der Situation vorzunehmen, bevor sie zu handeln anfängt. Hier sind insbesondere zwei Fälle denkbar, in denen eine Verantwortlichkeitszuschreibung keine Rolle spielt:

(1) Wenn Sie unmittelbar bedroht sind und sofort handeln müssen oder wenn eine andere Person in Gefahr oder Not ist und es um Leben und Tod geht, werden Sie sich nicht erst überlegen, ob Sie der Person, die Sie bedroht bzw. gefährdet ist, Verantwortlichkeit zuschreiben können.

(2) Auch in vielen alltäglichen und vergleichsweise unwichtigen Situationen werden Sie nicht erst die Ursachen analysieren. Wenn z. B. eine andere Person Sie um Wechselgeld für die Parkuhr bittet, werden Sie sich wohl kaum fragen, ob diese Person nicht vorsorglich Wechselgeld hätte bereithalten können (vgl. Langer, Blank & Chanowitz, 1978).

Studien zu Weiners Theorie. Da die Vielzahl der empirischen Studie zu Weiners Theorie kaum zu überschauen ist, beschränken wir uns darauf, im Folgenden ein Beispiel für eine solche Studie sowie die Ergebnisse einer Metaanalyse wiederzugeben, die diese Vielzahl von Studien systematisch zusammenfasst.

Beispiel einer Studie: Reaktionen auf Stigmata

Das Wort „Stigma" ist griechischen Ursprungs und bezeichnete ursprünglich das Zeichen, mit dem die Sklaven auf der Stirn als Strafe für Entlaufen oder andere Vergehen gebrandmarkt wurden. Im heutigen englischen wie deutschen Sprachgebrauch hat dieser Begriff eine die erweiterte Bedeutung: Ein Stigma ist das Anzeichen einer physischen oder mentalen Abweichung oder eines negativen Zustandes (Goffman, 1963; Jones et al., 1984).

Experiment. Weiner et al. (1988) haben die Wahrnehmungen und Reaktionen bezüglich stigmatisierter Personen untersucht. Den Probanden wurden Personen mit verschiedenen Stigmata beschrieben (Alzheimerkrankheit, Erblindung, Krebserkrankung, koronare Herzkrankheit, Querschnittslähmung, Vietnamkrieg-Syndrom, AIDS, Kindesmisshandlung, Drogenmissbrauch und Übergewicht). Die Probanden sollten angeben, inwieweit die so stigmatisierte Person für dieses Stigma verantwortlich ist, ob und wie viel Mitleid und Ärger man gegenüber solchen Personen empfindet und inwieweit man bereit ist, für eine solche Person zu spenden oder ihr persönlich zu helfen. Unabhängige Variable sind somit die verschiedenen Formen von Stigmata, abhängige Variablen die Einschätzungen von eigenen Attributionen (Verantwortlichkeit), Emotionen (Mitleid, Ärger) und eigenem Hilfeverhalten (Spendenbereitschaft, persönliche Hilfe).

Tabelle 8.1 Die Tabelle zeigt, wie unterschiedliche Stigmata im Hinblick auf Verantwortlichkeit eingeschätzt werden. Die Stigmata sind in der Reihenfolge der Verantwortlichkeitsurteile aufgeführt und beginnen mit jenen Stigmata, für die besonders geringe Verantwortlichkeitsurteile gefunden wurden, so etwa die Alzheimersche Krankheit oder Erblindung. Am Ende der Tabelle finden Sie jene Stigmata, für die besonders hohe Verantwortlichkeitsurteile gefunden wurden, nämlich Kindesmissbrauch, Übergewicht und Drogenmissbrauch. Während bei einigen der vorgelegten Stigmata unmittelbar klar ist, ob die betreffende Person mehr oder weniger verantwortlich ist, ist dies jedoch bei anderen nicht der Fall: Eine Infektion mit HIV beispielsweise kann auf die Verwendung unreiner Blutkonserven zurückgehen (geringe Verantwortlichkeit) oder aber auf häufige ungeschützte sexuelle Kontakte (hohe Verantwortlichkeit). Der resultierende mittlere Wert ($M = 4.4$ auf einer Skala von 0 bis 9) dürfte also darauf zurückgehen, dass verschiedene Personen ganz unterschiedliche Einschätzungen vornehmen

Stigma	Kognition	Emotion		Verhalten	
	Verantwortlichkeit	Mitleid	Ärger	Persönliche Hilfe	Spendenbereitschaft
Alzheimerkrankheit	0,8	7,9	1,4	8,0	6,9
Erblindung	0,9	7,4	1,7	8,5	7,2
Koronare Herzkrankheit	1,6	8,0	1,6	8,4	8,1
Krebserkrankung	2,5	7,4	1,6	8,0	7,5
Querschnittslähmung	1,6	7,6	1,4	8,1	7,1
Vietnamkrieg-Syndrom	1,7	7,1	2,1	7,0	6,2
AIDS-Erkrankung	4,4	6,2	4,0	5,8	6,5
Kindesmissbrauch	5,2	3,3	7,9	4,6	4,0
Übergewicht	5,3	5,1	3,3	5,8	4,0
Drogenmissbrauch	6,5	4,0	6,4	5,3	5,0

Resultate. Verschiedene Einschätzungen von Verantwortlichkeit gehen mit systematischen Unterschieden der emotionalen und behavioralen Reaktionen einher (siehe Tab. 8.1): Mitleid ist hoch und Ärger gering ausgeprägt, wenn ein Stigma als wenig kontrollierbar angesehen wird. Sowohl die Bereitschaft zur persönlichen Hilfe wie auch Spendenbereitschaft sind bei geringer Verantwortlichkeit am höchsten ausgeprägt und sinken mit zunehmender Verantwortlichkeit kontinuierlich ab. Diese Zusammenhänge werden durch entsprechende Korrelationen zwischen den einzelnen Variablen bestätigt.

Metaanalyse zu Weiners Theorie der Verantwortlichkeit

Rudolph et al. (2004) haben die einschlägigen Studien zusammengefasst; einbezogen wurden 64 experimentelle Untersuchungen mit insgesamt mehr als 12.000 Probanden. Untersucht wurden kulturelle Variablen, methodische Untersuchungsmerkmale sowie die Frage, ob das postulierte Modell auch bei der Erfassung tatsächlichen Verhaltens gültig ist. Zusammenfassend kann festgehalten werden, dass Weiners Modell für verschiedene Kulturen gleichermaßen gilt (z. B. USA, Deutschland, Japan, China), anhand einer Vielzahl verschiedener Methoden belegt ist und bei der Erfassung echter Hilfeleistungen und echter Aggressionen bestätigt wird.

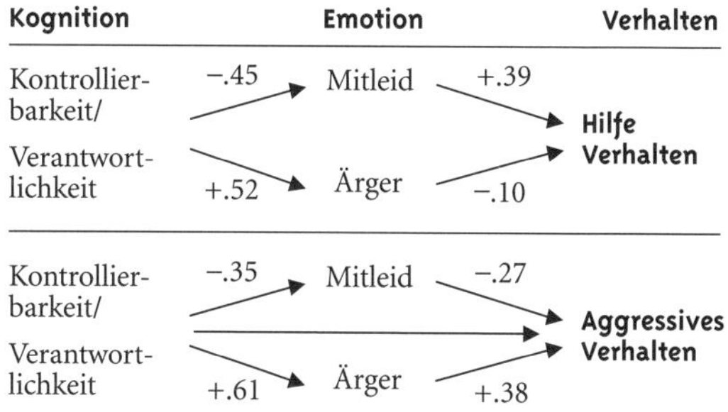

Abbildung 8.3 Empirische Modelle zur Vorhersage von Hilfe und Aggression auf der Basis einer Metaanalyse aller verfügbaren Daten (Rudolph et al., 2004). Diese betreffen eine Gesamtanalyse über alle vorliegenden Studien mit einer sehr großen Zahl von Probanden, so dass die Ergebnisse als sehr zuverlässig gelten können. Der Einfachheit halber können Sie die in der Abbildung wiedergegebenen Pfadkoeffizienten als Korrelationen interpretieren (für das Verständnis dieser Zusammenhänge ist es nicht notwendig, die Methode der Pfadanalyse sowie den Unterschied zwischen Pfad- und Korrelationskoeffizienten zu verstehen)

8.2.3 Die Reduktion von Verantwortlichkeitszuschreibungen

Eine Implikation von Weiners Theorie besteht darin, dass es unangenehm sein kann, für einen negativen Zustand oder eine negative Handlung verantwortlich gemacht zu werden. Diese Annahme wird auch durch Alltagsbeobachtungen bestätigt: Ein Lehrer wird viel ärgerlicher sein, wenn ein Schüler faul war, als wenn er krankheitshalber nicht lernen konnte. Wenn ein Freund von Ihnen zum vereinbarten Kinobesuch nicht erscheint, so macht es einen großen Unterschied, ob er durch einen Verkehrsunfall aufgehalten wurde oder ob er den Termin schlichtweg vergessen hat. Dies bedeutet, dass wir gute Gründe haben können, die von anderen wahrgenommenen Ursachen zu beeinflussen. Wir können dies auf unterschiedlichen Stufen des Prozesses der Verantwortlichkeitszuschreibung tun (siehe Übersicht).

Entschuldigungen. Ein Teil der attributionstheoretischen Forschung hat untersucht, welche Entschuldigungen Personen bevorzugen, wenn negative Ereignisse eingetreten sind. Hierbei zeigte sich:

▶ Entschuldigungen treten mit höherer Wahrscheinlichkeit auf, wenn es um wichtige Dinge geht (z. B. Schlenker & Darby, 1981).

▶ Die Mehrzahl von erinnerten Entschuldigungen (etwa 75 Prozent) betrifft soziale Situationen und nicht Leistungssituationen (z. B. Weiner et al. 1991).

Strategien zur Reduktion von Verantwortlichkeit

Stufe im Prozess der Verant-wortlichkeitszuschreibung	Beispiel	Strategie
Eintreten eines negativen Ereignisses	Ein Manager, der schlechte Quartalsergebnisse erzielt	Leugnung, indem das Ereignis bestritten wird („So schlecht sind die Ergebnisse im Vergleich zu den Mitbewerbern nicht").
Das Ereignis wird persönlichen Ursachen zugeschrieben.	Es liegt am Manager selbst, dass dies passieren konnte.	Entschuldigung durch Zuschreibung auf externale Faktoren („Die Lage ist generell schlecht").
Das Ereignis wird kontrollier-baren Ursachen zugeschrieben.	Bei höherer Anstrengung und Aufmerksamkeit wäre dies nicht passiert.	Entschuldigung durch Zuschreibung auf unkontrollierbare Ursachen („Ich war zu lange krank").
Mildernde Umstände werden explizit ausgeschlossen.	Es standen genügend Ressourcen und genug Zeit zur Verfügung, Hilfe wurde nicht angefordert.	Entschuldigung und Rechtfertigung durch Bezug auf mildernde Umstände („Ich wusste nicht, dass ich hätte Hilfe anfordern können").
Es erfolgt eine Zuschreibung von Verantwortlichkeit.	„Sie sind für diese schlechten Ergebnisse verantwortlich."	Eingeständnis und Entschuldigung („Ich hätte anders handeln können, es tut mir leid").

► Entschuldigungen werden zwar zumeist geglaubt, sind jedoch nach Angaben der sich entschuldigenden Personen nur in etwa 50 Prozent der Fälle zutreffend (Weiner et al., 1987).

► Es gibt systematische Unterschiede zwischen den wahren Gründen für das Brechen eines sozialen Kontrakts (z. B. ein nicht gehaltenes Versprechen) und den vorgebrachten Entschuldigungen: Entschuldigungen beinhalten viel häufiger den Verweis auf nichtpersönliche (externale) und unkontrollierbare Ursachen (z. B. Weiner et al., 1987).

► Werden Probanden aufgefordert, besonders gute oder schlechte Entschuldigungen zu benennen, so beziehen sich die guten Entschuldigungen viel häufiger auf externale und unkontrollierbare Ursachen (z. B. Weiner et al., 1991).

► Kinder im Alter zwischen fünf und zwölf Jahren neigen mit zunehmendem Alter mehr und mehr dazu, unkontrollierbare Ursachen für eigene Fehler anzugeben, da sie die emotionalen Reaktionen auf die wahren Ursachen immer besser vorwegnehmen können (Weiner & Handel, 1985).

8.3 Anwendungen attributionaler Theorien

Die Anwendungsgebiete der attributionalen Theorien sind zu zahlreich, um diese hier alle aufzuführen. So ist im Bereich der Klinischen Psychologie insbesondere die reformulierte Theorie der gelernten Hilflosigkeit von Abramson et al. (1978, vgl. 1989; siehe 9.3.2, 9.3.3) bekannt geworden. Sie kann bestimmte Formen der Depression gut erklären und hat auch die therapeutischen Interventionen bei Depression stark beeinflusst.

In der Organisationspsychologie haben Mitchell und Mitarbeiter (z. B. Mitchell & Wood, 1980; Greene et al., 1979) eine attributionale Erklärung von Führungsverhalten vorgeschlagen. Hierbei wird allerdings nur die Lokationsdimension herangezogen, um die Reaktionen von Vorgesetzten auf schlechte Arbeitsleistungen vorherzusagen. Eine umfassendere Theorie, die auch die zahlreichen spezifischen Befunde zur Bedeutung von Attributionen am Arbeitsplatz zusammenfasst, steht noch aus.

In der angewandten Sozialpsychologie wurden insbesondere zwei Merkmale von Partnerbeziehungen durch attributionale Konzepte zu erklären und vorherzusagen versucht: die Zufriedenheit der Partner mit der Beziehung und die Reaktionen eines Partners auf das Verhalten des anderen (Bradbury & Fincham, 1992; Fincham & Hewstone, 2001).

Unter den zahlreichen Anwendungen attributionaler Konzepte in Erziehung und Unterricht betrachten wir zwei Ansätze detaillierter: Konzepte zur internalen Kontrolle und zur persönlichen Verursachung sowie das Konzept der intrinsischen Motivation.

8.3.1 Internale Kontrolle und persönliche Verursachung

Das Konzept der internalen Kontrolle

Nach Rotters (1966) sozialer Lerntheorie unterscheiden sich Personen darin, inwieweit sie die Ergebnisse ihres Handelns als internal oder external kontrolliert ansehen: Internal kontrollierte Ereignisse können von der Person und ihrem Verhalten selbst beeinflusst werden, external kontrollierte Ereignisse nicht. Bei dieser „Kontroll-Lokation" handelt es sich offenbar um eine Kombination zweier Kausaldimensionen, und zwar der Lokations- und der Kontrollierbarkeitsdimension; sie kennzeichnet jedoch nicht die Ursachenzuschreibungen für bestimmte Handlungsergebnisse oder Ereignisse, sondern vielmehr eine Persondisposition.

Disposition der Kontrollüberzeugung. Rotter (1966) zufolge gibt es Personen, die zu internal kontrollierbaren Ursachenzuschreibungen neigen, und Personen, die zu external-unkontrollierbaren Ursachenzuschreibungen neigen. Identische Umwelterfahrungen vorausgesetzt, werden Personen mit internalen Kontrollüberzeugungen in höherem Maße entsprechende Ursachenzuschreibungen vornehmen als Personen mit überwiegend externalen Kontrollüberzeugungen. Zur Messung dieser Disposition entwickelte Rotter (1966; vgl. Battle & Rotter, 1963) einen als I-E-Skala bezeichneten Fragebogen (vgl. Weiner, 1984).

Studie zur Kontrollüberzeugung. Phares (1976) hat die Auswirkungen dieses Konstruktes auf das Verhalten von Schülern untersucht. Es wird angenommen, dass Schüler und Studenten mit hohen internalen Kontrollüberzeugungen eher motiviert sind, Anstrengung und Ausdauer aufzuwenden, und daher auch bessere Lernleistungen aufweisen. Die Ergebnisse zeigen allerdings, dass diese Annahmen nicht generell bestätigt werden, sondern für unterschiedliche Bereiche variieren. So mag die internale Kontrollüberzeugung eines Schülers für ein bestimmtes Fach (z. B. Mathematik) gering ausgeprägt sein, für ein anderes Fach (z. B. Deutsch) hingegen hoch.

Das Konzept der persönlichen Verursachung

DeCharms (1968) unterscheidet in ähnlicher Weise zwischen Personen, die ihr Verhalten und dessen Konsequenzen als von sich selbst kontrolliert ansehen („origins", d. h. Urheber), und

Personen, die ihr Verhalten als von externen Kräften kontrolliert ansehen („pawns", nach den in ihren Zugmöglichkeiten eingeschränkten Bauernfiguren im Schachspiel). Diese Unterscheidung sieht vor, dass es zwischen den beiden Extrempunkten ein Kontinuum gibt und die Wahrnehmung der persönlichen Kontrolle („Verursachererleben") für die Motivation wichtiger sein sollte als die objektiven Tatbestände. Auch bei diesem Konstrukt handelt es sich um eine Persondisposition. Urheber sollten in höherem Maße dazu neigen, eigenes Handeln und die Ergebnisse dieses Handelns kontrollierbaren Ursachen zuzuschreiben und neue oder schwierige Situationen eher als Herausforderung statt als Bedrohung begreifen.

Urhebertraining in der Schule. DeCharms entwickelte allerdings kein Fragebogenverfahren, um diese Persondisposition zu erfassen, sondern ein sogenanntes „Urhebertraining" (DeCharms, 1976). Im Rahmen dieses Programms werden Lehrer angeleitet, ihre Schüler zu Verhaltensweisen zu ermutigen, die für einen Urheber charakteristisch sind:

▶ die Eigenverantwortlichkeit für das eigene Lernen anzuerkennen,

▶ sich realistische Ziele zu setzen,

▶ konkrete Pläne zu entwickeln, wie diese Ziele zu erreichen sind, und

▶ den Fortschritt bei der Umsetzung dieser Pläne fortlaufend zu bewerten.

Experimentelle Überprüfung. Im Rahmen dieser vierjährigen Längsschnittstudie arbeiteten DeCharms und Mitarbeiter kontinuierlich mit Lehrern zusammen. Hierbei gab es eine Experimentalgruppe, für die das beschriebene Urhebertraining durchgeführt wurde; in der Kontrollgruppe war dies nicht der Fall. Als abhängige Variablen wurden die Interaktionen zwischen Lehrern und Schülern im Unterricht erfasst, weiterhin auch das Erleben und Verhalten der Schulkinder. Die Ergebnisse dieser Studie belegen insgesamt, dass die Experimentalgruppe von dem Urhebertraining profitiert.

8.3.2 Intrinsische und extrinsische Motivation

Behavioristisches Verstärkungsprinzip als extrinsische Motivation. Nach den behavioristischen Ansätzen zur Motivation erhöht die Anwesenheit eines Verstärkers die Auftretenshäufigkeit eines Verhaltens. Dieses Verstärkungsprinzip kann als extrinsische Motivation bezeichnet werden, weil die Verstärkung des Verhaltens von außen kommt. Auch bei der Selbstverstärkung liegt der belohnende Stimulus in einem Bereich außerhalb der zu verstärkenden Reaktion (z. B. wenn Sie sich für eine bestimmte Leistung damit belohnen, dass Sie ins Schwimmbad gehen). In beiden Fällen wird angenommen, dass das Verhalten ein Mittel zu einem spezifischen Zweck darstellt und ausgeführt wird, weil der Verstärker folgt.

Intrinsische Motivation. Im Gegensatz hierzu wird ein intrinsisch motiviertes Verhalten um seiner selbst willen ausgeführt; die Ausführung des Verhaltens selbst wird also als angenehm oder positiv erlebt (z. B. Spazierengehen). Dies bedeutet nicht, dass Skinners Verstärkungsprinzipien (siehe 4.1.4 Verstärkungsarten und Verstärkungspläne) im Falle der intrinsischen Motivation nicht anwendbar sind. Vielmehr wird das Verhalten dadurch verstärkt, dass es um seiner selbst willen als belohnend erlebt wird.

Einfluss der subjektiven Bewertung. Nach Calder und Straw (1975) ist diese Unterscheidung von der subjektiven Bewertung der handelnden Person und den Ursachenzuschreibungen für das eigene Verhalten abhängig: Wenn z. B. ein Schüler sich selbst – seine Interessen, seine Motivation oder seine Fähigkeiten – als Ursache des eigenen Verhaltens ansieht, so hält er sich für intrinsisch motiviert. Wenn er dagegen das eigene schulische Verhalten auf äußere Anreize – z. B. eine gute Note oder eine Belohnung bzw. die Vermeidung von Tadel durch Lehrer oder Eltern – zurückführt, so hält er sich selbst für extrinsisch motiviert. Die Parallelen zwischen intrinsischer Motivation und den Konzepten der internalen Kontrolle von Rotter bzw. der persönlichen Verursachung von DeCharms sind offensichtlich.

Es scheint naheliegend, intrinsische und extrinsische Motivation als ein Kontinuum anzusehen, dessen Endpunkte als ausschließlich intrinsisch oder ausschließlich extrinsisch bezeichnet werden könnten. Diese Auffassung ist aber unzutreffend, denn extrinsische und intrinsische Motivation schließen sich nicht gegenseitig aus. So ist es möglich, dass ein Verhalten sowohl extrinsisch als auch intrinsisch motiviert ist.

Forschungsfragen. Zwei Forschungsfragen sind in Zusammenhang mit dem Konzept der intrinsischen Motivation eingehend untersucht worden:

(1) Inwieweit unterscheidet sich die Effektivität des Lernens in Abhängigkeit von diesen beiden Motivationsformen?
(2) Inwieweit beeinträchtigen extrinsische Anreize die intrinsische Motivation?

Intrinsische versus extrinsische Motivation und die Güte der Lernleistung

Studien von Gottfried (1985, 1990) belegen, dass Schüler bessere Lernergebnisse erzielen, wenn sie intrinsisch motiviert sind. Hierbei sind zwei Aspekte zu beachten: Zum einen zeigen Schüler bei einer hohen intrinsischen Motivation Verhaltensweisen, die dem Lernen besonders förderlich sind. Hierzu zählen z. B. die sorgfältigere Beachtung von Anweisungen, die Wiederholung neuer Informationen sowie die Anwendung und Einübung neu gelernten Wissens in verschiedenen Situationen. Es ist also anzunehmen, dass nicht die intrinsische Motivation an sich das Lernen fördert, sondern die damit einhergehenden Verhaltensweisen. In den Worten Skinners ließe sich sagen: Sollte es gelingen, die gleichen Verhaltensweisen unter operante Kontrolle zu bringen (extrinsische Motivation), so sollten die gleichen Lernleistungen resultieren.

Selbstwirksamkeit. Zum anderen wirkt der Lernerfolg auf die intrinsische Motivation zurück: So hat Bandura (1986) gezeigt, dass als Erfolg erlebte Lernfortschritte zu höheren Erfolgserwartungen führen sowie zu der Erwartung, Umweltereignisse und eigenes Handeln kontrollieren und somit die angestrebten Ziele erreichen zu können. Diese Erwartung bezeichnet er als Selbstwirksamkeit. Eine hohe wahrgenommene Selbstwirksamkeit wird wiederum die intrinsische Motivation des Lernenden stärken, da die Person ja die Ursachen des eigenen Handelns und der resultierenden Handlungsergebnisse in höherem Maße auf sich selbst zurückführt.

Beeinträchtigung der intrinsischen durch extrinsische Motivation

Angesichts der Befunde zur höheren Lernleistung bei intrinsischer Motivation erscheint es erstrebenswert, in Erziehung und Unterricht, in Organisationen oder auch im klinischen Kontext die intrinsische Motivation von Kindern, Schülern, Studierenden, Mitarbeitern oder Patienten zu stärken. Das von DeCharms (1969) vorgeschlagene Urhebertraining ist sicherlich ein Schritt in diese Richtung. Umso interessanter ist das Phänomen, dass eine bereits vorhandene hohe intrinsische Motivation durch externe Belohnungen, also (stärkere) extrinsische Motivation, abgeschwächt wird.

Zur korrumpierenden Wirkung von Belohnungen

Lepper, Greene und Nisbett (1973) haben folgendes Experiment zur Beeinträchtigung der intrinsischen durch extrinsische Motivation durchgeführt: Sie wählten Kindergartenkinder aus, die besonders gerne Bilder malten (hohe intrinsische Motivation). In einer ersten Versuchsphase bestand die Aufgabe der Kinder darin, genau das zu tun. Als unabhängige Variable wurde hierbei die Anwesenheit einer externen Verstärkung variiert (extrinsische Motivation). In Experimentalgruppe 1 wurde eine Belohnung für das Malen in Aussicht gestellt und gegeben, in Experimentalgruppe 2 erhielten die Kinder die gleiche Belohnung ohne vorherige Ankündigung. In einer Kontrollgruppe wurde weder eine Belohnung angekündigt noch gegeben. Als abhängige Variable wurde erfasst, mit welcher Wahrscheinlichkeit die Kinder bei einer späteren Gelegenheit freiwillig malten, wenn auch alternative Spielformen verfügbar waren. Hierbei zeigte sich, dass just die Kinder, denen eine Belohnung angekündigt wurde, die zuvor intrinsisch motivierende Tätigkeit des Malens mit signifikant geringerer Wahrscheinlichkeit wieder aufnahmen. Dieser Effekt wird auch als „korrumpierende Wirkung extrinsischer Motivation" bezeichnet.

In einem Überblicksartikel zeigen Lepper und Greene (1978), dass solche korrumpierenden Wirkungen externer Belohnungen bei ganz verschiedenen Stichproben (Kinder, Jugendliche, Erwachsene), verschiedenen Arten von Belohnungen (z. B. Geld oder soziale Anerkennung) und für ganz verschiedene Arten von Aktivitäten auftreten.

Theorie der kognitiven Bewertung. Ein sehr nützlicher Ansatz zur Erklärung dieses Phänomens ist die Theorie der kognitiven Bewertung von Deci (1975; Deci & Porac, 1978), der zufolge die Bewertung des belohnenden Stimulus über dessen korrumpierenden Effekt entscheidet: Wenn eine Person zu der Auffassung gelangt, das eigene Verhalten sei durch den belohnenden Stimulus kontrolliert worden, so wird dies die ursprüngliche intrinsische Motivation schwächen. Kommt die Person dagegen zu dem Schluss, die Belohnung informiere sie lediglich über den eigenen Erfolg bei der Tätigkeit, so wird sie mit höherer Wahrscheinlichkeit sich selbst als Verursacher des Verhaltens ansehen.

Zum einen wird so verständlich, warum im Experiment von Lepper et al. (1973) nur bei angekündigter Belohnung ein Abfall der intrinsischen Motivation zu beobachten ist, nicht aber bei unangekündigter Belohnung: Hierbei ist insbesondere der informierende Aspekt der Belohnung groß – ein bewusster Anreiz ist ja gar nicht gegeben. Bei angekündigter Belohnung ist es dagegen viel wahrscheinlicher, dass die Kinder zu dem Schluss gelangen, sie hätten die Handlung um der Belohnung willen durchgeführt – die Handlung sei also durch die Belohnung kontrolliert gewesen.

Zum anderen ist bemerkenswert, dass wiederum attributionale Konzepte die Unterschiede im motivierten Handeln erklären können: Bei einer internalen Ursachenzuschreibung (wie Freude an der Tätigkeit) besteht eine gleichbleibend hohe Motivation zur Ausführung einer Handlung; bei einer externalen Attribution (Erhalt einer Belohnung) wird die Handlung als external kontrolliert angesehen und nur dann ausgeführt, wenn tatsächlich eine Belohnung in Aussicht gestellt wird.

Förderung der intrinsischen Motivation

Lepper und Hodell (1989) haben vier Faktoren benannt, die eine intrinsische Motivation fördern: Herausforderung, Neugier, Kontrolle und Fantasie. Pintrich und Schunk (1996) haben diese vier Faktoren aufgegriffen und daraus Empfehlungen für die Praxis in Erziehung und Unterricht abgeleitet:

Herausforderung. Aktivitäten, die die Fähigkeiten der Lernenden fordern, also insbesondere mittelschwere Aufgaben, sollten die intrinsische Motivation fördern. Solche Ziele vermitteln dem Lernenden einen Zuwachs an Kompetenzen und erhöhen die Wahrnehmung von Selbstwirksamkeit und Kontrolle. Daher setzt sich der Lernende weiterhin neue herausfordernde Aufgaben, so dass die intrinsische Motivation erhalten bleibt. Mit zunehmender Kompetenz werden die anfänglich mittelschweren Aufgaben immer leichter gelöst, so dass für eine kontinuierliche Erhöhung der Aufgabenschwierigkeit zu sorgen ist, angepasst an die jeweiligen Lernfortschritte.

Neugier. Diese wird vor allem durch Ideen oder Informationen ausgelöst, die dem Lernenden neu sind und eine Diskrepanz zu seinen bisherigen Erfahrungen aufweisen. Solche Diskrepanzen veranlassen den Lernenden, nach neuen Informationen zu suchen, um diese Diskrepanzen erklären zu können. Wie bei der Aufgabenschwierigkeit sollten eher mittlere Diskrepanzen besonders günstig sein: Zu kleine Diskrepanzen werden möglicherweise nicht wahrgenommen; bei zu großen Diskrepanzen zum vorhandenem Wissen erscheint die neue Information möglicherweise wenig glaubhaft.

Kontrolle. Intrinsische Motivation sollte insbesondere durch Aktivitäten gefördert werden, die dem Lernenden ein Gefühl der Kontrolle vermitteln. So sollte ihm z. B. ein Mitspracherecht bei der Auswahl der Lernmaterialien und der Gestaltung der Lehrmethoden eingeräumt werden. Wie wir bereits gesehen haben, kommt es insbesondere bei der Bearbeitung mittelschwerer Aufgaben zu internalen und kontrollierbaren Ursachenzuschreibungen (siehe 8.2.1 zur Aufgabenwahl).

Fantasie. Spielerische Elemente und praktische Erfahrungen vermitteln oftmals ein Interesse an Inhalten, die andernfalls abstrakt und langweilig erscheinen würden. „Fantasie [im Unterricht] kann beispielsweise auf außerschulische Situationen Bezug nehmen, die für die schulischen Inhalte und deren Anwendung relevant sind, so dass der Lehrer die Lernenden über die Nützlichkeit der Lerninhalte informieren kann." (Schunk & Pintrich, 1996, S. 277 f.).

Zusammenfassung

Zur Klassifikation der Ursachen(zuschreibungen) werden in attributionalen Theorien insbesondere drei Kausaldimensionen verwendet:
(1) Lokationsdimension (internal – external)
(2) Stabilitätsdimension (stabil – variabel)
(3) Kontrollierbarkeitsdimension (kontrollierbar – unkontrollierbar).
Daraus ergibt sich eine dreidimensionale Klassifikation der Ursachen. Es spricht viel dafür, dass diese drei Dimensionen auch Bestandteil der naiven Psychologie sind. Allerdings werden nicht alle Ursachen von allen Personen in gleicher Weise nach diesen drei Kausaldimensionen eingeordnet; außerdem zeigen sich hierbei Unterschiede zwischen verschiedenen Kulturen.
Die Auswirkungen von Attributionen auf Erleben und Verhalten hängen davon ab, auf welche Ursachen wir Ereignisse zurückführen und welche dimensionalen Merkmale wir den Ursachen zuordnen. Die Attributionsforschung zu Leistungsverhalten und sozialem Verhalten hat unter anderem folgende Befunde erbracht:

▶ Stolz und Selbstwert hängen davon ab, ob Erfolg oder Misserfolg internalen Ursachen zugeschrieben werden.

- Erfolgserwartungen sind höher, wenn Erfolge auf stabile Ursachen zurückgeführt werden; das Gegenteil gilt im Falle von Misserfolg.
- Die Wahl von sehr leichten oder schwierigen Aufgaben ist meist mit externalen Attributionen (auf Schwierigkeit oder Zufall) verbunden, die Wahl von mittelschweren Aufgaben mit internalen Attributionen (auf Fähigkeit und Anstrengung). Nur im letzten Fall sagen die Leistungsergebnisse etwas über die eigenen Fähigkeiten aus.

Nach Weiners Theorie der Verantwortlichkeit bestimmen Zuschreibungen von Verantwortlichkeit unser pro- oder antisoziales Verhalten (Hilfe bzw. Aggression). Weiner nennt drei Kriterien dafür, dass wir einer Person Verantwortlichkeit zuschreiben:

(1) persönliche Kausalität
(2) kontrollierbare Ursachen
(3) die Abwesenheit mildernder Umstände.

Seinem Sequenzmodell zufolge vermitteln die emotionalen Reaktionen zwischen der kognitiven Wahrnehmung der Situation und dem sozialen Verhalten. Demgemäß erhöht nicht nur die Zuschreibung von Verantwortlichkeit Hilfeverhalten oder Aggression, sondern auch die Empfindung von Mitleid bzw. Ärger. Weiners Theorie wurde durch zahlreiche Studien und für verschiedene Kulturen bestätigt.

Vielfältige Phänomene wurden einer attributionalen Analyse zugänglich gemacht (z. B. reaktive Depression, Führungsverhalten, Partnerverhalten). Zu den wichtigsten attributionalen Konzepten in Erziehung und Unterricht gehören die Dispositionen der internalen Kontrolle (Rotter) und der persönlichen Verursachung (DeCharms), die Unterscheidung zwischen intrinsischer und extrinsischer Motivation sowie die Theorie der kognitiven Bewertung (Deci).

Denkanstöße

(1) Welche Faktoren spielen eine Rolle, wenn Sie überlegen, ob und wie viel Anstrengung Sie in ein Ziel investieren?
(2) Welche Emotionen sind Weiner zufolge attributionsabhängig? Benennen Sie die einzelnen Emotionen, die in diesem Kapitel erörtert wurden, und prüfen Sie, ob Sie diese auch schon einmal erlebt haben, wenn die entsprechenden attributionalen Voraussetzungen nicht erfüllt waren.
(3) In der Regel wollen wir, was wir (kontrollieren) können. – Warum gilt dies nur „in der Regel", aber nicht immer? Nennen Sie Beispiele, die für versus gegen diese Regel sprechen.

Weiterführende Literatur

Eine gute Einführung in attributionale Theorien des Erlebens und Verhaltens gibt Weiner. Für Studierende überaus interessant ist Meyers Überblick zur gelernten Hilflosigkeit; hier finden sich auch Bezüge zum Phänomen der reaktiven Depression und Anwendungen in Erziehung und Unterricht.

- Meyer, W.-U. (2000). Gelernte Hilflosigkeit. Bern: Huber.
- Weiner, B. (2005). Social motivation, justice, and the moral emotions: An attributional approach. Mahwah, NJ: Lawrence Erlbaum Associates.

9 Psychologie des Willens

„He who chooses his plan for himself [...] must use observation to see, reasoning
and judgment to foresee, activity to gather materials for decision, discrimination to decide,
and when he has decided, firmness and self-control to hold to his deliberate decision."
John Stuart Mill, „On Liberty" (1869)

Was Sie in diesem Kapitel erwartet

Im vorliegenden Kapitel erfolgt eine Einführung in die modernen Ansätze zur Willenspsychologie, die sich auf die Arbeiten Narziß Achs beziehen. Hierzu zählt das Rubikonmodell der Handlungsphasen, das zwischen Vorentscheidungsphase, Vorhandlungsphase, Handlungsphase und Nachhandlungsphase unterscheidet. Weiterhin betrachten wir Gollwitzers Modell zur Umsetzung von Intentionen und Handlungsplanung sowie Kuhls Theorie der Handlungskontrolle, die hand-

lungsorientierte von lageorientierten Personen im Sinne einer überdauernden Disposition unterscheidet.

Eine Anwendung dieser Modelle und Konzepte erfolgt anhand des Phänomens der gelernten Hilflosigkeit; hierbei wird eine Integration von attributionalen und volitionalen Ansätzen zur Erklärung des Phänomens vorgeschlagen.

Die Motivation, einen Entschluss umzusetzen

Das vorliegende Kapitel beschäftigt sich mit einem Motivationsproblem, das in Anlehnung an Kuhl (1983) als Realisationsmotivation bezeichnet wird, im Gegensatz zu einer Selektionsmotivation. Letztere betrifft eine Frage, die innerhalb der bisher behandelten Motivationstheorien viel Aufmerksamkeit erfahren hat: Wie wählen wir unter den verfügbaren Handlungsalternativen eine aus? Der Begriff des Willens und der Willenspsychologie ist traditionell für das zweite Motivationsproblem, die Realisierungsmotivation, reserviert worden.

Definition

Die Willenspsychologie beschäftigt sich damit, ob und gegebenenfalls wie wir einen einmal gefassten Entschluss in die Tat umsetzen.

Diese Umsetzung lässt sich in Anlehnung an Heckhausen (1989) in drei Teilaspekte unterteilen:
(1) Wann kommt es zur Initiierung einer Handlung?
(2) Wann wird eine Handlung beendet oder abgebrochen?
(3) Wie werden etwaige Handlungshindernisse überwunden?

„Über die Willenstätigkeit und das Denken"

Bevor wir neuere Ansätze zur Beantwortung dieser Fragen behandeln, ist es sinnvoll, eine historische Einordnung vorzunehmen. Zur Willenspsychologie hat es insbesondere in den beiden letzten Jahrzehnten eine Vielzahl von Publikationen gegeben, obwohl sie keineswegs eine neue

Erfindung ist. Alle psychologischen Ansätze zu diesem Thema gehen auf die Arbeiten des deutschen Psychologen Narziß Ach zurück, der sich als erster Psychologe auch in experimentellen Arbeiten mit dem Realisieren von Absichten beschäftigt hat. In seinem wichtigsten Werk „Über die Willenstätigkeit und das Denken" (1905) fasst Ach dies so zusammen: „Von den zwei Seiten des Willensproblems wird bei den vorliegenden Ausführungen nur die zweite Seite behandelt, nämlich die im Anschluss an eine Absicht oder einen Entschluss sich vollziehende Determinierung, während dagegen die erste Seite, das Zustandekommen der Absicht, keine eingehende Behandlung erfahren hat." (S. 13)

Determinierung. Dieser Begriff (synonym: die „determinierenden Tendenzen") bezeichnet Ach (1905) zufolge die Kontrolle von Handlungen im Dienste eines einmal gefassten Entschlusses. Gesetzt den Fall, dass Sie sich vorgenommen haben, Ihre Fitness zu steigern, so könnte dieser Entschluss Ihnen z. B. dann wieder einfallen, wenn Sie ein Gebäude mit einem Fahrstuhl betreten. Statt nun den Fahrstuhl zu benutzen, nehmen Sie deshalb lieber die Treppe. Die Prozesse, aufgrund deren Ihnen der einmal gefasste Entschluss wieder einfällt und Sie ihn auf diese Weise in die Tat umsetzen, gehen auf dessen determinierende Tendenz zurück.

Biographie

Narziß Ach – Psychologe und Erfinder

Narziß Ach (1872–1946) studierte von 1890 bis 1895 Medizin in Würzburg. Nach seinem Studium reiste er als Schiffsarzt nach Ostasien und Nordamerika; zwischen 1898 und 1899 studierte er Psychologie in Straßburg. Ab 1899 arbeitete er als Assistent von Oswald Külpe in Würzburg, ab 1902 bei Georg Elias Müller am Psychologischen Institut der Universität Göttingen. Ach erhielt 1906 eine Professur für Psychologie in Berlin und 1907 in Königsberg. 1922 wurde er Müllers Nachfolger in Göttingen, wo er bis 1937 lehrte. Narziss Ach war nicht nur der Begründer einer modernen – und das heißt vor allem experimentell ausgerichteten – Willenspsychologie, sondern auch der Erfinder einer ganzen Reihe technischer Apparaturen. Ach hatte sogar ernsthaft erwogen, den Ruf an die Universität in Königsberg auszuschlagen, um sich ganz seinen Erfindungen widmen zu können (Düker, 1966). So baute er auch selbst alle Apparate zur Darbietung von Versuchsmaterialien und zur Messung von Reaktionszeiten, die er in seinen Experimenten verwendete. Von besonderer Bedeutung ist der „Chronotyper", ein Gerät zur Erfassung von Reaktionszeiten, das diese erstmals nicht nur auf einer Anzeige darbieten, sondern auch auf eine Papierrolle drucken konnte. Ach und später sein wichtigster Mitarbeiter Heinrich Düker verbesserten die am Göttinger Institut erfundenen Apparate fortwährend. Spätere Versionen dieser Apparate wurden auch an anderen deutschen Instituten für Psychologie in der experimentellen Forschung eingesetzt. Daneben hatte Ach auch Patente für mehr als 50 Erfindungen inne, die außerhalb der Psychologie Anwendung fanden, so beispielsweise einen Kreiselkompass.

9.1 Das Realisieren von Absichten

9.1.1 Das Rubikonmodell der Handlungsphasen

Dem Rubikonmodell der Handlungsphasen von Heckhausen und Gollwitzer (1987; vgl. Heckhausen 1990) zufolge werden die Motivationsprozesse in vier verschiedene Phasen eingeteilt (siehe Abb. 9.1). Diese Phasen unterscheiden sich hinsichtlich ihrer gedanklichen Inhalte und Handlungsaspekte einerseits und ihrer Endresultate andererseits. Der Motivationsprozess beginnt zunächst mit einem Wunsch oder einem Bedürfnis. Nehmen wir also an, Sie halten es für wünschenswert, Ihre körperliche Fitness zu verbessern, um an diesem Beispiel die Prozesse in den vier Phasen zu verdeutlichen.

Abbildung 9.1 Das Rubikonmodell der Handlungsphasen von Heckhausen und Gollwitzer (1987). Die vier Phasen sind durch klare Grenzen voneinander getrennt; der „Rubikon" bildet den Übergang von der Planung zur Realisierung

Exkurs

„Der Würfel ist gefallen"

Woher hat das Rubikonmodell seinen Namen? Der Rubikon ist ein kleiner Fluss in Italien. Im Jahre 49 v. Chr. kehrte Julius Caesar von seinen Feldzügen in Gallien zurück, und die römischen Senatoren fürchteten die Wiederkehr des machtbewussten Feldherrn. Caesar war sich lange Zeit nicht sicher gewesen, wie er mit dem Widerstand der römischen Senatoren gegen seine politischen Ambitionen umgehen sollte. Doch schließlich entschied er sich dafür, Rom zu erobern und notfalls auch einen Krieg zu führen, um seine In-teressen durchzusetzen. Mit den berühmt gewordenen Worten „alea iacta est" („Der Würfel ist gefallen") ver-kündete Caesar seinen Entschluss, mit seinen Truppen den Rubikon zu überschreiten, der die Grenze zu Ita-lien bildete. Von diesem Moment war der Entschluss unwiderruflich geworden. Demzufolge steht der Rubi-kon in dem nach ihm benannten Modell als Metapher für das Überschreiten der Grenze vom Abwägen und Planen zum konkreten Handeln.

Die Vor-Entscheidungsphase

Gedankliche Inhalte. In dieser Phase geht es darum, verschiedene Handlungsalternativen zu finden und miteinander zu vergleichen. Das Abwägen zwischen solchen Handlungsalternativen sollte insbesondere den subjektiven Wert und die subjektive Wahrscheinlichkeit der verfügba-ren Handlungsalternativen berücksichtigen. Die Konzepte, die Sie bereits aus Atkinsons Theo-rie der Leistungsmotivation kennen, sind also hier von zentraler Bedeutung. Wenn sie zwischen den Alternativen abwägen, regelmäßig einen Waldlauf zu machen oder einen Tanzkurs zu be-suchen, dann erscheint Ihnen möglicherweise die erste Alternative sowohl besser realisierbar als auch attraktiver.

Endresultat: Zielintention. Diese Phase endet mit einer Fazittendenz. Das Abwägen führt zur Entscheidung für eine Absicht (synonym: Intention). Aus dem vergleichsweise allgemeinen Wunsch („körperliche Fitness steigern") ist eine konkrete Handlungsabsicht geworden („Ich werde regelmäßig joggen"). Sie haben sich also zum Abschluss dieser Phase unter mehreren verfügbaren Handlungsalternativen zugunsten einer dieser Alternativen als Zielintention entschieden. Im Folgenden wird der Begriff der Zielintention als Bezeichnung für das Resultat dieser Motivationsphase gebraucht, und zwar in Abgrenzung von anderen Intentionen, die in der nachfolgenden Motivationsphase gebildet werden (Heckhausen & Beckmann, 1990).

Die Vor-Handlungsphase

Eine Zielintention sagt noch nichts darüber aus, auf welche Weise und unter welchen Umständen Sie diese Intention in die Tat umsetzen werden. Dies ist die Aufgabe, die es in der Vor-Handlungsphase zu lösen gilt: Sie denken darüber nach, wann, wo, wie und für wie lange sie handeln werden; d. h., Sie machen einen konkreten Handlungsplan (Gollwitzer, 2001a, 2001b).

Gedankliche Inhalte. Die gedanklichen Inhalte sind in dieser Vor-Handlungsphase andere als in der Vor-Entscheidungsphase. Die Person wird nicht über subjektive Werte und Wahrscheinlichkeiten verschiedener Handlungsalternativen nachdenken, sondern über konkrete Umsetzungsmöglichkeiten für die Zielintention.

Endresultat: Handlungsplan. Die Vor-Handlungsphase endet mit einer „Fiat-Tendenz" (latein. fiat = „es geschehe"). Dies bedeutet, am Ende dieser Phase verfügt die Person über einen konkreten Plan, wann und wie sie eine Handlung konkret in die Tat umsetzen wird. So könnten Sie sich entscheiden, am kommenden Wochenende Joggingschuhe zu kaufen und ab der nächsten Woche an jedem Morgen vor der Arbeit joggen zu gehen.

Hierbei handelt es sich um instrumentelle Intentionen (Heckhausen & Beckmann, 1990); Gollwitzer (2001a, 2001b) bezeichnet diese auch als „implementation intentions". Mit Implementierung ist gemeint, dass eine allgemeine Zielintention in konkrete Realisierungspläne umgesetzt wird; wir verwenden daher im Folgenden den Begriff der Realisierungsintentionen, um diese von den unspezifischeren Zielintentionen abzugrenzen.

Handlungsphase

Ausführung des Handlungsplans. Während der Handlungsphase wird der Handlungsplan ausgeführt. Die Person reagiert nun flexibel auf neue Situationen und Anforderungen. Sie stellen etwa fest, dass Ihre normale Sportkleidung nicht allen Wetteranforderungen genügt und besorgen sich die notwendigen Utensilien. Oder vielleicht sind Sie in der ersten Woche nach dem Laufen immer erschöpft und reduzieren für die erste Zeit ihr Pensum.

Gedankliche Inhalte. Während der Handlungsphase sind Sie folglich zum einen mit der Ausführung der Handlung selbst beschäftigt, zum anderen vergleichen Sie Ihre ursprüngliche Realisierungsintentionen fortwährend mit den aktuellen Gegebenheiten, um flexibel reagieren zu können. So können Sie etwa Ihre Anstrengung erhöhen oder auch andere Handlungsgelegenheiten nutzen.

Endresultat: Abschluss der Handlung. Idealerweise endet die Handlungsphase mit dem erfolgreichen Abschluss der Handlung und dem Erreichen des Ziels. Nach einem Jahr regelmäßigen

Joggens werden Sie feststellen, dass Sie ihr Ziel erreicht haben: Um Ihre körperliche Fitness ist es nun besser bestellt. Natürlich ist es auch möglich, dass Sie Ihr Ziel nicht erreichen.

Die Nach-Handlungsphase

Nach Abschluss oder im negativen Fall dem Misslingen einer Handlung erfolgt eine Bewertung des Erreichten.

Gedankliche Inhalte. In dieser Phase richten sich die gedanklichen Inhalte auf einen Vergleich zwischen dem Gewünschten und dem Erreichten. Sie kommen also zu dem Schluss, dass Sie Ihr Ziel erreicht haben oder nicht erreicht haben. Sie stellen vielleicht auch fest, dass Ihr erreichtes Ziel bei weitem nicht so positiv bewerten, wie Sie sich ursprünglich vorgestellt hatten, oder aber dass Sie das Nichterreichen des Ziels keineswegs als so negativ bewerten, wie ursprünglich befürchtet.

Endresultat: Bewertung des Erreichten. In der Folge kommt es zu einer Neubewertung von Erwartung und Wert bezüglich der Zielintention, möglicherweise auch zu einem erneuten Vergleich zwischen anderen konkurrierenden Wünschen und Bedürfnissen. So könnten Sie etwa zu dem Schluss kommen, dass körperliche Fitness heutzutage überbewertet wird und Ihre sozialen Bedürfnisse beim einsamen Joggen zu kurz kommen – und sich folglich andere Dinge vornehmen.

9.1.2 Das Konzept der Bewusstseinslagen

In Zusammenhang mit diesen vier verschiedenen Handlungsphasen steht das Konzept der Bewusstseinslage von Heckhausen und Gollwitzer (1987), die dabei Arbeiten von Ach (1905) und Külpe (1903) aufgegriffen und erweitert haben. Es gibt demnach von der ersten Regung eines Wunsches oder Bedürfnisses bis zur schließlich abgeschlossenen Handlung zwei Bewusstseinslagen, die sich hinsichtlich der gedanklichen Inhalte, der Selektivität der Aufmerksamkeit und der Art der Informationsverarbeitung unterscheiden. Die Übersicht zeigt diese beiden Bewusstseinslagen zusammenfassend für die vier Phasen des Rubikonmodells.

Motivationale Bewusstseinslage

Die motivationale Bewusstseinslage ist in der Vor-Entscheidungs- und der Nach-Handlungsphase vorherrschend. Sie ist vor allem dadurch gekennzeichnet, dass verschiedene Handlungsalternativen miteinander verglichen werden, und zwar insbesondere hinsichtlich der jeweiligen subjektiven Werte und der subjektiven Wahrscheinlichkeiten, dieses Ziel auch tatsächlich zu erreichen. Um eine möglichst breite Vielfalt von möglichen Handlungsalternativen erfassen zu können, ist die Aufmerksamkeit in dieser Phase wenig fokussiert: Die Person ist offen für eine Vielzahl möglicher Handlungsalternativen, die dem jeweiligen Ziel dienen könnten. Die Informationsverarbeitung in dieser Phase wird als realitätsorientiert bezeichnet: Der Person ist daran gelegen, die verfügbaren Informationen zu bekommen, möglichst realistisch einzuschätzen und genau gegeneinander abzuwägen.

Volitionale Bewusstseinslage

Die volitionale Bewusstseinslage ist in der Vor-Handlungs- und der Handlungsphase vorherrschend. Sie ist vor allem dadurch gekennzeichnet, dass die Person an die konkreten Realisie-

Motivationale und volitionale Bewusstseinslage

	Vor-Entschei-dungsphase	Vor-Handlungs-phase	Handlungs-phase	Nach-Handlungs-phase
Bewusst-seinslage	motivational	volitional	volitional	motivational
Gedankliche Inhalte	Fokussierung auf subjektive Erwar-tungen und sub-jektive Werte	Fokussierung auf Handlungsgele-genheiten und mögliche Hin-dernisse	Fokussierung auf Handlungsgele-genheiten und mögliche Hin-dernisse	Fokussierung auf subjektive Erwar-tungen und subjek-tive Werte
Selektivität der Aufmerk-samkeit	Geringe Selektivi-tät der Aufmerk-samkeit, Offen-heit für viele Informationen	Hohe Selektivität der Aufmerksam-keit, Offenheit für wenige Informa-tionen	Hohe Selektivität der Aufmerksam-keit, Offenheit für wenige Informa-tionen	Geringe Selektivität der Aufmerksam-keit, Offenheit für viele Informationen
Art der Informations-verarbeitung	Realitätsorien-tierung: Präzise und realitäts-orientierte Infor-mationsverar-beitung	Realisierungs-orientierung: Wenig präzise, optimistische Informations-verarbeitung	Realisierungs-orientierung: Wenig präzise, optimistische Informations-verarbeitung	Realitätsorientierung: Präzise und realitäts-orientierte Informa-tionsverarbeitung
Bezeichnung in Kuhls Theorie der Handlungskontrolle	Selektions-motivation	Realisierungs-motivation	Realisierungs-motivation	Selektions-motivation

rungsmöglichkeiten der Zielintention denkt. Dies schließt Pläne ein, in denen Merkmale der Handlung, der Handlungsabfolge und der Handlungsgelegenheiten bedacht werden. Um die Zielintention auch tatsächlich beibehalten zu können, ist es in der Vor-Handlungs- und Hand-lungsphase zweckmäßig, die Aufmerksamkeit auf die Zielintention selbst sowie auf deren Um-setzung und Ausführung zu fokussieren. Die Person ist hier wenig offen für andere Handlungs-alternativen, die der Umsetzung anderer Wünsche oder Absichten dienen könnten. Die Informationsverarbeitung in dieser Phase wird als realisierungsorientiert bezeichnet: Der Per-son ist daran gelegen, optimistisch an eine Sache heranzugehen, etwaige negative Rückmeldun-gen über den Fortgang der Umsetzung auszublenden und sich nicht entmutigen zu lassen.

9.1.3 Empirische Überprüfung

Gollwitzer (2001a, 2001b) gibt einen Überblick über die zahlreichen empirischen Daten zum Rubikonmodell und zu den Auswirkungen der beiden Bewusstseinslagen. Wir betrachten hier einen kurzen Überblick über die wichtigsten Forschungsergebnisse. Insgesamt ist die Datenlage beeindruckend und bestätigt die Annahmen des Modells.

Positive Effekte von Realisierungsintentionen auf den Handlungsbeginn

Konkrete Realisierungsintentionen sollten die Wahrscheinlichkeit erhöhen, geeignete Handlungsmöglichkeiten zu entdecken, weil die Aufmerksamkeit darauf fokussiert wird. Dies betrifft drei Faktoren:

(1) erhöhte Wahrnehmungsbereitschaft für Realisierungsgelegenheiten,
(2) höhere Wahrscheinlichkeit der Unterbrechung anderer Aktivitäten sowie
(3) erhöhte Handlungsbereitschaft im Sinne einer vorliegenden Realisierungsintention.

Positive Effekte einer volitionalen Bewusstseinslage auf den Handlungsbeginn

Eine Funktion einer volitionalen Bewusstseinslage ist dem Modell zufolge das Ausblenden einer Realitätsorientierung: Ein Abwägen von subjektiven Erwartungen und Werten wird in den Hintergrund gedrängt zugunsten einer weniger realitätsnahen, optimistischeren Informationsverarbeitung. In einer volitionalen Bewusstseinslage kommt es daher mit höherer Wahrscheinlichkeit zu positiven Illusionen bezüglich der eigenen Kontrollmöglichkeiten. Weiterhin werden solche Informationen bevorzugt, die für die Realisierung einer Zielintention wichtig sind, und zwar insbesondere gegenüber Informationen über Erwartung und Wert verschiedener Alternativen.

Positive Effekte von Realisierungsintentionen und volitionaler Bewusstseinslage auf die Zielerreichung

Nicht nur beim Entdecken geeigneter Realisierungsmöglichkeiten, sondern auch während der Handlungsphase wirken sich konkrete Realisierungsintentionen und eine volitionale Bewusstseinslage positiv aus. Dies betrifft drei Fälle:

(1) **Anstrengungsaufwendung:** Es kann der Fall eintreten, dass eine unerwartet hohe Aufgabenschwierigkeit eine vermehrte Anstrengung erfordert. In unserem Beispiel könnte es sich insbesondere in der Anfangsphase als mühsam herausstellen, den Plan einzuhalten, wenn Muskelkater und Müdigkeit sich einstellen.

(2) **Ausblenden anderer Handlungsalternativen:** Es kann erforderlich sein, Ablenkungen oder andere attraktive Ziele auszublenden. Dergleichen wäre z. B. der Gedanke an das morgendliche warme Bett oder das längere Frühstück mit dem Partner.

(3) **Wiederaufnahme von Handlungen:** Gelegentlich ist es unvermeidlich, ablaufende Handlungen zu unterbrechen, weil keine Kontrolle über unvorhergesehene Unterbrechungen besteht. Stellen Sie sich vor, Sie besuchen eine Konferenz; somit haben Sie keine Möglichkeit zum täglichen Joggen. Konkrete Realisierungsintentionen und eine volitionale Bewusstseinslage tragen dazu bei, dass eine einmal unterbrochene Aufgabe mit höherer Wahrscheinlichkeit wieder aufgenommen werden kann.

9.2 Die Theorie der Handlungskontrolle

9.2.1 Prozesse der Handlungskontrolle

Am Anfang dieses Kapitels haben wir bereits die von Kuhl (1983) eingeführten Begriffe der Selektionsmotivation und der Realisierungsmotivation angesprochen. Wie die Übersicht in Abschnitt 9.1.2 zeigt, ist die Selektionsmotivation der motivationalen Bewusstseinslage bzw. der Vor-Entscheidungsphase und der Nach-Handlungsphase, die Realisierungsmotivation der volitionalen Bewusstseinslage bzw. der Vor-Handlungs- und der Handlungsphase zuzuordnen.

Handlungskontrolle zur Realisierung von Absichten

Kuhls Theorie der Handlungskontrolle zufolge wird die Realisierung einer Handlungsalternative (nach ihrer Selektion) durch bestimmte Prozesse der Handlungskontrolle ermöglicht. Diese sind charakteristisch für die volitionale Bewusstseinslage und dann gegeben, wenn eine Zielintention in die Tat umgesetzt werden soll. Die Merkmale der Informationsverarbeitung werden von Kuhl (1985) noch genauer herausgearbeitet, als dies beim Konzept der Bewusstseinslage geschehen ist.

Zunächst finden sich auch hier die drei Merkmale einer volitionalen Bewusstseinslage nach Heckhausen und Gollwitzer (1987) wieder: selektive Aufmerksamkeit, Motivationskontrolle und sparsame Informationsverarbeitung. Zudem umfasst die Enkodierkontrolle die Art der gedanklichen Inhalte, mit denen eine Person sich im Rahmen der Realisierung einer Absicht beschäftigt.

Diese und die weiteren Prozesse der Handlungskontrolle (siehe Übersicht) müssen nicht notwendigerweise auftreten. Sie werden Kuhl (1987) zufolge jedoch immer dann wahrscheinlicher, wenn es bei der Umsetzung einer Zielintention Schwierigkeiten gibt. Das ist etwa der Fall, wenn Ablenkungen auftreten oder wenn die Aufgabe schwerer zu lösen ist, als ursprünglich gedacht.

9.2.2 Handlungsorientierung versus Lageorientierung

Kuhl (1981) zufolge können Personen sich in zwei unterschiedlichen Zuständen befinden. Der Zustand der Handlungsorientierung ist einer Realisierungsmotivation förderlich und dem Konzept der volitionalen Bewusstseinslage vergleichbar. In diesem Zustand beschäftigt sich die Person mit Prozessen oder Aktivitäten, die auf Handlungsalternativen und -pläne ausgerichtet sind, die der Realisierung der Zielintention dienen.

Im Zustand der Lageorientierung dagegen ist die Realisation einer Zielintention gefährdet oder unmöglich: Die Person beschäftigt sich weniger mit der Realisierung einer bestehenden Zielintention als vielmehr damit, über die gegenwärtige, zurückliegende oder künftige Lage nachzudenken (Heckhausen, 1990). Dieser Fall kann eintreten, wenn die Ausführung einer Handlung behindert wird (z. B. durch Umstände der Situation) oder wenn ein Handlungsplan sich als ungeeignet erweist und scheitert. Die Person wird dann über einen gerade vorliegenden Misserfolg, die möglichen Ursachen für diesen Misserfolg oder die negativen Konsequenzen dieses Misserfolgs nachdenken. Der Zustand der Lageorientierung ist daher der erfolgreichen Realisierung einer bestehenden Zielintention hinderlich.

Handlungs- versus Lageorientierung als Disposition

Ein wesentlicher Unterschied zwischen dem Konzept der Handlungs-/Lageorientierung und dem der Bewusstseinslage besteht darin, dass die Handlungs-/Lageorientierung nicht nur durch situative Umstände angeregt wird. Vielmehr stellt diese auch ein dispositionelles Personmerkmal dar. Deshalb entwickelten Kuhl und Mitarbeiter einen Fragebogen, der dieses Persönlichkeitsmerkmal anhand von drei Aspekten der Handlungs-/Lageorientierung erfasst:

(1) **Entscheidungsbezogene Handlungs-/Lageorientierung:** Dieser Aspekt misst, wie lange Personen brauchen, um eine Entscheidung zu treffen. Es wird angenommen, dass hand-

lungsorientierte Personen schneller zu Entscheidungen kommen als lageorientierte Personen.

(2) **Ausführungsbezogene Handlungs-/Lageorientierung:** Mithilfe dieser Subskala soll erfasst werden, inwiefern eine Person bei der Umsetzung einer vorliegenden Absicht ausdauernd und konzentriert bleiben kann (Handlungsorientierung) oder ob sie leicht durch andere Dinge abgelenkt wird (Lageorientierung).

(3) **Misserfolgsbezogene Handlungs-/Lageorientierung:** Dieser Aspekt erfasst die Fähigkeit, sich nicht von Misserfolgen entmutigen zu lassen und ein Projekt unverzüglich neu in Angriff zu nehmen. Eine hohe diesbezügliche Fähigkeit zeichnet handlungsorientierte Personen aus; von lageorientierten Personen wird angenommen, dass sie sich lange Zeit mit einem Misserfolg beschäftigen.

Zusammenfassend ist festzuhalten: Handlungs- und Lageorientierung können durch Situationsumstände herbeigeführt werden. Kuhl (1981) zufolge kommt es bei wiederholten Misserfolgen zum Zustand der Lageorientierung. Auch die Aufforderung, über eigene Misserfolge und/oder die damit einhergehenden Gefühle nachzudenken, kann zu diesem Zustand führen.

Zugleich ist die Handlungs-/Lageorientierung ein stabiles Personmerkmal: Bei Vorliegen gleicher Situationsbedingungen sollten Lageorientierte im Vergleich zu Handlungsorientierten:

(1) länger brauchen, um zu einer Entscheidung zu kommen,
(2) mit höherer Wahrscheinlichkeit ablenkbar sein und
(3) länger über eigene Misserfolge nachdenken und sich von solchen Misserfolgen in höherem Maße entmutigen lassen.

9.3 Anwendungen des Konzeptes der Handlungs-/Lageorientierung

Es existieren eine Vielzahl von Anwendungen volitionaler Theorien in der Klinischen Psychologie, der Gesundheitspsychologie, der Organisationspsychologie sowie in Erziehung und Unterricht. Wir betrachten hier ein Phänomen, das eine gute Ergänzung der in Kapitel 8 dargestellten Anwendungen attributionaler Theorien darstellt: die dort erwähnte erlernte Hilflosigkeit. Dabei werden wir auf zwei Erklärungsansätze eingehen: eine attributionale und eine volitionale Erklärung der erlernten Hilflosigkeit. Die attributionale Erklärung stellt eine Verbesserung der ursprünglichen Theorie der erlernten Hilflosigkeit von Seligman (1975) dar. Die volitionale Erklärung verbessert dieses Modell weiter.

9.3.1 Erlernte Hilflosigkeit

Das Phänomen der erlernten Hilflosigkeit wurde in tierexperimentellen Studien zum Vermeidungslernen entdeckt und später auch auf menschliches Lernen übertragen. Außerdem wurden Parallelen zum klinischen Phänomen der (reaktiven) Depression festgestellt.

Erlernte Hilflosigkeit in Tierexperimenten

In Studien zum sogenannten Vermeidungslernen wurde (anfangs eher zufällig) beobachtet, dass Tiere oftmals hilflos werden, wenn sie wiederholt unkontrollierbaren negativen Erfahrungen ausgesetzt waren. Overmier und Seligman (1967) sowie Seligman und Meier (1967) gingen diesen ersten Befunden systematisch nach.

Dabei wurden Versuchstiere einer Experimentalgruppe zunächst unkontrollierbaren Elektroschocks ausgesetzt, was bei der Kontrollgruppe unterblieb. Anschließend wurde in einer Testphase mit Hilfe von Millers Shuttle-Box (siehe 3.1.3) geprüft, ob die Versuchstiere lernen, kontrollierbare Elektroschocks zu vermeiden. Die Elektroschocks waren nun vermeidbar, weil die Schocks durch ein Lichtsignal angekündigt wurden, so dass die Versuchstiere das betreffende Abteil der Shuttle-Box verlassen konnten, wenn sie den Mechanismus zum Öffnen der Tür betätigten.

Die meisten Tiere der Kontrollgruppe lernten sehr schnell, den Elektroschocks zu entgehen. In der Experimentalgruppe lernte jedoch mehr als die Hälfte der Versuchstiere das entsprechende Verhalten nicht. Overmier und Seligman (1967) bezeichneten dieses Phänomen als erlernte Hilflosigkeit. In Anlehnung an die ersten Erklärungen dieses Phänomens durch Seligman (1975) und in Übereinstimmung mit Meyer (2000) wird erlernte Hilflosigkeit im Folgenden definiert als die Erwartung, Ereignisse nicht kontrollieren zu können.

Übertragung auf menschliches Verhalten

Hiroto (1974) führte ein Experiment durch, bei dem die Versuchspersonen in einer Trainingsphase unangenehme Töne hörten. Für die Experimentalgruppe waren diese Töne unkontrollierbar, für eine erste Kontrollgruppe hingegen kontrollierbar; eine weitere Kontrollgruppe nahm an dieser Trainingsphase gar nicht teil. In der folgenden Testphase schließlich hörten alle Probanden der drei Gruppen unangenehme Töne, die kontrollierbar waren.

Es zeigte sich, dass in den beiden Kontrollgruppen mehr als 80 Prozent der Probanden herausfanden, wie die Töne vermieden werden konnten; in der Experimentalgruppe waren es weniger als die Hälfte der Probanden. Wie schon in den Tierexperimenten zuvor zeigt sich also auch hier, dass Erfahrungen von Unkontrollierbarkeit zu Lerndefiziten zu einem späteren Zeitpunkt führen.

Hiroto und Seligman (1975) gelangten anhand weiterer Befunde zu der Ansicht, dass Erfahrungen von Unkontrollierbarkeit bei einem bestimmten Aufgabentyp auch auf gänzlich andere Aufgaben generalisiert werden. Diese Schlussfolgerung wurde später teilweise kritisiert; wir gehen auf diese Kritik jedoch hier nicht ein, weil dies für die Darstellung des Modells von Seligman (1975) keine wichtige Rolle spielt (vgl. Wortman & Brehm, 1975; Cole & Coyne, 1977; Meyer, 2000).

Seligmans ursprüngliche Theorie der erlernten Hilflosigkeit

Zur Erklärung der erlernten Hilflosigkeit nahm Seligman (1975) auf der Basis der ihm vorliegenden Daten an, dass:

(1) Informationen über Unkontrollierbarkeit wahrgenommen und gespeichert werden und

(2) zu einer Erwartung von Unkontrollierbarkeit führen,

(3) diese wiederum zu hilflosem Verhalten führt.

Hierbei kann sich die Erwartung von Unkontrollierbarkeit auf gleichartige Ereignisse, aber auch auf andersartige Ereignisse (Situationen) auswirken.

Symptome hilflosen Verhaltens. Das hilflose Verhalten aufgrund einer Erwartung von Unkontrollierbarkeit ist Seligman (1975) zufolge durch dreierlei Defizite gekennzeichnet:

(1) Motivationale Defizite: Diese entstehen, weil bei einer Erwartung von Unkontrollierbarkeit eine Schwächung der Motivation eintritt, zukünftige Ereignisse zu kontrollieren. Das Verhalten ist daher passiv.

(2) Kognitive Defizite: Diese bestehen, weil aufgrund der Erwartung zukünftiger Unkontrollierbarkeit nicht mehr erkannt wird, welche Ereignisse kontrollierbar sind und welche nicht.

(3) Emotionale Defizite: Wenn eine Person sicher ist, keine Kontrolle über zukünftige Ereignisse zu haben, kommt es zu einer depressiven Reaktion (Niedergeschlagenheit und Hoffnungslosigkeit). Furchtreaktionen hingegen sollten dann vorherrschen, wenn das Individuum subjektiv nicht sicher ist, ob es Kontrolle über zukünftige Ereignisse hat.

Übersicht

Defizite als Folge gelernter Hilflosigkeit

| Informationen über die Nicht-Kontingenz zwischen Ereignis und Reaktion | → | Wahrnehmung der (Nicht-)Kontingenz zwischen Ereignis und Reaktion | → | Erwartung zukünftiger Unkontrollierbarkeit des Ereignisses und auch anderer Ereignisse | → | Motivationale, kognitive und emotionale Störungen |

9.3.2 Attributionale Erklärungen der erlernten Hilflosigkeit

Defizite von Seligmans Theorie. Das ursprüngliche Modell von Seligman (1975) kann nicht erklären, warum manche Personen nach wiederholten Misserfolgen mit Symptomen erlernter Hilflosigkeit reagieren, während andere keine erlernte Hilflosigkeit zeigen und ihre Anstrengungen sogar erhöhen. Im Einzelnen kann es die folgenden Sachverhalte nicht erklären:

▶ Auswirkungen von Unkontrollierbarkeit auf das Selbstwertgefühl: Einige Personen zeigen nach wiederholten Misserfolgen (wie vorhergesagt) eine Verminderung des Selbstwertgefühls, andere Personen jedoch nicht.

▶ Generalisierung der Unkontrollierbarkeitserwartungen: Erwartungen von Unkontrollierbarkeit generalisieren zwar manchmal, nicht jedoch immer auf andere Situationen.

▶ Dauer der Symptome: Seligmans Modell macht keine Aussagen darüber, wie lange die Hilflosigkeitssymptome anhalten werden.

Ein attributionales Modell

Eine Reihe von Autoren haben diese Sachverhalte durch Einbeziehung attributionaler Theorien zu erklären versucht; am bekanntesten wurde hierbei das attributionale Modell von Abramson, Seligman und Teasdale (1978), das später von Abramson, Metalsky und Alloy (1989) erweitert wurde. Auf der Basis attributionaler Theorien lassen sich diese drei Sachverhalte anhand des Konzeptes der Kausaldimensionen (siehe 8.1) vorhersagen. Demzufolge sind die Auswirkungen von Unkontrollierbarkeitserfahrungen anhand der Ursachenzuschreibungen für die Nichtkontingenz von Ereignis und Reaktion erklärbar:

▶ Lokation der Ursache: Eine Selbstwertstörung sollte nur dann eintreten, wenn eine Nichtkontingenz auf internale Ursachen zurückgeführt wird.

▶ Globalität der Ursache: Zu einer Generalisierung der Erwartungen von Unkontrollierbarkeit sollte es dann kommen, wenn die Nichtkontingenz globalen Ursachen zugeschrieben wird.

► Stabilität der Ursache: Die Symptome der erlernten Hilflosigkeit sollten anhaltend sein, wenn die Nichtkontingenz auf stabile Ursachen zurückgeführt wird.

Der Zusammenhang zwischen Ursachenlokation und Selbstwertstörung wurde von Abramson et al. (1989) revidiert; demzufolge soll es nur dann zu einer Selbstwertbeeinträchtigung kommen, wenn die Nichtkontingenz zwischen Ereignis und Reaktion internalen, stabilen und globalen Ursachen zugeschrieben wird.

9.3.3 Erlernte Hilflosigkeit und Depression

Bereits in einem frühen Stadium der Forschung zur erlernten Hilflosigkeit wurde offenbar, dass dieses Phänomen enge Parallelen mit den Symptomen bestimmter Formen der Depression aufweist (siehe z. B. Miller & Seligman, 1974), insbesondere mit einem bestimmten Typ von depressiven Verstimmungen, der als reaktive Depression oder Hoffnungslosigkeitsdepression bezeichnet wird (Abramson et al., 1989).

Nach einschlägigen diagnostischen Systemen (z. B. DSM IV; vgl. Angst, 1987) gehört zu den wichtigsten Diagnosekriterien für eine Depression das Vorliegen von mindestens fünf von acht Symptomen, die in Tabelle 9.1 angeführt sind. Außerdem ist darin dargestellt, welche dieser Symptome einen Bezug zu den motivationalen, kognitiven und emotionalen Auswirkungen erlernter Hilflosigkeit haben. Eine reaktive Depression ist dann gegeben, wenn eine aktuelle und bewusste Auslösesituation vorausging, z. B. der Verlust eines geliebten Menschen oder des Arbeitsplatzes. Zu den Konsequenzen einer depressiven Verstimmung gehören z. B. soziale Beeinträchtigungen und Leistungsminderung.

Pessimistischer Erklärungsstil

Die Parallelen zwischen den Symptomen einer (reaktiven) Depression und den motivationalen, kognitiven und emotionalen Konsequenzen der erlernten Hilflosigkeit sind offensichtlich.

Tabelle 9.1 Diagnosekriterien für eine Depression (nach DSM IV) und ihre Kongruenz mit motivationalen, emotionalen und kognitiven Symptomen einer erlernten Hilflosigkeit

Symptome einer Depression:*	Symptome erlernter Hilflosigkeit		
	Motivational	Emotional	Kognitiv
Gewichtsschwankungen			
Schlafstörungen (auch: zu viel Schlaf)	×		
Psychomotorische Verlangsamung	×		
Interesseverlust	×		
Energieverlust und Müdigkeit (in Wachphasen)	×		
Gefühle der Wertlosigkeit und Schuld		×	
Todes- oder Suizidgedanken		×	
Gedächtnis- und Konzentrationsschwierigkeiten			×

* Anmerkung: Die Anwesenheit von 5 dieser 8 Symptome rechtfertigt die Diagnose einer Depression.

Abramson et al. (1989) erklären daher das Auftreten einer reaktiven Depression mit einem sogenannten pessimistischen Erklärungsstil. Wie schon bei der erlernten Hilflosigkeit werden hierbei die wahrgenommenen Ursachen für das negative Ereignis herangezogen, um die Symptome der reaktiven Depression zu erklären.

Demzufolge haben bestimmte Personen angesichts negativer Ereignisse eine Präferenz für internale, stabile und globale Ursachenzuschreibungen, ferner angesichts positiver Ereignisse eine Präferenz für externale, spezifische und variable Ursachenzuschreibungen. Diese Attributionen erhöhen der Theorie zufolge die Wahrscheinlichkeit einer depressiven Symptomatik, wenn unkontrollierbare Ereignisse auftreten.

Persondisposition und Fragebogen. Der pessimistische Erklärungsstil ist ein stabiles Personmerkmal, das eine depressive Reaktion auf negative Ereignisse begünstigen soll (vgl. auch Peterson & Seligman, 1984). Deshalb wurden Fragebogenverfahren entwickelt, die diese Persondisposition eines negativen Erklärungsstils messen sollen; solche Fragebogen wurden z. B. im englischen Sprachraum von Peterson et al. (1982), im deutschen Sprachraum von Stiensmeier et al. (1985) vorgelegt.

Empirische Untersuchungen

Die attributionale Erklärung der reaktiven Depression ist empirisch gut bestätigt. Sweeney et al. (1986) haben eine Meta-Analyse von insgesamt 104 einschlägigen empirischen Untersuchungen vorgelegt, die einen Zusammenhang zwischen Attributionsstil und der Wahrscheinlichkeit einer depressiven Reaktion nach negativen Lebensereignissen belegen.

Problem der Kausalbeziehung. Hautzinger und deJong (1998) weisen allerdings darauf hin, dass ein großer Teil der empirischen Daten nur eine Korrelation zwischen Attributionsstil und Depression nachweist und keine Aussagen über die kausale Beziehung zwischen diesen beiden Variablen erlaubt: So könnte es sein, dass depressive Verstimmungen vermehrt zu negativen Denkmustern und nicht etwa negative Denkmuster zu depressiven Reaktionen führen. Es ist selbst anhand aufwendiger Meta-Analysen nicht einfach, diese Frage nach dem kausalen Status von negativen Attributionsstilen zu beantworten. Dennoch ist die Beurteilung von Hautzinger und deJong in dieser Frage vermutlich zu pessimistisch, wie in den folgenden beiden Studien deutlich wird.

Attributionsstile von Schülern und Studenten. In einem Feldexperiment von Hilsman und Garber (1995) wurde der Attributionsstil von Schülern vor der Rückmeldung von Noten erfasst. Weiterhin wurde das Anspruchsniveau der Schüler gemessen, also das Leistungsergebnis, mit dem sie zufrieden sein würden. Als abhängige Variable wurden depressive Symptome nach der Leistungsrückmeldung erfasst. Depressive Reaktionen nach einem negativen Ereignis (die erhaltene Note lag unter dem eigenen Anspruchsniveau) waren signifikant stärker ausgeprägt für solche Schüler, bei denen ein negativer Attributionsstil diagnostiziert worden war.

In ähnlicher Weise erfasste Stiensmeier-Pelster (1989) den Attributionsstil von Studierenden vor dem Weihnachtsfest. Als abhängige Variable wurden die Bewertung des Weihnachtsfestes bei der Familie sowie die emotionale Befindlichkeit nach dem Weihnachtsfest gemessen. Eine negative emotionale Befindlichkeit war nur dann gegeben, wenn das Weihnachtsfest einen unerfreulichen Verlauf genommen hatte und wenn die Studierenden eine Präferenz für internale, globale und stabile Ursachenzuschreibungen gezeigt hatten.

9.3.4 Unkontrollierbarkeit und Lageorientierung

Kuhl (1981, 1984) nimmt an, dass unkontrollierbare Ereignisse wie etwa fortwährender Misserfolg nicht nur Erwartungen von Unkontrollierbarkeit hervorrufen, sondern auch den Zustand der Lageorientierung herbeiführen. In diesem Zustand ist die Person insbesondere damit beschäftigt, über den Misserfolg, dessen Ursachen und Folgen nachzudenken.

Situationen, die typischerweise zu erlernter Hilflosigkeit führen, werden im Rahmen dieser Theorie ganz anders interpretiert: Der stetige Misserfolg bedeutet Kuhl (1981) zufolge, dass eine bestimmte Zielintention (eine Aufgabe lösen) in der Ausführung behindert wird. Wenn nun handlungsorientierte Aktivitäten der Person diesen Zustand nicht beheben können, kommt es schließlich zu einem Zustand der Lageorientierung: Die Person denkt nicht mehr über die Aufgabe und etwaige Lösungsmöglichkeiten nach, sondern über deren Unlösbarkeit sowie die Ursachen und Folgen des Misserfolgs.

Diese volitionale Erklärung der Symptome erlernter Hilflosigkeit hat Kuhl (1981) zufolge Vorteile gegenüber anderen Erklärungsansätzen. Dies betrifft sowohl Seligmans ursprüngliches Modell als auch spätere attributionale Erklärungsansätze.

Unkontrollierbarkeit und die Ähnlichkeit der Situation

Ein wichtiger Kritikpunkt Kuhls (1981, 1984) an der Konzeption Seligmans lautet, dass Unkontrollierbarkeitserwartungen nur dann auf andere Aufgaben oder Situationen generalisieren sollten, wenn diese einander in hohem Maße ähnlich sind. In diesem Fall könnte das ursprüngliche Modell von Seligman (1975) das Auftreten erlernter Hilflosigkeit Kuhl (1981) zufolge durchaus erklären.

In der Regel wissen Personen aber sehr wohl zwischen den verschiedenen Anforderungen bei unterschiedlichen Aufgaben und in unterschiedlichen Situationen zu unterscheiden. Symptome erlernter Hilflosigkeit sind nach Kuhl in diesen Fällen nicht durch die von Seligman angenommenen Prozesse der Erwartungsgeneralisierung zu erklären. Vielmehr beruhen generalisierte Symptome erlernter Hilflosigkeit darauf, dass die Person nach fortwährenden Misserfolgen in einem Zustand der Lageorientierung verbleibt und deshalb weniger effektiv an der Realisierung neuer Zielintentionen arbeiten kann.

Ursachenzuschreibungen bei andauerndem Misserfolg

Kuhl (1981, 1984) nimmt ebenso wie die Vertreter einer attributionalen Erklärung der erlernten Hilflosigkeit an, dass bei fortwährendem Misserfolg eine Ursachensuche in Gang gesetzt wird. Die Ursachenzuschreibungen haben jedoch Kuhl (1981) zufolge einen anderen Status als in den attributionalen Theorien: Sie sind nicht handlungsleitende Gedanken, die dem Individuum helfen, seine Umwelt zu verstehen, vorherzusagen und zu kontrollieren, sondern sind handlungsirrelevant und stehen der Umsetzung einer bestehenden Zielintention entgegen. In den Worten Stiensmeier-Pelsters (1988): „Was das Auftreten von Leistungsdefiziten nach Misserfolg angeht, so ist es [Kuhl zufolge] gänzlich unerheblich, auf welche Ursachen man Misserfolge zurückführt. Vielmehr sieht er Ursachenzuschreibungen als eine Form der lageorientierten, gedanklichen Aktivität an. Folgt man Kuhl, so sollten Personen, die als Folge von Misserfolg Leistungsdefizite zeigen, im Vergleich zu denen, die keine Leistungsdefizite zeigen, keine anderen Ursachenzuschreibungen vornehmen. Sie sollten sich aber in deutlich größerem Ausmaß mit der [Ursachenanalyse] zu vorhergehenden Misserfolgen beschäftigen." (S. 194)

Empirische Untersuchungen zu den Annahmen Kuhls

Eine Reihe von Experimenten belegen zum Teil Kuhls Annahmen zu den Auswirkungen einer Handlungs- versus Lageorientierung auf das Bewältigen von Misserfolg (Kuhl, 1981; Brunstein & Olbrich, 1985; Brunstein, 1989).

So wurde z. B. in dem Experiment von Brunstein (1989) die dispositionelle Handlungs-/ Lageorientierung nach Misserfolg gemessen. Es erfolgte eine Einteilung der Probanden in eine Gruppe mit besonders handlungsorientierten und eine Gruppe mit besonders lageorientierten Personen. In einer ersten Versuchsphase erhielten die Versuchsteilnehmer wiederholt Misserfolgsrückmeldungen. In einer zweiten Versuchsphase wurden Erfolgserwartungen und Leistungsergebnisse bei einer anderen Aufgabe erfasst. Das Intervall zwischen Misserfolgsrückmeldungen und dieser nachfolgenden Testphase wurde variiert. Unabhängig von dem zeitlichen Abstand zwischen Misserfolgs- und Testphase zeigten sich bei handlungsorientierten Probanden höhere Erfolgserwartungen und bessere Leistungen für die Testphase als bei lageorientierten Probanden. Leistungsdefizite im Vergleich zu einer Kontrollgruppe traten nur bei den dispositionell lageorientierten Versuchspersonen auf.

9.3.5 Eine Integration attributionaler und volitionaler Erklärungen

Die attributionalen und volitionalen Erklärungen für erlernte Hilflosigkeit erscheinen auf den ersten Blick widersprüchlich. Die Daten von Brunstein (1989) und ähnlichen Studien zu den Auswirkungen von Handlungs- und Lageorientierung auf Symptome erlernter Hilflosigkeit geben allerdings keinerlei Auskunft über den kausalen Status der Ursachenzuschreibungen für den Misserfolg. Stiensmeier-Pelster (1988, 1994) hat darauf hingewiesen, dass die attributionale und die volitionale Erklärung der erlernten Hilflosigkeit sich durchaus ergänzen können, und selbst eine Integration beider Ansätze vorgeschlagen (siehe Abb. 9.2).

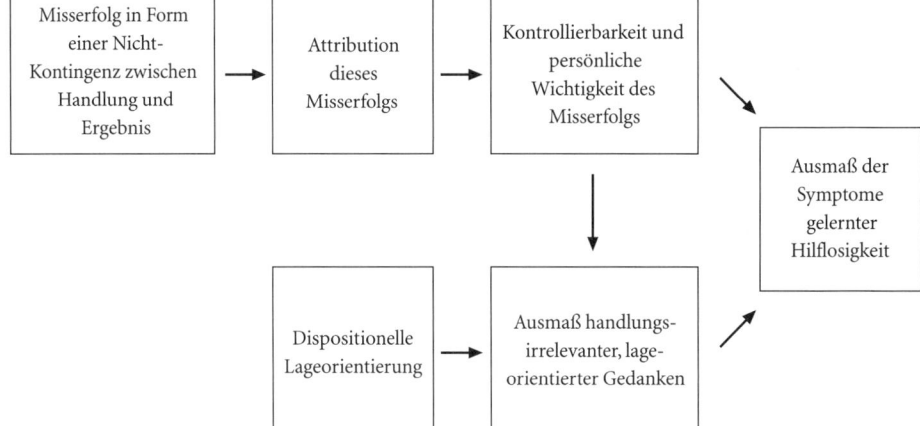

Abbildung 9.2 Ein Modell zur Integration der attributionalen und volitionalen Erklärung der erlernten Hilflosigkeit (nach Stiensmeier-Pelster, 1988, 1994)

Elemente des integrativen Modells

Betrachten wir die Elemente dieses integrativen Modells im Einzelnen.

▶ Ursachensuche: Ein wiederholter Misserfolg sollte die Person zu einer Ursachensuche veranlassen.

▶ Kausale Merkmale der Ursache: Die gefundene Ursache lässt sich anhand der Kausaldimensionen der Lokation, Globalität und Stabilität klassifizieren.

- Attributionsstil: Personen unterscheiden sich hinsichtlich ihres Erklärungsstils; Personen mit negativem Attributionsstil sollten in höherem Maße zu internalen, stabilen und globalen Ursachenzuschreibungen für Misserfolg kommen.
- Kontrollierbarkeit der Ursache: Eine Attribution des Misserfolgs auf unkontrollierbare Ursachen und/oder auf internale, stabile und globale Ursachen hat zwei Konsequenzen: Diese Kontrollierbarkeitswahrnehmung determiniert (1) die Symptome hilflosen Verhaltens und (2) das Ausmaß der Lageorientierung nach Misserfolg.
- Dispositionelle Handlungs-/Lageorientierung: Die aktuelle Lageorientierung ist nicht nur durch die wahrgenommene Kontrollierbarkeit der Ursache, sondern auch durch das entsprechende dispositionelle Personmerkmal bestimmt.
- Ausmaß der Hilflosigkeitssymptome: Sowohl die wahrgenommenen Ursachen als auch die in der Situation vorliegende Lageorientierung nach Misserfolg determinieren die Symptome der erlernten Hilflosigkeit.

Stiensmeier-Pelster und Schürmann (1990) haben insbesondere die Vorhersage geprüft, dass Ursachenzuschreibungen auf unkontrollierbare Ursachen das Ausmaß der handlungsirrelevanten Gedanken und nachfolgend Leistungseinbußen vorhersagen und diese Zusammenhänge auch bestätigt. Einen Überblick hierzu gibt Stiensmeier-Pelster (1994).

Zusammenfassung

Die Willenspsychologie beschäftigt sich mit der Realisierungsmotivation.

Das Rubikonmodell der Handlungsphasen von Heckhausen und Gollwitzer unterscheidet vier Handlungsphasen nach Prozessen und Resultaten:

- Vor-Entscheidungsphase (Abwägen von Wert und Erfolgserwartung verschiedener Handlungsalternativen – Zielintention)
- Vor-Handlungsphase (Erwägen von Umsetzungsmöglichkeiten – Handlungsplan oder Realisierungsintention)
- Handlungsphase (Ausführung des Handlungsplans, Anpassung an die Umstände – Handlungsergebnis, ggf. Zielerreichung)
- Nach-Handlungsphase (Vergleich von Ergebnis und Zielintention – Bewertung des Ergebnisses).

Damit verbunden ist das Konzept der Bewusstseinslagen, die sich hinsichtlich der gedanklichen Inhalte, der Selektivität der Aufmerksamkeit und der Art der Informationsverarbeitung unterscheiden:

- motivationale Bewusstseinslage (Erwartungen und Werte, geringe Selektivität, Realitätsorientierung)
- volitionale Bewusstseinslage (Handlungsgelegenheiten und Hindernisse, hohe Selektivität, Realisierungsorientierung).

Nach Kuhls Theorie der Handlungskontrolle wird die Realisierung einer Handlungsalternative durch Prozesse der Handlungskontrolle ermöglicht (selektive Aufmerksamkeit, sparsame Informationsverarbeitung, Enkodier-, Emotions-, Motivations- und Umweltkontrolle sowie Misserfolgsbewältigung). Kuhl unterscheidet weiterhin zwei Zustände von Personen, die durch situative Umstände herbeigeführt werden und zudem ein stabiles Personmerkmal darstellen:

- Handlungsorientierung (Beschäftigung mit Handlungsalternativen, -plänen oder Aktivitäten, die der Realisierung der Zielintention dienen)

▶ Lageorientierung (Nachdenken über die gegenwärtige, vergangene oder zukünftige Lage, was die Realisierung der Zielintention behindert).

Das Phänomen der erlernten Hilflosigkeit wurde zunächst in Seligmans Theorie durch die Wahrnehmung und Erwartung von Unkontrollierbarkeit erklärt. Das hilflose Verhalten ist durch motivationale, kognitive und emotionale Defizite gekennzeichnet.

▶ Attributionale Ansätze erklären darüber hinaus die Auswirkungen von Unkontrollierbarkeitserfahrungen auf das Selbstwertgefühl, die Generalisierung der Unkontrollierbarkeitserwartungen und die Dauer der Symptome mittels der Kausaldimensionen der Attributionen, ferner die reaktive Depression durch einen pessimistischen Attributonsstil.

▶ Dem volitionalen Ansatz Kuhls zufolge führt Unkontrollierbarkeit zur Lageorientierung.

▶ Beide Ansätze lassen sich in einem integrativen Modell verbinden.

Denkanstöße

(1) Benennen Sie Merkmale der erlernten Hilflosigkeit und Merkmale der Lageorientierung. Welches sind die Gemeinsamkeiten, welches die Unterschiede?

(2) Vergleichen Sie die Merkmale einer reaktiven Depression mit Merkmalen der Lageorientierung. Welches sind die Gemeinsamkeiten, welches die Unterschiede?

(3) Angenommen, Sie haben die Erfahrung gemacht, dass Sie in einem bestimmten Bereich ein Ziel regelmäßig nicht erreichen, obwohl es durchaus erreichbar sein müsste. Wie könnten die Befunde zur Realisierungsmotivation Ihnen helfen, dies zu ändern?

Weiterführende Literatur

Zahlreiche lesenswerte Beiträge zu den Ursprüngen der Willenspsychologie bieten Lück und Miller. Einen sehr guten Überblick zu den wichtigsten neueren willenspsychologischen Theorien und Befunden geben Heckhausen und Heckhausen.

▶ Heckhausen, J. & Heckhausen, H. (2005). Motivation und Handeln. Berlin: Springer.
▶ Lück, H. & Miller, R. (2002). Illustrierte Geschichte der Psychologie. Weinheim: Beltz.

10 Evolutionäre Theorien motivierten Verhaltens

„In the distant future I see open fields for far more important researches. Psychology will be based on a new foundation, that of the necessary acquirement of each mental power and capacity by gradation. Light will be thrown on the origin of man and his history."
Charles Darwin, „On the origin of species by natural selection" (1859)

Im Folgenden betrachten wir die wichtigsten Grundzüge von Darwins Theorie der Evolution. Hierzu gehören das Konzept der natürlichen Selektion, der sexuellen Selektion und der Adaptation. Darauf aufbauend behandeln wir das Phänomen des Altruismus, sowohl unter Verwandten als auch im reziproken Austausch unter Nichtverwandten. Hierbei behandeln wir das Gefangenendilemma und in diesem Zusammenhang auch das Konzept der Evolutionär Stabilen Strategien. Abschließend wenden wir uns Eltern-Kind-Konflikten und der Elternliebe aus evolutionärer Perspektive zu.

Biographie

Charles Darwin – Begründer der Evolutionstheorie

Charles Darwin (1809–1882) stammte aus einer berühmten englischen Familie, in der es einige Ärzte, Wissenschaftler und Unternehmer gegeben hatte. Obwohl ein nur mittelmäßiger Schüler, begeisterte Darwin sich bereits als Junge für die Beobachtung der Natur. Einer Familientradition folgend studierte er bereits von seinem 16. Lebensjahr an Medizin an der Universität von Edinburgh. Dieses Studium bereitete ihm wenig Freude, und so besuchte er schon bald Vorlesungen in Naturgeschichte, Zoologie, Botanik und Geologie. Von 1827 bis 1831 studierte Darwin auf einen Familienbeschluss hin Theologie in Cambridge, bezeichnete dies aber als „völlige Zeitverschwendung" und vertiefte währenddessen seine zoologischen und botanischen Kenntnisse weiter.

Das einschneidende Erlebnis in Darwins Leben war eine 1831 begonnene Reise als unbezahlter Wissenschaftler an Bord eines Forschungsschiffes („Beagle") zur Vermessung der südamerikanischen Küste. Sie führte ihn bis 1836 über die Kanarischen Inseln nach Südamerika, über die Galapagosinseln nach Neuseeland, über Mauritius und Südafrika erneut nach Südamerika. Mit ungeheurem Fleiß notierte Darwin während dieser Fahrt seine Beobachtungen über Tiere, Pflanzen, Fossilien und geologische Formationen und schuf damit den Grundstein für seine spätere Theorie. In den folgenden Jahren arbeitete Darwin unermüdlich an seinem wichtigsten Werk „Über den Ursprung der Arten", das er schließlich 1859 veröffentlichte.

Die Bedeutung dieses Werks für die Biologie ist kaum zu überschätzen und reicht zudem weit über die Grenzen dieses Fachs hinaus: Seine Evolutionstheorie erschütterte das Selbstverständnis des Menschen hinsichtlich seiner Herkunft – obwohl Darwin die diesbezüglichen Implikationen seiner Theorie zunächst zurückgehalten hatte. Erst in späteren Veröffentlichungen hat er dazu Stellung genommen, z. B. in „Die Abstammung des Menschen" (1871). Darwin starb 1882 kurz nach Vollendung seiner lesenswerten Autobiographie (deutsche Ausgabe: Schmitz, 1982).

10.1 Evolution

Wir verwenden in diesem Kontext Darwins (1859) Begriff der Evolution, d. h. den der Variationsevolution. Wir geben zunächst ein einfaches Beispiel für dieses Konzept der Evolution und erläutern es dann genauer anhand eines zentralen Begriffs von Darwins Theorie: der natürlichen Selektion.

Definition

Evolution bezeichnet in der Biologie die stammesgeschichtliche Entwicklung der Spezies, also auch die des Menschen.

Dabei ist es wichtig festzustellen, dass bereits Darwin der Ansicht war, dass nicht nur die physischen Merkmale, sondern auch bestimmte Aspekte des Verhaltensrepertoires einer Spezies und deren psychische Grundlagen evolutionär bedingt seien.

Entwicklung der Arten

Veränderung einer Art. Ein Beispiel für den allmählichen Prozess einer (Variations-)Evolution ist das Überleben einer Herde von Giraffen in der afrikanischen Savanne. Nehmen wir an, in einer Region lebt nur eine Giraffenherde; sie bildet eine Population, d. h. die Gesamtheit aller Individuen einer Art in einer geographisch isolierten Region. Kein einzelnes Individuum innerhalb dieser Population gleicht genau dem anderen.
Aufgrund dieser genetischen Vielfalt variiert z. B. die Hals- und Beinlänge der einzelnen Tiere. Bei Futterknappheit haben Tiere mit längeren Hälsen und Beinen den Vorteil, auch die Blätter erreichen zu können, die weiter oben an den Bäumen wachsen. Die größeren Tiere haben eine höhere Wahrscheinlichkeit zu überleben, Nachkommen zu zeugen, diese zu ernähren und zu beschützen. Im Laufe der Zeit sollte sich die Bein- und Halslänge der Giraffenherde kontinuierlich verändern, da die derart größeren Individuen mehr Nachkommen haben und ihre Gene weitergeben. Damit ist die kontinuierliche Veränderung einer Spezies erklärt, aber noch nicht die Entstehung neuer Arten.

Entstehung neuer Arten. In der Biologie sind Arten oder Spezies definiert als reproduktiv isolierte Populationen. So mögen die Giraffen in der Serengeti und im Krüger Nationalpark zwar geographisch voneinander isoliert sein, aber sie könnten mit Mitgliedern der jeweils anderen Population Nachkommen erzeugen. Wenn Mitglieder verschiedener Populationen keine gemeinsamen Nachkommen haben können, handelt es sich um verschiedene Arten.
Im Unterschied zur allmählichen Veränderung einer Art im Laufe der Zeit steht bei der Entstehung neuer Arten vor allem der räumlich-geographische Faktor im Vordergrund. So bewirkt die räumliche Trennung einer Population, dass zwei getrennte Populationen entstehen. Dies geschieht, weil aufgrund unterschiedlicher Umweltgegebenheiten und der entsprechenden Anpassungen beider getrennter Populationen eine der beiden Populationen sogenannte Isolationsmechanismen entwickelt, d. h. Sterilitätsbarrieren oder Verhaltensdivergenzen, die eine gemeinsame Reproduktion zwischen den beiden Populationen unmöglich machen. In diesem Moment sind zwei getrennte Arten entstanden. Daher wird die Entwicklung von Isolations-

mechanismen zwischen zwei Populationen, die durch Trennung einer Population entstanden sind, auch als Speziation bezeichnet.

Formen der Speziation. Nach ihren Ursachen unterscheidet man folgende Formen der Speziation:

▶ **Dichopatrische Speziation:** Aufgrund geographischer Veränderungen (z. B. der Trennung einer Insel in zwei Hälften) entstehen separate Verbreitungsgebiete einer zuvor zusammen-hängenden Population.

▶ **Peripatrische Speziation:** Einige wenige Mitglieder einer Art gründen eine neue Population, indem sie sich in einem neuen Verbreitungsgebiet ansiedeln (z. B. Vögel, die aufgrund starker Winde von ihrem Flugkurs abweichen und in unbekanntes Terrain vordringen).

▶ **Sympatrische Speziation:** Eine neue Art entsteht durch eine ökologische Spezialisierung innerhalb des üblichen Verbreitungsgebietes der Elterngeneration (z. B. wenn deren Nach-kommen aufgrund einer genetischen Mutation neue Nahrungsquellen erschließen können).

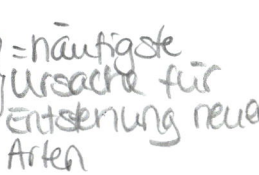
= häufigste Ursache für Entstehung neuer Arten

Intensivierung vorhandener Funktionen. Die sympatrische Speziation gilt heute allgemein als die häufigste Ursache der Entstehung einer neuen Art. Dieses Konzept ist jedoch zunächst kriti-siert worden, weil es intuitiv wenig plausibel erscheint, dass auf diese Weise komplexe neue Merkmale entstehen können, etwa ein so komplexes Organ wie das Auge. Darwin (1859) schlug vor, dass solche neuen Funktionen durch die Intensivierung vorhandener Funktionen entste-hen. Es wurde zudem nachgewiesen, dass z. B. erste Formen von Photorezeptoren sich über wenige Generationen hinweg zu einem komplexen Sinnesorgan wie dem Auge entwickeln kön-nen (Sewertzoff, 1931).

Funktionsänderung. Eine andere Möglichkeit zum Erwerb neuer Funktionen ist die Funktions-änderung einer bestehenden Struktur; auch diese hat bereits Darwin vorgeschlagen. Eine Funk-tionsänderung haben z. B. die Federn von Vögeln durchlaufen: Ursprünglich dienten sie be-stimmten Reptilienarten zur Wärmeregulation. Im Laufe der Evolution übernahmen die Federn an Vordergliedmaßen und Schwanz dieser Reptilienarten jedoch die neue Funktion des Fliegens.

Darwins Begriff der Evolution umfasst also die Veränderung einer Art und die Entstehung neuer Arten. Beiden Evolutionsformen liegt ein gemeinsames Prinzip zugrunde: das der natür-lichen Selektion.

10.1.1 Natürliche Selektion

Das Beispiel der Giraffenherde basiert auf der (zweifellos zutreffenden) Annahme, dass es für die Individuen einer Population eine große genetische Vielfalt gibt. Gleichzeitig unterscheiden sich die Mitglieder einer Art in ihrem Verhalten. Je besser ein Individuum an die gegebenen Umweltbedingungen angepasst ist, desto größer ist die Wahrscheinlichkeit, dass es viele Nach-kommen hat und seine Gene weitergeben kann. Aufgrund dieser Gegebenheiten kommt es zu einem allmählichen und kontinuierlichen Prozess der Evolution. Zusammenfassen lässt sich dies in einer Redewendung, die älter ist als die Idee der Evolution: Natura non facit saltus – die Natur macht keine Sprünge.

Selektionsdruck

Um Darwins Konzept der natürlichen Selektion zu verstehen, ist es hilfreich, zwei Aspekte genauer zu betrachten: die Beobachtungen, von denen er ausging, und die Schlussfolgerungen, die er daraus zog. Darwin (1859) ging zunächst von drei grundlegenden Tatsachen aus, die zu seiner Zeit bereits bekannt waren:

(1) Ein exponentielles Populationswachstum ist durchaus möglich, d. h., eine Art kann sehr viele Nachkommen hervorbringen.

(2) In der Natur ist jedoch meist ein sogenanntes Populationsgleichgewicht zu beobachten, d. h., die Zahl der Individuen einer Art in einem bestimmten Lebensraum ist relativ konstant.

(3) Die Ressourcen, die einer bestimmten Art in einem Lebensraum zur Verfügung stehen, sind begrenzt.

Beispiel

Kampf um Ressourcen

Eine im Wald jagende Eulenart wie die Sumpfohreule hat vier bis acht Junge pro Gelege, und dies ein bis zwei Mal im Jahr; die Jungen werden noch im ersten Jahr geschlechtsreif. Nehmen wir der Einfachheit halber an, es resultieren pro Jahr im Durchschnitt zehn geschlechtsreife Eulen. Der Nahrungsbedarf einer Sumpfohreule liegt bei etwa 80 Gramm Mäusen je Tag. Angenommen, in einem bestimmten Waldgebiet nistet zunächst ein Eulenpaar, so sind es bei ungebremstem Populationswachstum nach einem Jahr fünf Paare, im zweiten Jahr 25 Eulenpaare, im dritten Jahr 125 – und nach zehn Jahren wären es knapp zehn Millionen Paare mit einem Bedarf von rund 800 Tonnen Mäusen je Tag. Es ist leicht zu erkennen, dass die in einer Region jagenden Eulen in hohem Maße um Nahrung konkurrieren und keinesfalls alle Nachkommen überleben werden.

Aus diesen drei Tatsachen folgerte Darwin, dass es einen „Kampf ums Dasein" geben muss. Darauf hatte bereits Malthus (1789) hingewiesen: Die Individuen einer Art konkurrieren um die verfügbaren Ressourcen und sind darin unterschiedlich erfolgreich. Deshalb lastet auf den zugleich lebenden Mitgliedern einer Art ein enormer Selektionsdruck – nur diejenigen Individuen werden überleben, die besser als andere an die jeweiligen Umweltbedingungen angepasst sind. So wird z. B. eine Eule, die sich nachts besser orientieren kann, mehr Mäuse fangen und ihre Nachkommen besser ernähren können.

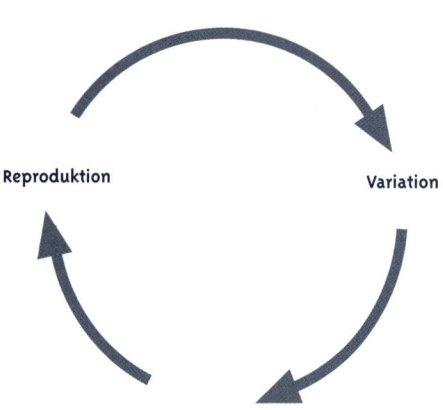

Reproduktion

Variation

Unterschiedliche Wahrscheinlichkeit des Überlebens

Abbildung 10.1 Der Lebenszyklus führt dazu, dass die reproduktive Fitness der Individuen im Laufe der Evolution maximiert wird – dies bedeutet, durch die Selektion wird die Fähigkeit der Individuen maximiert, Nachkommen zu erzeugen (nach Cartwright, 2001)

Variation der Individuen

In Bezug auf die Individuen ging Darwin von zwei weiteren Tatsachen aus:

(1) Jedes Individuum einer Art ist einzigartig; die Individuen variieren hinsichtlich zahlreicher Merkmale wie etwa Beinlänge, Flug- oder Laufgeschwindigkeit oder Sehschärfe.

(2) Die individuelle Variation der Individuen einer Art ist zu einem großen Teil erblich.

Aus all diesen Tatsachen folgerte Darwin schließlich zweierlei:

(1) Es gibt eine unterschiedliche Überlebens- und Fortpflanzungswahrscheinlichkeit, d. h. eine natürliche Selektion unter den Individuen einer Art.

(2) Über mehrere Generationen hinweg entsteht ein Prozess der (Variations-)Evolution, weil sich die Merkmale einer Population aufgrund der unterschiedlichen Überlebens- und Fortpflanzungswahrscheinlichkeit der einzelnen Individuen über die Zeit hinweg kontinuierlich verändern.

10.1.2 Genotyp, Phänotyp und die Variation von Merkmalen

Genotyp und Phänotyp

Darwins Prinzip der natürlichen Selektion besteht im Wesentlichen aus zwei Komponenten: der Variation und der Selektion. Wir wissen heute mehr über die genetische Variation von Merkmalen als Darwin. Wie auch für ihn offensichtlich war, gibt es innerhalb einer Art und innerhalb einer Population eine Variation der phänotypischen (äußerlich sichtbaren) Merkmale, also der physischen Merkmale wie auch sichtbarer Verhaltensmerkmale. Diese Merkmale basieren zu einem großen Teil auf genetischen Informationen, deren Gesamtheit den sogenannten Genotyp eines Individuums bildet. Das Zusammenspiel von Genotyp mit individuellen Lernprozessen und Umweltbedingungen determiniert den Phänotyp, d. h. die Gesamtheit der phänotypischen Merkmale. Wir wissen heute, dass der Genotyp im Gegensatz zum Phänotyp mit der Befruchtung der weiblichen Eizelle bereits ein für allemal festgelegt ist.

Der Prozess der Selektion

Während bestimmte Neukombinationen des elterlichen genetischen Materials dazu führen können, dass ein Individuum schon sehr früh stirbt und somit keine oder nur wenige Nachkommen hat, können sich andere Kombinationen als sehr erfolgreich erweisen, z. B. wenn bestimmte körperliche Merkmale des Individuums die Nahrungssuche erleichtern. Es überleben diejenigen Individuen, die am besten an die jeweiligen Lebensumstände angepasst sind. Dies kann z. B. den Zugang zu Nahrungsquellen, den Aufstieg in einer sozialen Gruppe konkurrierender Individuen oder das Finden eines Sexualpartners betreffen.

„Survival of the fittest". Zwei Missverständnisse gilt es hierbei auszuräumen: Der Begriff der Selektion legt im Gegensatz zum Begriff des „Survival of the fittest" nahe, dass es einen Akteur oder Mechanismus gibt, der bestimmte Individuen einer Art selegiert oder auswählt. Dies ist unzutreffend. Vielmehr sind die „ausgewählten" Individuen einfach diejenigen, die noch leben, nachdem all die weniger gut angepassten oder weniger erfolgreichen Individuen aus der Population zugrunde gegangen sind (Mayr, 1998).

„Survival of the fittest" bedeutet auch keineswegs, dass der Schnellste oder Stärkste überlebt. Am einfachsten lässt sich dies anhand eines Beispiels illustrieren: Angenommen, eine bestimmte Fliegenart hat in der Regel 2 Zentimeter große Flügel (Variante 1), die Flügel einer relativ seltenen Variante 2 sind nur 1 Zentimeter groß. Die Variante 1 sollte auf den ersten Blick einen Überlebensvorteil haben, da sie in kürzerer Zeit weitere Strecken zurücklegen kann. Angenommen jedoch, die Fliegenart ist auf einer Insel beheimatet, die infolge von Klimaveränderungen starken Winden ausgesetzt ist. Nun ist die Variante 1 im Nachteil, denn die Winde können diese Exemplare leichter auf das Meer hinaustragen, wo sie sterben müssen. Die Mutation bietet also einen Überlebensvorteil, und die Population der Fliegen sollte sich – konstante klimatische und sonstige Umweltbedingungen vorausgesetzt – sehr rasch zugunsten der genetisch mutierten Variante verändern.

10.1.3 Sexuelle Selektion

Die sexuelle Selektion ist ein Spezialfall der natürlichen Selektion. Sie resultiert aus dem Umstand, dass bei der zweigeschlechtlichen Fortpflanzung jedes Individuum einen Sexualpartner finden muss, um die eigenen Gene weiterzugeben. Zu unterscheiden sind die intrasexuelle Selektion, bei der die Mitglieder ein und desselben Geschlechts um den Zugang zu einem Partner des anderen Geschlechts konkurrieren, und die intersexuelle Selektion, bei der die Mitglieder des einen Geschlechts bei der Auswahl des Sexualpartners eine Wahl treffen. Diese Wahl beruht vermutlich auf der Wahrnehmung bestimmter Merkmale des anderen Geschlechts.

Sexualpartner und Nachkommen

Damit die Mitglieder einer Art überleben, müssen zwei Probleme gelöst werden, die mit sexueller Selektion zu tun haben: (1) Zunächst gilt es, einen geeigneten Sexualpartner zu finden. Ein Individuum muss sich also gegen andere Mitglieder des eigenen Geschlechts durchsetzen (intrasexuelle Selektion) und mögliche Partner des anderen Geschlechts für die Fortpflanzung gewinnen (intersexuelle Selektion). (2) Ferner gilt es, die eigenen Nachkommen zu beschützen und ein Alter erreichen zu lassen, in dem sie überlebensfähig sind, so dass sie schließlich selbst Nachkommen erzeugen können (sogenanntes elterliches Investment).

Ein augenfälliges Indiz für die sexuelle Selektion ist z. B. das Geweih von Hirschen (Gaulin & McBurney, 2001): Hirsche brauchen als Fluchttiere kein Geweih zur Abschreckung, es dient weder zur Nahrungssuche noch zum Schutz vor Parasiten oder Krankheiten. Seine Hauptfunktion besteht vielmehr in der intrasexuellen Selektion, wenn die Hirsche zur Brunftzeit Rangkämpfe ausfechten, die Zugang zu reproduktionsfähigen Weibchen des Rudels ermöglichen sollen. Bei anderen Tieren dienen bestimmte Körpermerkmale ausschließlich dazu, die Aufmerksamkeit des anderen Geschlechts zu erregen, z. B. Teile des Federkleides bei vielen Vogelarten.

Bereits Darwin (1871) hat auf das Phänomen der sexuellen Selektion aufmerksam gemacht, Trivers (1972, 1985) und Miller (2002) haben diese Idee aufgegriffen und erweitert.

10.1.4 Biologische Adaptation

Gegenstand der Selektion bzw. Evolution sind Darwin zufolge nicht nur körperliche Merkmale, sondern auch Verhaltensweisen. Sofern den Verhaltensweisen psychologische Mechanismen zugrunde liegen, können auch diese stammesgeschichtlich bedingt sein.

Verhaltensdisposition

Dies bedeutet nicht, dass alle Verhaltensweisen ausschließlich genetisch verursacht sind. Vielmehr wird angenommen, dass die Individuen einer Art im Laufe der Zeit eine Disposition entwickelt haben, bestimmte Verhaltensweisen zu zeigen. Diese sind zum Teil erblich bedingt, zum Teil umweltbedingt.

Beispiel

Anhand einer Schlangenphobie lässt sich illustrieren, was mit Verhaltensdispositionen und den zugrundeliegenden Mechanismen gemeint ist. Wer unter einer Schlangenphobie leidet, wird in bestimmten Situationen Gefühle der Furcht erleben und Flucht- oder Vermeidungsverhalten zeigen. Im Laufe der Evolution hatte das Vermeiden von Schlangen vermutlich einen hohen Überlebenswert: Individuen, die Schlangen (aus

►

Furcht) gemieden haben, hatten ein geringeres Risiko, am Biss giftiger Schlangen zu sterben, und also größere Chancen, sich fortzupflanzen. Personen ohne eine solche Disposition hingegen hatten eine geringere Lebenserwartung und weniger Nachkommen. Hieraus folgt, dass die genetischen Grundlagen dieser Disposition in der Population im Laufe der Zeit eine zunehmend größere Auftretenswahrscheinlichkeit hatten.

Ein dem Vermeidungsverhalten zugrunde liegender Mechanismus könnte darin bestehen, dass manche Individuen in bestimmten Situationen ein bestimmtes Ausmaß an Furcht erleben. Auf den ersten Blick ist vielleicht schwer vorstellbar, wie die Disposition, Furcht zu erleben, stammesgeschichtlich erworben sein könnte. Angenommen jedoch, es gibt einen bestimmten Botenstoff im Gehirn, der das Ausmaß von Furchtreaktionen determiniert (eine Vereinfachung der Vorgänge, was aber hier nicht entscheidend ist) und die jeweils ausgeschüttete Menge dieses Botenstoffes variiert (sei es auch nur geringfügig) in einer gegebenen Population von Individuen. So wird bei bestimmten Individuen eine größere Menge dieses Neurotransmitters ausgeschüttet, folglich ein größeres Ausmaß an Furcht erlebt und schließlich ein ausgeprägteres Vermeidungsverhalten gezeigt. Wenn dieses Verhalten „adaptiv" ist – d. h. die Überlebenschancen und/oder den Reproduktionserfolg des Individuums erhöht –, dann wird es bzw. der zugrundeliegende Mechanismus im Laufe der Zeit eine höhere Auftretenswahrscheinlichkeit haben, d. h. Gegenstand der natürlichen Selektion sein.

Definition

In der Evolutionstheorie bedeutet **Adaptation** oder Anpassung, dass ein Merkmal dem Überleben und somit dem Reproduktionserfolg eines Individuums dient.

Dabei ist der Begriff des Merkmals wohlgemerkt nicht auf körperliche Merkmale beschränkt, sondern kann sich auch auf Verhaltensdispositionen sowie die zugrundeliegenden Mechanismen beziehen.

Adaptation des Menschen an gegenwärtige Umweltbedingungen?

Der Homo sapiens als Spezies hat im Laufe seiner Evolution – also innerhalb eines sehr langen Zeitraums – eine Vielzahl von Merkmalen erworben (Tattersall, 2000). Unser frühester direkter Vorfahre, der Australopithecus (wörtlich „südlicher Affe"), lebte etwa vor 4,5 bis 2 Millionen Jahren; ihm folgten Homo habilis und Homo rudolfensis, die vor etwa 2 Millionen Jahren lebten. Diese Hominiden lebten der „Out of Africa"-Hypothese zufolge in Afrika, das daher auch als die Wiege der Menschheit bezeichnet wird.

Diese lange Entwicklungsgeschichte wirft eine wichtige Frage auf: Ist der Mensch an seine gegenwärtigen Lebensbedingungen adaptiert (angepasst) oder an diejenigen unserer Vorfahren? Die verschiedenen evolutionären Theorien sind sich hierin keineswegs einig. Die verfügbaren Daten sprechen dafür, dass zumindest ein großer Teil unserer biologischen Ausstattung (einschließlich Verhaltensdispositionen) schon vor langer Zeit erworben wurde.

In Anbetracht der dramatischen Änderungen unserer Lebensumstände etwa in den letzten 100 Jahren ist anzunehmen, dass unsere Adaptationen in vielen Fällen nicht damit Schritt gehalten haben. Viele unserer Verhaltensweisen und die zugrundeliegenden psychologischen Mechanismen sind in einer Zeit entstanden, als Jagen, Sammeln und das Bekämpfen von Rivalen das Überleben unserer Vorfahren garantierten. Autofahren und gar das Überwinden eines Jetlags dagegen sind neue Herausforderungen, die unseren Vorfahren unbekannt waren.

Verschiedene Ansätze innerhalb der evolutionären Theorien nehmen unterschiedlich Stellung zu der Frage, ob unsere gegenwärtigen Verhaltensdispositionen in hohem Maße an die aktuelle Umwelt angepasst sind oder ob diese ganz überwiegend an Umweltbedingungen angepasst sind, die vor langer Zeit bestanden haben.

10.1.5 Evolution und die Ursachen des Verhaltens

Wenn die Ursprünge der Menschheit so weit zurückliegen und unsere biologische Ausstattung in Hunderttausenden von Jahren geformt wurde, so stellt sich eine wichtige Frage: Wie erklären evolutionäre Theorien unser gegenwärtiges Verhalten? Und verweist die Evolutionäre Psychologie bei der Erklärung unseres Verhaltens nur auf unsere evolutionär erworbene genetische Ausstattung?

Die Beantwortung der letzten Frage mit Ja ist eines der häufigsten und gravierendsten Missverständnisse, die in Zusammenhang mit Darwins Theorie und der Evolutionären Psychologie immer wieder aufkommen. Beiden zufolge kann menschliches Verhalten nicht allein durch stammesgeschichtlich erworbenen Merkmale erklärt werden, sondern es müssen dabei noch weitere Ursachenfaktoren berücksichtigt werden. Auch aus der Perspektive der Evolutionären Psychologie verhalten wir uns also nicht so, wie wir es tun, weil unsere Gene so sind, wie sie sind.

Vier Arten der Erklärung von Verhalten

Eine wichtige Begründung für diese Aussage geht auf eine Arbeit des Ethologen Nikolaas Tinbergen (1963) zurück. Tinbergen unterscheidet vier verschiedene Arten von „Warum-Fragen" und somit auch vier verschiedene Arten von Erklärungen von Verhalten. Als Ethologe beschränkte Tinbergen (1963) seine Analyse nicht auf menschliches Verhalten, sondern untersuchte auch das Verhalten einer Vielzahl anderer Spezies. Die folgenden Beispiele sind jedoch auf menschliches Verhalten zugeschnitten.

(1) **Proximale oder mechanistische Ursachen:** Wir können uns fragen, warum eine bestimmte Person zu einem bestimmten Zeitpunkt und in einer konkreten Situation ein bestimmtes Verhalten zeigt. Wenn Sie z. B. Hunger verspüren und deshalb im Kühlschrank nach etwas Essbarem suchen, so lässt sich dies dadurch erklären, dass Sie mehrere Stunden lang nichts gegessen haben. Weil die Erklärung auf räumlich oder zeitlich nahe liegende Ursachenfaktoren Bezug nimmt, handelt es sich um eine proximale Ursache (latein. proximus = nächster). Eine andere proximale Ursache ist der Verweis auf das Absinken des Blutzuckerspiegels nach längerem Nahrungsentzug, der im Gehirn Reaktionen auslöst, die subjektiv als Hunger interpretiert werden. Dies ist eine mechanistische Erklärung des Verhaltens (Kühlschrank durchsuchen), weil sie auf die grundlegende biologische (mechanische) Ausstattung Ihres Körpers Bezug nimmt.

(2) **Entwicklungsbedingte (ontogenetische) Ursachen:** Diese beziehen sich auf die Entwicklungsgeschichte des Individuums. So mögen wir gelernt haben, dass die Suche im Kühlschrank erfolgversprechend ist, wenn es gilt, den eigenen Hunger zu stillen. Skinners System ist ein gutes Beispiel für eine solche Art der Erklärung des Verhaltens (siehe auch den Exkurs unten).

(3) **Stammesgeschichtliche (phylogenetische) Ursachen:** Diese beziehen sich auf die Geschichte der Spezies. Es geht also um die Frage, wann ein Verhalten im Laufe der Evolution erst-

mals gezeigt wurde und wie es sich entwickelt hat. Wenn Sie z. B. mit der rechten (und nicht mit der linken) Hand nach dem Griff des Kühlschranks greifen, so wäre die Frage, wann eine Bevorzugung der rechten Hand in der Evolution erstmals aufgetreten ist.

(4) **Ultimative oder funktionale Ursachen:** Diese beziehen sich auf den Zweck oder die Funktion des Verhaltens. Es geht also um die Frage, ob und wie ein Verhalten dem Überleben eines Individuums und einer Art dient. So signalisiert uns das Hungergefühl, dass der Körper Nahrung benötigt, und motiviert uns, entsprechende Verhaltensweisen zu zeigen. Die ultimativen Ursachen des Verhaltens weisen somit unter den genannten Erklärungsformen die engste Verknüpfung zu Darwins Prinzip der natürlichen Selektion auf.

Zur Bedeutung dieser verschiedenen Erklärungsformen. Es ist unabdingbar für das Verständnis einer evolutionären Erklärung des menschlichen Verhaltens, diese verschiedenen Erklärungsformen auseinander zu halten, zumal sie ganz verschiedenartige Fragen beantworten (Barrett et al., 2001). Bei der Analyse der menschlichen Motivation aus evolutionärer Perspektive sollte also genau bedacht werden, auf welcher Erklärungsebene wir uns befinden. Weiterhin ist zu berücksichtigen, dass die Evolution des Homo sapiens sowohl bewusste kognitive Fähigkeiten als auch unbewusste Mechanismen hervorgebracht hat, die unserem Verhalten zugrunde liegen.

Exkurs

Darwin und Skinner – zwei Seiten einer Medaille?

Vergleicht man Skinners „System" mit Darwins Theorie und den resultierenden evolutionären Erklärungen des Verhaltens, so sind auf den ersten Blick kaum verschiedenartigere Ansätze vorstellbar: einerseits die strikte experimentelle Analyse von Verstärkungskontingenzen in der Umwelt und während der Ontogenese, andererseits die biologische Vielfalt, die aus ererbten Anpassungen an zumeist zufällige Umweltkontingenzen resultiert (Phylogenese).

Skinner selbst hat darauf hingewiesen, dass es bei genauerer Betrachtung eine verblüffende Parallele zwischen beiden Ansätzen gibt: Bei Darwin werden zufällige Variationen in den Merkmalen einer Art durch variierende Umweltbedingungen selegiert. Bei Skinner dagegen wird die Auftretenswahrscheinlichkeit eines konkreten Verhaltens durch die Konsequenzen des eigenen Verhaltens, also Umweltkontingenzen, determiniert und somit Verhalten selegiert. Demzufolge wenden beide das Prinzip der Selektion an – Darwin in Bezug auf die langfristige Entwicklung einer Art (Phylogenese), Skinner in Bezug auf die Entwicklung eines Individuums (Ontogenese).

Ein wesentlicher Unterschied zwischen beiden Ansätzen besteht darin, dass Darwin die Variationen der natürlichen Umgebung neutral beobachtete, Skinner hingegen verband mit seinem Ansatz ein Plädoyer für die aktive Gestaltung der Umweltbedingungen des Menschen. Für ihn galt es, die Umweltkontingenzen des Menschen so zu verändern, dass erwünschtes Verhalten häufiger und unerwünschtes Verhalten seltener wird.

10.1.6 Evolutionstheorien als scheinbar reduktionistische Theorien des Verhaltens

Abschließend soll an dieser Stelle ein weiteres mögliches Missverständnis ausgeräumt werden, das in Zusammenhang mit den evolutionären Theorien des Verhaltens oft geäußert wird. Evolutionäre Theorien werden in diesem Zusammenhang als „reduktionistisch" bezeichnet. Dies bedeutet, dass solche Erklärungen des Verhaltens den Organismus oder das Individuum vorgeblich auf grundlegende biologische Prozesse reduzieren, beispielsweise indem sie das Verhalten (scheinbar) auf die genetische Ausstattung des Organismus zurückführen. Es ist angesichts der herausragenden Rolle der Gene in den Evolutionstheorien sehr verführerisch, diesem Irrtum zu unterliegen.

Gene und Verhalten. Wie bereits gesehen, bestimmen Gene nur die Verhaltensdispositionen, nicht das konkrete Verhalten selbst. Manche Verhaltensdispositionen entwickeln sich ohne Umweltanregung, andere dagegen benötigen diese. So können Schwalben selbst dann im Erwachsenenalter fliegen, wenn sie in so engen Käfigen aufgezogen werden, dass sie niemals ihre Flügel bewegen konnten (Spalding, 1873). Andererseits entwickeln sich bestimmte Formen des Vogelgesangs nur dann, wenn in einer bestimmten Phase der Entwicklung (der sensorischen Phase) ein entsprechendes Reizangebot besteht (Marler, 1991).

Gene, Ontogenese und Phylogenese. Betrachtet man die Evolutionstheorien als reduktionistische Erklärung des Verhaltens, so vermischt man zu Unrecht die ontogenetische und die phylogenetische Erklärungsebene.

Definition

Phylogenese bezeichnet die Entwicklung einer Spezies oder Art, **Ontogenese** die Entwicklung eines Individuums.

Ohne die ontogenetischen (und somit auch Lernprozessen unterworfenen) Ausprägungen der phylogenetischen Verhaltensdispositionen ist eine evolutionäre Erklärung des Verhaltens jedoch unvollständig. Die genetische Bedingtheit einer solchen Verhaltensdisposition impliziert nicht, dass das entsprechende Verhalten des Individuums ausschließlich genetisch determiniert ist. Die ontogenetischen Folgen unseres phylogenetischen Erbes spielen sich in einem komplexen Gefüge von ökologischen, sozialen und demographischen Faktoren ab (siehe z. B. 10.3.2). Gerade angesichts dieser Komplexität hat die Evolution uns (wie alle höheren Organismen) mit sehr flexiblen Verhaltensdispositionen ausgestattet, die einer sich stetig wandelnden Umwelt Rechnung tragen können.

Holistische Erklärung des Verhaltens. Demnach sind evolutionäre Theorien keineswegs reduktionistisch, sondern vielmehr holistisch (ganzheitlich); denn bei der Erklärung des Verhaltens werden folgende Faktoren berücksichtigt:
(1) der genetische Anteil der Verhaltensdispositionen eines Organismus,
(2) die Umweltbedingungen, in denen das daraus resultierende Verhalten gezeigt wird,
(3) das Resultat der Interaktion aus genetischen und Umweltfaktoren. Dieses Resultat ist messbar in Form der Reproduktivität eines Organismus (Dunbar, 1995).

10.1.7 Darwins Theorie und die Psychologie

Darwin (1871) sah den Widerstand voraus, den seine Theorie auslösen würde. Dieser Widerstand hat sich bis heute nicht gelegt. In der wissenschaftlichen Lehrmeinung haben seine Ideen jedoch einen überwältigenden Erfolg. Es ist erstaunlich, dass sich viele seiner Annahmen im Lichte späterer Erkenntnisse über Vererbung und Genexpression als nahezu vollständig zutreffend erwiesen. Eine Reihe von Psychologen haben die Gedanken Darwins bereits recht früh aufgegriffen, so etwa James (1890) und McDougall (1922).

Dominanz des Behaviorismus

Der behavioristischen Dominanz in der Psychologie ist es jedoch zuzuschreiben, dass die Evolutionstheorie in der Psychologie spätestens ab den 20er Jahren des vergangenen Jahrhunderts nur eine sehr untergeordnete Rolle gespielt hat. Erst in den vergangenen 20 Jahren ist ein neuer, reger Forschungszweig in der Psychologie entstanden, der auf Darwins Ideen zurückgeht.

Für diese lange währende behavioristische Dominanz in der Psychologie gibt es mehrere Gründe. Die behavioristische Psychologie konzentrierte sich ausschließlich auf die situativen, erlernten Determinanten des Verhaltens und ignorierte die zugrundeliegenden genetischen Dispositionen nahezu vollständig (siehe Meyer et al., 1999). Dabei hatte sie zwei Vorteile auf ihrer Seite:

(1) Die Beschränkung auf beobachtbares Verhalten versprach ein zweifelsfreies methodisches Vorgehen, das frei war von einer bis dahin weitgehend introspektionistischen Methodik in der Psychologie.

(2) Die situative Bedingtheit des Verhaltens enthält zudem ein soziales Versprechen: Wenn der Mensch (vor allem) durch Umwelteinflüsse geformt wird, dann besteht auch die Möglichkeit, jedem Menschen zu einem Leben „in Freiheit und Würde" verhelfen zu können. Skinner und andere Behavioristen brachten dies explizit zum Ausdruck (vgl. Malik, 2000).

Eugenik

Schließlich geriet Darwins Theorie auch deshalb in Misskredit, weil eine Reihe von Wissenschaftlern die Anwendung von Darwins Theorie auf den Menschen propagierte. Dies gilt insbesondere für das Konzept der Eugenik. Darunter versteht man Eingriffe in das Erbgut des Menschen mit dem Ziel, es im derzeitigen Zustand zu erhalten (negative Eugenik) oder dieses zu verbessern (positive Eugenik). Der Begriff der Eugenik wurde von Francis Galton (1822–1911) geprägt, einem Cousin von Charles Darwin. Galton befürwortete Eingriffe in die Reproduktion von Individuen mit dem Ziel, den Genpool der Population zu verbessern – „bessere" Menschen sollten mehr, „schlechtere" Menschen weniger Nachkommen haben. Der Begriff erfährt auch heute im so genannten „Genzeitalter" wieder eine Renaissance.

Eugenik im Nationalsozialismus. Die Eugenik hat insbesondere in der deutschen Geschichte des Nationalsozialismus eine furchtbare Rolle gespielt. Während die deutschen Nationalsozialisten die Eugenik in einem unvergleichbaren Ausmaß betrieben und die bei weitem schlimmsten heutzutage bekannten Auswüchse einer „Rassenpolitik" hervorbrachten, war sie doch keineswegs ausschließlich ein „deutsches Phänomen". So wurden in den USA – um nur ein Beispiel unter vielen möglichen Beispielen zu nennen – in den 30er Jahren des 20. Jahrhunderts mehrere tausend Zwangssterilisationen an Kriminellen durchgeführt, und Gesetze wie der „Immigration Restriction Act" (1924) sollten insbesondere süd- und osteuropäische Menschen von der Einwanderung in die USA abhalten (Gould, 1981). Die Auswirkungen der Eugenik für die Rezeption von Darwins Theorie fasst Cartwright (2001) zusammen: „Spätestens ab den 30er Jahren des 20. Jahrhunderts war der Schaden nicht mehr abzuwenden: In der öffentlichen Meinung wie auch in den Augen vieler Wissenschaftler war der evolutionäre Ansatz mit einem üblen Bündel politischer Überzeugungen untrennbar verbunden." (S. 21)

Varianten evolutionärer Theorien des Verhaltens

Der Begriff „evolutionäre Theorien des Verhaltens" bringt zum Ausdruck, dass es nicht die eine Evolutionstheorie gibt, sondern verschiedene Disziplinen, die auf Darwins Theorie basieren.

Diese haben unterschiedliche historische Wurzeln, unterschiedliche Methoden und auch unterschiedliche Ziele.

Zu unterscheiden sind insbesondere die vergleichende Verhaltensforschung und die moderne Evolutionäre Psychologie. In neuerer Zeit gibt es ernsthafte Bemühungen, diese getrennten Disziplinen zusammenführen (Barrett et al., 2001). Da die Methoden und Erkenntnisse jeder der beiden Disziplinen nötig sind, um eine umfassende evolutionäre Theorie des menschlichen Verhaltens zu entwickeln, fassen wir ihre wichtigsten Merkmale hier kurz zusammen.

Übersicht

Vergleichende Verhaltensforschung und Evolutionäre Psychologie

	Vergleichende Verhaltensforschung	Evolutionäre Psychologie
Ursprung	Biologie	Kognitive Psychologie
Grundannahme	Verhaltensdispositionen sind überwiegend an gegenwärtige Umweltbedingungen adaptiert und somit adaptiv.	Verhaltensdispositionen sind überwiegend an frühere Umweltbedingungen adaptiert und somit heute nicht mehr (sämtlich) adaptiv.
Typisches Vorgehen	Erfassung des Reproduktionserfolgs in Abhängigkeit von Variationen in Verhaltensdispositionen.	Erfassung der Mechanismen, die eine Verhaltensdisposition ausmachen.
Ziel	Bestimmung des Zusammenhangs zwischen Reproduktionserfolg und Verhaltensdisposition.	Bestimmung der Mechanismen, inklusive kognitiver Mechanismen, die ein Verhalten determinieren.

Vergleichende Verhaltensforschung versus Evolutionäre Psychologie. Die vergleichende Verhaltensforschung enstand aus der Biologie und wird im Englischen meist als „Behavioral Ecology" bezeichnet, im Deutschen werden auch die Begriffe Ethologie oder – bei der Beschränkung auf menschliches Verhalten – Humanethologie gebraucht. Die vergleichenden Verhaltenswissenschaften sowie die aus ihr hervorgegangenen Disziplinen gehen zurück auf die Arbeiten von Konrad Lorenz und Nikolaas Tinbergen, die hierfür zusammen mit Karl von Frisch 1973 den Nobelpreis erhielten. In Deutschland wurde die Humanethologie insbesondere von Eibl-Eibesfeldt (1984) fortgeführt. Wir verwenden im Folgenden der Einfachheit halber den generellen Oberbegriff vergleichende Verhaltensforschung. Sie beschäftigt sich unter anderem mit den Unterschieden im Reproduktionserfolg der Individuen einer Art, und zwar in Abhängigkeit von den unterschiedlichen Verhaltensstrategien, die die Individuen verfolgen. Hierzu ist es notwendig, das Verhalten der Individuen einer Art in ihrer natürlichen Umgebung zu beobachten.

Die Evolutionäre Psychologie entstammt der (kognitiven) Psychologie. Ihr Ziel ist die Identifizierung derjenigen Anpassungsprobleme, die den Menschen im Laufe seiner evolutionären Entwicklung geprägt haben (Barrett et al., 2001). In einem nächsten Schritt geht es dann darum zu prüfen, ob unsere psychologischen Mechanismen die Merkmale aufweisen, die zu erwarten sind, wenn sie sich zur Lösung dieser spezifischen Anpassungsprobleme entwickelten. Evolutionäre Psychologen konzentrieren sich deshalb auf das Identifizieren der Merkmale der menschlichen Anpassungsleistungen und versuchen nicht, diejenigen spezifischen Merkmale zu bestimmen, die zur Fitness eines Individuums zum gegenwärtigen Zeitpunkt beitragen.

Ein weiterer Unterschied zwischen beiden Disziplinen betrifft die Annahmen über die Entstehung einer Anpassung: Den vergleichenden Verhaltenswissenschaften zufolge gibt das gegenwärtige Verhalten der Individuen einer Art zusammen mit den resultierenden Unterschieden im Reproduktionserfolg Aufschluss über das Zusammenspiel von Anlage und Umwelt. Der Evolutionären Psychologie zufolge gibt dies jedoch keinen Aufschluss über spezifische Anpassungsleistungen, da diese nicht in der Gegenwart, sondern in einer fernen Vergangenheit erworben wurden. Demzufolge sind unsere gegenwärtigen Verhaltensdispositionen eine Folge von Anpassungsleistungen an eine Umwelt, wie sie vor Tausenden oder Hunderttausenden von Jahren bestanden hat.

„Umwelt der evolutionären Anpassung". Der Unterschied zwischen den beiden Disziplinen wird besonders deutlich anhand des Begriffs der „Umwelt der evolutionären Anpassung": Die vergleichende Verhaltensforschung nimmt an, dass der Mensch mit hoher Wahrscheinlichkeit sehr gut an seine gegenwärtige Umgebung angepasst ist bzw. dass seine gegenwärtigen Verhaltensdispositionen „adaptiv" sind. Dies ermöglicht schnelle Änderungen im phänotypischen Verhalten (bei nahezu unverändertem Genotyp), da die Evolution uns mit einem hochgradig flexiblen Denkapparat ausgestattet habe (vgl. Smith, 2000). Die Evolutionäre Psychologie nimmt dagegen an, dass unsere gegenwärtigen Verhaltensdispositionen vielmehr an einstige Umweltbedingungen angepasst oder „adaptiert" sind. Demzufolge haben in den letzten 10.000 Jahren tiefgreifende Umweltveränderungen stattgefunden, die sich so rasant vollzogen, dass die Entwicklung unseres Gehirns damit nicht Schritt halten konnte. Danach gibt es keinen Grund anzunehmen, dass unsere heutigen Verhaltensdispositionen in ihrer Gesamtheit noch länger adaptiv sind, da unsere gegenwärtige Umwelt völlig anders ist als diejenige, in der sich unsere Verhaltensdispositionen ursprünglich entwickelt haben (Tooby & Cosmides, 1987). Um die oben genannte Merkhilfe aufzugreifen: Evolutionäre Psychologen nehmen nicht an, dass gegenwärtige Verhaltensdispositionen adaptiv sind, sondern adaptiert – also angepasst, und zwar an vormals bestehende (und nicht gegenwärtige) Umweltbedingungen.

Ziel der wissenschaftlichen Erklärung. Ein weiterer Unterschied zwischen vergleichender Verhaltensforschung und Evolutionärer Psychologie ist das Ziel der wissenschaftlichen Erklärung menschlichen Verhaltens: Aus der Perspektive der vergleichenden Verhaltensforschung wird versucht, eine Verbindung herzustellen zwischen den jetzt innerhalb einer Art bestehenden Verhaltensdisposition und deren Variationen einerseits und dem Reproduktionserfolg der Individuen dieser Art andererseits. Dies bedeutet, ein Verhalten gilt als „erklärt", wenn gezeigt wird, dass es zum Reproduktionserfolg eines Individuums beiträgt. Der Fokus der Evolutionären Psychologie ist anders, und dies ist ein Erbe der kognitiven Psychologie: Ein Verhalten gilt dann als erklärt, wenn gezeigt werden kann, wie es funktioniert und welche Prozesse ihm zugrunde liegen: „Während die Vergleichende Verhaltensforschung uninformiert bleiben kann bezüglich der tatsächlichen psychologischen Mechanismen, anhand derer Menschen ihre Entscheidungen fällen, widmet sich die Evolutionäre Psychologie den zugrundeliegenden Mechanismen des Verhaltens mit besonderer Aufmerksamkeit" (Barrett et al., 2001, S. 10).

Fazit. Es ist offensichtlich, dass nicht etwa einer der beiden Ansätze richtig oder falsch ist. Um menschliches Verhalten aus evolutionärer Perspektive zu erklären, müssen wir beides berücksichtigen: die Erklärung des gegenwärtigen Reproduktionserfolges wie auch der Mechanismen, die diesen Reproduktionserfolg vermitteln. Ferner ist anzunehmen, dass unsere Verhaltendispositionen zum Teil (früher) adaptiert (wurden) und auch zum Teil (gegenwärtig) adaptiv sind: Demzufolge ist ein Teil unserer Dispositionen an frühere, nicht mehr bestehende Umweltbedingungen angepasst. Ein anderer Teil unserer Dispositionen dagegen ist entweder in der Vergangenheit an Umweltbedingungen angepasst worden, die durchaus weiter fortbestehen. Und bestimmte Verhaltensdispositionen sind eine vergleichsweise neue Errungenschaft und stellen gegenwärtige Anpassungen an relativ neuartige Herausforderungen unserer Umwelt dar.

10.2 Empirische Beiträge evolutionärer Theorien

Im Zuge der Renaissance evolutionärer Theorien in den Humanwissenschaften sind in neuerer Zeit vielfältige Phänomene untersucht worden (siehe Übersicht). Wir beschränken uns hier auf altruistisches Verhalten, weil die Diskussion darüber einen Meilenstein in der Entwicklung evolutionärer Theorien des Verhaltens darstellt.

Übersicht

Evolutionäre Ansätze zur Erklärung verschiedenster Bereiche menschlichen Verhaltens

Barrett, Dunbar & Lycett (2001)	Buss (1999)	Cartwright (2001)	DeCatanzaro (1999)	Gaulin & McBurney (2001)
▶ Kooperation unter Verwandten	▶ Paarungsverhalten bei Frauen	▶ Paarungsverhalten	▶ Schmerz, Furcht und Schutz	▶ Wahrnehmung
▶ Gegenseitigkeit und Gemeinschaftssinn	▶ Paarungsverhalten bei Männern	▶ Sexuelle Selektion	▶ Paarungsverhalten	▶ Bewusstsein
▶ Partnerwahl und sexuelle Selektion	▶ Kurzfristige Paarungsstrategien	▶ Gehirngröße	▶ Erregung und Stress	▶ Lernen und Erfahrung
▶ Elterliche Fürsorge	▶ Elternschaft und Nachwuchs	▶ Sprache	▶ Ärger, Hass und Aggression	▶ Denken
▶ Heirat und Vererbung	▶ Kooperation	▶ Konflikte in der Familie	▶ Liebe und Bindung	▶ Intelligenz und Persönlichkeit
▶ Individuum und Gesellschaft	▶ Aggression und Krieg	▶ Konflikte außerhalb der Familie	▶ Lernmotivation	▶ Menschliche Partnerwahl
▶ Kognition und Gehirn	▶ Konflikte zwischen den Geschlechtern	▶ Altruismus	▶ Selbst, Familie und Gemeinschaft	▶ Familie und Entwicklung
▶ Soziale Kognition und deren Entwicklung	▶ Status, Prestige und soziale Dominanz			▶ Motivation und Emotion
▶ Sprache				▶ Gesundheit
▶ Kultur				▶ Mentale Krankheiten
				▶ Soziales Verhalten
				▶ Kultur

10.2.1 Evolutionäre Theorien altruistischen Verhaltens

Altruismus ist ein intentionales Verhalten, das dem Empfänger einen Nutzen bringt, während es dem altruistisch handelnden Individuum Kosten verursacht.

Altruistisches Verhalten scheint aus evolutionärer Perspektive nur schwer erklärbar zu sein: Wenn die Anpassung eines Individuums an die Umweltbedingungen über sein Überleben und seinen Reproduktionserfolg entscheidet, so sollte der Konkurrenzdruck um die verfügbaren Ressourcen ein egoistisches Verhalten befördern. Jedoch liefert die vergleichende Verhaltensforschung zahlreiche Beobachtungen, die die Existenz altruistischen Verhaltens belegen. So gibt es viele Tierarten, bei denen einzelne Individuen Wachfunktionen übernehmen (während die Artgenossen fressen) und Warnrufe ausstoßen, wenn ein Feind sich nähert. Ein solches Verhalten hat für das betreffende Individuum durchaus negative Auswirkungen auf die eigenen Überlebens- und Reproduktionschancen, denn es verliert Zeit zur Futter- oder Partnersuche und lenkt gegebenenfalls die Aufmerksamkeit des bedrohenden Tieres auf sich. Andererseits erfahren die anderen Individuen der Gruppe einen bedeutsamen Nutzen, denn die Wahrscheinlichkeit einer rechtzeitigen Flucht steigt beträchtlich.

Angenommen, es gibt nun in einer bestimmten Population einer Spezies eine Mutation, die dazu führt, dass auch nur einem einzigen Individuum das „Altruismus-Gen" fehlt. Dieses Individuum würde von den Warnrufen seiner Artgenossen profitieren, jedoch nie Gefahr laufen, die Kosten für ein eigenes altruistisches Verhalten tragen zu müssen. In der Folge würde dieses Individuum mehr Nachkommen haben als seine altruistischen Artgenossen. Im Laufe der Zeit würde die Population unweigerlich von nichtaltruistischen Individuen unterwandert. Die Gruppe würde schließlich nur noch aus nichtaltruistischen Individuen bestehen, die allerdings am Ende dieses Prozesses als Gruppe eine deutlich geringere Überlebenswahrscheinlichkeit hätten als eine Gruppe, die ausschließlich aus altruistischen Mitgliedern besteht.

Betrachten wir daher zur Erklärung solcher Phänomene zwei unterschiedliche Situationen: zum einen den Altruismus unter Verwandten, zum anderen Altruismus unter nicht miteinander verwandten Mitgliedern einer Spezies.

10.2.2 Altruismus unter Verwandten

Theorie der inklusiven Fitness

Eine ebenso einfache wie brilliante Lösung zum Problem des Altruismus unter Verwandten legte William Hamilton (1964) vor: die Theorie der inklusiven Fitness (auch: Theorie der Verwandtschaftsselektion). Ihre Grundidee ist, dass nicht Individuen, sondern deren Gene der Gegenstand der Selektion sind.

Demzufolge ist die reproduktive Fitness eines Individuums – d. h. seine Fähigkeit, eigene Merkmale an zukünftige Generationen weiterzugeben – nicht allein eine Funktion der Anzahl eigener Nachkommen, da ein Individuum seine Gene wie mit den eigenen Kindern auch zu

50 Prozent mit den eigenen Geschwistern teilt und in absteigenden Anteilen mit deren Nachkommen.

Hamiltons Regel. Hamilton fasst den Zusammenhang zwischen altruistischem Verhalten und Reproduktionserfolg als Variablen in folgender Formel zusammen („Hamiltons Regel"):

$$C < r \times B \text{ oder: Hilfe wenn } \dots r \times B - C > 0 \,.$$

Hierbei steht C für die Kosten des Handelnden (Costs), r für den Anteil derjenigen Gene im altruistischen Individuum, der aufgrund des Verwandtschaftsverhältnisses identisch ist mit Genen des Empfängers des altruistischen Verhaltens (relatedness), B für die Vorteile des Empfängers (Benefits).

Demzufolge wird ein Individuum altruistisches Verhalten dann zeigen, wenn die Kosten dafür geringer sind als der Nutzen für den Empfänger, multipliziert mit (vereinfacht gesprochen) dem Grad der genetischen Verwandtschaft mit dem Empfänger. Dabei ist zu beachten, dass in größeren Tierverbänden ein altruistisches Verhalten nicht nur einem anderen Individuum nutzt, sondern einer ganzen Gruppe von Individuen, zu denen jeweils unterschiedliche Verwandtschaftsgrade bestehen können.

Beispiel

Kooperation lohnt sich

Ein Gedankenexperiment mag diese eher abstrakten Überlegungen illustrieren: Angenommen, wir haben es mit einer Gruppe von Murmeltieren zu tun, bestehend aus Vater, Mutter und ihren elf Nachkommen sowie einem Bruder des Vaters und einer Schwester der Mutter mit zusammen zehn Nachkommen. Die Gruppe besteht also aus 25 Murmeltieren. Nennen wir den elften Nachkommen des Elternpaares M 1 und überlegen, was mit dessen Genen passiert in Abhängigkeit davon, ob er sich altruistisch verhält oder nicht. Um die Berechnung der Relation zwischen Kosten und Nutzen nicht unnötig zu komplizieren, machen wir drei Zusatzannahmen:

(1) Alle Nachkommen sind bereits erwachsen und beteiligen sich am Wachen und Warnen.

(2) Wir vernachlässigen die etwaigen Kosten des Nichtfressens und nehmen nur an, die Wahrscheinlichkeit, dass M 1 aufgrund eines Warnrufes innerhalb eines definierten Zeitraums vom heran-

nahenden Greifvogel getötet wird, betrage 10 Prozent.

(3) Die durchschnittliche Wahrscheinlichkeit je Murmeltier für den gleichen Zeitraum, dann getötet zu werden, wenn niemand Wache hält, betrage 5 Prozent. Wenn jedoch jemand Wache hält, so betrage die durchschnittliche Wahrscheinlichkeit je Murmeltier, getötet zu werden, lediglich 1 Prozent. Der durchschnittliche Nutzen der Wachfunktion für jedes (nicht selbst Wache haltendes) Murmeltier ist also 4 Prozent.

Für M 1 betragen somit die Kosten – d. h. die Wahrscheinlichkeit, alle eigenen Gene zu verlieren – 5 Prozent (nämlich 10 Prozent im Falle eines Warnrufs minus 5 Prozent im Falle fehlender Wachfunktion). Der mögliche Nutzen eines altruistischen Verhaltens ist die Summe aus den Multiplikationen von r und B für alle Verwandten.

▶

Tabelle 10.1 Berechnung des Gesamtnutzens eines altruistischen Verhaltens für eine Gruppe von Murmeltieren mit unterschiedlichen Verwandtschaftsgraden. Aus der Perspektive des warnenden Tieres berechnet sich diese Summe der Multiplikationen aus r und B. In unserem Beispiel überwiegt der durch den Verwandtschaftsgrad gewichtete Nutzen bei weitem die Kosten der Wachfunktion

Mitglieder der Gruppe:	Anzahl		r		B		
für die Geschwister ...	10	×	.500	×	.04	=	.20
für Vater und Mutter ...	2	×	.500	×	.04	=	.04
für Cousinen/Cousins ...	10	×	.125	×	.04	=	.05
für Onkel und Tante ...	2	×	.250	×	.04	=	.02
Summe:						=	.31

Der Nutzen altruistischen Verhaltens

Das Vorhandensein einer entsprechenden genetisch bedingten Verhaltensdisposition hat im obigen Beispiel dazu geführt, dass altruistisches Verhalten sich lohnt. „Sich lohnen" bedeutet in diesem Fall: Die Wahrscheinlichkeit, dass das altruistische Gen von M 1 überlebt, wenn das Individuum sich altruistisch verhält, ist deutlich erhöht, obwohl das Individuum die unmittelbare eigene Fitness reduziert. In anderen Worten: M 1 reduziert die Wahrscheinlichkeit des Überlebens des Altruismus-Gens im eigenen Körper, erhöht aber in noch viel höherem Maße die Wahrscheinlichkeit des Überlebens dieses Gens in den Körpern seiner Verwandten. Es wird zudem deutlich, dass ein günstiges Verhältnis zwischen ($r \times B$) und C umso wahrscheinlicher ist, je mehr Mitglieder die eigene Gruppe hat und je enger die verwandtschaftlichen Beziehungen zwischen den Gruppenmitgliedern sind. Aus „Hamiltons Regel" lässt sich also ableiten, dass ein altruistisches Verhalten nicht unkonditional gegeben, sondern an die Anwesenheit eigener Verwandter geknüpft sein sollte.

Hoogland (1983) überprüfte diese Schlussfolgerung an Präriehunden. Er verglich drei Situationen miteinander: Entweder waren (1) keine engen Verwandten, (2) eigene Nachkommen oder (3) nur enge Verwandte ohne eigene Nachkommen im Rudel anwesend. Die Daten zeigen, dass die Wahrscheinlichkeit von Alarmrufen mehr als doppelt so hoch ist, wenn eigene Nachkommen oder enge Verwandte in der Nähe sind, als wenn dies nicht der Fall ist.

Anmerkung zu Hamiltons Theorie. Viele Darstellungen der Theorie der inklusiven Fitness sind so verfasst, als wüssten die handelnden Individuen um die Ausprägungen der dem Modell zugrundeliegenden Variablen. Eine solche Darstellung ist irreführend: Hamiltons Ansatz basiert allein auf den mathematischen Konsequenzen der Nutzenfunktion und des Verwandtschaftsgrades. Der Effekt – altruistisches Verhalten unter Verwandten – ergibt sich zwangsläufig aus den postulierten Beziehungen und erfordert nicht die bewusste Kalkulation der zugrundeliegenden Größen.

In Bezug auf die Frage, ob und unter welchen Umständen eine Gruppe von Individuen von nichtaltruistischen Individuen „unterwandert" werden kann, zeigen Daten aus vielen verschiedenen Spezies, dass dies oftmals nicht der Fall ist. Eine Erklärung dafür könnte lauten, dass Populationen, die von egoistischen Individuen ihrer Art unterwandert werden, im Laufe der Evolution ausgestorben sind, so dass nur diejenigen übrig blieben, für die ein altruistisches Verhalten genetisch fest verankert ist.

10.2.3 Reziproker Altruismus

Altruismus findet sich, dies zeigen Verhaltensbeobachtungen im Tierreich, nicht nur unter genetisch verwandten Individuen einer Art, sondern findet sich auch zwischen nichtverwandten Individuen und sogar zwischen Individuen verschiedener Arten.

Austausch von Hilfeleistungen

Beginnen wir mit einem Beispiel für Kooperation zwischen nichtverwandten Individuen einer Art: Vögel werden von Parasiten (z. B. Zecken) befallen, die sie sich größtenteils selbst entfernen können. Dies gilt allerdings nicht für diejenigen Parasiten, die in der Kopfregion sitzen, denn diese können die Vögel mit dem eigenen Schnabel nicht erreichen. Sie sind daher zur Entfernung der Parasiten auf die Hilfe anderer Artgenossen angewiesen. Nehmen wir an, es handelt sich um eine Vogelart, die nicht in einem engen Gruppenverband lebt und bei denen der altruistische Akt in der Regel nicht durch einen nahen Verwandten des Individuums ausgeführt wird.

Es handelt sich auf den ersten Blick um ein altruistisches Verhalten: Dem helfenden Tier entstehen Kosten in Form von Zeit, die es nicht der eigenen Hygiene, der Nahrungssuche oder der Aufzucht eigener Nachkommen widmen kann. Dem empfangenden Tier bringt es einen Nutzen, indem es sein Krankheitsrisiko reduziert.

Altruismus versus reziproker Altruismus. Es ist allerdings eine Frage der zeitlichen Perspektive, ob dieses Verhalten tatsächlich als Altruismus bezeichnet werden kann: Betrachtet man nur eine einzelne Interaktion (Vogel A hilft Vogel B), so liegt anscheinend altruistisches Verhalten vor. Wenn jedoch die genetische Disposition in jedem Individuum der Population fest verankert ist, so wird im Rahmen einer längeren zeitlichen Perspektive mit hoher Wahrscheinlichkeit der Fall eintreten, dass jedes Mitglied der Gruppe jedem anderen Gruppenmitglied hilft. In diesem Falle ist es angemessener, nicht von altruistischem Verhalten zu sprechen, sondern von einem (reziproken) Austausch von Hilfeleistungen. Trivers (1971) bezeichnete diese spezielle Form der Interaktion als „reziproken Altruismus". Es kann angenommen werden, dass beide Individuen (oder in größeren Gruppen: alle Individuen) durch einen solchen reziproken Altruismus einen Nettovorteil haben, denn der Nutzen der Hilfeleistung übersteigt deren Kosten bei weitem.

Definition

Ein **reziproker Altruismus** (auch: Mutualismus) beinhaltet Handlungen zum beiderseitigen Nutzen der beteiligten Individuen, also eine so genannte „win-win"-Situation.

Übersicht

		Empfänger	
		Gewinn	Verlust
Gebender	Gewinn	Mutualismus (reziproker Altruismus)	Egoismus
	Verlust	Altruismus	Boshaftigkeit

Altruismus ohne Verwandtschaft. Es gibt einen Unterschied zwischen Altruismus unter Verwandten versus Nichtverwandten. Altruismus unter Verwandten lässt sich damit erklären, dass die genetische Disposition für das altruistische Verhalten (mit einer gewissen Wahrscheinlichkeit) auch in den eigenen Verwandten vorhanden ist. Im Falle des Mutualismus oder des reziproken Altruismus wird ein Hilfeverhalten gezeigt, weil es (mit einer gewissen Wahrscheinlichkeit) zu einem späteren Zeitpunkt erwidert wird.

In Bezug auf einen reziproken Altruismus gibt es nun ein Problem: Es ist keineswegs sicher, dass das Hilfeverhalten zu einem späteren Zeitpunkt tatsächlich erwidert wird. Bei Gruppen miteinander verwandter Individuen existieren definierte Wahrscheinlichkeiten dafür, dass die eigene genetische Grundlage dieser entsprechenden Verhaltensdisposition auch in den Individuen vorhanden ist, die von der Hilfe profitieren. Im Falle eines nichtverwandtschaftlichen reziproken Altruismus ist dies nicht gegeben. Wenn solche Individuen einander begegnen, so ist nicht von vornherein klar, ob es sich bei dem anderen um einen kooperativen Artgenossen handelt oder um einen Betrüger, der die angebotene Hilfe gerne entgegennimmt, ohne sie zu einem späteren Zeitpunkt zu erwidern.

Von großer Bedeutung für die Entscheidung eines Individuums über Kooperation oder Nichtkooperation sollte die Wahrscheinlichkeit und Häufigkeit einer wiederholten Interaktion mit dem (nicht verwandten) Artgenossen sein: Begegnen dieselben Individuen einander nur selten, im Extremfall nur ein oder zwei Mal, so besteht eine vernünftige Strategie darin, zu „betrügen", d. h. eine Hilfe anzunehmen und diese später nicht zu erwidern. Wenn zwei Individuen dagegen zahlreiche Interaktionen haben werden, so ist es sinnvoller, die Hilfeleistung mit hoher Zuverlässigkeit zu erwidern. Diese Situation lässt sich am besten anhand des so genannten „Gefangenendilemmas" illustrieren.

Das Gefangenendilemma

Dieses Gedankenexperiment beinhaltet eine fiktive Situation, bei der zwei Verdächtige von der Polizei verhaftet und getrennt voneinander verhört werden. Gesetzt den Fall, die Beweislast sei nicht sonderlich groß, so werden beide Verdächtige nur eine geringe Strafe bekommen, wenn beide die Tat leugnen oder die Aussage verweigern. Die Verdächtigen werden nun unabhängig voneinander dazu ermuntert, den jeweils anderen zu belasten. Der Geständige würde dann straffrei ausgehen, wenn der andere nicht umgekehrt auch ihn belastet. Der Nichtgeständige dagegen muss natürlich mit einer ungleich höheren Strafe rechnen, wenn der andere ihn belastet. Beide Interaktionspartner können aber nicht wissen, wie der andere sich entscheidet.

Chancen und Risiken. Die beiden Verdächtigen A und B befinden sich in einem Dilemma, denn jede Entscheidung birgt Chancen und Risiken: Wenn A (wie vermutlich vorher vereinbart) sich für die Kooperation mit B entscheidet und wenn B dies auch tut, so werden beide eine geringe Strafe bekommen. Andererseits läuft A hierbei Gefahr, dass B ihn belastet; dann erhält A eine hohe Strafe, während B straffrei ausgeht. Wenn A sich gegen die Kooperation mit B entscheidet, so hängt das Resultat wiederum vom Verhalten von B ab: Entscheidet B sich für die Kooperation, so geht A straffrei aus. Entschließt B sich ebenso zum Betrug, so erwartet beide eine hohe Strafe.

Man kann die Entscheidungsresultate auch als „Auszahlungsmatrix" bezeichnen, denn diese legt das Ergebnis (die „Auszahlungen") jeder Entscheidung fest, und zwar in Abhängigkeit von

Das Gefangenendilemma

Entscheidung von Gefangenem A		Entscheidung von Gefangenem B	
		Kooperieren (mit A)	(A) Betrügen
	Kooperieren (mit B)	Belohnung für gegenseitige Kooperation … *1 Jahr Haft für A und 1 Jahr Haft für B.*	Resultat für den Betrogenen … *10 Jahre Haft für A, Straffreiheit für B.*
	(B) Betrügen	Anreiz oder Versuchung, zu betrügen … *Straffreiheit für A, 10 Jahre Haft für B.*	Bestrafung für gegenseitige Nicht-Kooperation … *9 Jahre Haft für A, 9 Jahre Haft für B.*

den Entscheidungen des anderen. Das Verhalten wird maßgeblich durch die jeweiligen Auszahlungen beeinflusst werden, die im einzelnen Fall zu erwarten sind.

Die im Beispiel genannten Sanktionen stellen keinen sonderlich großen Anreiz für das Betrügen dar, denn der Gewinn in diesem Falle beträgt maximal ein Jahr Freiheitsgewinn, und dem gegenüber stehen 8 Jahre Haftverlängerung für den Fall, dass auch der Mitverhaftete sich zum Betrügen entschließt. Der Anreiz für das Betrügen ist also wesentlich geringer als die mögliche Bestrafung des Betrügens.

Es sind natürlich Fälle denkbar, in denen der Anreiz für das Betrügen deutlich höher ist, so etwa wenn bei einer erfolgreichen Kooperation das Beweismaterial dennoch ausreicht, die Verhafteten für 7 Jahre hinter Gitter zu bringen: Während nun erfolgreiches Betrügen zur Straffreiheit führt, wird ein gemeinsames Betrügen „lediglich" in einer Haftverlängerung um weitere 5 (auf 14) Jahre resultieren. In diesem Fall wäre der Anreiz für das Betrügen (15 Jahre Gewinn) deutlich höher als der Schaden, der aus dem nicht erfolgreichen Betrügen resultiert (8 Jahre).

Realistischere Varianten des Gefangenendilemmas. Allerdings sind mehr oder weniger hohe Gefängnisstrafen kein gutes Beispiel für „Auszahlungen". So geht es im Falle der von Parasiten befallenen Vögel – und wohl in vielen lebensnahen Situationen – nicht nur um die Vermeidung negativer Konsequenzen, sondern um einen realen Nutzen, der aus einem Austausch von Hilfeleistungen resultiert. Dennoch entspricht die Situation des Vogels – wie auch unsere Lage in alltäglichen Interaktionen – in vielen Aspekten recht genau dem Typus des Gefangenendilemmas: Entschließt sich der Vogel zur Hilfeleistung, so resultiert ein hoher gemeinsamer Nutzen, sofern sie erwidert wird; und wird sie nicht erwidert, so erwächst ihm ein Schaden. Gleiches gilt für das Verweigern der Kooperation: Trifft der nichtkooperierende Vogel den anderen Vogel niemals wieder, erwächst aus der Verweigerung kein Schaden; folgen viele weitere Begegnungen, kann er nicht mehr auf Hilfeleistung hoffen.

Zwei weitere wichtige Aspekte des reziproken Altruismus sind im bisherigen Gefangenendilemma noch nicht enthalten. Der eine betrifft die Zahl der möglichen Interaktionspartner: Es mag in vielen Situationen um eine größere Anzahl von Individuen gehen. So könnte es darauf ankommen, einen Interaktionspartner zu finden, den man noch nicht betrogen hat. Solange dies möglich ist, resultiert aus einer Nichtkooperation kein Schaden.

Der andere Aspekt betrifft die zeitliche Perspektive der Interaktion: In dem genannten Beispiel des Gefangenendilemmas handelt es sich um eine singuläre Interaktion. Dabei kann die Auszahlungsmatrix ganz einfach so gestaltet werden, dass „Betrügen" die sinnvollste Handlungsalternative ist. Dawkins (1976) diskutiert diesen Aspekt angesichts eines Gefangenendilemmas, bei dem die Auszahlungsmatrix für die Nichtkooperation einen größeren Anreiz vorsieht als den möglichen Nutzen einer Kooperation, und resümiert: „In [diesem] Gefangenendilemma-Spiel gibt es keine Möglichkeit, Vertrauen sicherzustellen. Wenn nicht mindestens einer der Spieler ein halber Heiliger ist, der zu gut für diese Welt ist und betrogen wird, muss das Spiel mit gegenseitigem Verrat enden." (S. 329).

Unsere alltäglichen Interaktionen wie etwa am Arbeitsplatz oder im Freundeskreis sind dadurch gekennzeichnet, dass sich Möglichkeiten zum Austausch von Hilfeleistungen oft wiederholen. Um zu illustrieren, wie solche Interaktionen anhand des Gefangenendilemmas dargestellt werden können, müssen wir dem typischen Gefangenendilemma eine Wiederholungsmöglichkeit einräumen, die dafür sorgt, dass der Schatten der Zukunft möglichst lang ist.

Das wiederholte Gefangenendilemma

Wiederholte Interaktionen zwischen vielen Individuen und über eine längere zeitliche Perspektive erfordern viele, immer wieder neue Entscheidungen. Maynard Smith (1982) spricht in diesem Zusammenhang von Strategien, denn das Individuum ist gut beraten, einen festen Handlungsplan für diese zahlreichen Interaktionen zu haben. Beim Homo sapiens mögen dies bewusste Strategien sein, über die wir nachdenken und die wir womöglich auch revidieren; im Falle der Vögel ist vielmehr anzunehmen, dass die Strategien in Form genetischer Dispositionen festgelegt sind.

Stellen Sie sich nun folgende Situation vor: Sie „spielen" gegen einen unbekannten Spielpartner, und Sie beide können zwischen zwei Handlungsalternativen wählen, Kooperation versus Nichtkooperation (bzw. Betrügen). Das Spiel besteht aus insgesamt 200 Durchgängen. In Abhängigkeit von Ihrer beiderseitigen Kooperation oder Nichtkooperation resultieren unterschiedliche Punktgewinne (siehe Übersicht). Sie können maximal 1000 Punkte erreichen, falls Sie Ihren Spielpartner immer betrügen und er sie nie betrügen würde. Wenn Sie stets gemeinsam kooperieren, erreichen Sie (beide) 600 Punkte.

Übersicht

Das wiederholte Gefangenendilemma

		Entscheidung Ihres Spielpartners	
		Kooperieren	Betrügen
Ihre Entscheidung	Kooperieren	Belohnung für gegenseitige Kooperation … *3 Punkte.*	Resultat für den Betrogenen … *0 Punkte.*
	Nicht kooperieren	Anreiz oder Versuchung, zu betrügen … *5 Punkte.*	Bestrafung für gegenseitige Nicht-Kooperation … *1 Punkt.*

Strategietest. Um die Qualität unterschiedlicher Strategien zu testen, veranstaltete Axelrod (1984) ein Computerturnier, bei dem er Experten verschiedener Disziplinen aufforderte, Strategien in Form von Computerprogrammen einzureichen. Es resultierten 15 verschiedene Strategien, d. h. Anweisungen, die jeweils die Wahl der Alternative in Abhängigkeit vom Verhalten des Spielpartners festlegen. In diesem Experiment bestehen also die „Spielpartner" aus den Strategien. Eine Strategie könnte stets kooperieren; eine andere stets betrügen. Weiterhin könnte die Entscheidung ganz zufällig getroffen werden; oder eine Strategie könnte in hohem Maße nachtragend sein, indem sie einen Betrug für viele Durchgänge mit einem Betrug „bestraft". Axelrods Computersimulation rivalisierender Strategien ergab zwei wichtige Erkenntnisse (vgl. Axelrod, 1984).

„Tit-for-Tat". Die erfolgreichste Strategie wird als Tit-for-Tat („wie du mir, so ich dir") bezeichnet und stammt von dem Psychologen Anatol Rapaport. Diese sehr einfache Strategie sieht vor, dass eine Kooperation des Spielpartners im nächsten Zug mit einer Kooperation erwidert wird, eine Nichtkooperation mit einer Nichtkooperation. Es gibt zwei wichtige Merkmale von Tit-for-Tat, die zu seinem Erfolg beitragen: Es handelt sich um eine „nette" Strategie, da sie niemals einen Betrugsversuch beginnt. Und sie ist nicht nachtragend, da sie einen Betrug mit jeweils nur einem einzigen Gegenbetrug „bestraft".

Evolutionär Stabile Strategien. Statt „Auszahlungen" in Form von Punkten vorzunehmen, können wir versuchen, die in der Natur normalerweise vorkommenden Auszahlungen in das Spiel einzubauen. In diesem Fall bestehen evolutionäre Auszahlungen in „Nachkommen" der eigenen Strategie. Im Rahmen einer Computersimulation geschieht dies, indem man Kopien des Computerprogramms auf die Festplatte kopiert und diese Kopien als „Nachkommen" der Elterngeneration am nächsten Durchgang teilnehmen lässt. Genau dieses Auszahlungsschema realisierten Axelrod und Hamilton (1981) in einer Computersimulation, bei der alle 15 eingereichten Strategien antraten.

Der Befund ist verblüffend: Wenn eine Tit-for-Tat-Strategie einmal in einer Population rivalisierender Strategien vorkommt, dann wird diese niemals aussterben. Die Daten aus verschiedenen Computersimulationen zeigen sogar, dass diese Strategie in der Regel die meisten Nachkommen haben wird und auf Dauer die meisten Individuen einer Population stellt. Für dieses Phänomen prägte Smith (1982) den Begriff der Evolutionär Stabilen Strategie (ESS).

Wir sehen jetzt, dass der Begriff des reziproken Altruismus eine neue Bedeutung bekommt: Der Austausch von Hilfeleistungen unter nichtverwandten Individuen einer Art ist keineswegs unkonditional, sondern an die Wirkung der Strategien geknüpft, die die Individuen an den Tag legen. Dabei ist unerheblich, ob die Strategien auf bewussten Entscheidungen der Interaktionspartner, auf genetischen Verhaltensdispositionen oder auf festgelegten Computeranweisungen beruhen. Die Tit-for-Tat-Strategie stellt den Prototyp einer ESS dar, die nicht durch andere (z. B. aggressive oder nichtkooperierende) Individuen unterwandert werden kann.

Axelrod (1984) hat aus der Computersimulation rivalisierender Strategien folgende zentrale Schlussfolgerung gezogen: „ [Dies] legt nahe, dass es noch viel darüber zu lernen gibt, wie man mit Situationen, in denen sich jeder in einer Machtposition gegenüber jedem anderen befindet, am besten fertig wird. Selbst Strategie-Experten aus Politologie, Soziologie, Ökonomie, Psychologie und Mathematik machten den gleichen Fehler, zu sehr auf den eigenen Vorteil aus zu sein, zu nachtragend zu sein und die Kooperationsbereitschaft der anderen Seite zu pessimistisch einzuschätzen." (S. 257)

Kooperation und Evolution

Die hier berichteten Sachverhalte stellen nur die Spitze eines Eisbergs dar. Festzuhalten ist: Kooperation und Strategien der Kooperation haben in der Evolution der Tierwelt und auch des Menschen eine sehr bedeutende Rolle gespielt und insofern auch die mentalen Fähigkeiten des Menschen geprägt. Aus einer Vielzahl von Beispielen sei hier nur eines herausgegriffen: Die Entwicklung einer erfolgreichen Kooperationsstrategie erfordert eine hohe Fähigkeit, sich an den Interaktionspartner und vergangene Interaktionen mit diesem zu erinnern, also auch eine hohe Entwicklung der Fähigkeit, Gesichter wieder zu erkennen. Tatsächlich gehört die letztgenannte Fähigkeit zu den leistungsstärksten und entwicklungspsychologisch frühesten Gedächtnisleistungen des Menschen (Baron-Cohen, 1995).

Integration der Ansätze. Wir sehen an diesem Beispiel auch, wie die von Tinbergen genannten Fragestellungen (siehe 10.1.5) ineinander greifen müssen, um eine vollständige Erklärung eines Phänomens zu erlangen: Verhaltenswissenschaftliche Studien und sorgfältige Beobachtung sind erforderlich, um aktuell vorhandene Verhaltensmuster zu entdecken (z. B.: wer kooperiert wann und mit wem?). Aus evolutionärer Perspektive gilt es, nach deren Zweck zu fragen, um ihren (Überlebens-)Wert bestimmen zu können. Aufgabe der Evolutionären Psychologie ist es, die (kognitiven) Mechanismen zu entdecken, die ihnen zugrunde liegen (z. B. die Kapazität für das Wiedererkennen von Gesichtern). Ergänzt werden diese Fragestellungen durch die Analyse der ontogenetischen Ursachen und der proximalen Ursachen des Verhaltens (z. B. der Auslösebedingungen). Erst wenn alle diese Fragen beantwortet sind, haben wir ein Verhalten ganz verstanden oder erklärt.

10.3 Evolutionäre Erklärungen der Elternliebe

Es erscheint unmittelbar einleuchtend, dass Eltern hoch motiviert sind, ihre Kinder zu lieben. Aus evolutionärer Sicht liegt auf der Hand, dass elterliche Liebe und Fürsorge für die eigenen Nachkommen einen Überlebensvorteil darstellen. Daher ist anzunehmen, dass Elternliebe in der Vergangenheit selegiert wurde, und somit sollte auch der Homo sapiens mit entsprechenden genetischen Dispositionen ausgestattet sein, die eigenen Nachkommen zu versorgen und zu beschützen.

Überraschenderweise ist elterliche Liebe jedoch keinesfalls bedingungslos gegeben. So haben Daly und Wilson (1981) zahlreiche statistische Quellen ausgewertet und unter anderem festgestellt:

▶ Kinder, die nicht bei beiden leiblichen Eltern aufwachsen, haben ein vielfach erhöhtes Risiko, misshandelt oder gar getötet zu werden. *ca. um 300*

▶ Das Risiko einer Misshandlung durch die Eltern ist für Kinder, die von Geburt an unheilbar krank sind, um ein Vielfaches erhöht.

▶ Das Risiko, dass ein Neugeborenes während des ersten Lebensjahres von der Mutter getötet wird, ist insbesondere bei sehr jungen und älteren Müttern erhöht.

▶ Das gleiche Risiko ist für unverheiratete Mütter deutlich höher als bei verheirateten Müttern.

▶ Väter, die sich ihrer leiblichen Vaterschaft sicher sind, engagieren sich in höherem Maße für die Kinder, als Väter, für die dies nicht gilt.

Auch viele andere empirische Befunde der beiden Autoren zeigen: Elterliche Liebe kann variieren.

Überraschend ist auch die Tatsache, dass Eltern und Kinder nicht unbedingt an einem Strang ziehen, wenn es um elterliche Fürsorge geht. Die Vermutung liegt nahe, dass Eltern ihren Kindern möglichst viel Fürsorge geben und dass Kinder möglichst viel Fürsorge bekommen wollen. Trivers (1974) hat jedoch erklärt, warum es in Bezug auf die elterliche Fürsorge zu Konflikten zwischen den Eltern und Kindern kommen muss. Betrachten wir seine Theorie des Eltern-Kind-Konfliktes anhand eines Beispiels, das auf Daly und Wilson (1988) zurückgeht.

10.3.1 Die Theorie des Eltern-Kind-Konfliktes

Stellen sie sich zwei Geschwister und deren Mutter vor. Da dieses Beispiel erfahrungsgemäß auf Widerstand stoßen kann, wenn es um menschliche Elternliebe geht, betrachten wir eine Vogelmutter mit zwei Jungen in ihrem Nest. Die Mutter kehrt zu einem bestimmten Zeitpunkt mit zwei Regenwürmern zum Nest zurück. Der Nutzen einer solchen Ressource nimmt nun mit deren wiederholtem Konsum kontinuierlich ab: Der erste verfütterte Regenwurm, an ein Junges verfüttert, mag sicherstellen, dass es den Tag überlebt. Der zweite Regenwurm, an dasselbe Junge verfüttert, ist auch von Nutzen für den kleinen Vogel, aber er entscheidet nicht über Leben und Tod. Die beiden Regenwürmer haben also für das eine Junge einen unterschiedlichen reproduktiven Wert. Dieser gibt an, in welchem Maße der jeweilige Regenwurm dazu beiträgt, dass das Junge die Gene der Mutter dereinst weitergeben kann. Weisen wir dem ersten Regenwurm willkürlich z. B. den reproduktiven Wert 4 zu, dem zweiten den Wert 3.

Warum kommt es hier zu einem Konflikt? Die Mutter hat mit jedem ihrer Jungen 50 Prozent der Gene gemeinsam. Aus ihrer Sicht erzielt sie also dann den höchsten Nutzen (B), wenn sie je einem Jungen einen Regenwurm gibt ($B = 8 \times .50 = 4$) und nicht etwa beide Regenwürmer an ein Junges ($B = 7 \times .50 = 3.5$). Aus der Sicht der beiden Jungen sieht dies jedoch anders aus: Jedes hat 100 Prozent eigene Gene und nur 50 Prozent der Gene mit dem Geschwister gemeinsam. Deshalb ergibt sich für ein Junges ein höherer reproduktiver Nutzen, wenn es beide Regenwürmer erhält ($B = 7 \times .100 = 7$) als wenn die Mutter ihre Beute gerecht verteilt ($B = 4 \times .100 + 4 \times .50 = 6$).

Die Theorie des Eltern-Nachwuchs-Konfliktes kommt zu dem Schluss, dass die Nachkommen die Eltern stets dazu bewegen wollen, mehr Ressourcen zu geben, als die Eltern eigentlich geben wollen: Die Nachkommen sind motiviert, eine ungleiche Verteilung zu erwirken, die Eltern dagegen sind motiviert, die verfügbaren Ressourcen gerecht zu verteilen. Mit „Motiviertsein" ist hierbei nicht gemeint, dass die Beteiligten entsprechende Berechnungen anstellen, und korrespondierende Entscheidungen treffen und in die Tat umsetzen. Es genügt völlig anzunehmen, dass Individuen, die ein entsprechendes Verhalten zeigen, einen größeren reproduktiven Erfolg haben werden. Eltern, denen es gelingt, Nahrungsressourcen unter den Nachkommen gerecht zu verteilen, werden eine größere Anzahl eigener Gene an zukünftige Generationen weitergeben. Nachkommen, denen es gelingt, die Eltern zu einer ungerechten Bevorzugung zu bewegen, werden, wenn sie mit ihrem Verhalten erfolgreich sind, eine größere Zahl eigener Gene an zukünftige Generationen weitergeben. Dies bedeutet auch, dass die Nachkommen, die in einem frühen Stadium ihrer Entwicklung eine ungleiche Verteilung anstreben, im Erwachsenenalter und den eigenen Nachkommen gegenüber eine gerechte Verteilung anstreben werden.

Die Nachkommen können nicht nur mit den eigenen Geschwistern, sondern in vielerlei Hinsicht um die Ressourcen der Eltern konkurrieren: So wird z. B. ein Säugling darauf drängen, länger gestillt zu werden, während die Mutter ihn früher entwöhnen möchte – wie bei vielen Säugetieren ist auch beim Menschen die Empfängnisbereitschaft während des Stillens stark reduziert und steigt erst nach der Entwöhnung des Nachwuchses wieder an. Oder der Nachwuchs möchte die Ressourcen der Eltern ungeteilt in Anspruch nehmen, während die Eltern weitere Nachkommen zeugen wollen.

Exkurs

Eltern-Kind-Konflikte aus psychoanalytischer und evolutionärer Perspektive

Bislang haben wir nur eine Theorie über Eltern-Kind-Konflikte kennen gelernt: Freuds Konzeption des Ödipuskomplexes. Freud (1904) zufolge sollten im Alter zwischen zwei und fünf Jahren Konflikte zwischen dem Kind und dem gleichgeschlechtlichen Elternteil auftreten, die auf deren gleichzeitigen sexuellen Ansprüchen auf das gegengeschlechtliche Elternteil beruhen (siehe 2.1.3). Nach Trivers (1974) Theorie des Eltern-Kind-Konflikts dagegen ist die elterliche Zuwendung der Gegenstand des Konflikts, und dieser sollte zwischen dem Kind und beiden Elternteilen bestehen.

Buss (1999) zufolge gibt zumindest einige indirekte Anhaltspunkte, um zwischen diesen beiden grundverschiedenen Theorien zu entscheiden. Wenn Kindesmord ein Indikator für Eltern-Kind-Konflikte ist, dann wäre nach Freuds Theorie zu erwarten, dass Kindesmorde während des kritischen Zeitfensters häufiger vom gleichgeschlechtlichen als vom gegengeschlechtlichen Elterteil begangen werden. Dies ist jedoch nicht der Fall: Daly und Wilson (1981) haben US-amerikanische und kanadische Kriminalstatistiken ausgewertet und gefunden, dass Väter wie Mütter eine sehr ähnliche Wahrscheinlichkeit aufweisen, ein gleichgeschlechtliches bzw. gegengeschlechtliches Kind zu töten.

10.3.2 Elterninteressen und Sterblichkeitsraten von Jungen und Mädchen

Die Krummhörn-Studie

Voland und Dunbar (1995) sowie Voland (1997) haben die Sterblichkeitsraten von Kindern in 13 Dörfern in Norddeutschland im 18. und 19. Jahrhundert untersucht. Die Daten basieren auf einer Rekonstruktion der Familiengeschichten anhand von Kirchenbüchern, Taufregistern und Steuerlisten. Diese Studie ist nach einem norddeutschen Dorf benannt worden, das in die Untersuchung einbezogen war und für das sehr unterschiedliche Sterblichkeitsraten für Jungen versus Mädchen gefunden wurden.

Ein erster Blick auf die Befunde zeigt, dass es Regionen mit Bauernfamilien gibt, in denen Söhne ein höheres Sterblichkeitsrisiko haben als Töchter, während dies sich in anderen Regionen umgekehrt verhält. Weiterhin zeigt sich in Familien von Landarbeitern, die kein eigenes Land besitzen, ein gleich hohes Sterblichkeitsrisiko für Jungen und Mädchen. Wie können diese unterschiedlichen Sterblichkeitsraten in verschiedenen Regionen erklärt werden?

Im Zentrum der Überlegungen von Voland (1997) stehen die unterschiedlichen Kosten, die Jungen und Mädchen einer Bauernfamilie verursachen, sowie die verfügbaren Ressourcen: In manchen Regionen gab es noch große Flächen kultivierbaren Landes, in anderen dagegen stand solches Land nicht mehr zur Verfügung. Betrachten wir zwei extreme Fälle, wobei zu beachten ist, dass Voland (1997) auch weitere Regionen in seine Untersuchung einbezog.

Krummhörn versus Ditfurt. In der Gemeinde Krummhörn in Norddeutschland, die vom Meer und nicht kultivierbaren Mooren umgeben ist, stand im fraglichen Zeitraum keinerlei Land mehr zur Verfügung. Die Erbregelung sah vor, dass der jüngste Sohn den Hof des Vaters erben würde und alle anderen Söhne der Familie ausbezahlen musste. Weiterhin war es Brauch, den Töchtern im Falle einer Heirat eine Mitgift mitzugeben, die dem halben Auszahlungsbetrag eines zu entschädigenden Sohnes entsprachen. Die Kosten einer Auszahlung für einen Sohn überstiegen demzufolge deutlich die Kosten der Mitgift. Hieraus folgt: Je höher die Zahl der Söhne, desto mehr werden die Ressourcen des väterlichen Hofs geschwächt.

In der Gemeinde Ditfurt (im heutigen Thüringen) dagegen gab es im gleichen Zeitraum noch große Flächen kultivierbaren Landes. Somit bestand die Möglichkeit, den Söhnen kostengünstiges neues Land zur Gründung eigener Existenzen zur Verfügung zu stellen.

Befunde und Schlussfolgerungen

Was wissen wir heute über das Schicksal von Söhnen und Töchtern von Bauernfamilien in diesen unterschiedlichen Regionen? Voland und Mitarbeiter haben verschiedene Indizes hierzu ermittelt. Dazu gehören die Anzahl der Söhne und Töchter in einer Familie (im Folgenden: Geschwisterfolge), die Sterblichkeitsrate der Kinder in Abhängigkeit vom Geschlecht des Kindes, die Wahrscheinlichkeit einer späteren Heirat, die Zahl der Nachkommen einer Familie über mehrere Generationen hinweg, die Anzahl der Taufpaten eines Kindes sowie eine ungefähre Schätzung der Stilldauer je Kind. Die Stilldauer lässt sich zumindest indirekt aus dem Geburtenabstand zum nächsten Geschwisterkind erschließen (außer für das letztgeborene Kind), da während des Stillens die Empfängnisbereitschaft gesenkt ist. Während Geschwisterfolge, Sterblichkeitsrate und Wahrscheinlichkeit einer späteren Heirat Indikatoren des reproduktiven Erfolgs der Familie darstellen, liefern die Anzahl der Taufpaten je Kind sowie die Schätzung der Stilldauer einen Anhaltspunkt für die Zuwendung zu einem Kind.

Zentrale Befunde. In Regionen wie Krummhörn zeigt sich eine wesentlich höhere Sterblichkeit für Jungen, in Regionen wie Ditfurt dagegen für Mädchen. Zudem zeigt sich für die Region Krummhörn, dass die Sterblichkeitsrate von Bauernsöhnen kontinuierlich ansteigt, je mehr Söhne die Familie bereits hat: Sie beträgt während des ersten Lebensjahres für den ersten Sohn etwa 15 Prozent, bei drei oder mehr Brüdern 21 Prozent. Ein solcher Anstieg ist nicht zu beobachten, wenn es statt Brüdern eine entsprechende Anzahl Schwestern gibt.

Die Söhne einer Krummhörner Bauernfamilie haben eine deutlich reduzierte Wahrscheinlichkeit, im Laufe ihres Lebens zu heiraten, wenn es viele Brüder gibt. Dies gilt nicht für die Töchter der Familie. Die Söhne haben in der Folge weniger Nachkommen als die Töchter derselben Familie.

Die Differenzen in der Sterblichkeit von Söhnen versus Töchtern waren insbesondere bei wohlhabenden Krummhörner Bauernfamilien besonders ausgeprägt. Zudem wurde berechnet, wie viele Nachkommen wohlhabende Familien im Vergleich zu anderen Familien hatten. Als Vergleichsmaßstab dienten das standardisierte Bevölkerungsmittel, weniger wohlhabende Bauernfamilien sowie Landarbeiterfamilien, bei denen keine solche differente Sterblichkeit zu finden war.

Es zeigt sich, dass die wohlhabenden Familien im Durchschnitt doppelt so viele Nachkommen hatten wie das Bevölkerungsmittel. Die Vermutung liegt nahe, dass die geschlechtsdifferente Sterblichkeit zu dieser Entwicklung beigetragen hat: Rund 25 Prozent dieser Familien haben in der ersten Generation keinen erwachsenen Sohn hervorgebracht, aber nur etwa 6 bis 7 Prozent keine erwachsene Tochter (Klindworth & Voland, 1995).

Die Anzahl der Taufpaten variiert mit der Sterblichkeitsrate der Kinder von Bauernfamilien: Je mehr Taufpaten ein Kind bekommt, desto größer ist seine Wahrscheinlichkeit, das erste Lebensjahr zu vollenden. Allerdings ist hierbei nicht mehr zu ermitteln, ob nicht etwa Kinder, die bereits bei der Geburt erkrankt waren, weniger Taufpaten erhielten. Die Stilldauer variiert im Wesentlichen mit der Anzahl der Kinder einer Familie: Je mehr Geschwister ein Neugeborenes bereits hat, desto kürzer ist die Stillzeit.

Schlussfolgerungen. Eine Zusammenfassung der genannten Befunde sollte eine Beschreibung des Phänomens, der möglichen Ursachen dieses Phänomens sowie der resultierenden Konsequenzen über die Zeit (die Generationen hinweg) beinhalten. Insgesamt zeigt sich, dass in Regionen mit sehr wenig neu kultivierbarem Land Bauernfamilien mehr Töchter als Söhne hervorbringen und dass die Sterblichkeit von Söhnen während der frühen Kindheit wesentlich stärker ausgeprägt ist als die von Töchtern. In Regionen mit neu kultivierbarem Land dagegen finden wir ein umgekehrtes Datenmuster. Als mögliche Ursache für dieses Phänomen kommt die unterschiedliche elterliche Fürsorge für die Kinder in Abhängigkeit von deren Geschlecht in Betracht, wie sie sich in unterschiedlichen Stillzeiten und der Zahl der Taufpaten widerspiegelt. Voland und Mitarbeiter vermuten, dass diese beiden Variablen Indikatoren für unterschiedliche Strategien der Familien bei der Versorgung des eigenen Nachwuchses sind. Wie die Befunde zur Zahl der Nachkommen zeigen, sind diese Strategien sehr erfolgreich.

Diese Analyse der Bauernfamilien im 18. und 19. Jahrhundert folgt im Wesentlichen einem verhaltenswissenschaftlichen Ansatz: Wir erfahren viel über die reproduktiven Verhaltensweisen bestimmter Populationen und haben nur indirekte Befunde zu den Prozessen, die die genannten Effekte produzieren. Gleichzeitig erweisen sich die angenommenen Strategien der untersuchten Familien als in hohem Maße flexibel und an die gegenwärtigen ökologischen (verfügbares Land) und kulturellen Gegebenheiten (Erbfolge- und Mitgiftregelungen) angepasst.

Die Befunde von Voland (1997) illustrieren daher auch, wie unsinnig es wäre zu behaupten, dass Gene unser Verhalten determinieren: „Befunde wie diese zeigen, dass Gene – und besonders solche, die vielfältig zusammenwirken – komplexe Verhaltensmuster nicht unbeeinflusst von sozialen, kulturellen und demographischen Faktoren vorgeben, wie mitunter noch angenommen wird, sogar manchmal in der Biologie. Die genetische Basis determiniert also keineswegs die Handlungsweise, sondern lässt ihr einen großen Spielraum. Dies ist eine wesentliche Einsicht, ohne die man die soziobiologische Argumentation nicht verstehen kann." (Voland, 1998, S. 37)

Eine zentrale Schlussfolgerung aus diesen und ähnlichen Studien (zusammenfassend siehe Barrett et al., 2001) ist, dass gerade die Flexibilität des Verhaltens einen reproduktiven Erfolg ermöglicht: Erst die Anpassung des Verhaltens an die gegenwärtigen Umwelt- und kulturellen Bedingungen ermöglicht ein erfolgreiches Überleben derjenigen Gene, die umgekehrt einer solchen flexiblen Verhaltensdisposition zugrunde liegen.

Zusammenfassung

Die Evolutionstheorie wurde von Darwin begründet. Evolution bedeutet die stammesgeschichtliche Entwicklung der Spezies. Von der allmählichen Veränderung einer Art (Variationsevolution) ist die Entstehung neuer Arten (Speziation) abzugrenzen.

Natürliche Selektion bedeutet die unterschiedliche Überlebens- und Fortpflanzungswahrscheinlichkeit der einzelnen Individuen einer Art („Survival of the fittest"). Sie erfolgt durch deren unterschiedliche Anpassung (Adaptation) an die sich verändernden Umweltbedingungen. Die Variationsevolution besteht darin, dass sich infolge der natürlichen Selektion und aufgrund der erblichen Variation die Merkmale einer Population über Generationen hinweg allmählich verändern.

Gegenstand der Selektion bzw. Evolution sind nach Darwin nicht nur Körpermerkmale, sondern auch Verhaltensweisen bzw. -dispositionen und diesen zugrundeliegende psychische Mechanismen. Da ein adaptives Merkmal oder Verhalten die Überlebens- und Fortpflanzungswahrscheinlichkeit erhöht, wird sich mit der Zeit auch seine Auftretenswahrscheinlichkeit erhöhen.

Die Frage, ob der Mensch an seine gegenwärtigen oder ehemaligen Lebensbedingungen adaptiert ist, wird von evolutionären Theorien uneinheitlich beantwortet. Die verfügbaren Daten sprechen dafür, dass unsere biologische Ausstattung (samt Verhaltensdispositionen) schon vor langer Zeit erworben wurde. Jedoch führt die Evolutionäre Psychologie unser Verhalten keineswegs nur auf unsere genetische Ausstattung zurück, ist also entgegen einem häufigen Missverständnis nicht reduktionistisch.

Zur evolutionären Erklärung des menschlichen Verhaltens sind Tinbergen zufolge vier Arten von Ursachen (nach ihrem Gegenstandbereich) zu unterscheiden:

(1) proximale oder mechanistische Ursachen (räumlich oder zeitlich nahe liegende Ursachen bzw. biologische Ausstattung)
(2) ontogenetische Ursachen (Entwicklungsgeschichte des Individuums)
(3) phylogenetische Ursachen (Geschichte der Spezies)
(4) ultimative oder funktionale Ursachen (Zweck oder Funktion).

Auf Darwins Theorie gehen insbesondere zwei Disziplinen zurück:

▶ Die vergleichende Verhaltensforschung (Ethologie bzw. Humanethologie) befasst sich auch mit den Unterschieden im Reproduktionserfolg der Individuen einer Art aufgrund ihrer unterschiedlichen Verhaltensstrategien.

▶ Die Evolutionäre Psychologie untersucht unsere psychologischen Mechanismen daraufhin, inwieweit sie die Anpassungsprobleme lösen, die den Menschen im Laufe seiner evolutionären Entwicklung geprägt haben.

Altruistisches Verhalten scheint aus evolutionärer Sicht zunächst kaum erklärbar zu sein, wird aber durch zahlreiche Beobachtungen der vergleichenden Verhaltensforschung belegt.

▶ Altruistisches Verhalten unter Verwandten erklärt Hamiltons Theorie der inklusiven Fitness damit, dass es den Reproduktionserfolg der Gene erhöht: Ein Individuum wird sich dann altruistisch verhalten, wenn die Kosten dafür geringer sind als der Nutzen für den Empfänger, multipliziert mit dem Grad der genetischen Verwandtschaft mit diesem („Hamiltons Regel": $C < r \times B$).

▶ Ein reziproker Altruismus (Mutualismus) beinhaltet Handlungen zum beiderseitigen Nutzen der beteiligten Individuen. Unter nichtverwandten Individuen ist es allerdings nicht sicher, dass das Hilfeverhalten zu einem späteren Zeitpunkt auch erwidert wird. Mit der Häufigkeit der Interaktionen steigt die Zuverlässigkeit.

▶ Das Gefangenendilemma zeigt die wechselseitige Abhängigkeit bei der Entscheidung zwischen Kooperation oder Nichtkooperation. Für wiederholte Interaktionen braucht das Individuum bestimmte Strategien. Als erfolgreichste Strategie hat sich in Axelrods Computersimulation rivalisierender Strategien „Tit-for-Tat" erwiesen, bei der eine Kooperation mit einer Kooperation und eine Nichtkooperation mit einer Nichtkooperation beantwortet wird. Es handelt sich um eine beispielhafte Evolutionär Stabile Strategie, da sie auf Dauer die meisten Individuen einer Population zeitigt und nur schwer zu unterwandern ist.

Obwohl anzunehmen ist, dass Elternliebe evolutionär verankert ist, zeigen empirische Befunde, dass sie von verschiedenen Faktoren abhängt. Die Krummhörn-Studie legt nahe, dass die Unterschiede der Sterblichkeitsraten von Jungen und Mädchen in Bauernfamilien verschiedener Regionen auf unterschiedliche Strategien der Familien bei der Versorgung des eigenen Nachwuchses zurückgehen, wobei diese Strategien den jeweiligen ökologischen und kulturellen Gegebenheiten angepasst sind.

Denkanstöße

(1) Ein Phänomen wie Altruismus ist aus evolutionärer Perspektive auf den ersten Blick nur schwer zu erklären. Welche Annahmen lassen die Existenz altruistischen Verhaltens auch aus evolutionärer Perspektive plausibel erscheinen?

(2) Auch das Phänomen der Homosexualität ist aus evolutionärer Perspektive nicht leicht zu verstehen. Dennoch gibt es bei allen bekannten Spezies mit zweigeschlechtlicher Fortpflanzung auch homosexuelles Verhalten. Übertragen Sie die hier vorgestellten Überlegungen zum Altruismus auf das Phänomen der Homosexualität.

(3) Nennen Sie Beispiele für menschliches Verhalten, das eher an frühere Umweltbedingungen angepasst ist. Nennen Sie umgekehrt Beispiele für Adaptationen, die vermutlich neuerer Art sind.

Weiterführende Literatur

Eine sehr gute Einführung in evolutionäre Theorien des Verhaltens gibt Cartwright. Das exzellent illustrierte Buch von Zimmer vermittelt die Geschichte von Darwins Ideen in faszinierender Weise. Nicht zuletzt lohnt sich die Lektüre der Schriften von Darwin selbst, so etwa die Übersetzung seiner Notizbücher M und N.

▶ Cartwright, J. (2001). Evolution and human behavior: Darwinian perspectives on human behavior. London: Macmillan Press.

▶ Darwin, C. (1938/1998). Sind Affen Rechtshänder? Notizhefte M und N und die „Biographische Skizze eines Kindes". Berlin: Friedenauer Presse.

▶ Zimmer, C. (2001). Evolution: The triumph of an idea. New York: Harper-Collins.

Hinweise zu den Online-Materialien

Zu diesem Lehrbuch gibt es Zusatzmaterialien im Internet. Besuchen Sie unsere Website www.beltz.de. Auf der Seite dieses Lehrbuchs (z. B. über die Eingabe der ISBN im Suchfeld oder über den Pfad Psychologie – Lehrbücher – Rudolph erreichbar) finden Sie die Materialien.

Lernen Sie online weiter mit den folgenden Elementen:

▶ **Der Wissenstest:** Multiple-Choice-Aufgaben mit Antworten – So prüfen Sie, ob Sie auf der richtigen Fährte sind

▶ **Mehr Empirie:** Die wichtigsten Studien zu einer Theorie – Fragestellung und Ergebnis helfen zum schnellen Verständnis

▶ **Kapitelzusammenfassungen:** Für den schnellen Überblick beim Lernen finden Sie hier die Zusammenfassungen aller Buchkapitel

▶ **Definitionen:** Hier finden Sie die Fachbegriffe auf einen Blick

▶ **Do it yourself:** Übungen zum Einsatz in der Vorlesung oder Selbstüberprüfung

Glossar

Aggression. Verhaltensweisen, die auf eine physische oder psychische Beschädigung des Aggressionsobjekts abzielen. Aggressionen äußern sich in verbalen oder tätlichen Angriffen gegenüber Personen, Personengruppen, Tieren oder Dingen, in Drohverhalten sowie ritualisierten Auseinandersetzungen (so etwa im Sport).

Aktivation. Allgemeines Aktivitäts- und Erregungsniveau eines Organismus; dieses wird von einem Teil des Gehirns gesteuert, der → Formatio reticularis.

Altruismus. Verhalten, das beim Gebenden Kosten verursacht und dem Empfänger einen Nutzen bringt.

Anreiz. Angenehme Wirkung, die man im Zusammenhang mit einem bestimmten Verhalten erwartet, wie dem Verzehr einer bestimmten Nahrung oder dem Trinken eines bestimmten Getränks.

Anspruchsniveau. Individueller Standard von Erwartungen, Zielsetzungen oder Ansprüchen an die eigene Leistung. In der Motivationspsychologie bezeichnet es diejenige Leistung, die eine Person mindestens erreichen muss, um mit dieser Leistung zufrieden zu sein. Das Erreichen des Anspruchsniveaus wird als Erfolg, das Nichterreichen als Misserfolg erlebt.

Attribution. Ursachenzuschreibung für einen eingetretenen Effekt. Ursachenzuschreibungen erfolgen sowohl von Personen, die ihr eigenes Handeln erklären möchten, als auch von Personen, die andere Personen beobachten. Attributionen lassen sich klassifizieren anhand verschiedener → Kausaldimensionen, die bestimmte Merkmale der jeweiligen Ursachen beinhalten. Hierzu gehören die Stabilität, die Lokation, und die Kontrollierbarkeit von Ursachen.

Bedürfnis. Das Gefühl eines Mangels und der Wunsch, diesem abzuhelfen. Bedürfnisse können körperliche Grundlagen haben (etwa Hunger) oder mentale Ursachen (ich habe das Bedürfnis, dieses Buch zu lesen). Lewin bezeichnet Bedürfnisse, die auf Wünschen oder Absichten basieren, als Quasibedürfnisse, um diese von körperlichen Bedürfnissen zu unterscheiden.

Behaviorismus (engl. behavior = Verhalten). Grundlegendes Paradigma der Psychologie, bei dem eine möglichst objektive Betrachtungsweise der beobachtbaren Reaktionen von Mensch und Tier angestrebt wird. Im klassischen Behaviorismus (Watson) werden bewusste gedankliche Prozesse ausgeklammert, da sie nach behavioristischer Auffassung für die Erklärung des Verhaltens irrelevant sind.

Bewusstsein. Die Summe der Ich-Erfahrungen und Vorstellungen sowie die Tätigkeit des wachen, geistigen Gewahrwerdens von Eindrücken. Es bezeichnet die Fähigkeit, über mentale Zustände (etwa Gedanken, Emotionen, Wahrnehmungen oder Erinnerungen) zu verfügen.

Deduktive Methoden. Verfahren zur Gewinnung von Einzelerkenntnissen aus allgemeinen Gesetzmäßigkeiten. Hierbei wird vom Generellen auf das Spezifische geschlossen, im Gegensatz zu → induktiven Methoden.

Depression. Psychische Erkrankung mit Symptomen wie Traurigkeit, Antriebslosigkeit, innerer Unruhe und Leere, Schlafstörungen, Interesselosigkeit, vermindertem Selbstwertgefühl und Konzentrationsschwäche.

Diagnostizität von Aufgaben. Maß für die durchschnittlichen Leitungsdifferenzen, die zwischen fähigen und nicht fähigen Personen bei einer Aufgabenbearbeitung vorliegen. Hohe Diagnostizität einer Aufgabe ist dann gegeben, wenn diese Differenz groß ist, niedrige Diagnostizität, wenn sie gering ist.

Differenzmethode. Methode zur Entdeckung von Ursachen. Sie erfordert die Beobachtung des Zusammenhangs von Bedingungen (als möglichen Ursachen) und nachfolgenden Effekten (die es zu erklären gilt). Diejenige Gegebenheit, die immer auftritt, wenn der Effekt auftritt, und ausbleibt, wenn der Effekt ausbleibt, gilt als tatsächliche Ursache. Die Differenzmethode stammt von dem englischen Philosophen John Stuart Mill, wurde von Fritz Heider aufgegriffen und von Harold Kelley zum → Kovariationsprinzip weiterentwickelt.

Diskriminationsaufgabe. Aufgabe, bei der (von den Versuchspersonen oder von Versuchstieren) zwischen dargebotenen Reizen unterschieden werden soll; beispielsweise werden die Versuchstiere in solchen Experimenten für korrekte Reaktionen auf unterschiedliche Reize belohnt.

Distinktheitsinformation. Information darüber, welche Effekte eine Person bei verschiedenen Entitäten (z. B. Aufgabenbereichen) erzielt. Distinktheit ist hoch, wenn eine Person nur bei einer Entität einen bestimmten Effekt erzielt; sie ist niedrig, wenn eine Person den gleichen Effekt bei vielen Entitäten erzielt.

Emotion. Psychophysiologischer Prozess, der einhergeht mit (1) physiologischen Veränderungen, (2) emotionsspezifischen Kognitionen, (3) einer für die jeweilige Emotion spezifischen Erlebnisqualität und (4) einer Veränderung der Verhaltensbereitschaft. Am Beispiel der Emotion Ärger bedeutet dies: (1) Die Adrenalinausschüttung steigt; (2) es kommt zu typischen Ursachenzuschreibungen (z. B.: eine Person will mir absichtlich schaden); (3) es fühlt sich in einer ganz bestimmten Weise an, ärgerlich zu sein (anders etwa als Traurigsein); (4) die Bereitschaft zur Ausführung aggressiven Verhaltens ist erhöht.

Erfolgserwartung. Subjektive Wahrscheinlichkeit, dass eine Handlung zum Ziel führen wird. Im Leistungskontext bezieht sich diese Erwartung auf die erfolgreiche Bearbeitung bzw. den erfolgreichen Abschluss einer Aufgabe.

Eros. Lebenstrieb im Triebdualismus von Freuds Theorie. Er steht für die Selbst- und Arterhaltung und schließt alle Ziele und Motive ein, die das Überleben und die Fortpflanzung des Individuums sichern sollen. Den Gegenspieler bezeichnet Freud als Thanatos (Todestrieb).

Es. Angeborenes Element der Persönlichkeitsstruktur nach Freud, das allen Individuen gemeinsam ist und die Triebkräfte einer Person beinhaltet. Das Es ist unbewusst und basiert auf dem Lustprinzip.

Eugenik (griech. eugenés = wohlgeboren). Von dem britischen Naturforscher Francis Galton 1883 geprägte Bezeichnung für die Lehre von der Verbesserung des Erbguts. Ziel eugenischer Maßnahmen ist es, unter Anwendung genetischer Erkenntnisse den Fortbestand günstiger Erbanlagen in einer Population zu sichern und zu fördern (positive Eugenik) oder die Ausbreitung nachteiliger Gene einzuschränken (negative oder präventive Eugenik). Die Anwendung dieser Überlegungen auf den Menschen hat zu schwersten Verbrechen gegen die Menschenrechte geführt (siehe 10.1.7).

Evolution. Allgemein eine langsame, kontinuierlich fortschreitende Entwicklung; in der Biologie der Verlauf der Stammesgeschichte von den frühesten Organisationsstufen des Lebens bis zu den heute existierenden Formen. Evolutionäre Prozesse beruhen auf Variation (der Gene), unterschiedlicher Überlebenswahrscheinlichkeit und Reproduktion (siehe auch → natürliche Selektion).

Experiment. Methodisch-planmäßige Herbeiführung von reproduzierbaren und variierbaren Umständen mit dem Ziel einer wissenschaftlichen Untersuchung und der Identifikation kausaler Mechanismen zwischen verschiedenen Größen. Die wichtigsten Kriterien für ein gutes Experiment sind Variierbarkeit, Wiederholbarkeit und Kontrollierbarkeit. Jedes Experiment im wissenschaftlichen Sinne hat mindestens eine unabhängige Variable, die systematisch variiert wird, und eine abhängige Variable, die gemessen wird.

Extrinsische Motivation. Ausführen eines Verhaltens, um ein bestimmtes Ziel zu erreichen; Gegensatz von → intrinsischer Motivation.

Falsifizierbarkeit. Widerlegbarkeit einer Aussage. Zu diesem Zweck müssen Beobachtungen denkbar sein, die im Widerspruch zur gemachten Aussage stehen. Dies ist beispielsweise für Freuds Theorie nicht in hinreichendem Maße gegeben, da oftmals unbewusste Prozesse für ein Verhalten verantwortlich gemacht werden, ohne dass diese konkret nachweisbar sind.

Freie Assoziation. Methode der psychoanalytischen Therapie Freuds, bei der auf ein Stichwort des Therapeuten hin der Patient alle Begriffe und Inhalte nennt, die ihm in den Sinn kommen.

Formatio reticularis (latein. formatio = Aufstellung, reticulum = Netz). Eine den Hirnstamm durchziehende Struktur, die zahlreiche Verbindungen zu anderen Teilen des Gehirns hat und die insbesondere der Regulierung des allgemeines Aktivitätsniveaus und des Schlaf-Wach-Rhythmus dient.

Gefangenendilemma (prisoner's dilemma). Entscheidungsaufgabe aus der Spieltheorie, bei der die beiden beteiligten Interaktionspartner die Wahl zwischen Kooperation und Nichtkooperation mit dem Spielpartner haben. Das Verhalten der Spielpartner wird nun maßgeblich von den erwarteten Konsequenzen der jeweiligen Handlungsalternativen sowie dem erwarteten Verhalten des Interaktionspartners bestimmt. Für solche Spielsituationen gibt es unterschiedliche Strategien, von denen die „Tit-for-Tat"-Strategie zu den erfolgreichsten gehört (siehe 10.2.3).

Gelernte Hilflosigkeit. Erwartung, zukünftige Ereignisse nicht kontrollieren zu können. Sie entsteht durch die wiederholte Erfahrung von Unkontrollierbarkeit und hat Lerndefizite zu einem späteren Zeitpunkt zur Folge.

Genotyp (griech. genos = Geschlecht). Das (unsichtbare) genetische Material eines Individuums, das die genetischen Anweisungen zur Ausbildung des (sichtbaren) → Phänotyps enthält.

Gesetz der Auswirkung (law of effect). Hat eine bestimmte Reaktion in einer Situation positive Konsequenzen, so wird die Assoziation zwischen Situation (den gegebenen Reizen oder Stimuli) und der Reaktion gefestigt. Kommt ein Individuum erneut in diese oder eine ähnliche Reizsituation, wird die Reaktion mit einer größeren Wahrscheinlichkeit als zuvor gezeigt.

Gesetz der Löschung. Die Auftretenshäufigkeit eines operanten (zweckgebundenen) Verhaltens sinkt, wenn dieses nicht von einer → Verstärkung gefolgt wird.

Gesetz der Verstärkung. Die Auftretenshäufigkeit eines operanten Verhaltens steigt, wenn dieses von einer → Verstärkung gefolgt wird.

Gestaltpsychologie. Psychologische Schule, die zu Beginn des 20. Jahrhunderts maßgeblich von Christian von Ehrenfels (einem Lehrer von Fritz Heider) und Max Wertheimer begründet wurde. Die Gestaltpsychologie ging zunächst von Untersuchungen zur Wahrnehmungspsychologie aus; später wurden die dabei gewonnenen Erkenntnisse auch auf andere Bereiche (z. B. die Persönlichkeits- und Sozialpsychologie) übertragen. Ein wichtiger Grundsatz der Gestaltpsychologie ist die Beobachtung, dass ein Phänomen nicht unbedingt gänzlich verstanden oder erklärt ist, wenn alle seine einzelnen Elemente bekannt sind („Das Ganze ist mehr als die Summe seiner Teile"). Die bedeutendsten Vertreter der Gestaltpsychologie neben Max Wertheimer waren Wolfgang Köhler, Kurt Koffka und Kurt Lewin (Berliner Schule) sowie Otto von Selz; nach dem Zweiten Weltkrieg wurde sie in Deutschland insbesondere von Wolfgang Metzger fortgeführt.

Gewohnheitshierarchie. Die nach → Gewohnheitsstärke geordnete Gesamtheit der in einer Situation verfügbaren Reaktionen. Eine Reaktion steht hoch in der Gewohnheitshierarchie und wird mit großer Wahrscheinlichkeit ausgeführt, wenn diese zuvor oft verstärkt wurde. Eine Reaktion, die zuvor selten verstärkt wurde, steht in der Gewohnheitshierarchie niedrig und wird mit geringer Wahrscheinlichkeit gezeigt.

Gewohnheitsstärke. Wahrscheinlichkeit, mit der eine Person auf einen bestimmten Reiz hin eine bestimmte Reaktion zeigt. Diese Wahrscheinlichkeit ist abhängig von der Zahl vorausgegangener Verstärkungen.

Handlung. Bewusstes, zielorientiertes, zeitlich und logisch strukturiertes Verhalten. Insbesondere das willentlich gewählte Ziel unterscheidet die Handlung vom (oftmals unwillkürlichen und somit nicht willentlichen) Verhalten.

Handlungsorientierung. Zustand, in dem die Person motiviert ist, die Diskrepanz zwischen ihrem gegenwärtigen Zustand und einem gewollten Zustand zu beseitigen. Sie ist der Realisierung eines gefassten Entschlusses förderlich und steht damit im Gegensatz zur → Lageorientierung.

Hautleitfähigkeit. Elektrischer Leitungswiderstand der Haut. Bei emotional-affektiven Reaktionen (→ Emotion) kommt es zu einer Aktivierung des Sympathikus und damit zu einer erhöhten Schweißabsonderung, was eine erhöhte Hautleitfähigkeit zur Folge hat. Somit können durch die Messung der elektrodermalen Aktivität psychophysische Zusammenhänge erfasst werden.

Hedonismus. Philosophische Strömung, die das Erleben von Freude und Lustgewinn als Grundlage allen menschlichen Handelns ansieht. Der psychologische Hedonismus wird auch als → Lust-Unlust-Prinzip bezeichnet.

Homöostase. Allgemein Gleichgewichtszustand; in der Motivationspsychologie ein generelles Verhaltensprinzip: In vielen Motivationstheorien wird angenommen, dass weite Teile menschlichen Verhaltens der Gewinnung oder Aufrechterhaltung solcher Gleichgewichtszustände dienen (z. B.: nicht unter Hunger leiden versus nicht zu viel essen).

Hypnose. Verfahren zum Erreichen eines Zustandes der (mitunter sehr) tiefen Entspannung. Hierbei ist oftmals die Konzentration auf einen bestimmten gedanklichen Inhalt gegeben und die Ansprechbarkeit auf unbewusste Inhalte erhöht. Irrtümlich wird die Hypnose immer wieder mit Freud in Verbindung gebracht; Freud verwendete Hypnose zwar eine Zeit lang als therapeutisches Werkzeug, wandte sich aber wieder von ihr ab und ersetzte sie durch andere therapeutische Techniken.

Hysterie. Eine Krankheit ohne erkennbare organische Ursache; zu den Symptomen gehören Lähmungen, Krämpfe, Halluzinationen, Verlust der Sprachfähigkeit und Verlust bestimmter Sinnesempfindungen sowie manchmal auch ein partieller Gedächtnisverlust.

Ich. (Teilweise bewusstes) Element in Freuds Persönlichkeitsmodell, das mithilfe des Realitätsprinzips zwischen den Triebimpulsen des → Es, den realen Umweltgegebenheiten und den Ansprüchen des → Überichs vermittelt.

Induktive Methoden. Methoden, bei denen von (einigen oder vielen) Einzelbeobachtungen auf allgemeine Gesetzmäßigkeiten geschlossen wird, im Gegensatz zu → deduktiven Methoden.

Intentionalität. In der Motivationspsychologie der Sachverhalt, dass eine Person eine Absicht (Intention) hat. Fritz Heider hat Überlegungen vorgelegt, unter welchen Umständen Personen Intentionalität zugeschrieben wird, hierzu gehört insbesondere die Äquifinalität der Ursachen.

Intrinsische Motivation. Ausüben von Tätigkeiten um ihrer selbst willen; Gegensatz von → extrinsischer Motivation.

Katharsis (griech. Reinigung). Prozess der Befreiung von negativen Emotionen und inneren Konflikten. Diese kann Freud zufolge schon dadurch erreicht werden, dass ein zuvor verdrängter innerer Konflikt bewusst gemacht und zur Sprache gebracht wird.

Kausaldimensionen. Gemeinsame Merkmale verschiedener Ursachen, die dazu dienen, diese aufgrund funktionaler Ähnlichkeiten in möglichst wenige, funktional gleichwertige Klassen einzuteilen. Hierzu gehören insbesondere die → Stabilitätsdimension (stabil – variabel), die → Lokationsdimension (internal – external) und die → Kontrollierbarkeitsdimension (kontrollierbar – nicht kontrollierbar).

Klassisches Konditionieren. Form des Lernens, die erstmals von dem russischen Physiologen Iwan Petrowitsch Pawlow experimentell untersucht wurde. Hierbei wird einer angeborenen (reflexhaften, unkonditionierten) Reaktion ein neuer, konditionierter Stimulus hinzugefügt: Gegeben sei ein unkonditionierter Stimulus (US; z. B. ein Luftstoß auf das Auge), der als Reflex eine unkonditionierte Reaktion (UR; hier: einen Lidschlagreflex) auslöst. Kombiniert man nun den US mit einem bis dahin neutralen Stimulus (NS; z. B. ein Lichtsignal), so wird der NS zum konditionierten Stimulus (conditioned stimulus, CS). Dieser CS löst nun ebenfalls eine Reaktion aus (die konditionierte Reaktion CR), die der unkonditionierten Reaktion sehr ähnlich ist.

Kognition. Sammelbezeichnung für alle Prozesse und Strukturen, die mit dem Wahrnehmen und Erkennen zusammenhängen. Dazu gehören die mentalen Prozesse eines Individuums wie Gedanken, Meinungen, Einstellungen, Wünsche, Absichten. Kognitionen können auch als Informationsverarbeitungsprozesse verstanden werden, in denen Neues gelernt und Wissen verarbeitet wird. Die kognitive Psychologie ist eine psychologische Schule, die spätestens ab den 60er Jahren des vergangenen Jahrhunderts entstanden ist und ihre Wurzeln in der → Gestaltpsychologie hat. Hierbei wird im Gegensatz zum → Behaviorismus angenommen, dass gedankliche Prozesse großen Einfluss auf unser Erleben und Verhalten haben und auch experimentell untersucht werden können.

Konsensusinformation. Information darüber, wie viele Personen in Bezug auf eine Entität einen bestimmten Effekt erzielen. Konsensus ist hoch, wenn viele Personen den gleichen Effekt erzielen; bei niedrigem Konsensus erzielt nur eine Person einen bestimmten Effekt.

Konsistenzinformation. Information darüber, ob eine Person einen Effekt nur zu einem Zeitpunkt erzielt oder zu vielen verschiedenen Zeitpunkten. Konsistenz ist hoch, wenn der Effekt zu vielen verschiedenen Zeitpunkten auftritt; und sehr gering, wenn der Effekt im Extremfall einmalig ist.

Kontrollierbarkeitsdimension. Kontinuierliche Kausaldimension, die darüber Auskunft gibt, ob eine Ursache kontrollierbar ist oder nicht. Ursachen können in hohem Maße kontrollierbar sein (z. B. Anstrengung) oder nur in sehr geringem Maße (z. B. Begabung).

Kovariationsprinzip. Von Harold Kelley vorgelegtes normatives (gesetzmäßiges) Modell zur Beschreibung und Vorhersage des Prozesses der Ursachenzuschreibung: Ein Effekt wird auf diejenige seiner möglichen Ursachen zurückgeführt, mit der dieser Effekt über die Zeit hinweg kovariiert. Hierbei werden drei Informationsklassen betrachtet: → Konsensusinformation (über Personen), → Distinktheitsinformation (über Entitäten/Aufgabenbereiche) und → Konsistenzinformation (über Zeitpunkte). Verschiedene Ausprägungen dieser Informationsklassen führen zu unterschiedlichen Attributionen, insbesondere auf die Person, auf die Situation sowie auf zufällige Umstände.

Lageorientierung. Zustand, in dem die Person über ihre eigene gegenwärtige, zurückliegende oder zukünftige Lage (meist bezüglich eines Misserfolgs, dessen Ursachen und/oder dessen negativen Konsequenzen) nachdenkt. Sie ist für die Realisierung einer Handlungsabsicht hinderlich und steht damit im Gegensatz zur → Handlungsorientierung.

Leistungsmotivation. Bedürfnis nach dem Bewältigen von Aufgaben, die als herausfordernd erlebt werden.

Lokationsdimension. Dichotome Kausaldimension, die die Lokation einer Ursache in der Person (internal; z. B. Anstrengung) oder in der Situation (external; z. B. Aufgabenschwierigkeit) bezeichnet.

Löschung. Das Phänomen der Löschung ist sowohl beim klassischen wie beim operanten Konditionieren zu beobachten. Beim → klassischen Konditionieren gilt: Wird ein konditionierter Reiz (CS) wiederholt ohne einen unkonditionierten Reiz (US) dargeboten, so wird die gelernte Reaktion (CR) immer schwächer und bleibt schließlich ganz aus: Der CS hat seinen Signalcharakter für den US verloren. Beim → operanten Konditionieren beginnt die Löschung in dem Moment, da eine zuvor verstärkte Reaktion fortan nicht mehr verstärkt wird (was zu einem kontinuierlichen Sinken der Auftretenswahrscheinlichkeit führt).

Löschungsresistenz. Zeitdauer von Zeitpunkt t_1 bis zu Zeitpunkt t_2, mit t_1 = letzte verstärkte Reaktion und t_2 = der Zeitpunkt, zu dem die zuvor verstärkte Reaktion nach Beendigung der Verstärkung letztmalig gezeigt wird.

Lust-Unlust-Prinzip. Generelles Verhaltensprinzip, dem zufolge Individuen nach Möglichkeit die positiven Konsequenzen eigenen Handelns maximieren und dessen negative Konsequenzen minimieren. Es kennzeichnet den → Hedonismus. Während viele alltägliche Verhaltensbeobachtungen mit dem Lust-Unlust-Prinzip in Einklang stehen, sind viele andere Phänomene nicht damit vereinbar (man denke an altruistisches Verhalten, aber auch an kognitive Prozesse, die mitunter auch unangenehme Einsichten in die eigene Person vermitteln können).

Nahrungsdeprivation (latein. deprivare = entziehen). Medizinischer Fachausdruck für den Mangel an Nahrung. In der Psychologie, insbesondere in behavioristischen Tierexperimenten, wird die Dauer der Nahrungsdeprivation variiert, um unterschiedliche Triebzustände experimentell zu manipulieren.

Natürliche Selektion. Der Prozess der natürlichen Selektion beruht darauf, dass jedes Individuum einer Spezies einzigartig und somit in unterschiedlichem Maße an seine Umweltbedingungen angepasst ist. Diese unterschiedlich gute Anpassung an die jeweiligen Umweltbedingungen führt zu unterschiedlichen Überlebenswahrscheinlichkeiten und Reproduktionsraten. Aufgrund dieser unterschiedlichen Reproduktionsraten ändert sich im Laufe der Zeit (→ Evolution) die genetische Ausstattung der Population (alle Individuen einer Spezies), da reproduktiv erfolgreiche Individuen mehr Gene an ihre Nachkommen weitergeben.

Ödipuskomplex. Freud zufolge eine Phase der frühkindlichen Entwicklung, in der das Kind das gegengeschlechtliche Elternteil begehrt und mit dem gleichgeschlechtlichen Elternteil um die Aufmerksamkeit des gegengeschlechtlichen Elternteils konkurriert. Die Auflösung dieses Konflikts erfolgt durch die Identifikation mit dem gleichgeschlechtlichen Elternteil, so dass dessen Normen und Werthaltungen übernommen werden. Diese Auflösung des Konflikts durch Identifikation führt somit zur Ausbildung des → Überichs.

Ontogenese. Entwicklung des einzelnen Individuums über die gesamte Lebensspanne; Gegensatz zur → Phylogenese.

Operantes Konditionieren. Veränderung der Auftretenshäufigkeit einer Reaktion aufgrund von deren positiven oder negativen Konsequenzen. Hat eine Reaktion positive Konsequenzen, so steigt die Auftretenswahrscheinlichkeit; nach negativen Konsequenzen sinkt die Auftretenswahrscheinlichkeit.

Operantes Verhalten. Zweckgerichtetes Verhalten, das auf die Umwelt gerichtet ist, im Gegensatz zu einem → respondenten Verhalten, das lediglich (reflexhaft und automatisch) von der Umwelt ausgelöst wird.

Persönlichkeitsmerkmal (auch Persönlichkeitseigenschaft). Zeitstabiles Merkmal einer Person. Persönlichkeitsmerkmale sind zugleich auch (Verhaltens-)Dispositionen (Neigungen): Sie geben Auskunft darüber, welche Verhaltensweisen eine Person typischerweise kennzeichnen (z. B. Leistungsmotivation, Gewissenhaftigkeit oder Offenheit für neue Erfahrungen).

Phänotyp (griech. phainesthai = erscheinen). Das sichtbare Erscheinungsbild eines Lebewesens inklusive seines Verhaltensrepertoires, welches auf zwei Faktoren beruht: zum einen dem individuellen → Genotyp (der genetischen Information), zum anderen den in der → Ontogenese wirksamen Einflussfaktoren und Lernerfahrungen.

Phänomenologie. Lehre von den Erscheinungen. Hierbei geht es nicht um objektive Merkmale, sondern vielmehr unsere subjektive Wahrnehmung der äußeren Welt. Phänomenologische Ansätze in der Psychologie betonen, dass es nicht objektive Umweltgegebenheiten sind, die unser Verhalten bestimmen, sondern unsere subjektive Wahrnehmung dieser Umweltgegebenheiten.

Phylogenese (griech. Phylogenie). Stammesentwicklung, Stammesgeschichte; die Entstehung der Lebewesen in der Vielfalt ihrer Arten im Laufe der Erdgeschichte, entweder bezogen auf die Gesamtheit aller lebendigen Organismen oder in Bezug auf die Stammesgeschichte einer bestimmten Spezies.

Premack-Prinzip. Für jedes Verhalten X, das unter natürlichen Bedingungen mit einer höheren Häufigkeit gezeigt wird als ein anderes Verhalten Y, gilt: X kann als Verstärker für Y dienen; dies führt dann zu einer Erhöhung der Auftretenswahrscheinlichkeit von Y.

Primäre Triebe. Triebe, die angeboren und an physiologische Bedürfniszustände geknüpft sind (z. B. Hunger, Durst und das Bedürfnis nach Schlaf).

Protestantische Ethik. Von dem deutschen Soziologen Max Weber (1904) geprägter Begriff; danach ist der Protestantismus in höherem Maße als andere christliche Denktraditionen durch die Betonung der Eigenverantwortlichkeit des Individuums gekennzeichnet, was sich in größerem Ehrgeiz und Leistungsstreben äußert.

Psychische Energie. Konzept Freuds, dem zufolge psychische Vorgänge ebenso Energie erfordern wie physische Vorgänge. Die dafür zur Verfügung stehende (individuelle) Energiemenge ist begrenzt. Auch Inhalte, die nicht ins Bewusstsein gelangen, verbrauchen Energie, weil dem → Ich die Aufgabe zukommt, diese verdrängten Inhalte tatsächlich abzuwehren.

Psychologischer Determinismus. Annahme, dass alle psychischen Phänomene (Gedanken wie Handlungen) eine Ursache haben und aus dieser Perspektive erklärt werden können.

Reflex (latein. reflectere = zurückbiegen). Unwillkürliche Reaktion eines Muskels oder einer Muskelgruppe auf einen auftretenden Reiz (z. B. Speichelreflex beim Hund oder Lidschlagreflex; → siehe klassisches Konditionieren).

Respondentes Verhalten. Verhalten, das von einem vorausgehenden Stimulus (automatisch, reflexhaft) ausgelöst wird.

Reziproker Altruismus. Interaktionen, die zum Zeitpunkt t_1 dem Individuum A Kosten verursachen und dem Individuum B einen Nutzen bescheren und die zu einem beliebigen Zeitpunkt t_2 von Individuum B (reziprok) erwidert werden.

Schemata. Organisierte Meinungen über andere Menschen, Objekte, Ereignisse oder Situationen mit dem Vorteil, dass eine Vielzahl von Informationen leicht und schnell verarbeitet, gespeichert und wieder abgerufen werden können.

S-C-R-Psychologie (Stimulus-Cognition-Response-Psychology). Grundposition der Psychologie, die zwischen Reiz und Reaktion vermittelnde kognitive Prozesse annimmt; Gegensatz zur → S-R-Psychologie.

Sekundäre Triebe. Erlernte Triebe; sie gehen nicht auf physiologische Bedürfniszustände zurück. Aus der Perspektive des → Behaviorismus, insbesondere der Konzeption Hulls, sollten solche sekundären Triebe helfen, die Bandbreite des erklärbaren Verhaltens zu vergrößern. Sekundäre Triebe sind nachgewiesen für Vermeidungsverhalten, insbesondere Furcht, nicht jedoch für aufsuchendes Verhalten.

Selbstwert. (Meist generalisierte) Bewertung, die eine Person über sich selbst trifft. In der Motivationspsychologie sind insbesondere Selbstkonzepte der eigenen Fähigkeit(en) von großer Bedeutung. Diese Fähigkeitskonzepte bestimmen unsere Erfolgserwartungen und nachfolgend unser Leistungsverhalten in hohem Maße.

Sensorische Deprivation (latein. deprivare = entziehen). Zustand, in dem eine Person möglichst wenigen äußeren Reizen ausgesetzt ist (so etwa Geräuschen, visuellen Informationen, taktilen Informationen). Sensorische Deprivation ist auf Dauer unerträglich; es kommt zu Halluzinationen und Denkstörungen.

Sexuelle Selektion. Nach Darwin ein Prozess, der aufgrund der Partnerwahl innerhalb einer Spezies entsteht. Hierbei ist zu unterscheiden zwischen intrasexueller Selektion, bei der innerhalb eines Geschlechts die Individuen um den Zugang zum anderen Geschlecht konkurrieren, und die intersexuelle Selektion, bei der die Mitglieder des einen Geschlechts um Partner des anderen Geschlechts konkurrieren (siehe 10.1.3).

Soziale Erleichterung. Sachverhalt, dass individuelle Einzelleistungen oftmals besser sind, wenn diese zusammen mit anderen durchgeführt werden (Coaction-Effect) oder durch andere beobachtet werden (Audience-Effekt). (Siehe 3.2.4).

Soziale Erwünschtheit. Neigung von Menschen, bei einer tatsächlichen oder antizipierten Bewertung durch andere Personen ein erwartungskonformes Verhalten zu zeigen.

Speziation. Entstehen neuer biologischer Arten, indem sich Isolationsmechanismen zwischen zwei Populationen entwickeln, die zuvor eine Population gebildet haben.

Spontaner Reaktionswechsel. Versuchstiere, die kontinuierlich für Reaktion X verstärkt werden, zeigen (unerklärlicherweise und deshalb „spontan") trotz dieser Verstärkung gelegentlich eine Reaktion Y, die zuvor niemals verstärkt wurde.

S-R-Psychologie (Stimulus-Response-Psychology, auch Reiz-Reaktions-Psychologie). Grundposition der Psychologie, die Verhalten ausschließlich als Reaktion auf einen dargebotenen Reiz (Stimulus) erklärt. Sie bildet das Kernelement behavioristischer Lernansätze, die Lernen als eine beobachtbare Verhaltensänderung und als Ergebnis von Konditionierungsprozessen auffassen. Hierbei wird die Einbeziehung kognitiver Größen (→ S-C-R-Psychologie) als irrelevant angesehen.

Stabilitätsdimension. Kontinuierliche Kausaldimension zur Bezeichnung der Stabilität von Ursachen. Unterschieden werden stabile Ursachen (z. B. Begabung) und andererseits variable Ursachen (z. B. Zufall).

Stereotyp. Spezialfall eines → Schemas; ein Stereotyp ist ein Schema über eine Person oder Personengruppe (z. B.: Bayern tragen gerne Lederhosen).

Stimulusattraktivität. Höhe der Anreizqualität eines Reizes.

Stimuluskomplexität. Komplexität eines Reizes; diese kann kontinuierlich variieren von sehr einfach (z. B. „+") zu sehr komplex (z. B. „b").

Survival of the fittest. Die → natürliche Selektion führt Darwin zufolge zum „Überleben der am besten angepassten Individuen". Darwin selbst verwendet diesen Begriff nur an einer Stelle seines Werkes und meidet diesen ansonsten wegen der naheliegenden Missverständnisse. So wurde das Überleben besonders gut angepasster Individuen oft als „Überleben des Stärksten" interpretiert, was jedoch Unsinn ist (siehe 10.1.2).

Thematischer Apperzeptionstest (TAT). Projektives Testverfahren zur Erfassung des Leistungsmotivs. Die Personen beschreiben, was sie auf ihnen vorgelegten Bildern sehen. Der Theorie zufolge werden bei diesem Verfahren verborgene und unbewusste Bedürfnisse der Person in die Geschichten hineinprojiziert und somit dem Untersuchenden offen gelegt. Die Auswertung ist aufwendig; wie bei vielen projektiven Verfahren sind Reliabilität und Validität des TAT nicht sonderlich hoch.

Trieb. In der Verhaltensbiologie und in der Psychoanalyse ein von inneren Faktoren gesteuerter Antrieb, der auf die Befriedigung starker, oft lebensnotwendiger Bedürfnisse gerichtet ist. Hull spricht in diesem Zusammenhang von dem „motivierenden Aspekt eines Bedürfnisses"; es ist dasjenige Element eines Bedürfnisses, das uns zum Verhalten drängt oder „treibt".

Überich. In Freuds Persönlichkeitsmodell dasjenige Element, das Wertvorstellungen und soziale Normen der Person umfasst und die sogenannte moralische Instanz bildet. Das Überich, auch als das Gewissen einer Person bezeichnet, entsteht aufgrund des → Ödipuskomplexes.

Valenz. In Lewins Feldtheorie der (positive oder negative) Wert eines wahrgenommenen Objekts für eine Person und zu einem bestimmten Zeitpunkt. Die Valenz ist abhängig von den Bedürfnissen der Person wie auch von Merkmalen des zugehörigen Objekts, für das die Valenz besteht.

Verantwortlichkeit (im Kontext der attributionalen Theorien der Motivation). Merkmal, das einer Person in Bezug auf Handlungen oder deren Effekte zugeschrieben werden kann. Verantwortlichkeit ist gegeben, wenn: (1) persönliche Kausalität vorliegt (die Person, nicht die Situation, bringt einen Effekt hervor), (2) die Ursache des Effektes für die Person kontrollierbar ist und (3) mildernde Umstände ausgeschlossen werden können (siehe 8.2.2).

Verstärkung. Prozess, der dazu führt, dass ein spontan gezeigtes Verhalten häufiger auftritt. Als Verstärker werden jene Verhaltenskonsequenzen bezeichnet, die die Wahrscheinlichkeit erhöhen, dass ein Verhalten wiederholt gezeigt wird.

Wahrnehmungsabwehr. Freud zufolge eine der Funktionen des → Ichs. Unerwünschte Triebimpulse oder traumatische Erinnerungen werden vom Ich so manipuliert, dass die seelische Verfassung keinen Schaden nimmt (z. B. Verdrängung, Rationalisierung und Isolierung).

Wertmarkensysteme (auch Token-Systeme). Belohnungssysteme (→ Verstärkung). Für das erwünschte Verhalten erhält der Betreffende eine Wertmarke, die er später eintauschen kann gegen etwas (oder gegen eine Auswahl verschiedener Dinge), das er sich wünscht und anders nicht erhalten kann.

Willenspsychologie. Teilgebiet der Motivationspsychologie, das auf Narziss Ach zurückgeht. Es beschäftigt sich mit der Umsetzung einmal getroffener Entscheidungen, also mit der Frage, ob und wie wir einen Entschluss in die Tat umsetzen. Drei Fragen werden in diesem Zusammenhang untersucht: Wann kommt es zur Initiierung einer Handlung? Wann wird eine Handlung beendet oder abgebrochen? Wie werden etwaige Handlungshindernisse überwunden?

Yerkes-Dodson-Gesetz. Es beschreibt den Zusammenhang zwischen individueller Leistungsfähigkeit und Motivation eines Individuums und der Aufgabenschwierigkeit. Zwischen Leistung und Aufgabenschwierigkeit besteht ein umgekehrt U-förmiger Zusammenhang: Bei sehr leichten Aufgaben bleibt eine Person (oder auch: ein Versuchstier) hinter den eigenen Möglichkeiten zurück – sie leistet weniger, als sie könnte. Bei (subjektiv) mittelschweren Aufgaben haben Leistung und Anstrengung ideale Ausprägungen; bei zu schwierigen Aufgaben fallen Motivation und Leistung wieder ab.

Zeigarnik-Effekt. Ein von Bluma Zeigarnik (1900–1988; Schülerin von Kurt Lewin) in den 1920er-Jahren beschriebenes Gedächtnisphänomen, dem zufolge unerledigte Aufgaben besser erinnert werden als erledigte Aufgaben.

Literatur

Abramson, L. Y., Seligman, M. E. P. & Teasdale, I. P. (1978). Learned helplessness in humans: Critique and reformulation. Journal of Abnormal Psychology, 87, 49–74.

Abramson, L. Y., Metalsky, G. I. & Alloy, L. B. (1989). Hopelessness depression: A theory-based subtype of depression. Psychological Review, 96, 358–372.

Ach, N. (1905). Über die Willenstätigkeit und das Denken. Göttingen: Vandenhoek & Ruprecht.

Allport, F. H. (1920). The influence of group upon association and thought. Journal of Experimental Psychology, 3, 159–182.

Alper, T. G. (1946). Memory for completed and incompleted tasks as a function of personality: An analysis of group data. Journal of Abnormal & Social Psychology, 41, 403–420.

Anderson, C. A. (1983a). The causal structure of situations: The generation of plausible causal attributions as a function of the type of event situation. Journal of Experimental Social Psychology, 19, 185–203.

Anderson, C. A. (1983b). Abstract and concrete data in the perseverance of social theories: When weak data lead to unshakeable beliefs. Journal of Experimental Social Psychology, 19, 93–108.

Anderson, C. A. (1983c). Motivational and performance deficits in interpersonal settings: The effects of attributional style. Journal of Personality and Social Psychology, 45, 1136–1147.

Anderson, J. R. (1983). The Architecture of Cognition. Cambridge, MA: Harvard University Press.

Angst, J. (1987). Begriff der affektiven Erkrankung. In: K. P. Kisker, H. Lauter, J. E. Meyer et al. (Hrsg.), Psychiatrie der Gegenwart, Bd. 5. Berlin, Heidelberg, New York: Springer.

Appignanensi, L. & Forrester, J. (1992). Freud's Women. London: Weidenfeld & Nicholson.

Atkinson, J. W. (1953). The achievement motive and recall of interrupted and completed tasks. Journal of Experimental Psychology, 46, 381–390.

Atkinson, J. W. (1964). An introduction to motivation. Princeton, New York: Van Nostrand.

Atkinson, J. W. & O'Connor, P. O. (1963). Effects of ability grouping in schools related to individual differences in achievement-related motivation. Schlussbericht, Amt für Erziehung, Gemeinschaftsforschungsprogramm, Projekt 1283, Washington D.C.

Atkinson, R. L., Atkinson, R. C., Smith, E. E. et al. (2000). Hilgard's Introduction to Psychology. Harcourt College Publishers.

Au, T. K. (1986). A verb is worth a thousand words: The causes and consequences of interpersonal events implicit in language. Journal of Memory and Language, 25, 104–122.

Axelrod, R. (1984). The Evolution of Cooperation. New York: Basic Books.

Axelrod, R. & Hamilton, W. D. (1981). The evolution of cooperation. Science, 221, 1390–1396.

Ayllon, T. & Azrin, N. H. (1965). The measurement and reinforcement of behavior of psychotics. Journal of the Experimental Analysis of Behavior, 8, 357–383.

Ayllon, T. & Roberts, M. (1974). Eliminating discipline problems by strengthening academic performance. Journal of Applied Behavior Analysis, 7, 71–76.

Bandura, A. (1971). Vicarious and self-reinforcement processes. In R. Glaser (Ed.), The nature of reinforcement (pp. 228–278). New York: Academic Press.

Bandura, A. (1986). Social foundations of thought and action: A social cognitive. Englewood Cliffs, NJ: Prentice Hall.

Bargh, J. A. (1989). Conditional automaticity: Varieties of automatic influence in social perception and cognition. In: J. S. Uleman (Ed.), Unintended thought. New York: The Guilford Press.

Bargh, J. A., Chen, M. & Burrows, L. (1996). Automaticity of Social Behavior: Direct Effects of Trait Construct and Stereotype Activation on Action. Journal of Personality and Social Psychology, 71, 230–244.

Baron-Cohen, S. (1995). Mindblindness. Cambridge, MA: MIT Press.

Barrett, L., Dunbar, R. & Lycett, J. (2001). Human Evolutionary Psychology. London: Palgrave.

Bar-Tal, D., Goldberg, M. & Knaani, A. (1984). Causes of success and failure and their dimensions as a function of SES and gender: A phenomenological analysis. British Journal of Educational Psychology, 54, 51–61.

Battle, E. & Rotter, J. B. (1963). Children's feelings of personal control as related to social class and ethnic groups. Journal of Personality, 31, 482–490.

Beckman, L. (1970). Effects of students performance on teachers and observers attributions of causality. Journal of Educational Psychology, 61, 76–82.

Berkowitz, L. (1993). Aggression. New York: McGraw-Hill.

Berlyne, D. E. (1959). Motivational problems raised by exploratory and epistemic bahavior. In: S. Koch (Ed.), Psychology: A study of a science. New York: McGraw-Hill.

Berlyne, D. E. (1968). Behavior theory as personality theory. In: E. F. Borgetta & W. W. Lambert (Eds.), Handbook of personality theory and research (pp. 629–690). Chicago: Rand McNally.

Berlyne, D. E. (1974). Konflikt, Erregung, Neugier – Zur Psychologie der kognitiven Motivation. Stuttgart: Klett.

Bexter, W. H., Heron, W. & Scott, T. H. (1954). Effects of decreased variation in the sensory environment. Canadian Journal of Psychology, 8, 70–76.

Bischof, N. (1998). Struktur und Bedeutung: Eine Einführung in die Systemtheorie für Psychologen zum Selbststudium und für den Gruppenunterricht. Bern: Huber.

Blodgett, H. C. (1929). The effect of the introduction of reward upon maze performance of rats. University of California Publication in Psychology, 4 (8), 113–134.

Blum, G. S. (1961). A model of the mind. New York: Wiley.

Bolles, R. C. (1975). Theory of motivation (2nd ed.). New York: Harper and Row.

Bond, M. H. (1983). A Proposal for cross-cultural studies of attribution. In: M. Hewstone (Ed.), Attribution theory (pp. 144–156). Oxford: Basil Blackwell.

Bower G. H. & Hilgard E. R. (1970). Theorien des Lernens I. Stuttgart: Klett.

Bradley, G. W. (1978). Self-serving biases in the attribution process: A reexamination of the fact or fiction question. Journal of Personality and Social Psychology, 36, 56–71.

Brehm, J. W. & Cohen, A. R. (1962). Explorations in cognitive dissonance. New York: Wiley.

Brehm, J. W. & Self, E. A. (1989). The intensity of motivation. Annual Review of Psychology, 40, 109–131.

Brody, H. (1983). Achievement Motivation: Toward a Purposive Theory. In: Human Motivation.

Brown, J. S. (1961). The motivation of behavior. New York: McGraw-Hill.

Brown, J. & Weiner, B. (1984). Affective consequences of ability versus effort ascriptions: Controversies, resolutions, and quandaries. Journal of Educational Psychology, 76, 146–158.

Brown, R. & Fish, D. (1983). The psychological causality implicit in language. Cognition, 14, 237–273.

Brunstein, J. C. (1989). Handlungsorientierte versus lageorientierte Reaktionen auf versuchsleiterinduzierte Mißerfolgsereignisse. Zeitschrift für Experimentelle und Angewandte Psychologie, 36, 349–367.

Brunstein, J. C. & Olbrich, E. (1985). Personal helplessness and action control: Analysis of achievement-related cogni-

tions, self-assessments, and performance. Journal of Personality and Social Psychology, 48, 1540–1551.

Bulman, R. J. & Wortman, C. B. (1977). Attributions of blame and coping on the „real world". Severe accident victims react to their lot. Journal of Personality and Social Psychology, 35, 351–363.

Buss, A. R. (1978). Causes and reasons in attribution theory: A conceptual critique. Journal of Personality and Social Psychology, 36, 1311–1321.

Buss, A. R. (1979). On the relationship between reasons and causes. Journal of Personality and Social Psychology, 36, 1311–1321.

Buss, D. M. (1999). Evolutionary Psychology. London: Allyn & Bacon.

Calder, B. J. & Straw, B. M. (1975). Self-perception of intrinsic and extrinsic motivation. Journal of Personality and Social Psychology, 31, 599–605.

Carlson, M. & Miller, N. (1987). Explanation of the relation between negative mood and helping. Psychology Bulletin, 102 (1), 91–108.

Caron, A. J. & Wallach, M. A. (1959). Personality determinants of repressive and obsessive reactions to failure stress. Journal of Abnormal and Social Psychology, 59, 236–245.

Carroll, J. S. & Payne, J. W. (1977). Crime seriousness, recidivism risk, and causal attributions in judgments of prison term by students and experts. Journal of Applied Psychology, 62, 595–602.

Cartwright, J. (2001). Evolution and Human Behavior: Darwinian Perspectives on Human Behavior. Cambridge, Mass.: Macmillan Press Ltd., UK.

Chen, S. C. (1937). Social modification of the activity of ants in nest-building. Physiological Zoology, 10, 420–436.

Chen, M. & Bargh, J. A. (1997). Nonconscious Behavioral Confirmation Processes: The self-Fulfilling Consequences of Automatic Stereotype Activation. Journal of Experimantal Social Psychology, 33, 541–560.

Cheng, P. W. & Novick, L. R. (1990). A probabilistic contrast model of causal induction. Journal of Personality and Social Psychology, 58, 545–567.

Cole, C. S. & Coyne, J. C. (1977). Situational specifity of laboratory-induced learned helplessness. Journal of Abnormal Psychology, 86, 615–623.

Comer, R. J. (1995). Klinische Psychologie. Heidelberg: Spektrum Akademischer Verlag.

Cosmides, L. & Tooby, J. (1994). Beyond intuition and instinct blindness: Toward an evolutionarily rigorous cognitive science. Cognition, 50, 41–77.

Cottrell, N. B. (1972). Social facilitation. In C. G. McClintock (Ed.), Experimental social psychology. New York: Holt, Rinehart & Winston.

Crespi, L. P. (1942). Quantitative variation of incentive and performance in the white rat. American Journal of Psychology, 55, 467–517.

Crittenden, K. S. & Wiley, M. G. (1980). Causal attribution and behavioral response to failure. Social Psychology Quarterly, 43, 353–358.

Cunningham, P. V. & Blum, G. S (1982). Further evidence that hypnotically induced color blindness does not mimic congenital defects. Journal of Abnormal Psychology, 91, 139–143.

Daly, M. & Wilson, M. (1981). Abuse and neglect of children in evolutionary perspective. In: R. D. Alexander & D. W. Tinkle (Eds.), Natural Selection and Social Behavior. New York: Chiron Press.

Daly, M. & Wilson, M. (1988). Evolutionary psychology and family homicide. Science, 242, 519–524.

Darwin, C. (1859). On the Origin of Species. London: John Murray.

Darwin, C. (1871). The descent of man and selection in relation to sex. (reprint: New York: D. Appleton and Company, 1896).

Dashiell, J. F. (1930). An experimental analysis of some group effects. Journal of Abnormal and Social Psychology, 25, 190–199.

Dashiell, J. F. (1935). Experimental studies of the influence of social situations on the behavior of individual human adults. In: C. Murchison (Ed.), Handbook of social psychology. Worcester, MA: Clark University.

Dawkins, R. (1976). The Selfish Gene. Oxford: Oxford University Press.

DeCharms, R. (1968). Personal causation. New York: Academic Press.

DeCharms, R. (1976). Enhancing motivation: Change in the classroom. New York: Irvington Publishers.

Deci, E. L. (1975). Intrinsic motivation. New York: Plenum Press.

Deci, E. L. & J. F. Porac. (1978). Cognitive evaluation theory and the study of human motivation. In: M. R. Lepper & D. Greene (Eds.), The Hidden Costs of Reward (pp. 149–176). Hillsdale, NJ: Erlbaum.

Dewey, J. (1897). The psychology of effort. Psychological Review, 6, 43–56.

Düker, H. (1966). Narziss Ach (1871–1946) zum Gedenken. Archiv für die gesamte Psychologie, 118, 189–194.

Dunbar, R. I. M. (1995). The matching system of Callitrichid primates. I. Conditions for the coevolution of pairbonding and twinning. Animal Behavior, 50, 1057–1070.

Ebbinghaus, H. (1904). Über das Gedächtnis. Untersuchungen zur experimentellen Psychologie. Leipzig: Duncker & Humblot.

Edwards, W. (1954). The theory of decision making. Psychological Bulletin, 51, 380–417.

Eibl-Eibesfeldt, I. (1984). Die Biologie menschlichen Verhaltens: Grundriß der Humanethologie. München: Piper.

Eimer, M. (1987). Konzepte von Kausalität: Verursachungszusammenhänge und psychologische Begriffsbildung. Bern: Huber.

Entwisle, D. R. (1972). To dispel fantasies about fantasy-based measures of achievement motivation. Psychological Bulletin, 77, 377–391.

Erikson, E. H. (1958). Young man Luther: A study in Psychoanalysis and History. New York: Norton.

Escalona, S. K. (1940). The effect of success and failure upon the level of aspiration and behavior in manic-depressive psychoses. University of Iowa, Studies in Child Welfare, 16, 199–302.

Estes, W. K. (1944). An experimental study of punishment. Psychological Monographs, 57 (3, Whole No. 263).

Feather, N. T. (1961). The relationship of persistence at a task to expectation of success and achievement-related motives. Journal of Abnormal and Social Psychology, 63, 552–561.

Feather, N. T. (1974). Explanations of proverty in Australian and American samples: The person, society and fate? Australien Journal of Psychology, 26, 199–226.

Feshbach, S. & Singer, R. D. (1971). Television and aggression. San Francisco: Jossey-Bass.

Festinger, L. (1942). A theoretical interpretation of shifts in level of aspiration. Psychological Review, 49, 235–250.

Fincham, F. D. & Hewstone, M. (2001). Attributionstheorie und -forschung. In: W. Stroebe et al. (Hrsg.), Sozialpsychologie (4. Aufl.). Heidelberg: Springer.

Fiske, S. T. (1992). Stereotypes work ... but only sometimes: Comment on how to motivate the "unfinished mind". Psychological Inquiry, 3, 161–162.

Försterling, F. (1988). Attribution theory in clinical psychology. Chichester: Wiley.

Freud, S. (1894). The Neuro-Psychoses of Defence. SE 3, 43–61.

Freud, S. (1904). Zur Psychopathologie des Alltagslebens. Berlin: S. Karger.

Freud, S. (1915). Triebe und Triebschicksale. (Wiederabdruck in Studienausgabe, Bd. 3 (S. 75–102). Frankfurt a. M.: S. Fischer, 2000).

Freud, S. (1920). Jenseits des Lustprinzips. (Wiederabdruck in Studienausgabe, Bd. 3 (S. 213–272). Frankfurt a. M.: S. Fischer, 2000).

Freud, S. (1923). Das Ich und das Es, Wien. (Wiederabdruck in Studienausgabe, Bd. 3 (S. 273–330). Frankfurt a. M.: S. Fischer, 2000).

Frieze, I. H. & Weiner, B. (1971). Cue utilization and attributional judgements for success and failure. Journal of Personality, 39, 591–606.

Furnham, A. (1983). Attributions for affluence. Personality and Individual Differences, 4, 31–40.

Gaulin, S. J. C & McBurney, D. H. (2001). Psychology: An Evolutionary Approach. Englewood Cliffs, NJ: Prentice-Hall, Inc. – 10.1.3

Gay, P. (1989). Freud: Eine Biographie für unsere Zeit. Frankfurt a. M.: S. Fischer.

Gendolla, G. H. E. (1998). Effort as assessed by motivational arousal in identity-relevant tasks. Basic & Applied Social Psychology, 20, 111–121.

Gendolla, G. H. E. (1999). Self-relevance of performance, task difficulty, and task engagement assessed as cardiovascular response. Motivation & Emotion, 23, 45–66.

Gendolla, G. H. E. (2002). More evidence for the ascription of personal characteristics as reaction to person-task incompatibility. Journal of Research in Personality, 36, 86–95.

Gendolla, G. H. E. & Krüsken, J. (2001). The joint effect of informational mood impact and performance-contingent consequences on effort-related cardiovascular response. Journal of Personality & Social Psychology, 83, 271–283.

Gilbert, D. T. & Fiske, S. T. (1998). The handbook of social psychology. New York: Mc Graw-Hill.

Glanzer, M. (1953). The role of stimulus in spontaneous alternation. Journal of Experimental Psychology, 45, 387–393.

Glixman, A. F. (1949). An analysis of the use of the interruption-technique in experimental studies of „repression". Psychological Bulletin, 45, 491–506.

Glynn, S. M. (1990). Token economy approaches for psychiatric patients: Progress and pitfalls over 25 years. Behaviour Modification, 14, 383–407.

Goffman, E. (1963). Stigma: Notes on the management of spoiled identity. New York: Simon & Schuster.

Gollwitzer, P. M. (2001a). Goal intentions vs. implementation intentions. Paper presented at the Conference on Motivational Science: The Psychology of Goals, Center for Research on Intentions and Intentionality, Konstanz, Germany.

Gollwitzer, P. M. (2001b). Self-regulation by forming implementation intentions: A process perspective. Paper presented at the Symposium "Understanding Planning Processes in the Implementation of Action" at the Conference of the European Health Psychology Society and the British Psychological Society, St. Andrews, Scotland.

Gottfried, A. E. (1985). Academic intrinsic motivation in elementary and junior high school students. Journal of Educational Psychology, 77, 631–645.

Gottfried, A. E. (1990). Academic intrinsic motivation in young elementary school children. Journal of Educational Psychology, 82, 525–538.

Gould, S. J. (1981). The Mismeasure of Man. New York: Norton.

Green, D. (1963). Volunteering and the recall of interupted tasks. Journal of Abnormal and Social Psychology, 66, 397–401.

Greene, R. L. & Mitchell, E. & Macon, R. S. (1979). Another look at personal validation. Journal of Personality Assessment, 43, 419–423.

Grimm, L. G. (1979). Misattribution and behaviour maintenance. Dissertation Abstracts International, 40, 450.

Hamilton, D. L. (1979). A cognitive-attribtional analysis of stereotyping. In: L. Berkowitz (Ed.), Advances in experimental social psychology (Vol. 12). New York: Academic Press.

Hamilton, W. D. (1964). The genetical evolution of social behaviour, I and II. Journal of Theoretical Biology, 7, 1–52.

Hautzinger, M. & de Jong-Meyer, R. (1998). Depression. In: H. Reinecker (Hrsg.), Lehrbuch der Klinischen Psychologie. Göttingen: Hogrefe, 207–248.

Heckhausen, H. (1963). Hoffnung und Furcht in der Leistungsmotivation. Meisenheim am Glan: Hain. – 5.3.1

Heckhausen, H. (1990). Motivation und Handeln. Berlin: Springer.

Heckhausen, H. & Beckmann, J. (1990). Intentional action and action slips. Psychological Review, 97, 36–48.

Heckhausen, H. & Gollwitzer, P. M. (1987). Throught contents and cognitive functioning in motivational vs. volitional states of mind. Motivation and Emotion, 11, 101–120.

Heider F. (1958). The psychology of interpersonal relations. New York: Wiley.

Heider, F. & Simmel, M. (1944). An experimental study of apparent behaviour. American Journal of Psychology, 57, 243–259.

Henle, M. (1944). The influence of valence on substitution. Journal of Psychology, 17, 11–19.

Hillgruber, A. (1912). Fortlaufende Arbeit und Willensbetätigung. Untersuchung zur Psychologie und Philosophie, 1, 6.

Hilsman, R. & Garber, J. (1995). A test of the cognitive diathesis-stress model of depression in children: academic stressors, attributional style, perceived competence, and control. Journal of Personality and Social Psychology, 69, 370–80.

Hiroto, D. S. (1974). Locus of control and learned helplessness. Journal of Experimental Psychology, 102, 187–193.

Hiroto, D. S. & Seligman, M. E. P. (1975). Generality of learned helplessness in man. Journal of Personality and Social Psychology, 31, 311–327.

Hogan, R. (1976). Personality theory. Englewood Cliffs, NJ: Prentice-Hall.

Hoogland, J. L. (1983). Nepotism and alarm calling in the black-tailed prairie dog, Cynomys ludovicianus. Animal Behaviour, 31, 472–79.

Hoppe, F. (1930). Untersuchungen zur Handlungs- und Affektpsychologie. IX. Erfolg und Misserfolg. Psychologische Forschung, 14, 1–63.

Howes, D. H. & Solomon, R. L. (1951). Visual duration threshold as a function of word probability. Journal of Experimental Psychology, 41, 401–410.

Hull, C. L. (1943). Principles of behavior. New York: Appleton-Century-Crofts.

Hull, C. L. (1952). A behavior system: An introduction to behavior theory concerning the individual organism. New Haven: Yale University Press.

Hume, D. (1739). A treatise of human nature. (reprint: London: Clarendon Press, 1888.)

James, W. (1890). The emotions. In: Principles of Psychology. New York: Dover Publications, 1950.

Janoff-Bulman, R. (1979). Expectations and what people learn from failure. In: N. T. Feather (Ed.), Expectations and actions (pp. 207–240). Hillsdale, NJ: Erlbaum.

Jones, E. E., Farina, A., Hastorf, A. H., Markus, H. et al. (1984). Social stigma. San Francisco: Freeman.

Joynson, R. B. (1971). Michotte's experimental methods. British Journal of Psychology, 62, 293–302.

Keller, J. A. (1981). Grundlagen der Motivation. München: Urban und Schwarzenberg.

Kelley, H. H. (1967). Attribution theory in social psychology. In: D. Levine (Ed.), Nebraska symposium on motivation. Lincoln: University of Nebraska Press.

Kelley, H. H. (1972). Causal schemata and the attribution process. In: E. E. Jones, D. E. Kanouse, H. H. Kelly et al. (Eds.), Attribution: Perceiving the causes of behavior. Morristown, NY: General Learning Press.

Kelley, H. H. (1973). The process of causal attribution. American Psychologist, 28, 107–128.

Kelley, H. H. (1992). Common-Sense Psychology and Scientific Psychology. Annual Review of Psychology, 43, 1–23.

Kelley, H. H. & Michela, J. (1980). Attribution theory and research. Annual Review of Psychology, 31, 457–501.

Kingdon, J. W. (1967). Politicians' belief about voters. American Political Science Review, 14, 137–145.

Klindworth, H. & Voland, E. (1995). How did the Krummhörn elite males achieve above-average reproductive success. Human Nature, 6, 221–240.

Koch, H. L. (1954). Child psychology. Annual Review of Psychology, 5, 1–26.

Krantz, S. E. & Rude, S. (1984). Depressive attributions: Selection of different causes or assignment of dimensional meanings. Journal of Personality & Social Psychology, 47, 193–203.

Kropotov, J. D., Crawford, H. J. & Polyakov, Y. I. (1997). Somatosensory event-related potential changes to painful stimuli during hypnotic analgesia: Anterior cingulate cortex and anterior temporal cortex intracranial recordings. International Journal of Psychophysiology 27, 1–8.

Kuhl, J. (1981). Motivational and functional helplessness: The moderating effect of state versus action orientation. Journal of Personality and Social Psychology, 40, 155–170.

Kuhl, J. (1983). Motivation, Konflikt und Handlungskontrolle. Heidelberg: Springer.

Kuhl, J. (1984). Volitional aspects of achievement motivation and learned helplessness: Toward a comprehensive theory of action control. In: B. A. Maher & W. Maher (Eds.), Progress in experimental personality research. New York: Academic Press.

Kuhl, J. (1985). Volitional mediators of cognitive-behavior consistency: Self-regulatory processes and action versus state orientation. In: J. Kuhl & J. Beckmann (Eds.), Action control: from cognition to behavior (pp. 101–128). Berlin: Springer.

Kuhl, J. (1987). Action control: The maintenance of motivational states. In: F. Halisch & J. Kuhl (Eds.), Motivation, Intention and Volition (pp. 279–291). Berlin: Springer.

Külpe, O. (1903). Ein Beitrag zur experimentellen Ästhetik. American Journal of Psychology, 14, 479–495.

Laskowsky, P. M. (1988). Philosophie der Freude. Frankfurt: Insel.

Latané, D. & Darley, J. (1968). The unresponsive bystander: Why doesn't he help? New York: Appleton-Centruy-Crofts.

Lefrancois, G. R. (1980). Psychologie des Lernens. Berlin: Springer.

Lepper, M. R. & Greene, D. (Eds.) (1978). The hidden costs of reward. Hillsdale, NJ: Erlbaum.

Lepper, M. R. & Hodell, M. (1989). Intrinsic motivation in the classroom. In: C. Ames & R. Ames (Eds.), Research on motivation in education (Vol. 3, pp. 73–105). San Diego: Academic Press.

Lepper, M. R., Greene, D. & Nisbett, R. E. (1973). Undermining childrens intrinsic interest with extrinsic reward: A test of the overjustification hypothesis. Journal of Personality and Social Psychology, 28, 129–137.

Lewin, K. (1935). A dynamic theory of personality. New York: McGraw-Hill.

Lewin, K. (1936). Principles of topological Psychology. New York: McGraw-Hill.

Lewin, K., Dembo, T., Festinger, L. & Sears, P. S. (1944). Level of aspiration. In: J. Mcv. Hunt (Ed.), Personality and the behavioral disorders (Vol. 1, pp. 333–378). Oxford: Ronald Press.

Lissner, K. (1933). Die Entspannung von Bedürfnissen durch Ersatzhandlungen. Psychologische Forschung, 18, 218–250.

Litwin, D. (1958). Sensory-tonic theory as related to the development of inhibition and social maturity. Dissertation Abstracts, 18, 2212–2213.

Lück, H. (2006). Die Heider-Simmel-Studie in neueren Replikationen. Gruppendynamik und Organisationsberatung, 37, 185–196.

Maas, A., Salvi, D., Arcuri, L. & Semin, G. (1989). Language use in intergroup contexts: The linguistic intergroup bias. Journal of Personality and Social Psychology, 57, 981–993.

Mackie, J. L. (1980). The Cement of the Universe. New York: Oxford University Press.

Mahler, W. (1933). Ersatzhandlungen verschiedenen Realitätsgrades. Untersuchungen zur Handlungs- und Affektpsychologie XV. Psychologische Forschung, 18, 27–89.

Malik, K. (2000). Man, Beast and Zombie: What science can and cannot tell us about human nature. London: Weidenfeld and Nicolson.

Malle, B. F. (2004). How the mind explains behavior: Folk explanations, meaning, and social interaction. Cambridge, MA: MIT Press.

Malthus, T. (1798). An essay on the principle of population. London.

Mandler, G. & Sarason, S. B. (1952). A study of anxiety and learning. Journal of Abnormal and Social Psychology, 47, 166–173.

Mark, J., Williams, G. & Brewin, C. R. (1984). Cognitive mediators of reactions to a minor life event: The British Driving Test. British Journal of Social Psychology, 23, 41–49.

Marler, P. (1991). The instinct to learn. In: S. Carey & R. Gelman (Eds.), The Epigenesis of Mind: Essays on Biology and Cognition. Hillsdale, NJ: Erlbaum.

Marrow, A. J. (1938). Goal tensions and recall. Journal of General Psychology, 19, 3–35.

Marrow, A. J. (1977). The practical theorist: The life and work of Kurt Lewin. New York: US Teachers College Press.

Mayr, E. (1998). Das ist Biologie: Die Wissenschaft des Lebens. Heidelberg: Spektrum.

McArthur, L. A. (1972). The how of what and why: some determinants or consequences of causal attributions. Journal of Personality and Social Psychology, 22, 171–193.

McClelland, D. C. (1961). The Achieving Society. New York: Free Press.

McClelland, D. C. & Winter, D. G. (1969). Motivating economic achievement. New York: Free Press.

McClelland, D. C., Atkinson, J. W., Clark, R. A. & Lowell, E. L. (1953). The achievement motive. New York: Appleton-Century-Crofts.

McDougall, W. (1923). Outline of psychology. New York: Scribner.

McGinnies, E. (1949). Emotionality and perceptual defense. Psychological Review, 56, 244–251.

Mertens, W. (2000). Psychoanalyse: Geschichte und Methoden. München: Beck.

Meryman, J. J. (1952). Magnitude of startle response as a function of hunger and fear. Unpublished master's thesis, University of Iowa.

Meyer, W.-U. (1970). Selbstverantwortlichkeit und Leistungsmotivation. Unveröffentlichte Dissertation, Ruhr Universität, Bochum.

Meyer, W.-U. (1984). Das Konzept von der eigenen Begabung. Bern: Huber.

Meyer, W.-U. (2000). Gelernte Hilflosigkeit. Bern: Huber.

Meyer, W.-U. & Hallermann, B. (1974). Anstrengungsintention bei einer leichten und schweren Aufgabe in Abhängigkeit von der wahrgenommenen eigenen Begabung. Archiv für Psychologie, 126, 85–89.

Meyer, W.-U., Folkes, V. & Weiner, B. (1976). The perceived informational value and affective consequences of choice behavior and intermediate difficulty task selection. Journal of Research in Personality, 10, 410–423.

Meyer, W.-U., Schützwohl, A. & Reisenzein, R. (1999). Einführung in die Emotionspsychologie. Bd. II. Bern: Huber.

Mill, J. S. (1869). On Liberty. London: Longman, Roberts & Green.

Mill, J. S. (1872). The Logic of the Moral Sciences. Excerpted from A System of Logic (8th ed.). London (1th ed., 1843).

Miller, D. T. & Ross, M. (1975). Self-serving biases in the attribution of causality: Fact or fiction? Psychological Bulletin, 82, 213–225.

Miller, G. (2001). Die sexuelle Evolution. Partnerwahl und die Entstehung des Geistes. Heidelberg: Spektrum.

Miller, N. E. (1948). Studies of fear as an acquirable drive: I. Fear as motivation and fear reduction as reinforcement in the learning of new responses. Journal of Experimental Psychology, 38, 89–101.

Miller, N. E. (1951). Learnable drives and rewards. In: S. S. Stevens (Ed.), Handbook of experimental psychology. New York: John Wiley.

Miller, N. E. & Dollard, J. (1941). Social learning and imitation. New Haven: Yale University Press.

Miller, W. & Seligman, M. E. P. (1974). Depression and learned helplessness in man. Journal of Abnormal Psychology, 84, 228–238.

Mitchell, T. R. & Wood, R. E. (1980). Supervisor's responses to subordinate poor performance: A test of an attributional model. Organizational Behaviour & Human Decision Processes, 25, 123–138.

Monte, C. F. (1999). Beneath the mask: An Introduction to Theories of Personality. Harcourt Brace College Publishers.

Montgomery, K. C. (1952). A test of two explanations of spontaneous alternation. Journal of Comparative and Physiological Psychology, 45, 287–293.

Montgomery, G. H. & DuHamel, K. N. & Reed, W. H. (2000). A meta-analysis of hypnotically induced analgesia: How effective is hypnosis? International Journal of Clinical & Experimental Hypnosis, 48, 138–153.

Mook, D. G. (1987). Motivation. New York: W. W. Norton.

Morgan, C. D. & Murray, H. H. (1935). A method for investigating fantasies: the thematic apperception test. Archives of Neurology & Psychiatry, 34, 289–306.

Moss, F. A. (1924). Study of animal drives. Journal of Experimental Psychology, 7, 165–185.

Moulton, R. W. (1965). Effects of success and failure on level of aspiration as related to achievement motives. Journal of Personality and Social Psychology, 1, 399–406.

Murray, H. A. (1933). The effect of fear upon estimates of the maliciousness of other personalities. Journal of Social Psychology, 4, 310–329.

Murray, H. A. (1938). Explorations in personality. New York: Oxford University Press.

Nisbett, R. E. & Ross, L. D. (1980). Human Inference: Strategies and Shortcomings of Social Judgment. Englewood Cliffs, NJ: Prentice-Hall.

Nye, R. D. (1992). Three psychologies: Perspectives from Freud, Skinner, and Rogers (4th ed.). Belmont, CA: Brooks/Cole Publishing Co.

Obrist, P. A. (1981). Cardiovascular psychophysiology. New York: Plenum Press.

Overmier, J. B. & Seligman, M. E. P. (1967). Effects of inescapable shock upon subsequent escape and avoidance learning. Journal of Comparative and Physiological Psychology, 63, 23–33.

Ovsiankina, M. (1928). Die Wiederaufnahme unterbrochener Handlungen. Psychologische Forschung, 11, 302–379.

Pancer, S. M. (1978). Causal attributions and anticipated future performance. Personality and Social Psychology Bulletin, 4, 600–603.

Perin, C. T. (1942). Behavior potentiality as a joint function of the amount of training and the degree of hunger at the time of extinction. Journal of Experimental Psychology, 30, 93–113.

Peters, R. S. (1960). The Concept of Motivation. London: Routledge & Kegan Paul.

Peterson, C. & Seligman, M. E. P. (1984). Causal explanations as a risk factor for depression: Theory and evidence. Psychological Review, 91, 347–374.

Peterson, C., Semmel, L., von Bayer, C., Abramson, L. Y., Metalsky, S. I. & Seligman, M. E. P. (1982). The Attributional Style Questionaire. Cognitive Therapy and Research, 6, 287–300.

Phares, E. J. (1976). Locus of control in personality. Morristown, NY: General Learning Press.

Pintrich, P. R. & Schunk, D. H. (1996). Motivation in education: Theory, research, and applications. Englewood Cliffs, NY: Prentice Hall.

Popper, K. R. (1974). Replies to my critics. In: P. A. Schilpp (Ed.), The Philosophy of Karl Popper (pp. 961–1200). LaSalle, IL: Open Court Press.

Premack, D. (1965). Reinforcement Theory. In: D. Levine (Ed.), Nebraska symposium on motivation (Vol. 13). Lincoln, NE: University of Nebraska Press.

Rank, O. (1912). Das Inzest-Motiv in Dichtung und Sage. Leipzig und Wien: Deuticke. (2., verb. Aufl., 1926).

Rapaport, A. (1966). Two Person Game Theory. University of Michigan Press.

Richter, C. P. (1927). Animal behavior and internal drives. Quarterly Review of Biology, 2, 307–343.

Rosenbaum, R. M. A. (1972). A dimensional analysis of the perceived causes of success and failure. Unpublished doctoral dissertation. University of California, Los Angeles.

Rosenzweig, S. (1943). An experimental study of „repression" with special reference to need-persistive and ego-defensive reactions to frustration. Journal of Experimental Psychology, 32, 64–74.

Rotter, J. B. (1954). Social learning and clinical psychology. New York: Prentice-Hall.

Rotter, J. B. (1966). Generalized expectancies for internal versus external control of reinforcement. Psychological Monographs, 80 (1, Whole No. 609).

Rudolph, U. (2007). Developing a causal structure of the social world: Causality, covariation, and language. Manuscript submitted for publication.

Rudolph, U. & Försterling, F. (1998). The psychological causality implicit in verbs: A review. Psychological Bulletin, 121, 192–218.

Rudolph, U. & Steins, G. (1998). Causal versus existential attributions: Different perspectives on highly negative events. Basic and Applied Social Psychology, 20, 191–205.

Rudolph, U., Roesch, S., Greitemeyer, S. & Weiner, B. (2004). A meta-analytic review of help-giving and aggression from an attributional perspective: Contributions to a general theory of motivation. Cognition and Emotion, 18, 815–848.

Sanford, R. N. (1937). The effects of abstinence from food upon imaginal processes: a further experiment. Journal of Psychology (US: Heldref Publications) 3, 145–159.

Schlenker, B. & Darby, B. (1981). The use of apologies in social predicaments. Social Psychology Quarterly, 44, 271–278.

Schlote, W. (1935). Über die Bevorzugung unvollendeter Handlungen. On the preferential character of incompleted acts. Zeitschrift für Psychologie, 117, 1–72.

Schmalt, H.-D. (1976). Methoden der Leistungsmotivmessung. Göttingen: Hogrefe.

Schmalt, H.-D. (1999). Assessing the achievement motive using the grid technique. Journal of Research in Personality, 33, 109–130.

Schmid, J. & Fiedler, K. (1998). The Backbone of Closing Speeches: The Impact of Prosecution vs. Defense Language on Judicial Attributions. Journal of Applied Social Psychology, 28, 1140–1173.

Schmidt, G. W. & Ulrich, R. E. (1969). Effects of group contingent events upon classroom noise. Journal of Applied Behavior Analysis, 2, 171–179

Schmitz, S. (1983): Charles Darwin – ein Leben. Autobiographie, Briefe, Dokumente. München: DTV.

Schneider, K. & Schmalt, H.-D. (2000). Motivation (3. Aufl.). Stuttgart: Kohlhammer.

Sears, R. R. (1942). Success and failure: A study of motility. In: Q. McNemar & M. A. Merrill (Eds.), Studies in personality. New York: McGraw-Hill.

Sears, R. R. (1950). Personality. Annual Review of Psychology, 1, 105–118.

Seligman, M. E. P. (1975). Helplessness. On depression, development and death. San Francisco: Freeman and Company.

Seligman, M. E. P. & Meier, S. F. (1967). Failure to escape traumatic shock. Journal of Experimental Psychology, 74, 1–9.

Semin, G. R. & Fiedler, K. (1989). Relocating attributional phenomena within a language-cognition interface. The case of actors and observers perspectives. European Journal of Social Psychology, 19, 491–508.

Semin, G. R. & Fiedler, K. (1991). The linguistic category model, its bases, applications and range. In: W. Stroebe & M. Hewstone (Eds.), European review of social psychology (Vol. 2, pp. 1–30). Chichester, England: Wiley.

Sewertzoff A. N. (1931). Die Morphologische Gesetzmäßigkeiten der Evolution. Jena: Gustav Fischer.

Simmons, R. J. (1981). The effects of failure and success on self-esteem and locus of control of elementary school boys. Dissertation Abstracts International, Vol. 41, 812-B, Pt. 1, 4689–4690.

Skinner, B. F. (1933). On the rate of extinction of a conditioned reflex. Journal of General Psychology, 9, 114–129. – 4.2.1

Skinner, B. F. (1938). The behavior of organisms: an experimental analysis. Oxford: Appleton-Century.

Skinner, B. F. (1953). Science and human behavior. New York: Macmillan.

Skinner, B. F. (1974). About behaviorism. New York: Knopf.

Smith, E. A. (2000). Three Styles in the evolutionary study of human behaviour, In: L. Cronk, W. Irons & N. Chagnon (Eds.), Human Behaviour and Adaptation: an Anthropological Perspective. New York: Aldine de Gruyter.

Smith, M. (1982). Evolution and the Theory of Games. Cambridge: Cambridge University Press.

Spalding, D. A. (1873). Instinct. With Original Observations on Young Animals. MacMillan Magazine, 27. Reprinted in R. H. Wozniak (Ed.) (1993). Experimental and comparative roots of early behaviourism. London: Routledge/Thoemmes Press.

Stern, P. (1983). A multimethod analysis of student perceptions of causal dimensions. Unpublished doctoral dissertation, University of California, Los Angeles.

Stiensmeier, J., Kammer, D., Pelster, A. & Niketta, R. (1985). Attributionsstil und Bewertung als Risikofaktoren der depressiven Reaktion. Diagnostica, 31, 300–311.

Stiensmeier-Pelster, J. (1988). Erlernte Hilflosigkeit, Handlungskontrolle und Leistung. Berlin: Springer.

Stiensmeier-Pelster, J. (1989). Attributional style and depressive mood reactions. Journal of Personality, 57, 581–599.

Stiensmeier-Pelster, J. (1994). Attributionspsychologie und erlernte Hilflosigkeit. In: F. Försterling & J. Stiensmeier-Pelster (Hrsg.), Attributionstheorie. Grundlagen und Anwendungen. Göttingen: Hogrefe.

Stiensmeier-Pelster, J. & Schürmann, M. (1990). Performance deficits following failure: Integrating motivational and cognitive aspects of learned helplessness. Anxiety Research, 2, 211–222.

Stipek, D. J. (1983). A developmental analysis of pride and shame. Human Development, 26, 42–54.

Strodtbeck, F. L., McDonald, M. R. & Rosen, B. (1957). Evaluations of occupations: A reflection of Jewish and Italian mobility differences. American Sociological Review, 22, 546–553.

Sweeney, P., Anderson, K. & Bailey, S. (1986). Attributional style in depression: a meta analytic review. Journal of Personality and Social Psychology, 50, 974–991.

Tattersall, I. (2000). Palaeoanthropology: The last half century. Evolutionary Anthropology, 9, 2–17.

Tinbergen, N. (1963). On aims and methods of ethology. Zeitschrift für Tierpsychologie, 20, 410–433.

Thorndike, E. L. (1911). Animal intelligence. New York: Macmillan.

Tolman E. C. & Honzig, C. H. (1930). Introduction and renewal of reward, and maze performance in rats. Berkeley: University of California Publication in Psychology, 4, No. 19, 267.

Tooby, J. & Cosmides, L. (1987). From evolution to behaviour: Evolutionary psychology at the missing link. In: Dupre, J. (Ed.), The latest on the best: Essays on evolution and optimality. Cambridge, MA: The MIT Press.

Triandis, H. (1972). The analysis of subjective culture. New York: Wiley-Interscience.

Triplett, N. (1898). The dynamogenic factors in pacemaking and competition. American Journal of Psychology, 9, 507–533.

Trivers, R. L. (1971). The evolution of reciprocal altruism. Quarterly Review of Biology, 46, 35–57.

Trivers, R. L. (1972). Parental investment and sexual selection. In: B. Campbell (Ed.), Sexual selection and the descent of man 1871–1971, Chicago: Aldine.

Trivers, R. L. (1974). Parent-offspring conflict. American Zoologist, 14, 249–264.

Trivers, R. L. (1985). Social Evolution. Menlo Park, CA: Benjamin-Cummings.

Trope, Y. (1975). Seeking information about one's own ability as a determinant of choice among tasks. Journal of Personality and Social Psychology, 32, 1004–1013.

Trope, Y. & Brickman, P. (1975). Difficulty and diagnosticity as determinants of choice among tasks. Journal of Personality and Social Psychology, 31, 918–925.

Valle, F. P. (1974). Motivation: Theories and issues. Monterey, Californien: Brooks-Cole.

Vernon, J. (1963). Inside the black room. New York: Potter.

Voland, E. (1997). Commentary on Levine and Silk. Current Anthropology, 38, 397.

Voland, E. (1998). Kalkül der Elternliebe – ein soziobiologischer Musterfall. Spektrum der Wissenschaft, Digest Sonderheft, 34–41.

Voland, E. & Dunbar, R. I. N. (1995). Resource competition and reproduction – the relationship of economic and parental strategies in the Krummhörn Population. (1720–1874). Human Nature, 6, 33–49.

Vroom, V. H. (1964). Work and motivation. New York: Wiley.

Watson, J. B. (1919). Psychology from the standpoint of a behaviorist. Philadelphia. – 1.2.5

Weiner, B. (1965). Need achievement and resumption of incompleted tasks. Journal of Personality and Social Psychology, 1, 165–168.

Weiner, B. (1966). Effects of motivation on the availability and retrieval of mamory traces. Psychological Bulletin, 65, 24–37.

Weiner, B. (1972). Theories of motivation. Chicago: Markham.

Weiner, B. (1979). A theory of motivation for some classroom experiences. Journal of Educational Psychology, 71, 3–25.

Weiner, B. (1984). Motivationspsychologie. Weinheim: Beltz.

Weiner, B. (1986). An attributional theory of motivation and emotion. New York: Springer-Verlag.

Weiner, B. (1995). Judgments of responsibility. New York: Guilford Press.

Weiner, B. & Handel, S. J. (1985). A cognition-emotion-action sequence: Anticipated emotional consequences of causal attributions and reported communication strategy. Developmental Psychology, 21, 102–107.

Weiner, B. & Kukla, A. (1970). An attributional analysis of achievement motivation. Journal of Personality and Social Psychology, 15, 1–20.

Weiner, B., Nierenberg, R. & Goldstein, M. (1976). Social learning (locus of control) versus attributional (causal stability) interpretations of expectancy of success. Journal of Personality, 44, 52–68.

Weiner, B., Russell, D. & Lerman, D. (1978). Affektive Auswirkungen von Attributionen. In: D. Görlitz, W.-U. Meyer & B. Weiner (Hg.), Bielefelder Symposium über Attribution. Stuttgart: Klett-Cotta.

Weiner, B., Russell, D. & Lerman, D. (1979). The cognition-emotion process in achievement-related contexts. Journal of Personality and Social Psychology, 37, 1211–1220.

Weiner, B., Amirkhan, J., Folkes, V. S. & Verette, J. A. (1987). An attributional analysis of excuse giving: Studies of a naïve theory of emotion. Journal of Personality and Social Psychology, 52, 316–324.

Weiner, B., Perry, R. P. & Magnusson, J. (1988). An attributional analysis of reactions to stigmas. Journal of Personality and Social Psychology, 55, 738–748.

Winterbottom, M. R. (1958). The relation of need for achievement to learning experiences in independence and mastery. In: J. W. Atkinson (Ed.), Motives in fantasy, action, and society. Princeton, NJ: Van Nostrand.

Wortman, C. B. & Brehm, J. (1975). Responses to uncontrollable outcomes: An integration of reactance theory and the learned helplessness model. In: L. Berkowitz (Ed.), Advances in experimental social psychology (Vol. 8, pp. 277–336). New York: Academic Press.

Wright, R. A. (1996). Brehm's theory of motivation as a model of effort and cardiovascular response. In: P. M. Gollwitzer & J. A. Bargh (Eds.), The psychology of action: Linking cognition and motivation to behavior. New York: Guilford.

Wright, R. A. (1998). Ability perception and cardiovascular response to behavioural challenge. In: M. Kofta, G. Weary & G. Sedek (Eds.), Personal control in action: Cognitive and motivational mechanisms. New York: Plenum.

Wright, R. A. & Brehm, J. W. (1989). Energization and goal attractiveness. In: L. A. Pervin (Ed.), Goal concepts in personality and social psychology. Hillsdale, NJ: Erlbaum.

Yerkes, R. M. & Dodson, J. D. (1908). The relation of strength of stimulus to rapidity of habitformation. Journal of Comparative Neurology of Psychology, 18, 459–482.

Zajonc, R. B. (1965). Social facilitation. Science, 149, 269–274.

Zajonc, R. B. (1980). Feeling and thinking: Preferences need no inferences. American Psychologist, 35, 151–175.

Zajonc, R. B., Heingartner, A. & Herman E. M. (1969). Social enhancement and impairment of performance in the cockroach. Journal of Personality and Social Psychology, 13, 83–92.

Zeigarnik, B. (1927). Über das Behalten von erledigten und unerledigten Handlungen. Psychologische Forschung, 9, 1–85.

Zuckermann, M. (1979): Sensation seeking: Beyond the optimal level of arousal. Hillsdale, NJ: Erlbaum.

Personenverzeichnis

Schmidt 59, 60
Schmitz 175
Schunk 14, 155, 156
Schürmann 173
Sears 76, 83
Self 144
Seligman 166–171
Semin 128
Sewertzoff 177
Simmel 117
Simmons 58, 59
Skinner 9, 49–52, 55–57, 62–64, 88, 99, 100, 110, 154, 182, 183
Smith 187, 195
Solomon 26
Sophokles 21
Spalding 184
Stern 113, 135
Stiensmeier 170
Stiensmeier-Pelster 170–173
Stipek 139
Straw 153
Strodtbeck 95
Sweeney 170

T
Tattersall 181
Teasdale 168
Thorndike 35, 36, 39, 51
Tinbergen 182, 186
Tolman 41
Tooby 11, 187
Triandis 131, 136
Triplett 47
Trivers 180, 192, 198, 199
Trope 105, 106, 142

U
Ulrich 59, 60

V
Valle 140
Vernon 46
Voland 199–201
von Selz 66
Vroom 90

W
Wallach 76
Watson 8, 39, 49

Weber 107
Weiner 9, 16, 48, 76, 93, 105, 114, 115, 131–133, 135–137, 139, 140, 142, 146–152, 157
Wells 49
Wertheimer 66, 113
Wilson 197–199
Winter 108
Winterbottom 93
Wood 152
Wortman 132, 167
Wright 144, 145

X
Xenokrates 2

Y
Yerkes 46

Z
Zajonc 47
Zeigarnik 74–76
Zimmer 203
Zuckerman 126
Zweig 46

Sachwortverzeichnis

Notizen

Notizen

Notizen

Notizen

Notizen

4 x Allgemeine Psychologie: Denken, Wahrnehmung, Aufmerksamkeit und Sprache

Miriam Spering • Thomas Schmidt
Allgemeine Psychologie kompakt
Mit Online-Materialien
2009. VIII, 151 Seiten. Broschiert
ISBN 978-3-621-27752-5

Die Allgemeine Psychologie beschreibt und erklärt das kognitive System des Menschen: Wie funktioniert der menschliche Geist, welchen Beschränkungen unterliegt er, welche Möglichkeiten bietet er? Vier der Fachgebiete der Allgemeinen Psychologie — Wahrnehmung, Aufmerksamkeit, Denken und Sprache — werden hier vorgestellt.

Neben den Grundlagen, Theorien und klassischen Experimenten werden auch die Anwendungsbezüge des wichtigen Grundlagenfachs herausgestellt. Viele Ergebnisse der Allgemeinen Psychologie sind hilfreich für das Verständnis angewandter Probleme, z. B. in der Klinischen Psychologie: Nur wenn man ein klares Bild davon hat, wie das kognitive System normalerweise funktioniert, kann man verstehen, welche kognitiven Funktionen bei Schizophrenie, Depression oder Demenz gestört sind.

Ob begleitend zur Vorlesung oder zur Prüfungsvorbereitung: Hervorgehobene Definitionen, wichtige Experimente, Praxis- und Hintergrundwissen machen das Wissen anschaulich. Denkanstöße und Anregungen zu Selbstversuchen regen zur kritischen Auseinandersetzung mit dem Fachgebiet an.

Verlagsgruppe Beltz • Postfach 100154 • 69441 Weinheim • www.beltz.de

Das Standardwerk in Farbe

Schandry
Biologische Psychologie
Mit Online-Materialien
3., vollständig überarbeitete
Auflage 2011. 608 Seiten.
Gebunden.
ISBN 978-3-621-27683-2

Wir sehen und hören, wir erinnern uns, wir sind aufgeregt – was passiert dabei in unserem Körper? Wie hängen solche Phänomene mit hormonellen oder neuronalen Prozessen zusammen? Die Biologische Psychologie beantwortet diese und viele weitere Fragen.

Rainer Schandry vermittelt in diesem Lehrbuch einerseits die Grundlagen des Fachgebiets, andererseits stellt er aber immer auch den Bezug zur Praxis und zur Alltagserfahrung her: Wie kommt es zu chronischem Schmerz? Wie tickt unsere innere Uhr? Wie entsteht Drogenabhängigkeit? Hier wird die Biologische Psychologie lebendig!

Der neue »Schandry« …
▶ Verständlich: So komplex wie nötig, so anschaulich wie möglich
▶ Anwendungsbezogen: Ob Muskelkater, Rot-Grün-Blindheit oder Parkinson – Störungsbilder kurz und knapp im Überblick
▶ Farbenfroh: Über 250 Abbildungen
▶ Prüfungsrelevant: Zusammenfassungen und Merksätze helfen das Gelernte zu rekapitulieren
▶ Praktisch: Glossar mit über 600 Fachbegriffen zum raschen Nachschlagen

Verlagsgruppe Beltz · Postfach 100154 · 69441 Weinheim · www.beltz.de

Familienpsychologie für Studium und professionelle Familienarbeit

Jungbauer
Familienpsychologie kompakt
Mit Online-Materialien
2009. XIII, 177 Seiten. Broschiert
ISBN 978-3-621-27681-8

Wie können Paare beim Übergang zur Elternschaft unterstützt werden? Warum kommt es zu Gewalt und Vernachlässigung in Familien, und welche Interventionsmöglichkeiten gibt es? Wie kann man Familienangehörige von todkranken und sterbenden Menschen unterstützen?

Das Lehrbuch »Familienpsychologie kompakt« beschreibt die Vielfalt heutiger Familienwirklichkeiten und zeigt konkrete Ansatzpunkte für die psychosoziale Praxis auf. Übersichtlich strukturiert, leicht verständlich und anhand vieler Fallbeispiele gibt der Autor einen Überblick zu zentralen Themen der Familienpsychologie sowie ihren Anwendungsmöglichkeiten. Praxisbezogenes Wissen – für Studium und berufliche Praxis der Sozialen Arbeit und Sozialpädagogik, Erziehungs- und Familienberatung.

Online-Materialien: u. a. mit ausführlichem Glossar, kommentierten Links, Lösungshinweisen zu den Praxisübungen, Übersicht über Angebote der Elternbildung

Verlagsgruppe Beltz • Postfach 100154 • 69441 Weinheim • www.beltz.de

Das Lehrbuch der Angewandten Gruppendynamik

Wolfgang Rechtien
Angewandte Gruppendynamik
Ein Lehrbuch für Studierende
und Praktiker
4., vollst. überarb. Auflage 2007
176 Seiten. Broschiert
ISBN 978-3-621-27608-5

Sie suchen einen Einstieg in das weite Feld der Angewandten Gruppendynamik? Dieses Buch hilft! Es richtet sich an Studierende der Psychologie, Pädagogik und Sozialwissenschaften – aber auch an alle, die mit Gruppen arbeiten.

Die Verfahren der Angewandten Gruppendynamik gehören zu den wichtigsten Trainingsformen in der beruflichen und sozialen Weiterbildung. Sie werden in einem breiten Spektrum von Situationen eingesetzt, weil sie an unterschiedlichste Wünsche, Ziele und Bedürfnisse ihrer Nutzer angepasst werden können:

▶ zur Optimierung betrieblicher Arbeits- und Kooperationsabläufe,
▶ zur Verbesserung zwischenmenschlicher Kommunikation,
▶ zur Selbsterfahrung und vielem mehr.

Das Buch informiert über die Entstehung der Gruppendynamik und ihre Anwendung in den verschiedenen Arbeitsbereichen. Übungsaufgaben und Studienhilfen erleichtern die Aufarbeitung des Stoffs.

Neu:
▶ Thema Gruppenentwicklungsprozesse und Beziehungsformen
▶ kommentierte weiterführende Literatur
▶ Glossar

Verlagsgruppe Beltz • Postfach 100154 • 69441 Weinheim • www.beltz.de

Überzeugen statt überreden

Hal Arkowitz • Henny A. Westra
William R. Miller • Stephen Roll-
nick
**Motivierende Gesprächsführung
bei der Behandlung psychischer
Störungen**
2010. 384 Seiten. Gebunden.
ISBN 978-3-621-27705-1

Die motivierende Gesprächsführung ist ein psychotherapeutischer Ansatz, der sich darauf konzentriert, die Motivation zur Veränderung zu fördern. Ziel ist es, dass nicht der Therapeut, sondern der Klient die änderungsbezogenen Aussagen, den sogenannten »Change-Talk«, übernimmt – so entsteht Veränderungsmotivation.

Die Methode wurde zunächst für die Anwendung bei Süchten entwickelt, erweist sich inzwischen jedoch auch in anderen Bereichen als erfolgreich. So wird hier die Anwendung der Motivierenden Gesprächsführung bei verschiedenen psychischen Störungen anhand zahlreicher Fallbeispiele und Therapiedialoge vorgestellt.

Aus dem Inhalt
▶ Motivierende Gesprächsführung bei Angststörungen, Essstörungen, Depressionen und pathologischem Spielverhalten
▶ Motivierende Gesprächsführung im Umgang mit Suizidalität
▶ Motivierende Gesprächsführung bei kriegsbedingter Posttraumatischer Belastungsstörung

Verlagsgruppe Beltz • Postfach 100154 • 69441 Weinheim • www.beltz.de

Das umfassende Lehrbuch zur Kommunikations- und Medienpsychologie

Ulrike Six • Uli Gleich •
Roland Glimmer (Hrsg.)
**Kommunikationspsychologie
und Medienpsychologie**
2007. 512 Seiten. Broschiert
ISBN 978-3-621-27591-0

Dieses Lehrbuch strukturiert die vielfältigen Formen der Individual- und Massenkommunikation. Es geht fundiert auf alle Praxisfelder und deren theoretische Grundlagen ein – geeignet für Studierende, Lehrende und Praktiker gleichermaßen.

23 Kapitel geben einen Überblick über das weite Feld menschlicher Kommunikation. Neben zentralen psychologischen Grundlagen von Kommunikation wie Informationsverarbeitung, Einstellungen, soziale Urteilsbildung, Emotion vermittelt das Buch praxisrelevante Theorien und Forschungsergebnisse für unterschiedliche Anwendungsfelder, wie zum Beispiel interkulturelle, gesundheitsbezogene und Organisationskommunikation oder auch politische Kommunikation, mediale Wissensvermittlung und Werbung.

Das Besondere am Buch:
▶ Medien- und Kommunikationspsychologie sind nicht vermengt, sondern in einer Systematik aufeinander bezogen,
▶ es verbindet wissenschaftliche Grundlagen mit alltags- und berufsrelevanten Themen (z. B. Computerspiele, Gesundheit, Werbung oder Politik),

Verlagsgruppe Beltz • Postfach 100154 • 69441 Weinheim • www.beltz.de